U0549254

華僑大學 HUAQIAO UNIVERSITY 哲学社会科学文库·历史学系列

从《古事记》探究日本皇室起源的神话

AN INQUIRY INTO THE MYTHOLOGIES OF JAPANESE ROYAL FAMILY ORIGIN IN KOJIKI

庄培章 著

社会科学文献出版社
SOCIAL SCIENCES ACADEMIC PRESS (CHINA)

传说中天孙降临的地点

传说中天孙降临的地点

主祭木花之佐（天孙之妻，初代天皇神武天皇的曾祖母）的富士浅间神社

主祭木花之佐（天孙之妻，初代天皇神武天皇的曾祖母）的富士浅间神社

京都御所

京都御所

| 东京皇居

| 东京皇居

构建原创性学术平台　打造新时代精品力作

——《华侨大学哲学社会科学文库》总序

习近平总书记在哲学社会科学工作座谈会上提出："哲学社会科学是人们认识世界、改造世界的重要工具，是推动历史发展和社会进步的重要力量。"中国特色社会主义建设已经进入新时代，我国社会的主要矛盾已经发生变化，要把握这一变化的新特点，将党的十九大描绘的决胜全面建成小康社会、夺取新时代中国特色社会主义伟大胜利的宏伟蓝图变为现实，迫切需要哲学社会科学的发展和支撑，需要加快构建中国特色哲学社会科学。当前我国的哲学社会科学事业已经进入大繁荣大发展时期，党和国家对哲学社会科学事业的投入不断增加，伴随我国社会的转型、经济的高质量发展，对于哲学社会科学优秀成果的需求也日益增长，可以说，当代的哲学社会科学研究迎来了前所未有的发展机遇与挑战。

构建中国特色哲学社会科学，必须以习近平新时代中国特色社会主义思想为指导，坚持"以人民为中心"的根本立场，围绕我国和世界面临的重大理论和现实问题，努力打造体现中国特色、中国风格、中国气派的哲学社会科学精品力作，提升中华文化软实力。要推出具有时代价值和中国特色的优秀作品，必须发挥广大学者的主体作用，必须为哲学社会科学工作者提供广阔的发展平台。今天，这样一个广阔的发展平台正在被搭建起来。

华侨大学是我国著名的华侨高等学府，多年来始终坚持走内涵发展、特色发展之路，注重发挥比较优势，在为侨服务、传播中华文化的过程中，形成了深厚的人文底蕴和独特的发展模式。新时代，我校审时度势，积极融入构建中国特色哲学社会科学的伟大事业中，努力为学者发挥创造力、打造精品力作提供优质平台，一大批优秀成果得以涌现。依托侨校的天然优势，以“为侨服务、传播中华文化”为宗旨，华侨大学积极承担涉侨研究，努力打造具有侨校特色的新型智库，在海外华文教育、侨务理论与政策、侨务公共外交、华商研究、海上丝绸之路研究、东南亚国别与区域研究、海外宗教文化研究等诸多领域形成具有特色的研究方向，推出了以《华侨华人蓝皮书：华侨华人研究报告》《世界华文教育年鉴》《泰国蓝皮书：泰国研究报告》《海丝蓝皮书：21 世纪海上丝绸之路研究报告》等为代表的一系列标志性成果。

围绕党和国家加快构建中国特色哲学社会科学、繁荣哲学社会科学的重大历史任务，华侨大学颁布实施“华侨大学哲学社会科学繁荣计划”，作为学校哲学社会科学的行动纲领和大平台，切实推进和保障了学校哲学社会科学事业的繁荣发展。“华侨大学哲学社会科学学术著作专项资助计划”是“华侨大学哲学社会科学繁荣计划”的子计划，旨在产出一批在国内外有较大影响力的高水平原创性研究成果。作为此资助计划的重要成果——《华侨大学哲学社会科学文库》已推出一批具有相当学术参考价值的学术著作。这些著作凝聚着华侨大学人文学者的心力与智慧，充分体现了他们多年围绕重大理论与现实问题进行的研判与思考，得到同行学术共同体的认可和好评，其社会影响力逐渐显现。

《华侨大学哲学社会科学文库》丛书按学科划分为哲学、法学、经济学、管理学、文学、历史学、艺术学、教育学 8 个系列，内容涵盖马克思主义理论、哲学、法学、应用经济、国际政治、华商研究、旅游管理、依法治国、中华文化研究、海外华文教育、“一带一路”等基础理论与特色研究，其选题紧扣时代问题和人民需求，致力于解决新时代面临的新问题、新困境，其成果直接或间接服务于国家侨务事业和经济社会发展，服务于国家华文教育事业与中华文化软实力的提升。可以说，该文库是华侨大学展示自身哲学社会科学研究力、创造力、价值引领力的原创学术平台。

“华侨大学哲学社会科学繁荣计划”的实施成效显著，学校的文科整体实力明显提升，一大批高水平研究成果相继问世。凝结着华侨大学学者智慧的《华侨大学哲学社会科学文库》丛书的继续出版，必将鼓励更多的哲学社会科学工作者尤其是青年教师勇攀学术高峰，努力打造更多的造福于国家与人民的精品力作。

最后，让我们共同期待更多的优秀作品在《华侨大学哲学社会科学文库》这一优质平台上出版，为新时代决胜全面建成小康社会、开启全面建设社会主义现代化国家新征程作出更大的贡献。

我们将以更大的决心、更宽广的视野、更精心的设计、更有效的措施、更优质的服务，加快华侨大学哲学社会科学的繁荣发展，更好地履行“两个面向”的办学使命，早日将华侨大学建成特色鲜明、海内外著名的高水平大学！

华侨大学校长 徐西鹏

2018 年 11 月 22 日

序

一 缘起

（一）日本文化之“粹”

初识日本文化之“粹”，始于笔者在高中阶段阅读的语文读物上刊登的一篇名为《鹤妻》的日本民间故事，至今记忆犹新。

故事的情节是：从前有一个勤劳善良的年轻人，与老母相依为命，以伐木烧炭为生。某年寒冬的一天，年轻人在卖完木炭回家的路上，看到一个猎户在叫卖一只白鹤，白鹤的哀鸣声打动着年轻人善良的心，这个年轻人最终掏出炭钱，把白鹤买下并把它放飞了。双手空空的年轻人回到家里，把事情原委告诉母亲，得到了母亲一番夸奖。但是没有钱给母亲买新棉袄，年迈多病的母亲怎能度过这个寒冬呢？

第二天晚上，突然有人敲门，年轻人打开门，只见一个姑娘站在寒风中请求借宿，她因寒冷几乎失去了知觉，年轻人答应了她的请求。在燃烧的木炭边，姑娘很快恢复知觉，对年轻人说明来意，希望能托付终生。经过几番推辞，年轻人终于接受了姑娘的好意，很快就结为夫妻。

有一天，妻子告诉丈夫自己有特别的事，要躲进家里的橱柜，三天之后方能出来，叮嘱丈夫不可随便打开柜子。丈夫听了满心疑惑，但还是遵守约定，不去惊动妻子。三天后，妻子走出柜子，告诉丈夫说在这三天，她在柜子里织好一匹上等的布，家里缺钱的时候再拿去卖。

就在这时，母亲的旧病复发，亟须用钱。年轻人赶快将布拿到市集，卖给财主，换了好多钱。谁知财主见了年轻人的布匹之后，叹为观止，非多要几匹布不可。

年轻人回家后告诉了妻子。妻子答应织布并再三叮嘱不可打开柜子。一个多星期过去了，妻子毫无动静，丈夫再三呼唤仍没有回响。心急如焚的年轻人一下子打开柜门，只见一只脱落了很多羽毛的鹤正在织布，用的材料正是从自己身上取下的羽毛。

鹤见到年轻人，伤心地说：你竟然偷看了我，现在布已织好，你拿去卖吧。只是我必须走了。对了，我就是你曾经救下的那只白鹤。话音一落，鹤深情地望了年轻人一眼，朝西方飞去，很快就有一群白鹤簇拥着它，慢慢地消失了。

年轻人十分想念妻子。后来在一位老渔翁的帮助下，终于来到妻子所在的仙岛。经过妻子的说明，年轻人才知道她是百鹤之王，因为误入捕鹤者的圈套，几乎丢掉了性命，多亏了年轻人的帮助才得以脱险。为了报答救命之恩，她告别家中的仙鹤姐妹，独自一人到年轻人家里报恩，没想到由于偷窥，她的真实身份被发现，他们的缘分也就结束了。年轻人了解了事情的真相后，知道妻子不可能和他回家了，他无奈地回到家中，和老母相守，直至去世。

这个鹤妻报恩的故事，从文化学的角度说，有以下三点含义。

第一，这是一篇关于爱情奇缘“人鬼情未了”的神话故事。在日本很多地方，都有类似的异类婚姻的故事。异类妻子，除了鹤，还有蛇、鱼、鸟或者狐狸、猫等。此类故事大多以离婚作为结尾，可以说与多以结婚作为喜剧结尾的西方故事大相径庭。

第二，类似故事对于研究日本人的心理是一个十分重要的素材。尤其从婚姻能否成立的角度分析，很有学术价值。男人在贫穷的时候便忍受寒冷而救鹤。鹤为了报恩而嫁给男人。在这一点上，双方是对价的。问题在于结婚后或者有了钱之后，男人变得贪婪，把妻子的奉献看作理所当然，这恰恰是不少男人的一大弊病。从这个故事可以发现，男人的心理是如何产生负面行为的。

第三，男人违反禁令，看到了不该看到的现象。这种禁忌就是“不可以看的禁忌”。这在日本社会，是一种极具普遍性的禁忌。对于异类妻子来说，当自己的原形、本性或者真实的裸体被男子发现以后，她们就不能再与他们生活在一起。所以，为了夫妻能长久在一起，丈夫应当尊重妻子，让她完美地“隐藏本性”。这也就是日本女性不化妆绝不出门的缘由。在后面关于天皇及其家族的神话中，作为神的天皇祖先屡屡违犯了这个禁忌，酿成了一场又一场的家庭悲剧。

（二）日本文化之旅

20 世纪 90 年代，由于从事企业文化教学和研究需要，笔者开始系统地了解日本历史文化。因为日本是现代企业文化的发源地，作为一种亚文化，日本企业文化根植于日本民族的文化之中。

2004 年 10 月，笔者第一次踏上日本国土，出席在长崎县立大学召开的研讨会，在会上发言中提到了“闽商”在明清时期长期垄断中国对外贸易，并举例明末福建泉州的郑芝龙家族就是典型的民间武装走私集团，郑芝龙因为民间贸易来往于福建与长崎之间，并在长崎平户娶了一个日本女子，生下了郑成功。

会后，笔者就这个话题与建野坚诚教授交换了意见，说到了由于中国国内缺乏相关资料，难以就“闽商”与对外贸易做进一步研究。建野坚诚教授频频点头。

让笔者意料不到的是次日下午，建野坚诚教授急匆匆地赶到笔者下榻的酒店，赠送笔者两本日本学者撰写的关于长崎华商贸易史的专著，以及 200 多张复印资料。资料涵盖了日本江户时代（1603～1867 年）以及明治初期，福建泉州商人与长崎民间贸易的详细内容，包括装卸货品、清单和货栈商号。资料所涉年代之久远、保存之完好，让笔者瞠目结舌。在日期间，日方还安排我们专程到平户市参观郑成功的出生地和郑成功庙。

自 2004 年至今，笔者频繁地赴日交流与考察，结识了木村务教授等日本友人，也认识了不少旅日的华人企业家和学者，走访了许多日本文化胜地，阅读了大量关于日本历史和文化的书籍，深深地领略到日本文化的幽玄和风雅。

二　选题

天皇制是日本历史文化的核心问题，被称为“自明治以来直到今天仍未解决的巨大课题”。

日本前首相中曾根康弘曾经提出：日本历史上有两大杰作，一是天皇制，二是物哀。

日本已故的著名文学评论家竹内好曾说过日本“一草一木里存在着天皇制”。

1989 年 6 月 21 日，《朝日新闻》刊登一位英国学者的发言：“每个国家都有历史学家不能解释的历史事实，如美国的人种问题，德国的大屠杀，日本的天皇制。”天皇制被列为人类三大谜之一。

日本人研究中国文化的特质，发现了三个基本要素：皇帝、都市和汉字。其中最重要的要素是皇帝。而日本文化也有相应的三大要素，即天皇、多神和怨灵。

日本作家三宅孝太郎曾经说“天皇是日本人的肚脐”。这个比喻通俗、生动而贴切。“肚脐”，俗称“肚脐眼”。医学上称之为神阙穴，从本质上来说是胎儿出生后，脐带脱落后留下的疤痕，它通常可以是一个小凹陷或是一个小凸出。肚脐的细小通常带来一定的组织弱化，它易受脐疝气的影响，肚脐是腹部柔弱的部分，日常要注意保护，不可使之受冷或用手抠等。

日本历史学家芳贺幸四郎是“天皇肚脐论”的提倡者。他说，天皇就像自然人的肚脐，在人出生之前，肚脐是非常重要的器官，但在出生之后，就成了无用之物，但既然无用，如果没有的话，也会令人困惑。当人意识到肚脐的存在时，就是腹部不舒服的时候；同样，当人意识到天皇存在之时，就是国家情况最糟糕之际。

芳贺幸四郎把天皇制比喻成日本人的“肚脐”的喻意在于以下三点。

第一，在日本经济、政治、文化孕育过程中，“天皇制”是一条连接母体与胎儿的“脐带”，没有这条“脐带”，胎儿的生长无从谈起。日本天皇制的兴衰史，也是一部日本社会的变迁史。

第二，在日本历史上，从平安末期到江户幕府垮台，日本天皇将近 700 年远离权力中枢，先后被三个武家政权架空，只管祭事，不问政治。第二次世界大战（以下简称“二战”）后，日本天皇制已成为一种象征。象征天皇制，宛如胎儿成熟降生后，切断脐带而在婴儿的肚子中间留下一个永恒的疤，这就是肚脐。平时它是一种摆设，有点丑，但没有它，就会让人联想到没有肚脐的挺着光滑肚皮的大青蛙那么奇怪和滑稽。

第三，肚脐是人体的一个薄弱点，要备加呵护。它怕冷，所以即使天热，人们睡觉时也要拿一条小毛毯遮住肚脐，以防着凉。作为象征天皇制，天皇已经由“神”变成“人”。现在天皇和皇室除了一年要花费日本纳税人的一些税金，比如 2015 年日本皇室运作费用约合人民币 15 亿元，平均每个日本人承担 12 元外，基本上不给日本政府和社会添麻烦。但是，天皇和皇室一旦有风吹草动，往往会成为日本的头条新闻。如 21 世纪初在悠仁亲王降生之前日本人就为了要不要设女性天皇一事吵得不可开交，2006 年 9 月，日本皇室时隔 41 年才诞生了一个男丁，即当今天皇的亲孙悠仁亲王，皇位后继有人，日本人才停止了争吵。2016 年 7 月，天皇明仁以年事渐高、不胜国事为由，透露了退位意向后，关于“天皇退位”的新闻，就日益引起人们的关注。2017 年 12 月，日本政府正式决定明仁于 2019 年 4 月 30 日退位，皇太子德仁次日即位。日本人才完全平静下来。所以说，这个“肚脐眼”一旦着凉，还是会牵动日本人的神经。

一部天皇史，就是一部日本史，也是一部日本文化史。天皇制凝结着日本人的最高智慧，是日本人对世界政治制度设计的一大贡献。千百年来，它已经成为日本政治文化、历史文化的基石，只要日本还继续存在，只要大和民族没有灭绝，天皇制将始终存在，成为日本人精神家园的一个归宿点。

基于上述的认识，笔者长期关注日本天皇制，并以此作为认识、了解和研究日本历史和文化的切入点，以“从《古事记》探究日本皇室起源的神话”为标题，将从三个方面进行研究，将此成果奉献给广大读者。

（1）天皇和皇族的起源神话。日本神话是日本文化的起点，而日本神话又是以天皇和皇族起源的神话为核心。这部分内容将以日本《古事记》为主体，结合日本国内外史实，详细介绍和分析、解读关于日本天皇和皇族的神话，包括创世神话、高天原神话、出云神话、天孙降临神话、日向神话五大部分。

（2）天皇评传和天皇制兴衰过程。这部分内容将从初代天皇神武天皇入手，根据日本各个时代的变化，系统、全面地介绍一百多位天皇的历史，重点介绍历史上较有作为的日本天皇或另类天皇。

（3）天皇制的结构特征和皇室制度。这部分内容较具学术性，也很有挑战性，包括天皇制是怎样产生的？它为什么能够长久占据日本历史舞台？它由哪些基本要素构成？这些要素对天皇制的影响力具有怎么样的作用？同时也探讨皇室制度，包括皇位继承制度、皇室的经济制度和法律制度。

与此同时，将天皇制与历史上曾经存在过的帝制，如中国帝制，以及现今仍存在的皇室如英国王室做横向的比较，以拓宽天皇制的研究视野。

从这个研究计划来看，这是一项浩大的工程，因个人的学力、精力所不逮，笔者将倾余生研究之，持之以恒。

日本镰仓时代一代歌人鸭长明，其才学深得后鸟羽上皇的赞赏。这位日本歌人竞争贺茂神社的社司未果，失望之下痛感人生无常，加之当时兵荒马乱、天灾人祸不断，五十岁时于官场不辞而别，遂遁世至日野山方丈庵，写下了随笔《方丈记》，开首是：

河水滔滔不绝，但已经不是原来的河水。

前　言

皇族或王族的兴衰，既是相关国家历史发展的缩影，也是世界史的重要组成部分。皇族尤其是皇帝或国王的生死起伏，构成了相关国家乃至世界史上惊心动魄的场景、片段。

随着人类社会的进步和历史的变迁，中国、法国、德国、俄罗斯等皇室已陆续退出历史舞台。而至今仍健在的大多数皇室，如英国、日本皇室，其君主已成为国家的象征，“统而不治”，远离国家权力中心，除了担任礼仪性的国家元首外，还承担一些慈善性的社会工作。当然，有的君主在国内出现政治危机或重大灾难时，在国民的精神上会起到镇静剂的作用。

2011 年 3 月 11 日，东日本发生千年不遇的地震和海啸，随之而来的核辐射使半个日本遭遇了重大的打击，这是日本二战后六十多年所未见的，日本人陷入空前的恐慌。

3 月 16 日，77 岁高龄的明仁天皇发表《告全国国民书》的电视讲话。他希望全体国民在灾难面前不要放弃希望，要民众保重身体，为了明天好好活着。要知道，这是二战以后日本天皇第一次发表全国电视讲话，而上一次的讲话是他的父亲昭和天皇在 1945 年 8 月 15 日发表《终战诏书》，时隔已经 66 年了。天皇夫妇没有遵从内阁发出的“暂避关西”的劝告，而是留在东京，并对灾民开放皇宫内医院，和东京市民一样每天“自主停电”数小时，以手电筒照明，在烛光下进餐，并到访灾区，跪在地上向灾民慰问。这一切亲民的做法有助于缓解社会心理压力，与国民共进退，使得天皇和皇室赢得了日本国民的普遍尊重和赞誉，他们已成为日本社会的一根“定海神针”。

日本天皇制起源于日本古代社会，从公元8世纪初，至平安时代末期，形成了“天神五代—地神七代—人皇百代”的天皇世系话语，这是受中国古人“天地人”三才思想的影响。“天神地祇”是编造出来的神话，强调日本皇室始祖神天照大神与天皇制的关系，以凸显天皇制的神圣起源和连续性，这是研究天皇制的逻辑起点。

至于“人皇百代”，意味着无数、多代天皇，亦即“万世一系”，绵绵不绝，与天地同在。正如日本神话中提到的，天照大神发出“神敕”说：“苇原中国当以吾子孙为王”，“宝祚之隆当与天壤无穷矣”。通俗地说，日本国土和万物是由“我”缔造的，“我”的子孙应当世世代代统治这个国家，与天地共始终。

一　记纪神话出台的背景

公元671年12月3日，一代名君日本第38代天智天皇在大津宫病逝，其子大友皇子登基。

672年6月23日，大海人皇子在众多豪族的拥戴下，于美浓（现在的岐阜县）举兵，日本史上有名的“壬申之乱”爆发，7月23日，双方决战，朝廷军队敌不过大海人皇子临时拼凑的杂牌军，落败的大友皇子在京都山崎自杀，其首级三天后被送到大海人皇子面前，“近江王朝”垮台。673年，大海人皇子登基，成为第40代天武天皇，而失败的一方大友皇子被排斥出天皇系谱，直至1870年，明治政府才承认这位天皇的存在，赠予“弘文”的谥号，列入第39代天皇。

天武天皇以武力夺得皇位，上台后最为迫切的一件事，就是学习中国，编写“正史”，论证和解释他执政的正统性和合法性。

首先是国家将统治的轨迹记录为“正史”，以之为正统性的根据而编纂书籍，这种观念一直为中国历代王朝所沿用。天武天皇也继承了这个观念，诏令编撰国史，由于种种原因，编史进程缓慢，直至他死后26年亦即公元712年1月，安万侣才将《古事记》献给元明女帝。720年，由天武天皇的儿子舍人亲王领衔的写作班子向元正女帝奉上了日本版的《史纪》——《日本书纪》。

这两本著作编辑的主旨在于阐述日本民族的起源、国家的形成、天皇的由来。

《古事记》与《日本书纪》(以后简称"记纪")都是"以后代之意，记上代之事"的日本古典史书。两部著作的神代卷相似，通称"记纪神话"，多以神话代史，把神话当作历史。两书构成了日本古代统治者的政治哲学，是古代天皇制的思想基础和源头，同时也是维护日本皇室"万世一系"的防身法宝，达到了天武天皇的"邦家之经纬、王化之鸿基"的政治目的。

历史的开头总是神话！

历史上，在东方国家，每当新的王朝和国家建立时，新国家就会炮制建国神话。按照建国神话，建国是必然的，且受命于天。为了强调太祖的神圣血统，建国神话往往从太祖的祖先开始，只有继承了神圣血统的太祖才能建国，强调神圣血统的理由是为了保证王朝的正当性。那些血统不那么神圣或不那么高贵的家族或个人，只能望而却步，不敢有取而代之的奢想。在这点上，日本皇室做得最为成功。

记纪神话告诉日本人：天皇的祖先是创造日本的天神。天皇是最高神天照大神的直系子孙。在古代日本人心目中，有资格统治这个国家的，要么是天皇本人，要么是天皇授权的"代理人"。当然，日本天皇没有演变成像中国皇帝那样人人必须服从的专制帝王，无论是藤原家族长期专权的摄关政权，还是后来出现的三个武家政权，都不敢冒险推翻天皇，而是想办法做了更稳妥的天皇"代理人"，从而避免了战争和杀戮的改朝换代而给国家和百姓造成的无休止的灾难。所以，在政治制度的设计方面，"天皇制"和现代的"三权分立"一样，是人类智慧的结晶。

从中日比较研究来看，日本从公元五六世纪开始进入律令制国家时期，统一的国家制度需要对王权政治的正当性或合法性做出合乎民俗信仰的解释。在中国，西周以来的王权以"天人合一"的天命观为依据，但这不符合日本的民俗信仰，日本自古以来有浓厚的自然崇拜和祖灵崇拜。记纪神话，本质上是一种皇室政治的意识形态，或者称之为政治神话。这个神话构筑了皇室神道的基本框架。因此，记纪神话实际上是日本版的"皇权神授"的说教。

二　记纪神话是天皇制存在的理论基础

日本古代天皇制能得以长久存在，主要有以下几个原因。

1. 地理位置是天皇制存在的外部环境因素

文化学者格利高里·克拉克认为，日本吸收了大量的中国先进文化，但没有完全被“中国化”，日本与中国之间的这种“这么近又那么远”，很像地中海地区的克里特岛与埃及的关系，克里特岛的米诺斯文化受到当时超级文明大国埃及的影响，但是仍然发展出与埃及完全不同的文化体系。最大的原因在于，克里特岛是一座与非洲大陆存在着一定距离的岛屿。日本因为地理上与中国相隔着大海，就没有完全被同化，中国文化和日本文化是两种异质文化，日本不属于中华文化圈。而朝鲜半岛则不然，在李朝时代曾经达到“百分百的中国化”。

波涛汹涌、吉凶难测的大海为日本构筑了一道安全屏障，蒙元时期仅有的两次对日本的武装攻击，都因为遭到所谓的“神风”而折戟沉沙。无外敌之患，天皇制也就首先避免了像中国那样被拥有强大的军事力量的少数民族所取代的厄运。

当然，大海的存在增加了日本对外交往的成本，但也保护了日本民族不受外敌入侵，不需要像中国那样修筑万里长城。到了江户幕府末期，美国“黑船”叩关，轻易地突破大海的阻碍，日本人再也没有办法利用大海来保护自己，因为“黑船”是移动的，日本不可能在所有的海岸上都修筑炮台。

2. 记纪神话是天皇制的理论基础

日本古代的神道思想，是建立在日本神话基础上的。它将天皇看作日本创世神话中天神的后代，相信天皇手中的权力来自先验的、超自然的力量。中国古代官僚机构如唐朝，皇帝之下有门下省、尚书省、中书省“三省”，尚书省下又分设吏、礼、兵、刑、工、户“六部”。而日本在律令时代，天皇之下分设“二官”，即太政官、神祇官。太政官总揽国政，是代理天皇处理所有政务的最高决议机构，太政官之下设八省，作为具体的办事机构。神祇官则是国家的神职机构，掌管祭祀。从理论上看，日本天皇是集人间权力及与神祇沟通权力于一身的人神合一的存在，其权威和影响力要比中国的皇帝大得多。因为中国的皇帝只管人，管不了神。

然而，在日本人看来，天皇是大和民族的精神领袖而不是统治者，从不以政绩看待天皇，天皇是日本的精神支柱和神道教的核心。

因为在神话中，天皇的祖先是天照大神，主要豪族的祖先也被列为天照大神的亲戚或建国的协力者。这个说法确立了天皇家的地位，一方面，天皇是永远的主人，各大豪族是家臣，这种主从关系永远被定格，想取代天皇，就是大逆不道，必遭天谴；另一方面，也束缚了天皇，形成了天皇不能抱有私欲的结果。既然皇祖神是最高位阶的人格神，当然不能受到尘世污染，也不能擅自行使权力，天皇不能犯错。于是天皇就成了“虽君临天下，却不统治天下”的存在。实际治理国事的是地方豪族的先祖神。恰恰是天皇“统而不治”，成了天皇家一脉相承、万世一系的主要原因。“不让你干活，是为了保护你。”

3. “虚君制”是天皇制的政治基础

正如前面所说，基于记纪神话和神道思想，天皇应当成为精神领袖而非世俗君主，在政治设计上，天皇是“虚君”，是神主牌。天皇的存在要比推翻天皇更有利于社会安定。从历史上说，天皇行使权力的时间并不长。早期的天皇只是大和朝廷的会议召集人，是各个豪族推选出来的盟主。后来，天皇建立了律令制度，实行中央集权。平安时代中期以后，藤原家族长期把持朝政，推行摄关政治。到了平安时代后期，第 72 代天皇白河上皇实行“院政”，把权力从藤原家族那里夺回来，以天皇父亲的身份治理天下。几十年后，源赖朝建立镰仓幕府，权力从天皇和贵族手中，逐渐转移到武士手里。天皇和朝廷贵族权力日益丧失，这种情况持续了 700 年，直到明治维新，天皇又一次走进权力中枢，但七八十年后，随着日本的战败，天皇再次成为一种象征。

从日本历史上看，“双头政治”或者“二元政治”，构成了日本政治生活的游戏规则。从国家层面来说，“二元政治”由“天皇—摄关”过渡到“天皇—院政”，再发展为“天皇—幕府”，明治维新后，定格为“天皇—内阁”。

在日本史上，随处可见“二元政治”的应用和体现。比如镰仓幕府，掌握权力的不是将军，而是执权北条家族；室町幕府时代，除个别将军如足利义满，大多数将军成了傀儡，权力控制在四位管领手中；在江户幕府时代，老中往往掌握实权。明治政府时期，实际权力掌握在大久保利通、伊藤博文、山县有朋等强藩出身的政治家手中。

三　记纪神话的发展阶段和来源

神话是人类最早的历史和记忆。神话之中隐藏着古代的宗教、哲学、历史、道德、风俗习惯。我们可以从一个民族的神话了解该民族的世界观、人生观和价值观，以及他们的智慧与生活方式。一个民族如何认识自己的祖先，如是将自己视为从动物进化而来，还是神创造的，是神的后代，将对本民族的宗教、道德和政治产生深远的影响。日本人以为他们的祖先是各种大大小小的神，天皇是最为高贵的太阳神的后代，所以才会世代相信、尊重、崇拜天皇，以谨敬为尊，以骄奢自满为耻，敬畏自然，顺应自然。不了解日本神话，就无法理解日本的历史与文化。不了解日本神话，就不可能了解日本的一切。

（一）记纪神话发展的三个阶段

日本学者在比较神话学、民俗学、历史学等方面的研究，认为记纪神话传说的形式，大体经历三个阶段。

第一阶段是3世纪以前的原始自然神话。自然神话是与原始农耕文化相联系的。日本先民崇拜内在于自然物和自然现象的力量，“一草一木皆有神性”，认为无论是日月星辰、风雨雷电、江河湖海还是各种动植物的背后都存在可畏的精灵，这些精灵被特定的氏族供奉而成了“神”。这时的神充满着极其朴素的自然崇拜和万物有灵色彩，而缺少超越性。与人的社会地位平等相对应，神的地位也是平等的。

第二阶段是3世纪至5世纪末的礼仪神话。这时的日本已经成为祭政一致的国家。大王或氏族贵族既是政治上的统治者，又是祭祀农耕神、地方神和氏神等各种祭仪的司祭者。如中国史书中提到邪马台国女王卑弥呼“事鬼道，能惑众”，当时政治上的统治者为了要说明自己作为神人媒介的祭司和氏族权威的由来，编造了各种神话，如“天岩户”传说中对占卜和祭仪的描写、“三轮山”传说中的神人结婚故事以及须佐之男和大国主神的传说，都是当时一些强力氏族族长或部落酋长的升级版。

第三阶段是6世纪至《古事记》《日本书纪》成书时的政治神话。此时的天皇朝廷已不仅是大和地方的王权，其统治范围已遍及日本全国。由于日本独特的地理环境，丘陵众多、山势险峻、交通闭塞，形成了各种地方割据势力，豪族仍拥有很大势力。这一阶段形成的神话传说构成《古事记》的主要内容，核心是王权神话，天照大神是众神之王，天皇是天下共主，各大豪族的祖先要么是天照大神的亲属或亲戚，要么是随天孙下凡的神，各个豪族因某种与皇室的关系而联结起来。朝廷通过对以前的《帝纪》《本辞》进行反复比较、选择和取舍，最后形成记纪神话。

（二）记纪神话的来源

20世纪50年代，日本史学大师加藤周一认为日本近代化以来具有两种倾向：近代主义者极力排斥日本元素，主张全盘西化；国粹主义者试图消灭外来文明而回归日本传统。加藤周一认为与其斗得死去活来，还不如折中调和，将日本文化规范为杂种文化，从中找出普通适用性的东西。“杂种文化”一词就这样登上学术讲台，被日本人欣然接受，并引以为傲。

实际上，我们无法找到一个纯粹的民族和一种单纯的文化。日本文化来源的多样化决定了日本神话来源的多样化。

吉田敦彦在《日本神话的源流》一书中指出，日本神话体系包含着起源不同的诸多要素：印欧神话经阿尔泰，以游牧民族为中介，将亚欧大陆草原游牧民族神话传到朝鲜半岛，又由朝鲜传至日本，是为神话传播的“北方系”；与印欧神话并立，对日本神话有重大影响的是中国长江以南至东南亚等地区的农耕文化，此为“南方系”，其中的稻作神话在日本神话中占有重要的位置。

自古以来，日本文化就被形容为“风吹成堆的文化”，在日本绳文、弥生和古坟时代，来自日本北部、西部和西南部三个方向的大量移民涌入日本，带来了各种文化。

吉田敦彦认为日本神话有三大来源。

首先，日本神话实际上是经由朝鲜半岛从斯基泰人那里传承而来的，斯基泰人的神话，摄取了大量以古希腊神话为主的欧洲神话的成分。这是日本神话的主体。

其次，对日本产生强大影响的是中国文化，尤其是中国长江以南地区，大量农作技术随着移民带到日本。日本神话中特别是男神伊邪那岐与女神伊邪那美的出场部分以及山幸彦同海幸彦兄弟内斗的故事，完全受到中国南部神话的影响。

最后，日本神话故事还受到东南亚地区神话和南太平洋神话的影响，尤其是天孙神话中有着相似的描述。

总之，日本的记纪神话体系是以天皇政治神话为核心，同时吸收了地方豪族的氏族神话、外来移民所带来的神话，以及日本原住民的神话，共同构成的一种较有系统性的神话体系，和古印度神话一样，成了亚洲较有代表性的两个神话体系。

四　本书写作的结构安排

本书将以邹有恒、吕元明翻译的《古事记》为蓝本，参照周作人翻译的《古事记》，把《古事记》上卷，也就是神代卷，分为五大部分。

第一部：创世神话

本书的第一章至第五章讲的是创世神话。日本人称之为国土生成神话。创世神话讲述天地初分，五尊特别天神和神世七代诞生；父神伊邪那岐和母神伊邪那美奉神敕修固国土，产生大八岛，生育众神；母神因生火神而死，父神杀火神赴黄泉国探妻；父神违背承诺，导致母神追杀，夫妻反目成仇；父神自黄泉国返回，因“死秽”而祓禊，生下“三贵子”和众神，他分封洗左眼而生的长女天照大神为高天原的统治者，封洗右眼而生的月读命治理夜之国，封洗鼻子而生的须佐之男治理海洋。前二神皆应命，唯独须佐之男不从命，哭闹着要去根国见亡母，父神大怒，剥夺其继承权并赶走他。

第二部：高天原神话

本书第六章讲的是高天原神话（天岩户神话）。高天原神话始于须佐之男到高天原向天照大御神辞行，姐姐误以为弟弟要抢夺她的位子，全副武装严阵以待，为证清白，姐弟在天安河盟誓，各自又生出一堆神。须佐之男大闹高天原，无法无天，天照大神害怕，躲进了天岩户，天上天下一片黑暗，八百万众神齐集天安河原，成功地让天照大神走出洞穴，并严惩须佐之男，将其驱逐出高天原。

第三部：出云神话

本书第七章至第八章讲的是出云神话。共分两部分，先是讲须佐之男被赶出高天原后，流落到出云国，因奇缘斩蛇救美女，盖房娶妻，在出云建立根据地；接着是他的后代子孙大国主神受众兄弟迫害，后娶须佐之男的女儿，在须佐之男的帮助下，打败众兄弟，后来在两位神的辅助下成为出云的统治者。

第四部：天孙降临神话

天孙降临神话是整个记纪神话的核心。内容包括第九章和第十章的第一、二节。它分为两大部分，先是天照大神和高御产巢日神在和平让国无望的情况下，采取武力逼迫大国主神让出出云国的统治权（让国神话）；然后发出天孙降临的神敕，天孙成了日本皇室的真正始祖。

第五部：日向神话

日向神话包括第十章第三节和第十一章。它叙述了天孙祖孙三代在日向的生活状况，分为三部分，首先是天孙迎娶木花之佐久夜毗卖为妻，在日向地区安家落户，生下火照命、火须势理命和火远理命三个儿子；其次是火照理命（海幸彦）与火远理命（山幸彦）兄弟之间发生矛盾和冲突，火远理命与海神结盟，并迎娶海神之女丰玉毗卖命，从而打败了火照理命而成为天孙唯一的嫡流，并生下了儿子鹈葺草葺不合命；最后，鹈葺草葺不合命长大后，娶了照料他的姨母玉依毗卖命为妻，生下了神倭伊波礼毗古命等四个儿子，而神倭伊波礼毗古命后来成为日本初代天皇神武天皇，标志着人皇时代的到来。

目　录

第一章　天神诞生

本章描述了天地始分，在高天原先是诞生了三尊主神，后来又出现了两尊神，都是独身神，合起来共五尊神，是谓特别天神。以后又诞生了神世七代，最前面的两尊是独身神，各为一代，其余成双的十尊神是男女神，也是兄妹神。每二神为一代，共七代。

本章主要内容如下。

1. 是神创造了世界还是神出现之前就已经有了世界，这是东西方创世神话不同的出发点。

2. 古代日本人是如何描述天地世界的？如何理解所说的“国土幼稚”？

3. 天神是日本神话的主神，是高天原神界的核心阶层，其中最早产生的三尊神构成了神界的三大主格神和领导核心。

4. 日本人对“神”的理解及“神”的功能和定位。

第一节　天地起源神话

一　天地起源的神话

创世神话有两大主题：一是天地起源神话，二是人类起源神话。天地起源神话是每个民族神话的开端，只有天地诞生了，人和万物才有一个生长和活动的空间平台。

天地起源神话包含三重内容：①对天地产生原因的解释，天地究竟是神创造的还是自然形成的；②古人对天地外观形状的认识和描述；③宇宙的结构。

日本人关于天地起源神话深受中国古代神话的影响，其观点如下。

1. 天地是自然形成的

在天神出现之前，就有天地，就存在“高天原”。最初天地处于混沌分化的状态，终于随着天地的分化形成了宇宙。

《古事记》作者安万侣在序言中写道：“夫混元既凝，气象未效，无名无为，谁知其形。然乾坤初分，参神作造化之首，阴阳斯开，二灵为群品之祖。”

通俗地说，最初的混沌世界虽然已经凝结，但尚未出现形成万物的生命及其活动，这是一种无名无为的状态，谁也无法知道其状态。但是，随着天与地分开，天之御中主神、高御产巢日神、神产巢日神三尊神作为最初的创造之神诞生，产生了阴与阳、男与女的区别，伊邪那岐与伊邪那美两位神灵最终成为国土生成和万物生育的父神和母神。

《日本书纪》开头写道：“古天地未剖，阴阳不分，混沌如鸡子。”在中国古代文献《三五历记》则写道：“最初之，天地混沌如鸡子。”就是说最初的世界是混沌的，没有光亮，没有高山河流和生命万物，宇宙就像一个巨大无比的鸡蛋。可见，在对天地宇宙最初形态的描述上，中日神话有高度的相似性。

2. 一系列大神的产生

在宇宙刚形成时，高天原就出现了天之御中主神（宇宙中心的神），随后又出现了高御产巢日神和神产巢日神，陆续又诞生了一系列神，统称为“五尊特别天神”和“神世七代”。

3. 属于“宇宙卵”的创世母题

把天地或宇宙比喻为一个大鸡蛋，即“宇宙卵”，是很多民族神话中共同存在的母题。伊朗神话对这个“宇宙卵”做了描述，说是神用质地为阳性金刚石的闪光金属创造了光辉夺目的宇宙，那是一个卵形物体，像一个巨大的鸟蛋，大地相当于蛋黄，而天空相当于蛋壳。

在更古老的太阳神密特拉的神话中讲到密特拉出生于石头蛋中，其出生时石头蛋从中间崩裂。印度神话中也同样有宇宙卵生神话。讲的是在一片混沌之中，水首先被创造出来，此后，由水生火，由于火的热力又使水中生出一个金黄色的蛋，经过长时间的漂浮，又从中生出万物的始祖——

大梵天，这位类似中国盘古的大神将蛋壳一分为二，上半部变成了上天，下半部变成了大地。

伊藤清司认为《日本书纪》中关于天地起源完全借用了中国《淮南子》《三五历纪》等古代文献的内容。高木敏雄也认为日本天地起源神话完全是模仿中国开天辟地的一种自然主义哲学，具体地说就是受到中国的儒道、神仙思想和阴阳五行学说的影响。比如《古事记》中的“乾坤初分”“阴阳撕开”，以及《日本书纪》中所说的“清阳者，薄靡而为天，重浊者，淹滞而为地”，等等，均来自《淮南子》的说法。总之，古代日本人在关于创世神话的基本逻辑和表述上，完全借鉴和吸收了中国神话的基本要义。

二　幼稚的国土

在《古事记》开头，讲到天地形成之初，国土幼稚，如同漂浮在水面上的油脂，那样浮游。

这种对国土最初形态的描述有如下两层意思。

第一，最早的世界大部分被水所覆盖，陆地面积忽大忽小，而且是漂移不定的。

根据日本学者的主张，在大冰川期结束之时，日本列岛所在地发生了全面、剧烈、长期的火山大活动，大冰川期忽热忽冷的反复剧变，使日本列岛周围海面反复陆化和海化。因为一进入冰期，海水则自然大量收缩，周围海面的大部分自然渐渐“陆化”（变成陆地），这种现象被称为“海退”。但一旦进入解冰期，则海水自然又渐渐猛涨，陆化了的海面，又自然变成汪洋大海，其海面之高甚至远远越过了平常的海面，这种现象又被称“海进”。也就是说每隔一段时间，天气寒冷，海水结冰，大量土地会裸露出来；又隔若干时间，天气转热，海水解冻，重新淹没原来的陆地，陆地面积又大大缩小。根据板块构造学说，今天的日本列岛是从俄罗斯东部的大陆和朝鲜半岛上分离出去，至今日本列岛仍在缓慢向东漂移。《古事记》十分生动而形象地描述日本陆地就像一只只漂游的海蜇，浮在水面，相对于浩瀚的海洋，构成了大大小小的海岛，点缀于其中。

因为陆地漂浮在水面，会随时移动，所以需要有驮负者，大地才不会下沉和移动，这是早期人类普遍存在的一种观念。在中国神话中，神龟具有驮地的作用。在马王堆一号墓出土的彩绘“非衣”帛画最下端是一个大力士足踏鳌鱼之背，鳌鱼浮在水上。如果鳌鱼眨眼，便会地震。这里的鳌鱼实际上是一种大海龟。此外，驮地者还有大鱼、鲸、牛、龙等。乌丙安先生称之为“地震鱼”，他认为地震鱼观念的产生体现出：大地震引起的种种大地浮动观念与对鱼类的水栖特性的认识相结合的原始思维特点。

中国古代有“鲇鱼翻身地震动”的传说，后来传入日本。16世纪末日本民间便出现了“地震鲇”的传说：大地是靠一条巨大的鲇鱼支撑着，鲇鱼不高兴时，身体一动，尾巴一甩，就造成了地震。为了避免地震，就要用巨大的石头将其压住，不让它动弹，这样就不会造成地震。这个传说实际上是日本人早就注意到地震前鲶鱼的反常行动之故。据说1855年江户地震前夕有鲇鱼大量出现；1923年关东大地震，也出现大量鲶鱼群异常迁移的情况。因此，日本有“鲇鱼闹，地震到”的谚语，日本最大的群众业余地震预报研究组织就取名为“鲇鱼会”。除了鲇鱼，日本一些地方也认为鲸鱼是驮地者。

第二，《古事记》所形容的国土状况，恰恰是大洪水过后的状况。

世界大多数民族的神话都有“大洪水”神话，很多人认为日本神话中没有“大洪水”这一神话母题。实际上，在笔者看来，日本神话直接省略了“大洪水”神话，而是从洪水过后，兄妹神奉命生成土地讲起，兄妹神在高天原上往下看到的是一片汪洋，大地泥泞不堪。

从日本的地理位置和气候条件看，北寒而南热，总体比较温暖潮湿，降雨量充沛，有利于食用性植物的生长。日本境内有无数的沼泽和湿地，这种地方最适合开垦使它成为种植水稻的良田，这是《古事记》将日本称为“丰苇原瑞穗国”的理由。顾名思义，“丰苇原”就是芦苇生长茂盛的低洼地，而“瑞穗国”则是盛产良好品质大米的水稻之国。

第二节　特别天神与神世七代

一　造化三神

世界之初，并无天与地的区别，是从一个混沌的黑暗开始，在那团混沌中，清明的能量上升成天，沉重的能量下降成地，天界被称为高天原。在那里最初诞生的神是天之御中主神，然后诞生了高御产巢日神和神产巢日神，是为造化三神，之后又产生了二神，合称五尊特别天神，是第一代创世之神。

在一些民族的神话中，也有三大神的提法，如中国神话中的“三皇五帝”中的“三皇”，分别是天皇、地皇和人皇；中国道教中的最高神也是三尊神，分别是元始天尊、灵宝天尊和道德天尊（太上老君）。印度神话中有三大主神，即创造之神大梵天、保护之神毗湿奴和毁灭之神湿婆。

造化三神，据说都是独神，也就是没有性别区分，不男不女。没有配偶，没有子孙后代，因而是独身之神。同时也是隐身之神，也就是说一旦成形就马上躲藏起来，不见踪影了，即“神隐”。

（一）天之御中主神

天之御中主神，从神名直译就是天空中心之神的意思，他是高天原神界最早诞生的神，同时是最高规格、至尊至贵的大神。

这位主神尊贵到没有任何作为和任何个人事迹，他一成形就马上躲起来，而且再也没有出现过，成了象征世界本身的大神。因为他没有任何丰功伟绩，既没有给日本人带来任何实际好处，也从不为难日本人，所以日本各地很难找到以他为主祭神的神社。

东京中央区有一座以天之御中主神为主祭神的神社叫“天水宫”，奇怪的是神社正门前安置了河童妈妈和三只河童的铜像，称为“安产子育河童”。到此参拜的孕妇相信，只要摸摸河童妈妈的头，就能保佑她顺产，因此铜像的头被摸得锃光瓦亮。在日本人看来，天之御中主神主宰宇宙万物，但宇宙实在太大了，还不如传闻能保护母子平安的河童来得实际和实惠。在日本民间传说中，河童是一种会把路边的孩童拉到水中杀害的妖怪，后来被加藤清正派山猿剿灭之，河童不敌山猿，残部就投靠水神，改邪归正，成了天水宫的吉祥物。

天之御中主神暗喻天皇，换言之，天皇在世俗世界就要扮演这位主神的角色，当个隐身神，每天躲在皇宫里，不做任何事，“御天下统而不治”。

（二）高御产巢日神

这位大神又名为高木神，从神号上看，名为产巢，说明有极其旺盛的生产力和生命力，是天上掌管万物生育的大神。其级别是日神，应当是仅次于主神的大神。

高御产巢日神和神产巢日神是阴阳两极相互对接的大神。高御产巢日神是高天原的创造神和决策者。他并没有如《古事记》里所说的是独身神和隐身神，因为他有子女，而且不甘寂寞，经常对众神发号施令，是高天原的幕后大老板。《古事记》和《日本书纪》中对他的事迹有如下的记录。

第一，天照大神不堪忍受须佐之男的欺负，躲进山洞，世界顿失光明。在他的授意下，八百万神聚集一起开紧急大会，其子思金神出谋划策，成功地把天照大神从山洞里拉出来，让世界重见光明。可见父子立功不小，成了日后与天界众神讨价还价的资本。

第二，该大神把女儿许配给天照大神的儿子，结成亲家，生下的天孙实际是他的外孙。他们父子俩和天照大神合谋，最后以武力迫使大国主神交出江山。然后派天孙去接管，成了人间的最高统治者。所以，高御产巢日神表现出强烈的外祖父的理念，由于他的杰出贡献和巧妙设计，和天照大神一样成了日本皇室的“皇祖神”。

第三，在神武东征过程中，神武率领的天孙族在熊野村集体中毒遇险，是这位大神和天照大神商定要再次派武神建御雷神下凡相助，尽管援军并未发出，却也授刀，并派八咫乌给神武的军队带路，走出死地，最后东征胜利而建国。

联系《古事记》成书阶段的政治现实，不难看出这位大神影射的就是制定日本摄关政治游戏的藤原不比等，正是他得到从持统至元明多位女天皇的绝对信任，推行律令政治，并成功地让他的两个女儿分别成为文武天皇和圣武天皇这对父子天皇的妃子，而实际掌握朝政，他的后代子孙藤原房前、藤原良房、藤原基经，直至到藤原道长，摄关政治达到顶点，其以天皇外公的身份采取摄政关白的政治手段，完全架空天皇，控制日本朝政近二百年，藤原氏成为仅次于日本皇室的显赫家族。

（三）神产巢日神

相对于高御产巢日神，神产巢日神就没有那么光鲜，他是掌管幽冥界的大神，他支持和帮助大国主神建国，是出云神系的保护神。

和高御产巢日神一样，神产巢日神也有子女，也喜欢抛头露面，爱管闲事，他不是独身神，也不是隐身神。

在《古事记》的记载中，与这位大神相关的事迹有如下内容。

第一，须佐之男被赶出高天原时，向大气津比卖神乞讨食物，因误会将其杀害，女神死后尸身化生出五种粮食，取种子以为五谷谷种的，据说是神产巢日神的母神。这点实在让人匪夷所思，高天原诞生的第三位神，怎么会有母神？那么，这个母神是谁？有没有父神？如果有，那么父神又是谁？

第二，在出云神话中，大国主神差点被众兄弟杀死，大国主神的母神向神产巢日神求助，神产巢日神派遣两神医治好大国主神。

第三，大国主神后来打败了众兄弟，开始建国，需要强有力的辅助者。于是，神产巢日神派他的儿子少名毘古那神相助，据说这个儿子是从他手掌滑落的神明，两神结拜成为兄弟，合力建国。可以说，神产巢日神为出云国的建国立下了汗马功劳，是出云国的保护神。在律令制下，神产巢日神被列为保护天皇的八神之首，被供奉于“八神殿”。

有一点令人困惑的是，根据大国主神在让国后所吟唱的歌词，神产巢日神在高天原上还买了房子，有自己的住处。既然是隐身了，怎么还有房子，还住在那里。所以说，他和高御产巢日神一样，是一位充满矛盾的神。这些矛盾究竟是《古事记》作者疏忽造成的，还是作者有意为之，在笔者看来，世界本来就充满矛盾，这些矛盾是人和神共同造成的。

二　五尊特别天神：“3+2”模式

高天原在诞生了天之御中主神（代表宇宙中心的形成），高御产巢神和神产巢日神（这二神都是生成之神，代表着创造力的诞生）这一组三大主格神后，接着诞生的是不同涵养的第四尊大神，名字很长，叫宇摩志阿斯诃备比古迟神，其中宇摩志是美好、阿斯诃备是苇芽，比古是男子的美称，迟是男子敬称的语尾，用现代语来说是由芦苇芽生出来的好男子。这位神是国土尚未形成时，最早产生的一种像芦苇那样的植物化成的神。它代表的是一种旺盛的生命力，象征着成长的力量。

第五尊神叫天之常立神，意思是永远存在于高天原，它表示天之常存永在。他和稍后的国之常立神是成对的神明。

第四、五尊大神是真正的独神，也是真正隐形不现的大神，这两尊神在以后的场合再也没有出现过。

前三尊是造化神，再加上后两尊大神，被称为特别天神。为什么要冠之“特别天神”或“别天神”？因为他们是宇宙出现后诞生的第一批大神，是整个神界的源头。相对于后来诞生的神世七代，他们代表着创造力和生命力，从而成为神界的最高权威和象征符号。

三　神世七代

在五尊特别天神诞生以后，高天原又诞生了十二尊神，被称为神世七代。最先诞生的两尊神也是独神，而且隐形不见。

第一尊神叫国之常立神，这尊神明与前面的天之常立神相对应，象征国之永续长存，是地上之神。难以理解的是天之常立神属于特别天神，而国之常立神比他矮半截而被归入神世七代，两位神明分属于不同的系统。

为什么会产生这种疑问？答案是完全为了凑合“三、五、七”的数字游戏的需要。如果不这样生搬硬套，死活把这对神明分开，其神明结构系数就变成“三、六、六”的数字特征。

第二尊神叫丰云野神。这尊神究竟是什么东西，众说纷纭。有的说他是大地的神化，也有的说他是云朵相互拖曳的原野之神，还有的说是混沌飘浮的神明。实际上，他表示的是天与地、地与海还无法区别时，所出现的神。

以上二神也是独神，而且隐形不见。他们分别归属两代神。

接下来诞生的是五对男女神，共十位神。一对男女神算一代，共五代，加之前面两代，是谓神世七代。

第一对男女神：男神是宇比地迩神，是泥土的神化，也就是泥土神；女神是须比智迩神，是沙土的神化，是巢土神，都是土的神。泥土和水和成稠泥状，形成了世界的雏形。

第二对男女神：男神是角栈神，女神是活栈神，都是表示植物的根茎开始发了嫩芽的神，并由白色的茎支撑大地，成为中心之柱。这里要指出的是，白色是日本神话中提到的第一种颜色，它深受日本人的喜爱，被誉为纯洁无瑕。

第三对男女神：男神是意富斗能地神，女神是大斗乃辨神，分别代表了男性和女性的神明，是具有人形的神。

第四对男女神：男神是淤母陀琉神，女神是阿夜诃志古泥神，前者象征着面貌俊美，后者则表示求爱意识的产生。

第五对男女神：男神伊邪那岐，女神伊邪那美，他们奉命下凡，结为夫妻，是生成之神，国土万物创造之神，也是日本神话中的核心人物。

以上介绍了神世七代的诞生，从第一代神至第七代神的依次诞生，尤其是第三代神至第七代神（皆为男女神），反映了天地世界由无形到有形、从抽象到具体的演进过程，即先有水土，后产生植物，再过渡到人的诞生的一系列过程。

第一，土和水是世界的两种基本元素，它们混合成稠土状，形成了世界的雏形。

第二，在水土混合下长出某种植物的嫩芽，并且由白色的茎支撑大地，成为世界的中心支柱，生命开始繁衍。

第三，男性和女性的诞生，是具有人形的神。

第四，男性向女性求爱，当男性赞美女性她是一个美丽动人的女人时，女性也向男性说他是一个英俊的男人。

第五，由于男女双方相互示爱，因而结婚，由此可见，神世七代描述了天地、生物和人类产生的具体过程。每一代神都是一个转折点。根据两部神道的说法，神世七代相当于佛教的过去七佛。

五尊特别天神和神世七代在日本神的分类中属于造化理想神。

第三节 日本众神明

一 什么是“神”

（一）“神”的不同定义

在权威词典中，“神”是“宗教及神话中所指的主宰物质的、超自然的具有人格和意识的存在”，或者说是“具有人格意志不受自然规律支配，神通广大、变化莫测、长存不灭的超自然体”，在中国古代文献中“神”大体有四重含义：①天神或神灵；②人死后的灵魂；③人的意识和精神；④万物的奥妙和变化的原理。

英国宗教评论家凯伦·阿姆斯特朗指出“神”是一种创造性想象的产物，她认为人类对神的概念有时空局限的历史性，因为不同族群在不同时期使用同一概念所表达的意思会有差别。客观的“神”并不存在，每一代人必须创造适合于自己的神意象。本居宣长对“神”的定义为“邪恶之物、奇怪之物均为可畏之物，皆谓之神”。这里，他强调神具有破坏性、否定性的一面。

（二）人与神的关系

在今天世界，人神长期共存。人与神的关系，究竟是神创造人，还是人创造神呢？

傅佩荣教授在《神的历史》一书的序言中给出的答案是：人不能创造自己，所以把创造权推给神；另外，人也设法创造他所能接受的神。人所创造的神必定有着千百种面貌，由此构成丰富的内涵与多变的历史。

人类所说的神，具有如下三种性质。

①关系性。指神与人之间有某种关系，也就是说如果一位神明不能赐福于人，不能帮助人，这种神就不会有信徒，就不会有人去朝拜。神的本质会随着人的想法的改变而改变。因此，神之所以有历史，完全是人所造成的。

②功能性。指我们无法得知神的本性，只能根据其作用来描述神。那么，神有什么作用呢？凡是人做不到的、想不通的，而且迫切需要的，都推给神。

③辩证法。这是从认识的效果而言，我们所认识的都是相对于我们而存在之物，神是绝对的，无法成为被认识的对象。正如中世纪神学大师托马斯在写了关于神学的巨著之后，对于神的概念，感叹地说：我们所能知道的只是“神不是什么”，而不是“神是什么”。人类创造了“神”，反过来被“神”所困扰，只要世界还存在未知的领域，神就永远存在。

二　日本众神的产生

（一）神明演化的三阶段

被誉为“人的哲学家”的卡西勒提出神明演化的三个阶段。

第一阶段：“瞬间神”阶段。它是人们感受宗教情境的最初层次。“瞬间神”是指一种方生方灭的心理内容，内心有所希冀、恐惧，经外在物象刺激后身心瞬间充满灵感的状态。

卡西勒以人类经验中最富有神秘感的生育为例。因为从受孕到分娩时间较长，所以早期社会的妇女相信，婴儿的灵魂进入母体，就是妇女感受到腹内有胎儿之时，怀孕这种经历，容易与一些一闪而过的景象混同，如鱼跃出水面，蝴蝶破茧而出，流星划破天空，“瞬间神”对特定的人在特定的时间内出现。

第二阶段：“职能神”阶段。职能神是宗教意识发展的必经阶段，因为人类有各种需求和利益，所以要有一系列职能不同的神来保护他们的利益，满足他们的需求。

比如，农业生产有春生、夏长、秋收、冬藏等有秩序的周期，就需要一些职能神在各自能力范围内发挥作用，如日神、雨神、水神、火神等自然神，以及主管特殊时期与需求的神，如婚姻神、谷神、渔猎神、战神、冥神及各个行业的神。

第三阶段：“人格神”阶段。它代表宗教意识的最高境界。卡西勒认为语言的衍化是人格神产生的必要条件，如果神的名讳始终沿袭它原有的意义，那么这位神明也就被限制在它原有的领域中。如果神名发生讹变，就有机会加入人格内涵，和人一样有血有肉，和人一样参加各种活动。

比如中国的玄武神话，玄武的意象不断变化，由最早的玄龟、龙龟，到龟蛇合体的形象，最后发展到“人神同形同性”的玄武大帝，由方向神（职能神）转化为威力无比的人格神。

与卡西勒的“三阶段”说不同，爱德华·泰勒认为，从蒙昧的信仰转化为文明的信仰，约略历经精灵崇拜、祖先崇拜、自然崇拜，各类功能神崇拜及至上神崇拜等阶段。结论是：世界各民族的神都是人类自身的反映，是人类对自身理想人格的投射。

（二）“万物有灵”是神灵崇拜产生的思想基础

灵魂观念与万物有灵观念是神灵崇拜产生的思想基础和精神支柱。但这两种观念并非人类与生俱来的，人类进化到旧石器中晚期，才开始有了初步的灵魂观念。按照泰勒的观点，原始人是从两种生理现象的观察中获得了一种与身体完全不同的灵魂意识和观念。

一是什么构成生与死的肉体之间的差别，是什么引起清醒、梦、失神、疾病和死亡；二是出现在梦幻中的人的形象究竟是怎么回事。

早期人类思考得出的结论是：每个人都有生命，也有幽灵。两者同肉体有密切联系。生命给予它以感觉、思想和活动的能力，而幽灵则构成了它的形象。两者也可以离开肉体，生命离开即意味着人失去感觉或死亡，幽灵的出走则向人表明远离肉体。

灵魂观念与梦境、影子、昏迷以及濒死体验有直接的关联。古人认为死亡后肉体会变成鬼，而精神则成为神。既然灵魂不灭，那么推己及物，万物有灵观念就产生了，最后演化为泛灵信仰。

（三）日本众神产生的原因

日本号称是一个有八百万神明的国度，“八百万神明”说的是神明多得数不过来，也无法统计。江河湖海、一草一木，到处都有神，甚至每一粒大米中都有神的存在。

和很多民族一样，日本先民也有所谓的泛灵信仰，这是一种相信无论是生物还是非生物，万物皆有灵附着其中的思想。这种思想在古代的各个民族之间是相通的，后来由于犹太教以及继之而起的基督教、伊斯兰教的流行，才被贬低为未开化民族的信仰。只有未开化或落后的民族才信奉泛灵信仰，这是一种来自西方文明的偏见。

应该指出，信奉泛灵信仰的民族由于大多数没有文字，无法留下过去的记录，而日本神话在一千多年前就被记录下来并完整地保存着，日本的泛灵信仰最后发展成日本独特的神道教。

在古代日本人看来，神是一种来自万物之中超越人类智慧的一种存在，自古以来日本人就崇拜众多神明。然而，神明是人的肉眼所看不到的。因此，古人只能通过大自然来感受神的存在。高耸入云的高山被人当作神来崇拜，大树和巨石也被认为可能是神明降临人间的依附之物，甚至看到路边的小草或听到虫鸣而忽然领悟到生命的意义，人类从无法制造的自然现象中，去感受神的存在和神的力量。

日本众神的产生有三个来源。

首先，日本众神源自自然崇拜。

日本人是多神论者，万物皆有神性。一山一水，一草一木，都可能寄附着神。只要是神，就拥有超越人类的特异能力，甚至有正负两面的作用，好好祭神敬神就会得到保佑，反之则会惹上麻烦。比如当发生地震时，日本人就会问：神为什么对我们的怒气这么大？所以日本有一句谚语：不去触神不作祟（神祟）。

日本原本的大和文字里关于“かみ”（kami）（日语神的读法）的意思很多。如含有事物表面、河川上游、时间伊始、身份高的人、主人、政府等意思，只是汉字写法不同。日本使用汉字的“神”表达。“神”拆分为“示”“申”，“示”指的是奉献活祭品给神的祭坛，而“申”则是雷电之意，这里指的是雷神与天神。在《广辞苑》中，日本人使用汉字的“神”有以下几重含义。

①拥有超越人类的神威，平时隐藏起来，可以给凡人带来祸福，是人惧怕和信仰的对象；

②日本神话中登场的人格神；

③最高支配者，天皇；

④神社祭祀的死灵；

⑤给人类带来灾害的恐惧的存在。

追溯日本神的源流，可以发现，在日本，不仅那些与西方的神一样的有意志、有人格的存在是神，那些看不见的、离我们很遥远的也被称为神。本居宣长将“神”的本质定义为“畏惧之物”。比如那些没有意志、没有人格、浮游在空气中、人的肉眼看不见的精灵也是畏惧之物。谷川健一在《日本的众神》中举例说，风在古代是一种妖怪，如果有人走在山野之间，突然感到寒冷、头疼，继而生病，表明这个人遭遇了风神，也就是“御前风”。“御前”原来的意思是神的向导，为神明带路，不知什么时候，“御前”远离了大神，成了无人祭祀四处游荡的精灵，在山野中作祟，人们因为害怕而供奉它，祭祀它。

基于自然崇拜，山川草木、风雷水电皆有神性，是神明依附之物。神有善神和恶神之分，甚至有的神同时兼有善、恶两面，越是恶的神，威力越大。人们要敬而远之，不可得罪它，而且要好好供奉它，安抚它。源于自然崇拜而产生的神，是自然之神。

其次，日本的众神源于祖灵信仰。

祖灵既称御灵，也称亲灵。在日本民间信仰中，祖灵信仰是一种普遍的共同的信仰，日本人相信死去的祖先会继续保佑和看护本家族的后代子孙。日本的祖先神，从狭义上说，就是将自己直接的祖先、先辈作为氏神去供奉祭拜，日本人极为重视一年一度的盂兰盆节。从广义上说，虽然有些神明不是自己直接的祖先，但他们是日本历史上值得敬畏的先辈，日本人将其作为共同的祖先敬仰，并作为神来祭拜。这类神明都是日本的历史人物，如丰臣秀吉等。

柳田国男指出，按日本的民间信仰之中“古神道”的说法，在人死后一定年数之内的灵魂还不能称为“祖灵”，而称为“死灵”，要经过若干年的供奉，供奉的时间长短不一，有的地方要 50 年，有的地方只需要 30 年，死灵在不断的供奉中会逐渐失去个性，在达到规定的年限，举行“升祀”活动，经过了“升祀”活动的死灵，完全失去了个性，成为祖灵的一部分。

死灵从一开始并不具有人格，也没有意志。在日本有些地方，家里有人刚刚去世，在迎接第一个盂兰盆节的时候，家人会将新祭奠的亡灵放在葫芦里，带到墓地，置于墓地的旁边，之后又将其带回家。这种做法有两层意思，一是他们把死灵看作一种可以放在容器里的灵魂；二是让刚死去的亲人熟悉从家里到家族墓地的路线，认得路线以后回家才不会迷路。

日本文化一个与众不同的地方就是承认作祟的怨灵为神，这是日本的特色。日本历史上最有名的怨灵，如平将门、早良亲王、菅原道真和崇德天皇，被称为“四大怨灵”。要知道，这四个日本历史人物中，有三个人与日本皇室有关，崇德天皇是第 75 代天皇；早良亲王的父亲是第 49 代光仁天皇，亲哥哥是第 50 代桓武天皇，而自己是差点当上天皇的皇太子；至于平将门，他是桓武天皇孙子高望王的孙子。他们死不瞑目，怨气冲天，为了安抚他们，让怨灵之魂安静下来，只得将其作为神来祭拜，类似这类的神，和祖先神一样，构成了人格神。

因而，基于祖灵信仰，因怨灵信仰而产生的神，被称为人格神。

最后，古代日本人从信念和希望中本能地产生对神的信念。对于此类神明，日本学者山中恒称之为造化理想神，它有两大类，一类是创造天地的神，如前面提及的五别天神、神世七代等众神；二是生育森罗万象的万物之神。

平田笃胤认为神代的神大多是人，这一代的人都是有优秀力量的神，所以才叫神代。实际上，神并非人，而是和人对立且支配人的东西，将动物、植物、器物之类称为神也是如此。人并不是神，把人称为神的做法，是神代故事的一种写法。

三 日本众神的分类和功能定位

（一）日本神明的分类

按照山中恒先生的分类，日本神明大体可分为：①造化理想神（包括创世之神和生育万物之神）；②自然神（万物本物和统治万物的神）；③人格神（祖先神和承认作祟的怨灵为神）。或者说，按神明的属性简单划分为“神话之神”、“自然之神”和“人物之神”。

山北笃在比较一神教与神道教的差异之后，认为日本的众神就是在维持日本古代固有的泛灵信仰，然后才发展为神明的，少走了一神教这段冤枉路的日本神话，也许是更贴近人类原始想法的神话。他将日本的八百万神明分为五大类：

①天空中心之类的抽象概念神祇；

②雨水河川等自然现象或自然物事神祇；

③农耕或战争等人类活动的神祇；

④英雄、领袖神格化形成的神祇；

⑤祭祀生前余有遗恨者所形成的神祇。

对神明的划分，最早当属《古事记》。《古事记》将神话中的神明分为两大类。

第一大类是天津神，即居住在高天原的众神，也包括从高天原降临到地上世界的神明，如天孙和跟随天孙下凡的几位神明。

第二大类国津神即出现在地上世界的诸神，包括山神、海神等自然之神。

日本人有时称天津神为天神，把国津神称为地祇，是谓“天神地祇”，简称“神祇”。

《古事记》以后，才出现原本是人后来成为神明的这种现象，一是怨灵化为神明，二是历史名人死后成为神。

大林太良引进杜梅周尔的“三机能体系”，认为印欧原始神界的基本构造跟日本古典神话的神界构造极其相似，按照三机能，日本众神大体分为：①专管祭政和军事机能的众神；②支配土地而掌管生产机能的众神，并且将第一、第二机能神汇总为同一个范畴，而与第三机能的神发生对抗。

大林太良对古代日本神的分类体系如图1所示。

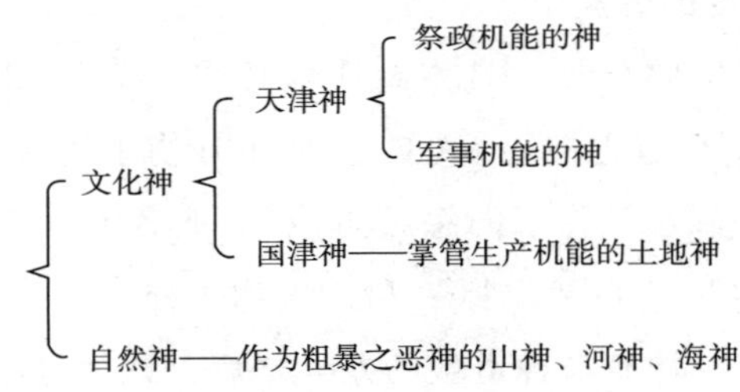

图1 古代日本神的分类体系

大林太良、吉田敦彦在分析日本神界的三种机能体系后，进一步提出了神界的主格神和分掌第一机能、第二机能和第三机能的强有力的神。

第一机能：主权神集团。即天照大神、高御产巢日神和神产巢日神。

第二机能：战神集团。即须佐之男和“让国神话”中的建御雷神。

第三机能：丰饶神集团。其代表是大国主命和协助他建国的少名毗古那神。

古代日本，除了天津神、国津神和人格神之外，自然之中还有山与河之类的“荒神”，俗称精灵。除了本国的神，神道教中还有许多《古事记》里未曾提及的神明，其中有一些是来自外国的神，甚至也有来路不明的神，如摩多罗神便是其中之一，是一尊难以确知是否原生于日本、出身不明的神明。他头戴中国式的头巾，身穿和风狩衣，手中打鼓，左右配有童男童女。

随着泛灵崇拜的扩展，日本人的“神”的观念也在不断扩张。谷川健一在《日本的众神》一书中举例说明“神”的观念是如何扩大的。

①惠比寿：日本渔民将定季洄游、在海上出现的动物视为海神馈赠的礼物，起名为惠比寿（日本七福神之一）。很多地方把鲸鱼称为惠比寿，它可以带来很大的经济利益。

②动物灵：在日本东北和北海道，传说鲑鱼王的精灵回到河里，人们听到它的声音会立即死亡。狼和熊是山林之王，当然也是“山灵”。在日本一些地方，美人鱼（儒艮）被称为海灵。

③海神的坐骑：在冲绳，人们认为海豚是住在龙宫的神的使者，在祭海神时，有人要扮演海豚在海面忽上忽下的样子，在《日本书纪》中，山幸彦从龙宫回来陆地，骑的是海神的马，这匹骏马其实是一条大鳄鱼。妻子丰玉姬骑着大龟返回海里。所以，鳄鱼、大龟本是海灵，后来也变成神的侍从。

④与族灵的合体。在日本一些地方会把某种动物当作祖先，有一个叫仲宗根丰见亲玄雅的日本人，在海上遇难，是鲭鲨将其背回岸上的，所以他又被称为“鲭祖氏玄雅”，鲭鲨就是一种鲨鱼，这个氏族把鲨鱼当作祖先，其世代子孙从不吃鲨鱼。

⑤与异类的婚姻。在日本民间传说，有大量人与异类通婚的故事。往往会将一些动物尊为神，尊为先祖。

比如日本人视天鹅为神，如果天鹅的羽毛掉在地上，是不允许用手捡的，必须用筷子夹起，用怀纸包着放在神社里专门收集天鹅羽毛的箱子里。有的地方把天鹅称为“产土神”，意思是天鹅是自己家乡的守护神，是祖先的神灵。

（二）神社：日本神明的隐身之处和祭拜之所

1. 神明隐身于大自然

古代日本人对于和生活密切相关的大自然，怀抱着崇敬和戒慎之念。一方面，神明赐给人类所需的一切；另一方面，神明也会给人类带来灾难和厄运，地震、海啸是因为神对人类的行为不满而发怒，予以惩罚。基于这种理念，日本人很少抱怨各种天灾，认为人类从大自然已经索取太多了，而应该更多地检讨自己，以取得神明的谅解。

自古以来，大山受到日本人的喜欢和敬畏，它是自然的代表，也是神的象征。山在天与地之间，被认为是神降临的地方，也被视为神圣的所在，因此把它们当作信仰的对象，比如神道教中著名的熊野信仰，一些名山，如亩傍山、天香具山、富士山、三轮山、吉野山，每年都有大批人前往朝拜。因为山岳屹立不倒，山中住着众神明，它们带着宽厚仁慈的心在守护人类。自然崇拜是神社起源的主要原因。

除了自然崇拜，祖灵信仰也是神社起源的又一个重要因素。古代日本人认为，祖先的死灵会化为神灵，在山上守护着村落，并会不时造访村落和到家里做客。早期日本人在死去的亲人的遗骸上堆上泥土，或为了供养方便而在遗骸上培土，然后种上树苗。这些树长大后成为神木，人们不得砍伐那里的树木，除了祭祀也不得随便入内。

古代日本人除遥拜祖灵之外，认为巨大的岩石和大树皆有神灵，于是他们在这些可供神灵依附的石头或大树周边，用草绳围起来作为神篱，或者以石头排列成磐境，以祭祀神明。这样的场所被视为圣地，并逐渐发展为神社。

最古老的神社形式，一般是认为没有神殿的神社。神社开始有神殿，是受到佛教寺院的影响。在佛教传入之前，神的领域是用绳子圈起来的，禁止凡人入内，以区分人们所信仰供奉的对象。

从弥生时代到古坟时代的遗迹中，随处可见用巨大石块和岩石围起来的场所，它被称为磐境，它一般常见于远离部落村落的大山、山谷、水边或海岛上。

佛教传入的同时也传入建筑艺术和工艺，人们开始盖起神殿，出现了我们今天所看到的各种不同类型的神社建筑物。但是至今日本还存在着若干没有神殿的神社，保持原始状态，原因是御神体太大了，神殿装不下。比如大神神社，是以三轮山为神体的；金钻神社以御岳山为神体，这类神社被称为“神奈备”。另外，还有因独特的原因而不盖神殿，比如诹访神社的神体也很特别，人们从山上锯下巨大的枞树树干矗立于神社之内，将这根大树干作为神体，每七年更新一次，在山上把树木锯断，拉到山下，再搬到神社把它立起来，这一连串的工作构成御柱祭的主要内容，七年一回的御柱祭是一场祭礼。

2. 神社的演变

借着岩石、磐境等祭坛兴建起来的被称为屋代，意思是神明降临人间时的临时住所。当祭祀仪式结束，便会连同祭祀用的器具一并被撤除，屋代是最初的神殿。

后来，日本人认为神明如果能常驻人间，就是安定人心。为了让神明常驻人间，人们就开始建造名为御屋的常设神殿，也就是“宫”，而“神”所在的“宫”，就是“神宫”。

佛教的传入，从根本上改变了日本历史文化的进程，也对日本神道教产生巨大的影响。一方面，佛教有经典、偶像、伽蓝式的巨大寺院建筑，还有建筑技术、医疗知识以及传教的佛、法、僧三宝，深深地影响到日本人的日常生活和精神信仰；另一方面，佛教完全凌驾于朴质的神道教之上，形成以佛为主、以神为从的格局并持续了将近1000年，对现在的神社仍有极大的影响。佛教传入后，日本神明的立场也发生变化。佛拯救苦恼的日本神明。“本地垂迹”的想法逐渐普及，以佛为“本地”（本体），以神为“垂迹”（暂时的形体），神佛习合，融为一体。佛主神从。比如八幡神的本地佛是阿弥陀佛，天照大神是大日如来或观音菩萨，须佐之男是牛头天王，大国主神由大黑天变化而成。这些神明被称为权现。神社和寺院大多合二为一。

直到明治时代初期，政府推行“神道国教化”，要求神社和寺院分离。原来已经整合千年难以区分的佛寺和神社，被迫做出抉择。明治初期，日本也产生了一场“文化大革命”，“废佛毁经”，一些寺院被拆，佛像被捣毁，经书被烧，和尚被赶出寺庙。日本人也干过毁灭文化这样的蠢事，但幸亏很快就醒悟过来，才没有造成文化浩劫。

此外，明治政府还颁布神社寺院领地征收令，把拥有大量土地的神社寺院的一部分土地收归国有。在日本，只要你看到远离神社的孤零零的大鸟居，就说明这个神社从神社到鸟居之间的土地被征收。

同时，明治政府更进一步修建各种新的神社，供奉历史上的国家功臣和皇室忠臣。同时，公布“神社合祀令”，进行大规模的神社合并，将没有社格（神社位阶）的神社与乡村级别的神社合并或废止。小型神社内同时祭祀多个神明，就是这波合并潮的结果。

（三）日本众神的特点

追溯神话源头，不难发现，日本主要神明确定之后，神明的体系和队伍不断扩充和发展。日本的神明具有以下几个特点。

1. 等级森严

无论东西方神话，都有一个共同的特点是神界分等级、层次，且等级森严，不可逾越。比如古希腊神话中，宙斯是神界之王，是众神之神，处于神界的顶点，接下来是十二个主神。这十二位主神都是宙斯的亲人，除了十二主神外，还有一大堆辅神。

日本的神分为天津神、国津神。天津神中以天照大神、高御产巢日神、神产巢日神为最高，其次才是神世七代。

诸神在地位上有严格的界限，即使是出自同样的父神母神，由于能力不同，使命不同，出生的时间和出生方式不同，被赋予的期待不同，而产生了身份上的巨大差异。父神伊邪那岐祓禊时生出的“三贵子”，其身份地位要远高于之前的兄姐，即使是“三贵子”，其身份地位也悬殊，天照大神是太阳神，是最尊贵的神，是君主。而月读命、须佐之男是臣子。

神的等级森严，是古代日本社会等级森严的体现和写照。从社会层面，贵族与平民，武士与庶民，亦就是“士农工商”的阶层等级分明，不可逾越。一个人出身时的身份决定了他未来的命运。

小至一个家族，兄弟姐妹本是同一父母所生，但由于日本实现长子继承制，长子继承家格、家禄和一切财产，次子、三子被扫地出门，只能给别人当养子，或是外出自谋职业。

2. 分工明确

日本各位神明地位明确，各司其职，如天照大神掌管高天原，照亮白天；月读命掌管夜晚，须佐之男掌管海洋（因不从父命而被剥夺），大国主命暂时统治苇原中国，等等。每尊神明都有自己的职责，不渎职也不越位。

古希腊神话中的神，和日本的神明就不同了，可能希腊的神没有日本八百万神明那么多。一方面，经常会出现一尊神，身兼数职，比如雅典娜是智慧与勇敢女神，同时也是武功高强的女战神；赫费斯托是火神，冶炼之神和铁匠的保护神；阿佛洛狄忒是爱神；阿波罗是太阳神，兼管青春、光明、音乐、美术、预言和医药。另一方面，又出现专管一件事的神明小组合，比如文艺女神缪斯是九位女神的总称，这九位女神是宙斯和他的第五位妻子记忆女神谟涅摩叙涅，缠绵九昼夜生下的；复仇女神本来也是一个，后来一分为三，分别是不安女神阿勒克图、妒忌女神墨纪拉和报仇女神提希丰，三女神组合成复仇女神，都是白发的老处女，身材高大，口中流血，头发是一条随风摆动的毒蛇，令人恐惧之至。

在日本神话中，几乎看不到日本神明有什么特别的本领，也很少对其描述。比如须佐之男到高天原，天照大神误以为弟弟要来抢她的位子，于是全副武装，穿上盔甲，背上弓箭，摆上决一死战的样子，但很快就消除误会。尤其是讲到父神伊邪那岐遭到母神派兵追杀，非常狼狈，还要靠耍小聪明（用葡萄和竹笋引诱贪吃的黄泉丑女）和援军（用桃子击退魔鬼）等，方能脱身。能够创造日本国土、生出一大堆神明的父神看来也没有太大的个人能耐。

3. 人神合一，同时兼有神格和人格

从《古事记》中日本神明的演变过程可以看出，最早的神是高高在上的神，后来神明的神性渐渐淡化，趋向人性化。

这种转化始于父神伊邪那岐和母神伊邪那美。他们兄妹在举办婚礼时，约定双方围着柱子走，女右男左，当遇到时女方先开口，男神有点生气，对妹妹说女人先开口不吉利。后来他们生下的第一胎是水蛭子，两神极其厌恶，就将它放在海里顺水漂走，任其自生自灭，这种事显然不是父母所为，而是大自然的选择。在严峻的生存环境，任何对人类生存没有贡献，甚至会连累人类群体的无用之人、无用之物，必被严酷的自然所厌恶，并受到应有的惩罚。

日本有一部电影叫《楢山节考》，讲的是日本山区曾经有过的一种恶俗，凡是到了70岁的老人，不管他（她）是否愿意，其子女背着他参拜楢山，所谓参拜，就是把老人丢弃在山里，让他（她）活活饿死。这种恶俗在中国过去也曾有过。河南、河北是活埋老人，称“花甲葬”，内蒙古则是把老人扔至屋顶，让其滚落下来活活摔死。在过去的日本，尤其是生活条件极其恶劣的山区，食物极其匮乏，为了让群体能生存下来，遗弃老人是为了节省粮食，给子孙的生存提供机会。另一方面是出于原始宗教信仰，认为寡妇年迈，阴盛阳衰，容易招惹鬼魂（亡夫）上门，使家宅不宁，是谓“鬼妻不可与之同居”。

日本的神会爱，会恨，会贪嗔痴，也会有无奈和困惑，这就是神，而神本来就是人。

4. 故事单纯发展，极少同时出现平行事件

日本神明一代一代相传，故事情节也这样有序地发展，很少能几代神明混在一起，彼此“井水不犯河水”，很少在别人的故事里出现，也就是说，极少同时出现平行事件形成交叉的情况。当然，也有例外，如天照大神在许多场合出现，因为她是日本神话的一号女主角，要贯穿始终。而一号男主角的须佐之男后来主持了对大国主神的择婿考验。其他的神明自己顾自己，也不愿意给别人添麻烦。例如，父神伊邪那岐在生下“三贵子”，给他们进行分工，命令他们治理各自的地盘之后就消失得无影无踪了，彻底隐身了。而天孙下凡后在治理期间，除了娶妻盖房，既没有治国事迹，也没有什么艳遇绯闻。

日本神话中的每一位神明仿佛都是带着某种使命而来的，完成了自己的使命后就隐退了。比如，大国主神的母亲，在儿子陷入困境濒临死亡的时候，会尽力相救。当儿子脱离危险后就再也没有提及，被彻底遗忘了，似乎从来就没有出现过这个角色一样。

5. 高天原的统治者地位从来都没有受到挑战

在记纪神话中，没有哪个神明敢反抗统治、挑战高天原的统治地位。《古事记》里的最大反叛者是天照大神派去苇原中国的使者天若日子，这位神明也只是忘记了使命，一心讨好大国主神，并当了上门女婿，最终的目的只是取而代之，想统治苇原中国。至于须佐之男，与天照大神在高天原差点引起冲突，那只是一场误会。可见，高天原从来没有遇到想取代天照大神的神明。这也是《古事记》所强调的主题，天皇的统治是无人可取代、无人可推翻的。

第二章　兄妹合婚

在日本神话中，伊邪那岐与伊邪那美奉天神之命结为夫妻，创造了日本的国土并生育了诸神。创世神话是日本神话的核心和起点。

本章的主要内容如下。

1. 二神奉命修固漂浮的国土，以矛搅海，形成了第一个自凝岛，是最早自然形成的国土，作为二神的落脚点。

2. 二神发现各自身体的差异，萌生性冲动，并由此产生爱意而结婚。因违背天意和男女规则，产下怪胎，不被列入生育统计数字。

3. 请教天神，重新举办婚礼。

第一节　国土生成"神敕"

一　国土生成"神敕"

东西方创世神话的一个明显差别是，在西方神话中，神创造宇宙天地和人类万物，神具有无上威力，众神与人类不亲近，不但不为人民服务，还会祸害人类，引起人的恐惧和不安，人类要取悦神、讨好神和祭拜神。而在东方神话中，神创造了世界，养育了人类，为人类可以大公无私牺牲一切。比如中国著名的盘古开天辟地，这位大神死后尸身化为高山、河川和各种生物，可谓"鞠躬尽瘁，死而后已"。盘古因为造福人类，而受到后人的顶礼膜拜。

由于这个差别，形成了东西方不同的历史观。冈田英弘在《日本史的诞生》一书中指出：在欧洲，从希罗多德的时代开始，历史指的是人类的傲慢惹怒众神，最后招致毁灭的过程。而在东方，特别是在中国，既没有宙斯也没有阿拉，中国有的是“天”。天的意志为“天命”，历代帝王竭力证明自己是承袭天命，历史记录的是皇帝如何证明自己为“天命”所垂青，又是如何最终被“天命”所抛弃。

（一）始祖神登场

伊邪那岐和伊邪那美是高天原“神世七代”的第七代神，也是最晚产生的一对兄妹神。

伊邪那岐和伊邪那美两神名字中的“伊邪那”的意思有邀请、引诱或交合，其后冠上“岐”和“美”是指男性和女性，也就是说这两尊神并没有真实姓名，姑且称为“帅哥美女”，或诱惑男、诱惑女。伊邪那岐是男神，是孕育国土和自然神的天空父神。而伊邪那美是女神，她不仅孕育国土和自然神，同时也是掌管黄泉国的大地母神，她和伊邪那岐并列为日本神话中的创世神和始祖神。

世界神话中的创造神，有相当部分是由二神组合成的兄弟神、姐妹神、父女神或母子神、夫妻神。其实开天辟地的对偶神在中国以及日本都以洪水神话的兄妹为代表，至少在中国西南地区和日本广泛流传。

包括日本在内的一些学者认为日本神话中没有“洪水神话”的母题，笔者认为这只说对了一半。

在日本神话中，我们看不到“洪水神话”的情节。实际上，“五尊特别天神”中讲到国土如同漂浮在水面上的油脂，像海蜇那样漂浮的情节，以及“国土的形成”中讲到漂浮的国土，说的就是“大洪水”，而这里的“大洪水”，应该说是“大海之水”，即国土浸泡在海水中。

中国神话中有一段关于洪水的故事：洪水过后，有兄妹二人幸免于难，他们结为夫妇，成为新人类的始祖，哥哥叫伏羲，妹妹叫女娲。在出土的汉代石画像中，二人的下半身被塑造成蛇的形象，相互缠绕在一起，亦如蛇一样交配。

这个故事情节传到日本，神话中的男女主人公分别变成了伊邪那岐和伊邪那美，有一种说法认为“那岐”和“那美”是从印度教中“那伽”演化而来的，是“蛇”的意思。

《古事记》所讲述的二神创建日本国土是从洪水退却、天晴之后出现彩虹（天浮桥象征着彩虹桥）开始的，并没有讲述前半部洪水暴发的原因。

一般来说，古代日本自弥生时代以来，人们就一直在低湿的田地里耕作，也许正因为如此，传说中的日本也是在洪水过后一片泥海的状态下建立起来的，似乎这是理所当然的。

谷川健一指出：日本创世神话有意省略了洪水神话的前半部分，即人类的罪恶导致了洪水灾难暴发的这一部分。

因为编纂《古事记》《日本书纪》的一个主要目的是以合理的形式说明天皇祖先的起源，明确确立皇室宗谱。因此，作为人类始祖的不能仅仅是兄妹二人，而必须是伊邪那岐和伊邪那美这两位已经被认可的神，而且兄妹身上流淌着同一母亲的血，这作为皇室的始祖是无论如何都不能被允许的，因此，记纪神话中对二神的描述，着重于他们之间生死的纠葛和恩怨。

但是，如果没有“原罪”，人类社会中许多违背常理的现象就无法解释。既然没有因为人类的罪恶导致大洪水的发生，又要回避始祖神是一对亲兄妹有悖皇室伦理的事实，最终就要找到一个替罪羊。日本神话最终将原罪的责任推到须佐之男身上。所以谷川健一得出的结论是：创世神话的产生引发了我们对乐园时代的一种乡愁。日本的神话故事并不是发生在“大洪水”之前的社会，而是发生在须佐之男被流放的“根国”，发生在他强烈要求去的“常世国”，即“原乡”。

（二）天神诏示

日本神话的一个基本认识是，世界先于神而存在，亦即原始世界不是神创造的，而是自然形成的，神的作用就是让这个世界变得更加完整和完美，更有生机和生命力。这时候需要一个父神和一个母神去整理国土和生育诸神，共同完成这个创造性的历史使命。

那么，派谁去完成这个任务呢？众天神们最终确定的人选是伊邪那岐和伊邪那美，这是“神敕”，即宇宙形成之后，日本国土的诞生是靠“神敕”完成的。这是记纪神话中，天神第一次发号施令。

为什么选中这两位神明作为创世神呢？理由如下。

其一，二神在神世七代中出生最晚，辈分最低。相对于特别天神来说，神世七代的灵力和威力较弱。所以特别天神经过一番商议，可能是由高御产巢日神提议，召开一个民主决策会，采纳了高御产巢日神提出的人选，就成为“神敕”，具有至高无上的法律效力。

其二，从客观上说，五别天神和神世七代的诸神大多选择隐居，不愿意过多地过问世事，明哲保身，乐得落个清闲自在。

其三，从神的具体生成来看，二神已完全具体化和成熟了。姑且不说五别天神和神世七代的前两代，单就成双结对的后五代大神来看，后一代是对前一代的提升和补充——从无到有、从抽象到具体、到男女性别的区别和细化，完成了从抽象的神到人格化的神的转化，这一过程的最终产物是伊邪那岐和伊邪那美这对兄妹神。

伊邪那岐、伊邪那美（在《日本书纪》中被称为伊奘诺和伊奘冉）二神奉“神敕”创造国土和生成万物，在成为创世神的同时也是日本民族的“始祖神”。

二　自然生成的第一块国土

（一）日本人的“国土偏执症”

土地在日本人心目中具有独特的意义。日本四面环海，面积狭小，土地少而贫瘠，物产匮乏，且经常遭受自然灾害的侵扰。在这样的一块土地上，日本先民的主观性受到了极大的限制，“人定胜天”是一句梦呓。正因为如此，出于对自然的畏惧，他们认识到土地资源的重要性，极其爱护和崇拜土地，并千方百计地去增加或扩大土地面积。

正如前面谈到，日本多雨潮湿，到处是沼泽湿地，日本先民想尽办法排干沼泽里的水，沼泽地干涸后，产生的新陆地可以种各种农作物。同时，日本河川密布，河流淤泥是最肥沃的土地，沼泽地和水淹过的土壤有惊人的繁殖力。这种说法和《圣经》中的描述相类似。

在《圣经·创世纪》中，叙述美索不达米亚地区到处是水，“上帝说：‘天下的水要聚在一处，让旱地露出来。’事就这样成了”。当时那里的山谷曾经都是沼泽，随着水位逐渐下降，被河水冲刷成河道，人工挖掘运河，让水疏通排入大河，最后汇流入海，加速了自然进程，干地就出现了。陆地被创造出来的当天，上帝说：“地要发生青草和结种子的菜蔬，并结果子的树木，各从其类。”所有这些都是在太阳、月亮、星星造成之前的第三天产生的。现在的整个美索不达米亚地区，都是由底格里斯河和幼发拉底河的淤泥形成的。

日本人对土地有一种近似于癫狂的偏执，暂且不说日本历史上多次发动对外侵略战争，探夺海外土地和资源，日本先民很早就不断填海造地而乐此不疲。

一方面，日本从很早的时候就有为了形成多个港湾和建造装备而进行填海造陆的活动，也就是整顿海岸线，建设码头，使码头发挥更大的作用。大规模的填海造陆始于战国时代末期，最著名的是江户湾建设，它始于1592年（文禄元年）日比谷入江口改造。在江户时代，幕府不断填海，使江户（今东京）的面积大大扩张，从一个小小的渔村发展成为世界著名的都市。

另一方面，建造人工岛的活动可以追溯到更早的平安末期，以平清盛填海造岛为开端，江户时代的长崎出岛和江户湾的台场等都是人工岛。但是真正进入现代意义上的填海造地是在二战后的高速成长时期，为了建设临海工业区而填海，如大阪南港、川崎东扇岛、长崎机场都是那个时期填海建造的，尤其是神户市，用被称为“向山海前进”的丘陵的砂石填海，同时又进行造陆，因此建立了港口岛、六甲岛、神户机场等。而前几年还建造了关西机场、横滨八景岛，还有和歌山玛丽那希蒂等，日本人填海所新增的国土占总国土面积的0.5%。日本人对土地的偏执表现最有名的代表是松下企业创始人松下幸之助，他曾经提出一个雄心勃勃的计划，就是要把日本大大小小的山头削平，用于填海，再造一个日本。

（二）创造国土的工具和方法

天神在向伊邪那岐和伊邪那美（以下简称为父神和母神）发布命令去修固漂浮不定的国土的同时，赐给他们一支天沼矛，也就是将镶着玉饰的长枪作为工具。二神站在天浮桥，也就是高天原与地面国土之间的通道上，类似中国神话中所说的天梯或天桥，合力把矛头向下伸入海中，使劲地搅动海水。这里讲的实际上是修固国土所使用的工具和方法，也就是治水的工具和方法。

通过不停地搅动海水，使之逐渐变稠，当提起矛时，从矛头滴下的海水，积聚成岛，这就是淤能基吕岛，即自然凝结成的岛。

三 天沼矛：男根的象征

根据精神分析理论，像矛这种尖锐细长的物体，显然是男根的象征。“其更重要更为两性所注意的部分——阳具——其象征可以是长形直竖之物如手杖、伞、竹竿、树干等，也可以是有穿刺性和伤害性的物体——种种利器：如小刀、匕首、枪、矛、军刀等”。

二神把矛头探入海中，使劲地搅动海水，这一动作显而易见是对男女之间性行为的描写。当提起矛头，矛头上滴下的海水，意喻男性的精液，最后自聚成岛。这个岛当然是男女交合的结晶。很显然，这段文字是描写性行为的过程及其产生的结果。

四 搅动海水：“搅乳海”的翻版

在印度神话中，有一个“搅乳海”的情节。说的是类似高天原的须弥山上住着天神和他们的冤家对头阿修罗。有一天，所有的天神和阿修罗不再打架而聚集在一起，讨论他们最为困扰的问题，就是尽管他们有无穷法力，寿命要比凡人长得多，但总有一天会死亡。所以，如何做到长生不老?

毗湿奴首先发言，他说他向大梵天请示了，大梵天告诉他要解决这一问题的方法是全体天神和阿修罗必须合力搅乳海，才能得到长生不老的甘露和宝物。毗湿奴的建议得到所有人的一致同意，联合搅动乳海，得到的甘露平分。

他们征得海神的同意，用千头蛇做绳索，攥着蛇头的是阿修罗们，拉着蛇尾的是天神们，中间坐在曼陀罗山上的是毗湿奴，龟王在海底稳稳地顶着曼陀罗山，当搅拌大海时，海先变成牛奶，然后变成奶油，几百年后，逐渐从海里升起太阳、月亮、战象、酒神、飞鸟等宝物。又过了几百年，乳海都被搅拌成了油脂，变得非常黏稠了，终于，乳海中冒出一个捧着碗的仙人，碗中盛着使人长生不老的甘露。

一看到甘露，阿修罗们率先抢夺，毗湿奴用美人计从阿修罗那里拿到了甘露交给天神，一个名为罗睺的阿修罗冒充天神喝到了甘露，但当他才喝一点甘露，卡在喉咙时，就被太阳神和月亮神揭穿了身份，毗湿奴一怒之下砍了他的脑袋。但是，罗睺虽然死了，而他的头成了不死之头。

“搅乳海”事件后，阿修罗和天神又陷入无休止的战争。阿修罗们因为被毗湿奴的美女计欺骗丢失了甘露，所以更加仇恨天神，而可怜的罗睺则发誓报仇，天天在追逐太阳和月亮，想把它们一口吞下，因而出现了我们所看到的“日食”和“月食”现象。

对比日本和印度的这段神话情节，可以看出两者有高度的相似性。只是搅动海水的目的由获取可以长生不老的甘露改成为土地，主人公由天神和阿修罗换成了父神和母神。搅动大海使之变得黏稠直至干涸，不断去掉水分，最终由液体变成固体，这就是国土产生的原理。

（一）长矛尖上的水滴

二神合力完成，共同创造了日本的第一块国土，这块国土被称为淤能基吕岛（意为自然凝结成的岛）。它是由天沼矛尖上滴下的海水凝结而成的。按照精神分析理论，天沼矛是男性生殖器，搅动海水是性交过程，而矛尖滴下的海水就是精液。“有时男性生殖器以水所流出之物为象征，如水龙头、水壶或者泉水。”而水滴被视为男性精液的象征。日本神话的这一情节在向人们说明：男性在生命的创造中发挥了至关重要的作用。为了从天上来到人间时先有一个立足点，神必须进行创造性的活动。

与精神分析理论所主张的男子精液相左的是世俗的认知模式：显然从海里提起的长矛，会不断地从矛尖向下滴水，因为二神是站在上端持矛向下搅动海水。滴落的海水蒸发后剩下的物质只能是盐。

从“搅乳海”的情节中，我们认识到海水在不断搅动中蒸发，逐渐由牛奶般的东西最后变为奶酪或者如油脂般黏稠，如同在《古事记》一开头所说的那般国土，液体变得黏稠的一种原因是水分蒸发。海水蒸发的结果是形成了盐，所以，这块最早被固定下来或最早形成的国土的基本成分是盐。

盐在日本人的生活中扮演着不可或缺的角色，日本人对盐情有独钟。有一位叫田村勇的日本人还出了一本名为《盐和日本人》的专著。因为在日本神道中，盐有除污秽的用途。而后面讲到父神从黄泉国返回后，为除死秽用海水祓禊，实际上就是用盐水清洁身体，所以，盐也成为祭奠中的供物。日本人参加葬礼后，用盐清洁身体；相扑界用盐清洁登上比赛的“土俵”；甚至家里来了讨厌的客人，当他离开后，主人会在玄关撒一把盐，希望这个人以后不要再来，这里的撒盐就有驱邪或驱除恶灵的意思。

在西方，盐同样也有净化的意思。《圣经》里“一切供物都要配盐而呈上”。《旧约·利未记》里因为盐在干燥气候的巴勒斯坦地区有不易变质的特征，所以它象征着和上帝订立的是永恒不变的盟约。

（二）自凝岛的含义：人类的第一个落脚点

二神利用天神赐予的天沼矛这一法器创造出来的第一块国土，不同于后来二神通过交合而生出来的大大小小的岛屿，它的意义是双重的，一方面说明二神要负责创造国土和繁衍后代，从高天原降落后必须有一个落脚点，否则以后的创造行为无法进行；另一方面说明创造国土的方式可以多种多样。

《古事记》《日本书纪》中关于天地开辟的神话在南九州地区广泛流传，说的是开天辟地之初，一片泥海，雾岛的神祈求上苍赋予人类能够居住的土地。人世间一片混沌，分不清是岛还是雾，于是神放飞了一只鸡，并交代它，如果是岛屿就用打鸣来传递消息。鸡飞出去一段时间后终于传来了打鸣声，鸡降落的地方就是高千穗的山峰，据说这就是雾岛名称的由来。

在这里，鸡是神的使者，帮人类找到了可以居住的地方，对人类有恩。所以，当地的人坚决不吃鸡肉，严守禁忌。神放飞鸡寻找岛屿的故事，类似于挪亚放飞鸽子去寻找陆地一样。说的都是大洪水过后，人类亟须找到第一块干涸的土地，重建家园和休养生息。

在日本的南岛也流传着建国建岛的创世神话，说的是建岛神和建国神二兄妹，修葺加固国土，把太阳神赐予的红土堆放在下面，黑土堆放在上面建成了岛屿，可是，如果踏在岛的北端的话，南端就会翘起来，反之亦然。所以他们又用钉子固定岛屿，把南北两端钉死。另外，海浪也总是冲击岛屿，所以他们又在岛屿上堆砌石头和植树造林，修筑河流山川，安置人类。

大林太良在研究东南亚、中国和日本的洪水神话时得出的结论是，这几个区域的原始洪水型的神话高度相关，也就是原始时代发生了覆盖万物的洪水，后来从洪水里出现了原初的岩石，兄妹下降到岩石上，结婚生子，于是成为人类的滥觞。

第二节 日本性文化的滥觞

一 日本的“柱”崇拜

二神在合力创造淤能基吕岛后，马上降临于岛上，在岛上竖起天之御柱，建造了“八寻殿”，先造窝后造人。

这里的天之御柱应该是把大木头砍下来再把它矗立在地面，意味着以这根御木为中心，周围一定区域是祭祀和议事的地方。为什么要竖立一根大木头，因为它类似神从天上降临人间的天梯或通道。在许多民族的神话中，原来的天很低，神和人可以经常联系，甚至可以通婚。神下凡自有法术，但人上天非要有天梯不可，按照中国神话的说法，天界有天门，只要沿着天梯攀登，就可以到天门。

用作天梯的材料很多，主要有两种，一是以山为梯，二是以树为梯。所以二神先竖立天之御柱，以保证自己和众神可以通过这根大木头随时登天下地。

《古事记》中关于“天之御柱”的记载，后来逐渐演化为日本文化中“柱”的崇拜现象。在当今日本，仍保留着许多传统的诸如诹访神社的“御柱祭”这种盛大的祭祀活动，还有伊势神宫迁宫时清静神秘的“心御柱祭”、新潟县中颈城郡的关山神社的“柱祭”，以及由家宅建筑构件产生的“大黑柱”。这里的“柱”一方面表示“天之御柱”；另一方面是表示天神或天皇之子的量词，比如五尊神就被称为“五柱神”。

至于“八寻殿”，说的是盖了很大的房子，“八”在这里意味着宽大，“寻”是尺寸。也就是二神在岛上盖起了很大的茅草房，作为他们新婚的洞房。

按照精神分析理论，柱子这一类又粗又长的物件是男性生殖器的象征，而“八寻殿”这一类中空的建筑或者器皿则是女性生殖器的象征。二神举行婚礼时必备的这两件物件正是男女生殖器的抽象化，在生命的创造过程中，是不可或缺的基本要素，是对生殖过程的初步认识。在日本，性与矛、天柱常常形影不离，今天的日本仍保留着这种习俗，并把桥的顶柱称为“男柱”。

二 性意识的唤醒

二神在竖立天之御柱和建造房子的过程中，父神最先发现男女性别差别，也就是身体特征的差别。所以引出了以下一段有趣的对话，并由此萌生了性意识，引起了性冲动，最后两相情愿地举行婚礼，进行交合。

哥哥问：“妹子，你的身体是怎样长成的？”

妹妹答：“我的身体已经完全长成了，只有一处没有合在一起。”

哥哥又问：“我的身体也都长成了，但有一处多余。我想把我的多余处，塞进你的未合处，产生国土，你看怎样？”

妹妹爽快地回答：“这样做很好！”

这段对话基于青年男女本能的好奇和冲动。这种潜在的性意识是由于外界的影响而被唤醒。比如他们看到一对情鸽在亲嘴，于是他们也学着亲嘴，看到一对鸽子在交配，这下就更激动了，于是就有了上述的这段对话。

文化起源的一个重要原因是人类不断地向大自然学习，向动物学习，以提高自身的生存能力和改善生存环境。从某种意义上说，人是禽兽的学生。比如，跟蜜蜂学习，人类懂得如何盖房子；跟蜘蛛学习，人类懂得织布；跟黄莺学习，人类学会唱歌。

在性启蒙上，动物也给人类上了一堂课。台湾地区阿美人流传的《神鸟的启示》神话故事中讲的是，男神阿波若拉扬和女神塔里布拉扬相爱，他们模仿鸟儿那样相交，生儿育女，其子孙就是阿美人的祖先。

除了模仿动物之外，人类始祖神的性启蒙也可能出于一次意外的发现，中国西藏的珞巴族和宁夏的回族就流传着这样的神话故事。

西藏珞巴族神话说的是天地结为夫妻生下万物，最后生下一个女儿和一个儿子。姐弟长大后，父母让他们自谋出路。他们相伴出走。在饥饿时，天下忽然掉下一个鸡蛋，姐弟俩把鸡蛋拾起来放在火上烤，姐弟面对面叉开双腿坐在火堆边，看着火中的鸡蛋，鸡蛋突然迸裂开，溅到姐弟的下身，两人相互见到对方的性器官，于是相爱相交，结为夫妻，子孙繁衍，姐弟成了珞巴族的始祖神。

在宁夏回族流传着阿丹和好娃的神话故事。说的是阿丹和好娃是人类第一对夫妻，真主交代他们不能吃天堂里的麦果。但是在恶魔的诱惑下，两人各偷吃了一颗，阿丹因为害怕，一紧张，麦果卡在喉咙中，从此男人就有了喉结。而好娃吃到了肚子里，就有了月经。他们因违反禁令被逐出，只得在冰上过夜。从此男人膝盖冰凉，女人屁股冰凉。为什么会出现这样的情况，稍加分析就可以得出他们在冰上以正常体位交合，才会膝盖着冰和屁股着冰，这个神话故事婉转地告诉人们这么一个事实，不像前面的故事那么直白和坦露。

从这些神话可以得出，人类的始祖在情欲上一开始是无知的，还不是无师自通，要借助于动物的启发或来自一次类似烤鸡蛋才了解到各自的性别差异。

《古事记》中关于始祖神的这段对话，把双方的性器官做了形象的描述，构成了“凸凹”崇拜，亦即男女生殖崇拜的原点。

在东西方神话中，普遍存在着生殖崇拜，它反映着早期人类的一种原始信仰，在残酷的大自然中，人类只有通过更多地繁殖后代才能延续人种和增加有效的生产力。它具体可以分为女性生殖器崇拜和男性生殖器崇拜、男女生殖共同崇拜以及男女交合崇拜。

日本人的生殖崇拜由来已久，在弥生时代就有了，远远地早于《古事记》的成书时代。全国到处都有祭祀男性生殖器的地方。比如岩手县远野市就祭祀一个用石头做的阳具，称为“金精神”；鸟取县的大山町有一座神社叫“木根神社”，里面祭祀着一根木雕的阳具，而爱知县的田县神社更是祭祀一个硕大无比的阳具，人们祭祀的阳具形态各异，有的是用木头或石头雕成的，还有一些是画着阳具的画。

日本人之所以祭祀阳具，是为了祈祷夫妻和谐，子孙满堂。因为自古以来，他们就认为阳具有强大的“灵力”，是产子的原动力，所以备受崇拜。

关于男女生殖器官的崇拜，散见于很多民族的神话当中。

在古埃及，其艺术、神话中的性表现不会被视为禁忌，通常直接表现出来。其中最具代表性的就是拥有勃起的“敏神”（MIN），他是丰饶的象征，性无能的男人会供奉敏神，祈求子孙繁荣。

在古埃及新国王时代还会制作画有女性或男性性器形状、阳具勃起的男性、男女交媾等图案的护身符，尤其是阳具，被视为生命力的象征，被当作多产的护身符。埃及出土了不少仿阳具造型的小像，作为多产的象征，目的是祈愿而非妇女的自慰品。

在中国古代，将两性交配喻为“云雨”，因为古人把女人的肚腹看作土壤，把男人的精子当作种子，性交就是一个播种的过程。种子已经撒在地里，如果没有云，就不会有雨，没有雨，土地自然就没有收成。中国古代先民盛行阳具崇拜和女阴崇拜。今天通用的“且”这个字，就是男根的象形，无论是在甲骨文还是在金文之中，尽管笔画有所差异，但形态则一。根据造字的原则，“祖”是由“示”和“且”组成的，“示”在左边为祭祀的供品，“且”在右边为男根，拜祖先就是拜男根，没有祖先的这个“且”，哪儿来那么多的子孙，子孙相传实际上就是“且”“且”相传。因为古人祭祖，多用牌位，牌位就是木主，其形状如“且”，商朝人认为他们的祖先是“玄鸟”，是谓“玄鸟生商”，实际上他们以鸟纹象征男根，因为鸟头与龟头相似，鸟生卵，男根也有卵（睾丸），蛋白与精液相似，所以“玄鸟生商”。后来，中国人开始制作各种各样的男根，以高耸的巨石、塔、木柱作为男根的象征，直观又形象。

有男根崇拜的同时必然有女阴崇拜。交配、怀孕、分娩本是自然现象，但在先民眼里，是一件神秘而不可思议的事情。女性生殖器的象征物，最初主要是子宫、肚脐，还有阴部。先民先以陶环、石环等为女阴的象征物。其后则以鱼的形象作为女阴象征，一是因为鱼形，尤其是双鱼与女阴十分相似；二是鱼的繁殖能力很强，比如一条大麻哈雌鱼一次可产卵3500～5000粒。

在《说文解字》中，“也”就是女阴，“也”这个字从古籀文可以看出，它包含女性生殖器的大小阴唇和阴蒂，是再形象不过的一个字，所以，“也”和“且”相对应，如果说男根崇拜被称为“且且”崇拜，那么女阴崇拜就是“也也”崇拜了。

三　日本“凸凹”文化的滥觞

正如前面提到的，父神与母神对话中发现双方性器官的差异，则女“凹”男“凸”。所以，姑且将日本性文化称为“凸凹”文化。“凸凹”文化首先表现为性器官崇拜。“凸凹”在日本就专指男女生殖，也指性。有的日本人以“凸凹”为姓，有的神社也以之命名。大量形似男根女阴的天然石头被称为“凸凹石”。日本有关性器官崇拜的神社有400座左右，它们所供奉的男神或女神，都露出性器官，尤其是男神分布最广，称呼也不同。有道祖神、道镜神（历史人物）、塞神、石神，以及金精神等多种叫法，日本当地居民称此风俗是从中国传播过去的。

“凸凹”文化的另一个主要内容是如何看待性和性交。在这一点上，古代东西文化表现出较大的差异，中国和日本在不同的时间节点上也有较大的差异。从神话的角度分析，首先在造人神话的表达上就可以看出对待性的态度。

在西方，基督教把人类起源看作人类始祖犯错的结果，所以才会有处女崇拜和“圣母处女怀孕”的说法。实际上，古代西方的性生活极其混乱，从古希腊、古罗马神话中可以看出。

在古希腊、古罗马神话中，无论男女，神明对性的态度都十分随意，性生活十分活跃。数不清的爱情故事和随树叶蔓生的性纠纷，构成了古希腊古罗马神话的主要情节，其中以众神之王宙斯为代表。

首先，宙斯对家族中只要稍有姿色的女人，不论是姑妈、姐妹，还是自己的亲生女儿，只要有可能，都把她们收入后宫，成为自己的妻妾。其次，宙斯的男性荷尔蒙过于强大，加之有可贵的探险精神，无所不用其极，偷偷摸摸地追求外遇，拥有数不清的情人。其正妻天后赫拉（本来是他的姐姐）多次抓奸仍无法阻止其外遇，夫妇常常吵架甚至大打出手。宙斯不仅享受奥林匹斯山中的众女神，也拼命惦记着凡间的美女，常常背着天后在凡间留下一串串的风流足迹，生下了一大堆孩子——不论是合法的还是私生的；不论是与女神生的还是与凡间女子生的；不论是与亲姑姑、亲姨妈生的，还是与自己女儿生的。

宙斯的所作所为，实际上反映了当时人间的性生活状态，在西方历史上，以古罗马为最盛。所以，有的史学家将古罗马的灭亡归咎于淫乱是有一定道理的。古罗马人粗野、放纵，既放纵性欲，也放纵酒、财、气。古罗马大兴土木，到处修建浴室，实行男女混浴，浴室成了卖春和淫乱的场所，最终导致了古罗马的衰亡。

汉族创世神话是“女娲造人”，女娲被认为是人类始祖。在汉族，回避了性的问题，就是人类的产生不仅与性活动无关，也和婚姻无关。而中国少数民族的创世神话讲的是远古时代人类经过一次大劫难，只有伏羲、女娲两兄妹存活，他们结婚并繁衍后代，后来又严禁血亲通婚，制定婚俗，人类的繁衍逐渐脱离了自然属性，也就是说中国汉族是无性繁殖，少数民族则是兄妹结婚而繁衍后代。原因在于汉族后来受到儒家说教的影响，对性采取回避的态度，视“性”为洪水猛兽，而且不能接受兄妹结婚这种说法，所以不得已才编造了“女娲团土造人”这样的一个违背自然规律、违背人性的荒唐可笑神话。

其实，在中国古代很长一段时期，对“性”的认识和态度还是比较客观和符合实际的，那就是“天人合一，做爱有理”。

《诗经》中有一首诗叫作《野有死麕》，讲的是青年男女春天在野外约会并进行交合的情节。当时男女的野合是得到官府的支持的。中国古代哲学讲求天人合一，“男女构精，万物化生”，男女的结合正是宇宙阴阳二元自然力相互作用的具体表现。《道德经》中讲的玄牝之门，恰恰是道家的男女之道。

先秦时代男女青年的野合风俗保存了很长一段时间。唐宋乃至明初，中国一些农村举办的各种庙会和集会，也是为青年男女提供相识、相亲乃至暂时苟且的场合，明清时期官府对一些地方的庙会以淫乱罪名予以限制乃至取缔。君不见“人约黄昏后，月上柳梢头”正是青年男女约会前怀揣的一股不可名状的喜悦。

中国贵州黔东南苗族在祭鼓节（祭祖）过程中，至今还保存一项活动“浴水花竹”，它祈求祖先赐子，由表演者模拟崇拜男女性器官为主要内容。活动时，由一中年男子扮演告端（是洪水后兄妹结婚所生的无头无肢形似冬瓜的崽），用一根碗口粗、根须和枝叶（寓意阴毛）旺盛的枫树雕成男根，象征性地追逐祭鼓氏族的媳妇，并一同到溪边，用带叶的竹子挑水相淋（复还野合的情景），女方象征性地把告端这个“崽”背回家，也有用酒精置于竹筒边向女方射去的。活动中，祭师唱道：“丈夫要妻子，男人要女人，悄悄去造人，房内去育伴，不让根骨断，不许种子灭。”

中国先民有着比较健康的性态度和性心理，只是南宋以后儒学思想的极端化，造成了人们性观念的禁锢，中国的性文化走上一条扭曲、虚伪的道路。

日本性文化的起源首先源于神话的描写和神的表率垂范，崇拜性如同崇拜神。

首先，相对于中世纪以来的中国性文化的畸形发展，日本人对性的崇拜，始终十分坦率，也十分认真。因为日本民族的起源从一开始是以性与爱为起点的，历史传说中的自然神与人性息息相通，神也有人的欲望。所以，日本古人对性的崇拜与对神明的崇拜是合二为一的，没有那么多的遮遮掩掩和矫揉造作。

作为日本民族起源神话的《古事记》，叙述开天辟地和民族创生正是从性与爱开始的。古代神话和早期神道对性与爱的宽容态度，实际上折射了日本先民对性与爱的自然、健康、放任的态度，从生命实际、生活实际上升到文化审美和情趣、艺术、哲理的层面，即性是美好的，无须遮掩。

其次，日本性文化的演化与其特殊的地理位置和自然环境有着直接的关联性。日本地处岛国，无依无靠，且自然灾难频发，造就了国民性格中人生无常、及时行乐的思想渊源。平安时代的《源氏物语》和《枕草子》等文学作品就反映了日本公卿和皇室的风流生活。《伊势物语》的作者在原业平一生与3733位女性有染。他是日本第51代平城天皇的孙子，属天潢贵胄，才华横溢，是平安六歌仙之一，活了55岁。笔者至今也弄不明白他这个有染的记录是如何统计出来的。

日本的自然环境也使得日本人崇拜自然，对自然界绝对服从，原始情感被无限放大，因而性也被作为自然的一部分被推崇。从农耕时代开始，为了增加劳动人口，日本农村中的私通现象就极其普遍和被变相鼓励，女性的贞操一向不被重视，寡妇再嫁是被允许和鼓励的。比如日本江户幕府的开创者德川家康生了十几个儿子和女儿，其中有相当一部分是和寡妇生的，家康的妻妾中有不少原本是寡妇，第二代将军德川秀忠就是家康与一个再嫁的寡妇生的。这就叫作人力资源的充分利用。

再次，日本性文化借助于原始神道的仪式得以弘扬和净化。

郝祥满先生在《日本人的色道》一书中考察和分析了神道之祭与性交表演。他指出，日本是一个典型的集团社会，其集团意识的培养主要是通过与神道相关的各种“祭”。日本人常常集体参加各自地域的“祭”，这些节日多是一种放纵的或者宣扬性开放的“狂欢节”。在弥生时代的日本，人们常常在田间小路上性交，这和中国先秦盛行的野合并没有区别。

最为典型的是奈良县明日香村飞鸟坐神社的御田祭，它主要不是为了感官刺激，而是为了愉神，在让神快乐的同时，表演者和观赏者也得到愉悦。表演御田祭时，一人戴“天狗”面具代表男性，另一人戴“多福”面具（少女形象的面具）代表女性，前者把后者推倒，在“她”的私处演示各种动作，完全是一场“做爱秀”。但这可是极其严肃的宗教祭事。其中还包括与插秧相类似的动作，因为造人和种田都是生产行为，它暗示的是向神奉献，祈求五谷丰登。男女交媾不仅能够繁衍人口，而且能促进农作物丰收。

由此可见，在古代，性行为既是寻欢作乐，又是神圣生活，它融洽了人们的伙伴合作关系，淡化了暴力的色彩，在一定程度上净化了人们的野性。法国学者维柯指出：人从原始时代以来就不断受到“野兽般淫欲的刺激”，而“宗教的严厉约束”使他们适度，使人的性行为限制在婚姻的框架内，“以修人道”构造社会。

最后，日本的性文化借助一些独特的性风俗得以传播和体现，这些历史上广为存在的性风俗主要是歌垣、杂鱼寝和“夜攀”。

1. 歌垣

在大和时期，日本先民认为丰收是神明赐予的，农作物被赋予神格，人们开始为其举行宗教仪式，称为“农耕仪礼”。后来这种农耕仪式演变成男女交际的歌舞，是谓歌垣。每年春、秋两季，在同一地点，男女集合在一起狂歌劲舞，求偶做爱。这种娱乐活动类似于中国西南地区少数民族的“对歌会”。

歌垣的举办场所多为山顶、海边、集市等地，参与者多为青年男女，双方按照规定的旋律、音律临场发挥对唱歌谣，多为恋情歌曲，也包括歌颂收获、赞美神明、安慰亡灵等内容。古代日本人相信自己说出的每一句话背后有“言灵”一样的神圣力量在操控着，双方唱歌即是彼此的“言灵”在角逐。一方接歌失败，就是“言灵”的失败，意味着要屈服于另一方。

双方对歌结束确定了恋爱关系后，恋人们就会在歌垣场所开始进行集体性乱交的行为，许多人还会共妻、换妻，出现了“人妻与我欢，我妻亦诱人”的场面。歌垣是一种富有性解放色彩的活动。后来这种活动传入宫廷，在奈良时期，天皇开始倡导“对歌”，天皇和贵族在宫廷里所举行的歌垣已失去了原来的意义和野性。

歌垣习俗随着文化交流传到琉球，兴起了类似歌垣的“毛游”，即在原野上游乐。在今天的日本，歌垣习俗早已废止，而冲绳地区的毛游至今仍存在，但是性的色彩早已淡化，演变为文化艺术的交流场所。

2. 杂鱼寝

杂鱼寝在字面上指很多男女共处一室。但作为民间习俗，传说中是春分前一天的节分之夜，自尽而亡的女子怨灵或大蛇妖魔从地狱流窜出来作恶，捕食人类，为确保集体安全和相互照应，全村男女老少集中在神社共度一夜，直至第二天天亮，恶鬼遁走。

到了室町时期，杂鱼寝在日本开始普及，最早富有宗教色彩的杂鱼寝，逐渐沦为杂交群交的代名词。在春分前夜，村中男女老少一同过夜，无论做什么事都不受拘束，但仅限此夜。于是，本来不熟悉的男女，相当熟悉的亲人之间，甚至父女、母子之间都会在这一晚发生性关系，人们抛弃了一切的羁绊，毫无顾忌，以性取乐，并认为这是神的旨意，任何人都没有罪恶感和廉耻感，甚至过路的客人也可以加入一同作乐。如果当夜有女子怀孕生子，这个孩子就被当作神的孩子看待。井原西鹤在其《好色一代男》中对杂鱼寝做了详细的描述。当然，这一过程也常常出现几个男人为了争夺同一女子而拳脚相向的情况，甚至发生命案。

除了取乐，杂鱼寝也有促成婚恋的作用。日本的一些乡村专门开设“杂鱼寝堂”，只允许未婚男女进入，性交后如觉得满意便可结下姻缘，颇有“试婚”的味道。但只能是少夫配少妻，老夫娶老妻。这种先性后爱而缔结的婚事，也被看作神明的旨意。

类似“杂鱼寝”的现象在中国云南也存在过。云南有一座石宝山，直至20世纪，当地还有这样的风俗。在每年中秋节的前后三天中，男男女女都可以上山狂欢过夜，和不认识的异性发生性关系，不以为耻，也不以为怪，所以当地有“好人不上石宝山”的说法。

3. 夜攀

“夜攀”的日文原词是“夜这”，从字面上说，“夜”为夜晚，“这”表示攀爬，也就是到了夜晚爬到异性的房间内与之交好。

相对于歌垣和杂鱼寝，夜攀并没有任何宗教色彩，纯粹是为了求缘留种，繁衍人类。此风俗在日本广为流传，根深蒂固。一千多年前的《源氏物语》就有记载，一百多年前的明治维新虽尽力移风易俗，但仍不绝，一直留传到20世纪50年代才禁绝。

“夜攀”这种风俗在乡下及渔村尤为普遍。在寂静的夜晚，男子偷偷潜入中意女子的闺房向其求婚，若是女方同意，便正式确认了婚恋关系。但随着社会的变迁，“夜攀”的规模和形式都发生了变化。由原来的个人行为扩大到整个村落的系统之中，甚至包括其他村落的人也参与进来。

“夜攀”这一民俗大致分为两大系统，一类是只要是女人，无论年轻女子还是寡妇甚至有夫之妇，皆是“夜攀”对象；另一类是只限于年轻女子与寡妇、女佣、保姆。前者开放所有女人，但有不成文的规定，便是只有丈夫或同居男人不在家时，才可以翻墙入内成全好事，山区村落和沿海渔村以前者为主。而关东平原大多以后者为主。有的村落禁止邻村男子闯入，有些村落则欢迎外客加入。

为了公平起见，避免美女天天爆棚而其他女人无人光顾，也免于男人为女子争风吃醋，每个村落依年龄而各有其自治组织，不能随便乱闯。有些村落是由男子抽签决定对象，女子只能静候男人来“夜攀”，如果女子不满意抽签结果，她有拒绝的权利，可以通过组织之间的协调申请换人。因而男子平时的表现十分重要，如果口碑不好，即使你长得比中国的潘安还帅，很可能一辈子都偷不到香。

如果这段时间做爱而怀孕，女子搞不清是哪个男人让她挺起肚子的，那也很简单，由她指定，她说孩子是谁的就是谁的，只要女子指人，那个男子就是孩子的父亲，就要接纳她。当时也没有 DNA 检测技术，再说日本人不太计较血统问题，谁当爹都一样，孩子是村落的共同财产。而女人也很幸福，婚前可以同时和 N 个男人有亲密关系，可以从中比较，挑选出最满意的夫婿，反正婚后还有机会偷香。婚姻既不是鸟笼，也不是围城，没有必要拒绝，合则来，不合则散。

和乡下相比，都市也有类似风俗。如江户的市民婚前有所谓的“足入婚”，女子在婚前先住进男方家一段日子，合得来就宴客公布，合不来就与男人说声拜拜打包回娘家，相当于现代的试婚，洒脱得很。

明治维新时期，政府为了树立“文明开化”新社会道德，引进西方一神教的性爱观和婚姻观，崇尚处女膜，强调国民实行一夫一妻制，破除各种根植于日本的性风俗，以及混浴等社会习俗，收到了一定的成效。但诸如“夜攀”一类的性风俗由公开转为私下，屡禁不止。

1938 年，日本津山市发生了一起震惊全国的特大命案。一男子持猎枪一口气杀了 30 个人。这起命案的起因，就是杀人犯在征兵体检中发现患了肺结核，这在当时几乎是绝症，村民们得知后就开始在他的背后议论纷纷，平时的“夜攀”活动没有任何女性愿意和他亲热。村民集体抛弃了他。一怒之下，他用猎枪不分男女杀害了所有在背后侮辱他的人，最后自杀。这起特大命案把尘封已久的“夜攀”风俗再度推到舆论的风口浪尖，“夜攀”才逐渐消失。直到二战之后的二十多年，往日这种具有原始色彩的性风俗才远离日本现代社会。

第三节　神婚

一　第一对夫妻神

在日本神话中，伊邪那岐和伊邪那美是日本天皇室和日本民族的始祖神。他们首先是作为兄妹，根据大神的指示下界，营造国土并生育人类，他们是日本史上的第一对夫妻，举办过两次婚礼。后来夫妻反目，也是史上第一对离婚的夫妻。其中母神是史上第一个死亡的神，实际上是第一个死亡的女人。

世界上大多数民族的神话中，神先于人类而存在，神和人一样，也有男女，也有夫妻，也有生育，因而也会有第一对夫妻。如果他们生下的是神，他们就是神族的始祖；如果生下的是人，他们就成了人类的始祖。

在古希腊神话中，第一个从混沌中分离出来的是大地女神盖亚，她创造了大地、海洋和天空，并生下长子乌拉诺斯等三尊神。后与乌拉诺斯（第一代神王）结婚（母子婚），成为一对夫妻神，生下了十二个泰坦神，乌拉诺斯既是盖亚的长子，又是她的丈夫。

在印度神话中，世界的创造者是大梵天。大梵天是婆罗门教的主神，有四脸四臂，眼能观四面八方，是至高无上的神。因为寂寞，从身体各部分生出六位神。后来决定再创造能繁衍后代的神，所以先从右脚大脚趾生出了第七个儿子——达刹，后又从左脚大脚趾生出女儿——毗里尼，兄妹俩在梵天的庇护下生长得特别快，最后还结成了夫妻，成了第一对夫妻神，生下了50个女儿。这些女儿都嫁给了这对夫妻神的哥哥或侄子。

尽管大梵天生育了七子一女，但是仍摆脱不了寂寞，没人陪他消遣，共同分享快乐。于是他用他自己的一部分创造了一个女人，即第一个女神——莎维德丽，亦即辩才天女，梵天爱上了她并娶她为妻。

二　合婚神话

伊邪那岐和伊邪那美，彼此发现对方的身体差异并产生了强烈的性冲动，他们决定结为夫妻，在没有证婚人的情况下举办了婚礼。婚礼仪式很简单，男神对女神约定二人围绕着天之御柱转圈，男左女右，也就是男方从左边向右出发，女方从右边向左出发，最后相遇的地方就是做爱的场所。当绕着御柱走时，女神先开口赞美男神是一个好男子，男神接着夸对方是一个漂亮又贤惠的好女子。相互说完后，男神发现不对劲，他觉得女神先开口说话会带来不吉利的事。

从这一段合婚神话描述中，包括三个重要的信息。

（一）天之御柱：实行合婚的道具

这里的“天之御柱”可以解读为象征男根的器物，对于它的器物特征可以做以下理解。第一，它是一棵很多人才能合抱的千年古木。这是因为没有足够粗大的树，兄妹俩就无法分巡环绕，像捉迷藏一样看不见对方。第二，《日本书纪》明确指出，自凝岛本身就是天之御柱，是一座山，兄妹俩可以环绕行进。

（二）分巡环绕：实行合婚的形式

分巡环绕是指兄妹俩围绕着天之御柱从不同方向相行，最终会合。日本神话里兄妹合婚的情节，与中国南方的苗族、瑶族、彝族关于伏羲、女娲的兄妹婚神话有高度的相似性。

其一，广西融县罗城的瑶族传说。

洪水过后，人类灭绝，只剩伏羲、女娲兄妹二人。伏羲欲娶女娲为妻，女娲以兄妹血亲违犯人伦而拒之，伏羲再三请求，女娲无奈，便说："你来追我，若将我抓住，我们便成婚。"二人绕一大树同方向旋转，伏羲追不上，心生一计，返身逆向追逐，将妹抓住，于是二人结婚，不久生一子，是为肉球。

其二，瑶族另一则兄妹婚神话。

躲过洪水的伏羲、女娲兄妹为了人类的繁衍决定结婚，但羞于为夫妇的女娲有所犹豫，后对其兄说："我在前面跑，你在后面追，如果能追上，我们就结为夫妇。"女娲绕一大山奔跑，伏羲追逐其后，追了七圈仍未追上。这时一只乌龟教伏羲逆向追逐，于是女娲迎面撞上伏羲。但女娲怪龟多管闲事，因此不能接受求婚。两人又相约用其他方法占卜是否能结婚。二人从山上滚石磨臼，约定如果石磨臼能重合，即结婚。石磨臼果然结合，兄妹成婚，先生下一肉块，伏羲不悦，将肉块切碎，切碎的肉片化为人。

其三，云南彝族传说。

洪水中一对兄妹乘坐木箱存活下来，哥哥决定与妹妹结婚。但开始妹妹无论如何也不同意，后来两人占卜，根据神的旨意结婚，婚后生一肉球，肉球切碎后化为人。

陶阳先生在《中国创世神话》一书中，对中国西南地区少数民族大洪水与兄妹结婚的母题进行如下的叙述。

大洪水过后，人类灭绝，仅存的兄妹结婚，承担繁衍新人类的重任：①天神明谕兄妹成婚，留传人种；②兄妹害羞，不从；③通过占卜与验证：甲式占卜，如卜龟、卜竹等；乙式占卜，如滚磨盘，滚筛子，相互追逐等；④兄妹婚后，或生小孩，或生肉球，或生葫芦，或生怪胎等，兄妹成为新人类的始祖。

吉田敦彦指出，日本神话特别是伊邪那岐与伊邪那美出场部分以及山幸彦同海幸彦之间争斗的故事，的确受到了与之情节相近的中国南部传说的强烈影响。占才成博士考证的结论得出，日本二神巡绕合婚的神话无疑受到了中国《天地开辟以来帝王纪》《独异志》等文献中伏羲、女娲巡绕合婚神话的影响，特别是敦煌残卷《天地开辟以来帝王纪》，无论是在时间上还是在神话情节、结构上，都具备了影响的可能性，成为影响中日巡绕合婚神话的有力证据。

（三）男左女右：实行合婚的方向

据传说，盘古化仙之后，身体器官化为万物，其中日、月二神是盘古双眼所化，日神是左眼所化，月神是右眼所化，而日神是伏羲，月神是女娲，这就是中国民间流传的“男左女右”的由来。

男女神在举行婚礼时，采取分巡环绕，男左女右的绕柱方式。日本学者清原贞雄认为这是受到中国古代思想的影响，《白虎通》有“天道左旋，地道右旋”的说法。因为“阳道左回，故天运左行”。而中山太郎则认为日本二神环绕合婚的方式来自《淮南子》。《淮南子》有云：“北斗之神有雌雄，十一月始建于子，月从一辰，雄左行，雌右行，五月合午谋刑，十一月合子谋德。”这里的“雄左行，雌右行”的观点更接近于“男左女右”的环绕模式，日本兄妹神作为阴阳二神的环绕方式有可能受到这类中国古代思想观点的影响，但是否直接来源于上述的文献资料，则有待进一步考证。

自古以来，日本就有深厚的左右尊卑观，其中最主要的依据是伊邪那岐的左眼化生了太阳神天照大神，右眼化生了月神月读命。天照大神地位最为尊贵。日本考古学家在考察圣德太子的墓地时发现，墓内有三个棺木，中间是太子之母间人穴太部皇女的棺木，左边是太子棺木，右边为太子妃的棺木，这正体现男左女右的规则。还有，日本古代官制的设置中，《大宝律令》规定太政官是律令制国家的最高机构，由太政大臣、左大臣、右大臣、大纳言构成议政官组织，太政大臣为最高首长，无适任者则不设；而左大臣是仅次于太政大臣的官职，在没有太政大臣时则为最高首长，而右大臣则次于左大臣。以上称为三公。在日本历史上，崇左贱右是自始而终的做法。

而在中国历史上，不同时期对左与右孰贵孰贱有所差别。清代学者赵翼的研究结论是，周代尚左，战国秦汉尚右，六朝隋唐宋尚左，元代尊右，明清又尚左。不难看出，隋唐时代中国文化潮涌日本，日本也许是在这个时期接受了尚左贱右的观念，并始终保持下来。而作为文化输出者的中国，观念则一直是左右摇摆，而且存在地域的差别，如南宋学者周密在《齐东野语》中指出当时大宋有“南人尚左，北人尚右”的差异。

兄妹神在合婚过程中环绕方向的约定，是女神从右边（向左）走，男神从左边（向右）走，绕着相遇。女神自右向左，男神自左向右，亦即“尚左贱右”“贵雌贱雄”在日本神话中有特殊的意义，在后来的伊邪那岐的“三贵子”诞生过程中再次得以体现。男神洗左眼时化成神，名叫天照大神，洗右眼化成的神名叫月读命，一左一右，一女一男。这种对立的关系，也就是“贵左尚雌”的观念，在中国西南少数民族神话也大量存在，独龙族、纳西族、普米族等少数民族把太阳视为雌性，月亮则视为雄性，月亮是太阳的陪衬，雄性是雌性的附属。这是源于在人类的母系氏族社会，由于女性承担重要的生产劳动和生育重任，其地位高于男性，氏族系谱也是以母系为标准，由于社会地位高，于是女性居左。

日本神话与中国西南地区少数民族神话中尚左崇雌的做法，在历史上仍有某些相近相通之处。在日本古代婚俗中，入嫁的新娘首先要在灶边向左转三圈，以表示作为家庭成员对家神（即灶神）的敬仰。日本人穿和服时尤其讲究左襟和右襟的盖法，穿时右襟领贴胸口，左襟领再盖在右襟领上，此穿法称“右前”；反之，是入殓者的穿法，称“左前”。在葬礼中，不是送葬者绕棺木向死者告别，而是使棺材向左转三圈，以示再也不能说话的死者向送葬者致谢。中国西南地区的彝族，以太阳为女性，居左，月亮为男性，居右，在很久的时间里还保留着天葬，葬俗中以土葬在左，天葬在右，供奉祖先的灵位也是女居左，男居右。哀牢山的彝族老人和妇女至今着左襟衣裳。丧礼时孝子孝女皆着左襟麻布衣。歌舞时跳左脚舞、唱“左脚曲”等“尚左”的风俗不一一罗列。

后来，随着父系社会取代母系社会，男性成了社会的主角，世界上的大多数民族神话中的“太阳神”成了男性，雄性为大，居于左位。女性的社会地位处于下降和被排斥的状态。这反映在日本神话兄妹神巡绕中，男神因为女神先开口说话而认为不吉利，甚至会带来灾难而抱怨。

由于男女易位，尊卑互换，这种等级差别甚至用于解释男女在性生活之前及性活动中的体位。如隋代典籍《洞玄子》指出：凡初交会之时，认为男为阳，女为阴，男为天，女为地，因此，男女的正常体位应当是男在上位，是主动者，也居于统治者；女性居下位，是被动接受者，因而也是被统治者。这是父权社会中男性绝对中心的粗暴表现。日本进入中世纪以后，也是如此。平安时期日本女性社会地位持续下降，甚至为了表现“男左”的尊贵，从江户初期，新婚妇女约定俗成地睡在右侧，而将左侧位置留给丈夫。

敦煌残卷《天地开辟以来帝王纪》中对伏羲女娲巡绕合婚情节的描写如下。

伏羲、女娲因为父母而生，为遭水灾，人民尽死，兄妹二人，依龙上天，得存其命。见天下慌乱，唯金岗（刚）天神教言可行阴阳，遂相羞耻，即入昆仑山藏身，伏羲在左巡行，女娲在右巡行，契许相逢则为夫妇，天谴和合，亦尔相知，伏羲用树叶覆面，女娲用芦花遮面，共为夫妇。

以上这段话在情节和结构上与《古事记》中关于兄妹神合婚高度相似，体现在以下四点。

第一，天之御柱与昆仑山皆为合婚的道具。

第二，伏羲左巡、女娲右巡与日本兄妹神的分巡方向相同。男女在山中奔跑，相互追逐，本身就是在调情。

第三，皆有相约，也就是结婚的条件是二人分巡最后会相遇，相遇之地则是洞房花烛之处。

第四，都是根据天神的旨意行事，遵从天神的教导。

两者的区别在于以下几点。

1. 日本神话中没有洪水母题，因而没有如伏羲、女娲那样明确的历史使命，那就是再造人类。日本兄妹神根据神敕创造日本国土和诸神。

2. 在对待性的态度和认知上有较大的区别。日本神话中的兄妹神对待性的态度是自然的、原生的、坦然的。而伏羲、女娲碍于伦理道德的束缚，在性的态度上是含蓄和婉转的。他们在成全好事时，也由于彼此太熟悉，而不得不借助树叶和芦花遮掩。

三 结婚仪式的演化：神前婚礼

二神降临自淤岛后，先竖立天之御柱，盖了八寻殿，做好了结婚前的准备，然后男左女右分巡环绕，在环绕中相互赞美，作为结婚仪式，婚仪简单质朴。因为他们的婚礼既没有参加者，又没有证婚人，更没有乐队伴奏，除了主角还是主角。

受神道教的影响，传统的日本婚礼是在家中设有凹间的和室，新郎、新娘在守护这个家庭的神明面前发誓携手共度今生。

在神社举行的婚礼被称为神前婚礼，它的历史只有100多年。明治三十三年（1900年）五月十日，当时的皇太子嘉仁亲王（后来的大正天皇）与太子妃九条节子（后来的贞明皇后）在祭祀皇祖神天照大神的贤所前举行婚礼，是为神前婚礼的开端。

次年，东京的神宫奉赞会（现今的东京大神宫）以皇室的婚礼仪式为参考，规定了民间的“神前结婚式”仪式，并于明治三十四年（1901年）三月三日举办了模拟结婚式，之后又进一步改良和普及。

现在的神前婚礼按照以下的流程进行。

一开始必须举行修祓净身仪式，同时向神明献上供品，并诵读祝祷词，内容如下：“两人将效法伊邪那岐与伊邪那美两位神祇，缔结良缘，繁衍子孙，为世人奉献己力。”接着举行三三九度的交杯仪式，确立夫妻关系。

所谓的三三九度，指的是交杯的次数，是由平安时代的贵族酒宴规则“式三献”演变而来。具体来说，第一巡的敬酒按照新郎、新娘、新郎的顺序；第二巡则是新娘、新郎、新娘；第三巡又是回到新郎—新娘—新郎的顺序，总共敬酒九次。

结束交杯仪式后，新人便到神明前面，由新郎诵读代表结婚誓言的誓词并献上玉串，依照二拜二拍手一拜行礼。最后以供奉在神前的神酒招待亲友，婚礼到此结束。

现代日本，婚礼习俗丰富多样，除了“神前式”，还有“佛前式”、“人前式”和“教堂式”等。

1885 年，曾是日莲宗僧侣的田中智学创立了日本最早的正式结婚仪式——佛前结婚式。这是佛教史上首次正式的结婚式，但一直没有普及，只有很少人会采用。

“教堂式”婚礼则是模仿基督教徒的结婚仪式而进行的结婚典礼，它并不是在真正的教堂举行，因为日本的基督教徒只约占总人口的百分之一，新人是在为了举行结婚仪式而建造的教堂风格的建筑中举办婚礼。当今日本，“教堂式”婚礼相对“神前式”婚礼更为普遍，除了因为对西方文化的崇拜之外，还因为婚纱比和服的费用便宜很多，这也是一个具体的经济原因。

近年来，“人前式”婚礼也在悄然流行，这种婚礼仪式摒弃了宗教色彩，不是向特定的神明，而是向家人和亲朋好友等宣布结婚誓言，列席的全体人员皆成为证婚人。

第四节 怪胎神

伊邪那岐和伊邪那美约定以环绕追逐为形式，游戏开始时，女方先开口说话，赞美男方是一个大帅哥，男方回应称赞女方是一个大美女，互相说完后，兄长对妹妹说女人先说话不吉利，讲出了他的担忧，但是双方还是尽情地交合。

果然不出所料，他们生的第一个孩子是一个水蛭子，只好把这个孩子放进芦苇船里，任其顺水流去。其次生淡路岛，也没有算在所生的孩子的数内。

一 “水蛭子”的含义

对二神所生的头胎“水蛭子”，多数日本学者认为指像水蛭一般的孩子，也就是生下了不健全的孩子。《日本书纪》记载，这个孩子养到了三岁仍然“脚犹不立”，也就是即使有手足，也是没有活力，又软又弱的样子，是一个水蛭一般无骨之子。为什么会做出这样的比喻？有两个理由。

一是软弱似无骨，无法站立，像池塘稻田里常见的水蛭这种动物，天生是一个残疾人。这是一种形象的比喻。二是水蛭会吸食人畜之血或体液，把孩子比作水蛭，是当作由于神的错误婚姻而生出来的怪胎。

二神所生的头胎是“水蛭子”，二神见了十分厌恶，就把它放置于苇船里，放入水中，让他随水流漂走，自生自灭。但是在《日本书纪》中，最先讲述二神结婚而交合，生下八大洲和山川草木后，商量生下自然界和国土的统治者。第一胎是天照大神，按照日本的长子继承制，她后来继承父母和家庭所有的权力和荣誉；第二胎是后来成为月神的月读命。第三胎生下蛭儿，天生是一个瘫子，到了三岁还不能站立，无奈之下，父母只得遗弃。最后生下的老四是须佐之男，这个家伙一生下来就大哭大叫，很多人为之丧生，甚至哭到草木都枯萎了，父母就把它发配到根之国。可见，《古事记》和《日本书纪》对蛭子神的描写存在很大的差别。

关于“水蛭子”是什么东西，日本学界还有第二种解释。日本学者西乡信纲和中西进认为水蛭子本来是太阳神。因为按照日语的发音，“水蛭子”念“hiruko”，也可以写下“日留子”，意味着“留在太阳里的男子”，就是男性的太阳神或者太阳之子的意思。中西进指出“日留子”的对应神是“日留女”，“水蛭子”的对应神是“水蛭女”，也可以写成“日留女”。水蛭子最终被父母神放逐到大海，这个“小舟”是古来所认为的太阳神的乘物；大海是太阳每天反复死亡和再生的地方。他还指出“海”与“天”本来是同音词，“追放到大海”意味着“回归天空”。

二　怪胎神的传说

关于兄妹神合婚生产的第一胎是异物或怪胎，散见于很多民族关于人类起源的神话中。通常的逻辑是由于兄妹或者母子、父女是血亲，他们结婚交配，往往会生产出异物怪胎。

在古希腊神话中，地母（大地女神）盖亚单性繁殖，从手指尖生下的头胎儿子叫乌拉诺斯。后来乌拉诺斯与母亲盖亚结合，盖亚和丈夫兼儿子的乌拉诺斯交配，分娩两次，第一次她生下十二个泰坦神，个个身材高大，比例匀称，智商良好。但是第二次分娩，生下的就是完全是一批怪物了，不是独眼、倒竖额头，就是长出一百双巨臂。与人打架的时候，头上独眼会发出火红的怒焰，一百双巨臂张牙舞爪，大有遇佛杀佛、见鬼杀鬼的架势，这就是古希腊神话中的独眼巨人和百臂巨人。

在中国的洪水神话中，以兄妹婚传宗接代而继续繁衍人类的说法居多。兄妹婚头胎多为畸形儿或怪胎，畸形儿或是呆傻，或为哑巴；怪胎则是肉团、肉块、葫芦、皮囊等。由于兄妹生气或来自神的启示，他们将肉团剁成肉块或肉酱，抛撒出去，这些肉块或肉酱落地后随即变成活人。哥哥力气大，抛撒得远，所以平原上人多；妹妹力气小，抛撒得很近，大多掉在山上，所以山地人少，撒在李树上的姓李，撒在桃树上的姓陶，粘在石头上的姓石。肉块变人在于说明四种情况。

其一，要解释人为什么这么多，单靠兄妹的繁衍是来不及造这么多人的，剁肉块变人就快得多，它实现的是人口几何级数的增长。

其二，兄妹婚极力避开了性的关系，而以捏泥人解决繁衍后代的问题。

其三，说明百家姓的由来。

其四，说明本民族或本民族各分支的由来。

这种兄妹婚产下怪胎的现象，甚至遗留在后世的史诗中，例如格萨尔生下的是一个肉球，玛纳斯生下的是一个皮囊。

三　造成水蛭子的原因

关于中外神话兄妹婚的母题中，造成怪胎或畸形儿的原因，主要有以下几种说法。

其一，怪胎与畸形儿，都是对兄妹婚的谴责与惩罚。

这是现代的说法。显然，洪水神话中有关兄妹婚的传说不会在实行兄妹婚的当时，而是产生在由族内血缘婚向族外群婚的过渡阶段。只有在这种过渡阶段才有可能产生谴责兄妹婚的社会观念。

中国在西周时期就有“同姓不能结婚”的社会共识，因为男女同姓，其生不蕃。说的是近亲结婚，其后代身体或智力不健康的概率远远大于非亲属通婚的可能，如果以此来说明中国人很早就知道近亲结婚的弊端，所以谴责兄妹婚，那就大错特错了。理由有二。

首先，“同姓不婚”最早的“同姓”是指的母姓，因为西周以前，只有女性才有姓权，男人只有氏权，姓氏有严格区别，子女随母姓。所以“同姓不婚”最早指的是同一个女性祖先的后代不能结婚。战国之后，男人取得了社会的绝对控制权，姓氏开始分开，子女随父姓。在这种情况下，“同姓不婚”有积极和正面的意义。因为当时人口稀少，同宗同姓的可能性太高，“同姓不婚”意在鼓励不同部落和族群之间的通婚。

在中国历史上并非严格遵守“同姓不婚”的规定。比如西汉时期注重门当户对，贵族内部通婚盛行。到了东汉把同姓结婚视为兽行，到了唐朝，同姓不婚作为严格的法律规定。但到了宋代又有所放松，明清时又写入法律条文。

其次，同姓不婚的规定只限制在同一男姓祖先的范围内，严禁兄妹或堂兄妹等血亲结婚，但是社会却大力提倡姑表、姨表之间的表兄妹通婚，是谓“亲上加亲”。所以说“同姓不婚”基于对近亲结婚不利于优生优育的认识有点牵强，不如说它是基于对儒家社会的伦理道德的抨击。

也就是说，生下怪胎是血亲婚的恶果，这只是其中一个原因而已，但不是主要的因素。因为，即使血亲婚，生下畸形儿的概率也很小。

其二，认为是对自然农耕事业或种族进行整合的生殖魔力崇拜的结果。日本兄妹神生下国土，国土的含义也是显而易见的，生下畸形儿，往往也是强调神奇。

其三，西川立幸认为怪胎除了血亲婚外，还是一种原龙，是创世神。

龙是由许多不同的图腾糅合成的一种综合体，所以龙有各种各样的外形，如鸟龙、鱼龙，也有形如肉球的“肉龙”。怪胎被剁成肉块，而变成活人，龙父生下龙子。也就是说，一个图腾从外形如肉球的“肉龙”图腾中分裂出来，然后龙以外的图腾衍生出来。

在古神话中，大地母神被杀害变成各种各样的自然物。怪胎神被杀害后变成活人，因而具有大地母神的特征。但是，水蛭子没有被杀害，只是被放逐到大海，所以，它不具有母神的特征。

古人相信灵魂从太阳里面被鸟神引出来，所以，太阳中充满人的生命。怪胎神是再殖人类之神，因而也是创世之神。

其四，笔者认为怪胎或畸形儿的产生原因，应回归到古人的思想认识框架内加以认识和说明。怪胎产生的主要原因是兄妹违犯天理天道。

首先是违犯了男阳女阴、男主女从的社会基本理念。如同男神担忧女方先开口说话不吉利。这种社会理念是，当人的本能欲望产生时，女性——阴先作用时，必然招致失败，反之男性——阳先作用时，女性——阴随之则成功。

中国古代哲人认为，宇宙中贯通事物的两个对立就是阴阳。自然界的万物有大小、长短、上下、左右等，古人将大、长、上、左归类为阳，小、短、下、右为阴。男人为阳，女人为阴。太阳是阳，月亮是阴；天是阳，地是阴；等等。阳者刚强，阴者柔弱。男子性暴刚强属于阳，女人性温柔和属于阴。

《周易》强调“阴阳相对”的差异性，并且强调由此而成立的“阳主阴从”的秩序性，“一阴一阳谓之道”。宇宙万物是在不断地与另一物结合成一个既有“阴阳相对”差异性又具有“阳主阴从”等级秩序性的系统，从而不断地孕育出新的事物。根据这个宇宙大法，女性——阴先作用时，孕育的生命必然招致失败，反之，男性——阳先作用时，女性——阴随之起舞，则必然成功。这种原理体现社会生活层面，正是男主女从、男尊女卑的观念，是男权思想的集中体现。

其次，生下怪胎是因为违犯了房事禁忌而造成的。

广嗣种子是房中术的首要理由，为了造人，中国古人对房事的态度是极其认真的。比如《礼记正义》就说雷电大作时，夫妇禁忌交合，否则生子会肢节不全，而且会给自身带来灾祸，“雷将发声，有不戒其容止者，生子不备，必有凶灾”。

生殖不祥是因为二神违背阴阳之道，导致阴盛阳衰。古人认为雷是由天地之间的“阴阳相薄”“阴阳交争”而产生的，所以在雷电发生之时若不停止房事，就可能导致生殖不祥，诞生残障儿和遭遇灾难。二神生下水蛭子后，向天神请教原因，天神通过占卜得知女人先开口说话是生育不祥的主要原因。《日本书纪》中也提到“阴神先发喜言，即违阴阳之理”。后来，他们根据天神的指示，重新举办婚礼，父神先开口说话，母神后开口，真正做到“夫唱妇随”，之后才生出一大串健全的神子。

四　水蛭子的处置：水葬

二神因违背阴阳之道而生下水蛭子，虽尽力抚养仍不见好转，到了三岁还不能站立。这给夫妻带来沉重的精神压力，也给家庭带来巨大的负担。在生存压力十分沉重的时代，不能自食其力的人在社会上是无法生存的，二神只得无情地将水蛭子放在苇船里，随水漂流，实行水葬。

遗弃或变相杀害残疾儿童在古代东西方国家都可以找到某些证据，甚至成了一种社会习俗。

在西方，根据记载，古希腊的斯巴达存在着一种独特的杀婴行为，城邦里的居民生下男婴，父亲不能决定是否养育这个男婴，而是要把孩子送到一个叫勒斯克的地方，由部落长老代表城邦对婴儿进行检验，如果是健壮合格，才交给父母养育，并分给相应的土地。但如果是孱弱畸形，长老就会把婴儿丢进弃婴场，让他自生自灭。在他们看来，体弱或畸形人长大后不能当兵，既不利于自己也不利于国家。据说斯巴达的妇女对刚出生不久的男婴初次沐浴用的不是水而是酒，患有癫痫病和体质孱弱的男孩一旦泡进酒中，就会产生惊厥反应，并失去理智。而经过酒精考验的男婴今后会变得像钢铁一样结实，从而保证每个男人战时都能上阵杀敌。

古罗马时期也广泛存在着杀害残疾儿童的恶俗，人们为了摆脱精神和经济上的双重负担，把残疾儿童扔下山崖或遗弃在荒山之中。他们不把残疾人当作人，认为残疾人在相当程度上是魔鬼附身。一些残疾人能保存下来并成为人们娱乐取笑的对象，部分是来自人们对神的恐惧，部分是因为对邪恶与魔鬼的反抗。

记纪神话中所讲到的“水蛭子”传说，应该是日本古代社会的真实反映，甚至扩大到对不想要的孩子实行“行云流水”，也就是把孩子弄死。

日本电视剧《水户黄门》的男主角叫德川光圀，这位老兄主持编写《大日本史》。他的父亲是德川赖房。赖房是德川家康的十一子，是远近闻名的不良少年。他一生从未正式娶过一个女人，却有 11 个儿子和 15 个女儿。赖房 19 岁时就勾搭了家臣谷平右卫门的妹妹，第二年生下了他第一个儿子。初为人父的他丝毫没有表现出对儿子的关爱，而是相当不负责任地说了一句："让这个小子变成行云流水吧!"也就是不想要了，把他放在河里让水漂走。家臣三木之次得令后实在不忍下手，只得把孩子交给了已出嫁的女儿抚养。

过了几年，赖房再次与谷家小妹生了一个男孩，又是一句"行云流水"。三木之次再一次把孩子交给女儿抚养，这个孩子就是后来的水户藩主德川光圀。在以后的日子，赖房不断地造人，每当有新生命诞生，总是一句话——"行云流水"。

三木之次都可以当上孤儿院的院长了，终于有一天实在无法忍受，就跑到江户城找赖房的三哥——第二代将军德川秀忠告御状，万分恼怒的秀忠把不争气的幺弟臭骂了一顿后，要他把自己生的所有孩子领回家好好抚养，并尽快从中选出一个接班人。

等把所有的孩子都领回来，赖房才第一次知道他竟然有 11 个儿子和 15 个女儿。他对任何一个儿子都不认识不了解，只好用抓阄抽签的办法确定一个接班人。最后抽中的人选是次子德川光圀。这可能是德川赖房一辈子做过的唯一正确的决定。

在早期社会，存在着杀害婴儿尤其是杀害残疾婴孩的现象，这种现象的背后有着深刻的社会历史背景和经济因素。中国社会长期存在重男轻女的社会陋习，明清时期江南地区普遍存在溺毙女婴的恶行。也有史料记载，蒙古人南侵，对江南某些地区的汉人施行残虐手段，为了让自己的血脉和汉族融合，实行"初夜权"制度，当地所有新婚的女性洞房之夜要与所在地的蒙古贵族共同度过，第二天才被领回夫家。因此，在当地的汉人之间，盛行一种"摔头胎"的残忍习俗，无论头胎是蒙古人的血脉还是丈夫的血脉，都把头胎婴儿摔死，以确保蒙古人的血脉无法留下，从而保证家族血统的纯洁。

二神不想继续抚养水蛭子，而将其置于苇船，放在水中，随水流漂走。这里要解释一下"苇"和"苇船"。

芦苇在中国古代具有驱鬼辟邪和调顺阴阳的双重功能。早在商汤时就用烧熏芦苇的方式举行除凶之祭，后来人们用悬挂苇索以驱鬼。在日本神话中，芦苇是自然界中的第一种植物，它具有强大的繁殖力和顽强的生命力。"苇"大都与旺盛的生产力或国土赞美有关，如"苇原中国"。

在日本，用芦苇作为编织材料，是因为芦苇在日本的一些地方信仰中也具有驱邪、辟疫的作用。如爱知县的天王祭祀，在每年的旧历六月十四是例行祭祀，此中有一个称为“芦苇放流”的秘密仪式。数千根被束起来的芦苇，作为平息疫病的祭神仪式的用具，人们把疫病之神托付于苇束流放于河海。在日本夏天的风物诗里，不能不提水灯流，它是日本人为了悼念先人亡魂，而将水灯放于山川河流之中的一种传统祭祀仪式，大多在盂兰盆节期间举行。水灯缓缓流淌于水面上，灯光反射造就了美不胜收的光影胜景。放水灯悼念故人自不必说，也有不少人是为了祝愿阖家平安，内心安定，流放的每一盏水灯都承载着人的心愿。因此，日本的水灯流，与泰国的孔明灯节、中国台湾的提灯节、越南的水灯节一样都是著名的光影胜景节日，每年夏天会吸引大量游客。在日本许多地方举办了放水灯的仪式，这一仪式与“芦苇放流”有共通之处，都具有祈祷、驱邪的作用。

在《古事记》里，放置水蛭子的容器是苇船，在《日本书纪》中说的是“樟船”或“楠船”，虽然材料不同，但本质上没有区别，它表达了两层意思。

其一，水蛭子被二神实施水葬，它不是死后实行水葬，而是被活活放逐。这种做法就是“向死而生”。水蛭子最后完成了这一转换，死后重生成了神。

其二，二神制造的苇船应该是以芦苇为材料而编织的碗状小船。还有一种可能是，苇船只是一个小筏，把水蛭子放在上面。

至于“樟船”或“楠船”的说法，樟树和楠树皆属于樟科树种，是日本神话里的“浮宝”，也就是珍贵的树种。古代日本人将其作为制造船只、宫殿和棺材的首选良材。船或棺，二者的功能在水蛭子身上体现着同一种象征，也就是从生殖到死亡。无论是“苇船”还是“樟船”“楠船”，都具有调和阴阳和死而复生的功能。

五 蛭子神与惠比寿

日本记纪神话中有关水蛭子的神话在上古时期就有诸多版本，说明这个神话流传的地域广且时间很长。到了日本中世，许多经典都记载水蛭子被漂流之后的故事。1339 年由北畠亲房写的《神皇正统记》中，记载了水蛭子被放流之后，最后漂流到摄津国的西宫（今兵库县西宫市），并成了西宫神社的主祭神，变身为“夷三郎大明神”的故事。这里的“夷”和“三郎”原是两尊不同的神，不知人们为何将其合并为一尊神，三郎是大国主神的儿子事代主神，传说中他曾在出云国的美保崎钓过鱼，因此留下他一手执钓竿、一手抱鱼的形象。“夷三郎大明神”是日本人信奉的海神，渔业之神。

到了15世纪，清原宣贤所撰的《日本书纪神代卷抄》认为水蛭子是“夷”神，同时也是后来的“山幸彦海幸彦”神话中帮助山幸彦制作“竹笼船”，让山幸彦顺利地进入海底海神宫殿的“盐椎神”或“盐土老翁”。根据“盐”与“潮”日语同音，日本学者将其推断是操控海水的海神，这与水蛭子自古作为海神、渔业神受到祭祀的事实相符。

在古代，人们认为从大海彼端漂流过来的来访神能带来幸福。实际上，在日本沿岸地区，有将大海的漂流物当作惠比寿被信仰的习俗。因此，蛭子神与七福神中的惠比寿被视为同一神明，受到了日本民众的广泛信仰。

室町时代，大阪湾沿岸发展成贸易兴盛地区，原本被当作渔业之神的水蛭子神便渐渐转化为福神，以满足当时老百姓渴望得到财富或官位等现世利益的期望。神社致力于宣传福神，其中的毘沙门天、弁财天、大黑天（以上三位神明来自印度）、寿老人、福禄寿、布袋（以上三位神明来自中国），再加上日本本土的惠比寿，合称七福神，至此七福神开始盛行。

到了战国时代和江户时代，因傀儡子（一种利用人偶表演的团体，类似中国的布袋戏）在全国巡回表演的同时也进行游说，把惠比寿信仰扩展到全国。根据江户时代的民间信仰，传说在正月初二晚上，将乘坐宝船的七福神画像压在枕头底下睡觉就能带来好运。

水蛭子神话向我们讲述了日本一起变废为宝的神话故事。一个被父母厌恶遭到遗弃、被放在筏子上任其自生自灭的残疾儿童，竟然被日本人先是当作海神和渔业之神，后来又上升为全民敬奉的财神和福神。

《古事记》还提到二神第二次生的淡路岛，淡路岛应当是二神生下的第一块国土，但为什么没有算在所生的孩子的数内呢？道理很简单。

其一，和水蛭子一样，都是违背阴阳之道和社会基本规范，都是不正确的，生下不好的孩子。

其二，先生产人后生产土地，也违背宇宙万物起源和生成规律。各民族的创世神话中，大都是神创造土地或者神在一定的空间中活动，从生成的程序上来说，是先有土地，后有人，只有土地的先期存在，才能为人类的诞生或神明的活动提供空间。后面的二神在听取天神的正确建议后，遵循天地之道举行第二次婚礼，再进行交合。先生下一连串的国土，然后再生产大大小小的神明。

第五节 二神再婚

一 失败的婚姻

二神在举办婚礼中，违反了当时社会的基本规范，仓促结婚，在这个过程中，虽然父神意识到不妥当，也有恐惧和担心，但是他没有及时纠正，而和母神进行了交合，结果生下了一个怪胎和一块莫名其妙的国土。日本史上的第一次婚礼以失败而告终。

婚礼是社会文化的投射，二神婚礼中存在的最大的失败因素在于违反了当时社会中的“男尊女卑”的社会基本规则，具体体现在：一是雄左行，雌右行；二是二神见面时不该由女神先开口说话。

在《日本书纪》中，二神的结婚并未失败，它描述的是二神降临自淤岛，绕行国土中央的柱子时，女神先开口赞美男神，男神觉得不妥，当场予以纠正，主张应当由男人先开口，然后在交合之前好好重新来过一遍。首先由男神开口以后，终于才展开了“你身体长得怎样”的那一串挑逗性的对话。

可见，二神是按照正确的仪式举行婚礼后才入洞房交合，照理说应该会生出正常的孩子才是。在《日本书纪》中，二神生下的第一块国土是淡路岛。但它有“不快意之处”或“不满足之吾耻”。为什么把淡路岛视为“吾耻”或“不尽满意”？这个位于濑户内海最大的岛屿，本是一个远离京师的僻远荒蛮之地，古代日本犯事的贵族的主要流放地之一。第47代淳仁天皇于764年被流放于此，在监禁中企图逃跑，被孝谦上皇派人追回，后被害死，史称“淡路废帝”。因此，在当时，作为流放地的淡路岛，自然是人们觉得晦气的场所而不快意。也可以这样说，因为二神对淡路岛不满意，因而后来的大和朝廷将其作为理想的流放地。由此可见，生出来的孩子不能尽己意，是神明和凡人的共同烦恼之事。二神并不气馁，而是继续努力，终于生产出一连串正常而满意的孩子。

对照《古事记》和《日本书纪》，关于二神婚姻最大的差别是，《日本书纪》二神举行结婚之后生下失败的产品但仍继续努力。而在《古事记》中，二神初次结婚是以失败而告终，因为最早的产品是两件失败的“产品”，因此必须按照正确的仪式重新举办婚礼，才能生下正常的“产品”。

二　问神求解

二神生下怪胎后无比烦恼，他们商议说：“我们这次生的孩子不好，应该禀报天神。”于是便一同到高天原向天神请教，天神在听取夫妻神的汇报之后，立刻以太占行卜。所谓太占，就是焚烧朱樱树皮，烘烤鹿的肩胛骨，根据其裂纹情形测定吉凶的占卜，此为“鹿占”。这和中国古代的灼龟取兆相似。太占的结果证实二神婚姻不和谐的原因在于当初不该由女方开口赞扬男方，也印证了父神最初的担心不是多余的。在这里，我们简单地介绍日本的卜占文化。

卜占，作为判断前兆凶吉的一种技术方法，可分为积极和消极两种。神明不是具体的事物，无法与人直接对话沟通，所以当人们想要知道神明的意志时，就要在自然的或人为的事情的结果出现后，溯本求源地追究其原因。比如在日本，把强烈的地震说成神的震怒或瘟疫流行的前兆，就是一种消极的卜占。根据天象预知来日的气候，这种成为自然科学产生前提的预测也是一种卜占。

根据梦判断的梦占是一种消极的卜占，但在有意识地通过做梦进行卜占的人居多的时代里，也可以积极地利用它。一般被称为卜占的多属于积极意义，并且种类繁多。烧鹿骨的卜占，是根据裂纹形状而判断的一种方法，或者依据这种卜占来选定祭神的时间和场所。

日本的卜占文化相当发达，如果要认真追究其根源，要从公元3世纪前后的邪马台国开始。在《魏志倭人传》中记载巫女卑弥呼立为王，她通晓鬼道，即以巫术卜占之道治国，据说她当上王以后，不在人面前出现，一直深居不出，同时有一位她的兄弟出入其中照顾她的生活起居和传达命令。她在室内时常通过与神明的联系，通过巫术的运用，把神谕告知臣民，这成为行之有效的治国方法。所以，她死后，邪马台国立即天下大乱，可见她卜占治国的影响力以及重要性。

此外，在《日本书纪》中也有所谓的“盟神探汤”的卜占判定法。“盟神探汤”是让双方当事者将手伸进滚烫的水中，根据有无烫伤来判定事情的真伪，作假供的据称会被严重烫伤，正直无瑕的一方就会丝毫无损。

进入奈良时期（710～784 年），由中国传入了龟卜法，朝廷为此设置了神祇官员。而且随着时代的发展，卜占的方式千奇百怪。比如，根据弹琴或唱节奏单调的歌，在神秘的气氛中进行的琴占、歌占；根据鸟鸣声或飞行方向加以判断的鸟占；傍晚来到十字路口，根据行人的说话声而卜占的夕占或桥占、路口占；根据行走步数而判断的足占；根据拿起石头的感觉或拿石头向鸟巢掷去而判断的石占；在十字路口的杖占。此外，农民们为了预卜一年农业收成的好坏而用的粥占、豆占。还有利用赛马、拔河、相扑等竞赛活动来决定凶吉祸福的年占，也属于卜占之例。在今天的日本，卜占方法也与时俱进，成为流行文化的宠儿，如网络上疯传的动物卜占、汉字卜占和花宫卜占，均在显示卜占的“软实力”，成为日本民间的治愈术。

卜占之风大兴的时代是平安时代（784～1192 年），以阴阳道的盛行为标志。阴阳五行思想于公元 5～6 世纪由中国传入，在平安时代它糅合佛教和神道教，演变为把所有存在现象均与阴阳和五行结合互动的思想，成为趋吉避凶的主要手段。大至天皇人选的确立、登基或退位，小至出门办公或探亲访友，无不通过卜占来决定。皇室和贵族在日常生活中，养成了依赖阴阳师卜占及巫术的习惯。在平安时代出现了卜占界的天王级人物安倍晴明，更进一步把卜占大盛的风气确立，卜占并由上层社会逐渐传入寻常百姓家。

镰仓时代（1192～1333 年）随着天皇和贵族的失势，武士阶层掌握国家政权，阴阳道也因而失势。卜占得以在民间普及化，诸如竹签乃至九星卜占法等大行其道。到了室町时代（1333～1575 年）进一步落地生根，面相卜占也在此时开始出现和流行。江户时代（1603～1867 年）卜占完全日常生活化了，比如与农民生活息息相关的“筒粥神事”也出现了。“筒粥神事”就是用芦苇插入装有五谷粥的筒中再抽出，看粘在苇上的谷粒来卜占当年农业生产景气的吉凶，是谓粥占。因而，利用卜占去预测农作物的收成，已成为日常生活的一部分。

对于卜占的重要性，日本社会学家宫台真司指出：卜占的重要性，并非在于与事实相对应与否，因为卜占的逻辑与格言十分相似，同样有正反对立的可能层面在内。也就是说视卜占者的心理状态，很容易引入对应的推定结果。

三　二神再次举办婚礼

众神太占行卜的结果是女人先开口说话不吉祥，所以回家重新再举办一次婚礼，要男方先开口说话。

二神遵照神谕，回到自淤岛，像先前一样男左女右，绕着天之御柱走，二神再次相遇时，男神首先开口夸奖女神时：“你真是一个漂亮温柔的好女子。”对方随之回赞说：“你真是一个健壮的大帅哥。”真正做到了夫唱妇和，婚礼结束后又重新进入洞房继续履行最原始的任务。

第三章　夫妻创世

本章讲的是伊邪那岐和伊邪那美二神齐心协力生产了一系列大小岛屿，构成了今天的日本国土的主体；解释了宇宙（天地）的起源问题，是谓国土生成神话，并生育了诸神；最终在生火神时，女神被灼伤不治而死，成为日本首位死亡的神明。

本章的主要内容如下。

1. 日本国土生成神话；
2. 创世神话的类型；
3. 众神明神的诞生；
4. 母神之死。
5. 火神被杀。

第一节　国土生成神话

一　大八岛的产生

二神在天神的指导下，纠正过去的错误做法，重新举行婚礼，并进行交合。根据先造国土后育神的原则，陆续生成了八个较大的岛屿和六个小岛屿，构成了古代日本国土的主体。根据国土生成的时间顺序，逐一介绍八个较大岛屿。

1. 淡道之穗之狭别岛（淡路岛）

穗之狭是粟穗很多的意思，别是氏姓之一。

淡路岛是日本濑户内海中最大的岛屿，面积 593 平方公里，在日本岛屿面积中排名第 11 位，隶属于兵库县，大部分为山地。在古代日本，淡路岛远离畿内，缺乏先进文化的辐射，生存条件恶劣，是流放犯人的去处。

在日本现有的几千座岛屿中，淡路岛既不是最大的岛，也不是最著名的岛，凭什么能成为二神国土生成中的“嫡长子”呢？

原因在于伊邪那岐是淡路岛的守护神。伊邪那岐作为国土创世之神、生命的祖神，淡路岛有供奉他的神宫。作为天照大神的父亲，理应受到最高的礼遇。

2. 伊豫之二名岛，即四国岛

这个岛是一个身体和四张面孔。

这里解释一下，四张面孔的说法可能与中国黄帝四个面孔有类似之处，但这里强调的是岛屿的地貌，也就是说四国岛是一个比较方正的岛屿，有东、西、南、北四面。天武天皇创设五畿七道，把全国划分为66个国，这个岛被划分为四个地方行政区域，即四个国，分别是阿波、赞岐、伊予和土佐，现在设置对应的四个县，即德岛、香川、爱媛和高知。

奇怪的是这个岛明明有四个名字，却还要叫作二名岛。在这个一体四面的岛上，伊豫国的爱比卖（女子的美称）就是爱媛县的神名，赞岐国的饭依比古是香川县，粟国（产粟之国）的大宜都比卖（掌管食物的女神）是德岛县，而土佐国的建依别则是高知县。

四国岛在日本岛屿面积中排名第四位，面积18301平方公里。四国地处僻远，土地贫瘠，织田信长曾讽之“鸟出没的地方”。1156年，崇德上皇与后白河天皇发生了皇位争夺战，即“保元之乱”，崇德上皇一方落败，被发配到四国的赞岐，8年后死于流放地。1221年发生了“承久之变”，三位上皇遭到镰仓幕府的流放，其中并未涉事的第83代天皇土御门上皇自愿陪父亲后鸟羽上皇和弟弟顺德上皇一同受罚，他先被流放到土佐，后改为阿波，最后死在流放地。

3. 隐岐之三子岛，又名天之忍许品别，即隐岐岛

隐岐岛古称隐岐国，今属于岛根县的外岛，隐岐岛由岛前、岛后组成。岛后较大，面积为242平方公里，在日本岛屿排名第19位。岛前较小，由三个小岛组成，因此称三子岛。“承久之变”后，日本历史上最具反抗精神的第82代后鸟羽上皇，作为首犯只得削发为僧，被流放到隐岐。1239年，60岁的后鸟羽上皇郁郁而终，其遗体被火化后，骨灰才被允许

送回京都安葬。

1331 年，后鸟羽上皇的五世孙第 96 代后醍醐天皇继承祖先遗志，高举讨幕大旗，又遭失败，1332 年被流放到隐岐，是谓“元弘之乱”。1333 年 3 月，他逃离隐岐再次竖起讨幕大旗，在足利高氏和新田义贞等武士集团的全力支持下，终于推翻了镰仓幕府，完成了祖先的遗愿。隐岐是二代天皇的流放地，形成了独特的皇室文化和离岛文化。

4. 筑紫岛，即九州的古称

这个岛也是一个身体四张面孔，每个面孔都有名称。其中，筑紫国称白日别（今福冈县），丰国称丰日别（今福冈县东部及大分县），肥国称建日向日丰久士比泥别（今熊本、佐贺、长崎三县），熊曾国称建日别（今熊本县南部及鹿儿岛县）。

九州因律令制时代全境有九个国而得名，现有福冈、佐贺、长崎、宫崎、大分、熊本和鹿儿岛七个县，主岛面积 36750 平方公里，略大于中国台湾岛，是日本第三大岛。

在历史上，九州北部最早接受中国大陆文化辐射，汉光武帝所赐的“汉委奴国王”金印就在福冈的志贺岛上出土，古代日本邪马台国就在九州。此外，九州还是日本最早与西方接触的地方，日本史上的第一杆铁炮（火绳枪）和第一个西方传教士都是从九州登陆上岸的。在江户幕府时代，长崎是日本唯一对外开放的港口。

5. 伊伎岛，又名天比登都柱（意即孤岛），即今天的壹岐岛

该岛是位于九州和对马岛之间的一个面积仅为 134 平方公里的小岛，在日本岛屿面积中，排名第 28 位，隶属于长崎县。

6. 津岛，又名天之狭手依比卖，即对马岛

对马岛位于九州岛和朝鲜半岛之间的朝鲜海峡内，属长崎县管辖，陆地面积 696 平方公里，居日本岛屿面积第 10 位，历史上是日本和朝鲜之间的跳板。1274 年和 1281 年，蒙古两次入侵日本，皆以对马为跳板，岛民遭到屠杀。1419 年 6 月，朝鲜的李氏王朝以讨伐倭寇为由向对马岛派出军队，彻底剿灭了倭寇的骚扰。1905 年 5 月，东乡平八郎率领日本联合舰队，在对马海峡全歼俄国的波罗的海舰队，取得日俄战争的最终胜利。

7. 佐度岛，即佐渡岛

佐渡岛是日本的第大八岛，面积855平方公里，旧称佐渡国，现归新潟县管辖。佐渡岛有两大特产：一是金子，在江户时代，从岛上采掘到大量的黄金，最兴盛时每年可产金近40吨，是江户幕府财政收入的一大来源，因而归幕府直辖，是“天领”之地；二是著名的流放场所，日本古代一些犯事的贵族，包括天皇，会被流放于此。“承久之乱”后第84代顺德上皇被流放于此，刚登基77天的年仅3岁的儿子第85代仲恭天皇被废黜。1239年，顺德上皇得知父亲病逝，万分悲痛，三年后，绝食而死，年仅45岁，不愧是真孝子。

每次读史至此，不禁为后鸟羽天皇感叹一番。他多才多艺，文武双全，日本皇室的菊花家纹就是他选定的。他一生以反抗武家政权为终极目标。两个当了天皇的儿子也是事父至孝，一个是长子土御门天皇，虽然不赞同父亲的作为，但在父亲出事后，自愿提出流放；另一个是顺德上皇，全力支持父亲，闻父亲死讯哭天泣地，最终绝食而亡。看来，天皇家也会出几个纯爷们儿！

8. 大倭丰秋津岛（意为谷物丰收的大和），又名天御虚空丰秋津根别，即今天的本州岛

本州，意即本源之州，是日本第一大岛，占日本总面积的60%，是日本历史上的政治中心、经济中心和文化中心。在4世纪，本州岛的关西地区建立了大和国，当时的日本国仅包括本州西部、九州北部及四国。后来经过几代天皇的四处征讨，国土面积逐渐扩大，但不包括今天的北海道和冲绳。

因为以上八岛是最先产生的，所以在日本被称为大八岛国。大八岛国是古代日本对内使用的国号，对外则称日本。日本现有大小岛屿6000多个，国土面积为377835平方公里，小于中国云南省面积（39万平方公里），相当于三个福建省的面积。

关于大八岛的产生，有以下两点需要说明。

其一，《古事记》与《日本书纪》关于大八岛的产生顺序有很大的区别。一方面，称呼不一样。《古事记》称之为大八岛，而《日本书纪》称之为大八洲国。另一方面，《日本书纪》讲的是二神先是生下淡路洲（淡

路岛），不满意，所以未计在内。其生育顺序是：①大日本丰秋津洲（今本州岛）；②伊豫之二名洲（今四国岛）；③筑紫洲（今九州岛）；④隐岐洲（今隐岐岛）和佐度洲（今佐渡岛，它们是双胞胎，算两个岛）；⑤越洲（今北陆地区，包括新潟、富山、石川、福井四县）；⑥大洲（日本称大岛的地方多，如伊豆大岛、奄美大岛、纪伊大岛、周防大岛）；⑦吉备子洲（今冈山县的儿岛半岛），合计七胎八岛。至于对马、壹岐及其他小岛，都是潮沫（或是水沫）凝固而成的。除了《日本书纪》之外，《先代旧事本纪》所记载的岛屿产生顺序与《古事记》有所差别，但岛屿名称完全相同。

其二，《古事记》中对大八岛的生成顺序有严格的排列，它体现了神武东征的路线或者说是大和朝廷扩张的路线。在《古事记》的时代，大和朝廷对关东的控制尚且薄弱，而当时被称为虾夷的北海道更是征讨的区域。北海道的命名和把冲绳纳入日本的版图是发生在明治维新之后的事件。

二　泡沫生成的六小岛

两神在生成大八岛之后，又生成以下六座小岛，它们的名称如下。

1. 吉备之儿岛，又建日方别

它就是今天冈山县的儿岛半岛。儿岛半岛原本是一座小岛，后来在本州与岛屿之间筑堤拓展陆地，围海造地，至江户时代中期已经与陆地连接，遂成了儿岛半岛。

2. 小豆岛，又名大野手比卖

它就是今天的香川县小豆岛，距离儿岛半岛很近。小豆岛如岛名所示，面积仅 170 平方公里，是颇受欢迎的热门度假岛屿。岛上的寒霞溪是著名的赏枫胜地，与九州的耶马溪、关东的妙义山并列为日本三大赏景溪谷。

3. 大岛，又名大多麻流别

应该是指山口县的周防大岛。它位于濑户内海，在历史上属于周防国的一部分，明治四年周防与长门国合并为山口县。

4. 女岛，又名天一根

今大分县女姬岛。战国时代九州大名大友氏的水军以此为据点。1864年爆发的下关战争中，英、美、法、荷等国的联合舰队也曾以此为据点，与长州藩作战。

5. 知诃岛，又名天之忍男

属今天的长崎县的五岛列岛。五岛列岛是九州西海岸外群岛，共100多个岛屿，其中以福江、久贺、奈留、若松、中通5个岛的面积最大，人口最多，故称五岛列岛，其旅游业十分兴旺。

6. 两儿岛，又名天两屋

即今天的长崎县男女群岛。由男岛、女岛等5个岛组成，总面积4.75平方公里，无人居住，是鸟类的天堂。

以上共六个小岛，加上前面的大八岛，大小岛屿共十四座。

关于六小岛，有几点说明。

其一，关于六小岛的叙述，《古事记》与《日本书纪》存在很大的差别。比如，《古事记》中所描写的小岛，在《日本书纪》中被列入大岛（洲），如大岛和儿岛半岛。反之，《古事记》中所叙述的大岛，在《日本书纪》中被列入小岛（洲），如对马、壹岐二岛。

其二，《古事记》中所记载的六小岛，皆位于九州和四国的濑户内海，这恰恰再次印证大和朝廷是从北九州和四国起家的，进而向本州推进，最后以本州中部作为统治中心。

其三，关于六小岛的生成。《古事记》沿述大岛产生的原因，是由二神做爱而先后生成大岛和小岛的。而在《日本书纪》中，将小岛生成的原因归结为是由潮水的泡沫或者水沫凝固而成的。这和《古事记》一开始讲到二神用天沼矛搅动海水，提起矛时，从矛头滴下来的海水积聚成自凝岛一样的生成原理，也就是说二神用天沼矛继续搅动海水，导致泡沫四溅而形成各种小岛。

关于小岛的生成原因，从神话的角度说，是二神在交合时，男神和女神身体里的分泌物凝固而成的。这个观点与古希腊神话中第一代神王乌拉诺斯有相似之处。

古希腊神话中的第一代神王乌拉诺斯与母亲盖亚结婚，生下了十二个泰坦神和一批怪物，因为担心他的儿子总有一天会推翻他，所以，他把儿子们逐一引诱到一个秘密的洞穴里，软禁起来。盖亚发现后，在伤心失望之余，制订了周密的“除夫计”。她打造了一把极其锋利的镰刀，和她的泰坦儿子们商量如何除掉神王，只有小儿子克洛诺斯答应与母亲合作。一天晚间，盖亚准备了酒菜，用酒把乌拉诺斯灌得大醉，待其睡熟，克洛诺斯手持镰刀进屋，一刀将他父亲的生殖器割下。为了避免自己的行为可能带来的麻烦，他把父亲的生殖器使劲地往窗外扔出去，许多血从这个割断后被抛出的器官滴到地球上，而那个男根却被扔得很远很远，像一块石头般掉入爱琴海，从掀起的海浪泡沫中诞生了新爱神阿佛洛狄忒。而乌拉诺斯的精血溅在一边观看的盖亚身上，使盖亚独自孕育了怪物巨人族、复仇三女神厄里尼厄斯和白橡树三神女墨利埃。

由此可见，二神做爱的结果，主产品是大八岛，副产品是小六岛，都是由爱液生成的。

第二节　创世神话的类型

一　天地开辟神话

各国创世神话必须回答两个基本问题，一是天地的形成，即宇宙的起源；二是人类的起源，也就是人类是怎么产生的。几乎所有国家或民族的创世神话都是从天地开辟（宇宙起源）开始的。

在北欧神话中，天地的创造来自以天神之王奥丁为代表的正义势力，同以伊米尔为首的霜巨人这股邪恶的力量较量的结果。第一次神族与霜巨人的战争结束，霜巨人的首领伊米尔被杀死，奥丁与众天神商量，用伊米尔的尸体创造一个新的世界。

首先，众神把伊米尔的尸体丢进“金恩加格”（一个巨大、无底的深渊），然后用他身上的肉做成坚实的大地，并把大地放在“金恩加格”的正中央。就这样，这个世界有了广阔的陆地。接着，天神们把伊米尔的眉毛拔了下来，用它建造一堵高墙，成了大地与天空的分界线。

下一步是制造海洋，众神以伊米尔的血液和汗水面积为原料，环绕于大地周边，由于伊米尔的血液和汗水远大于他的肉体面积，因此今天地球上的海洋面积远远大于陆地面积。

虽然有了海洋作为陪衬，但是很单调，于是天神用伊米尔的骨骼创造了层层叠叠的山峰，用其牙齿创造了坚硬的石头，用其毛发创造了花草树木。

与其他神话不同，北欧神话中天空的创造时间较晚，天神取出伊米尔的颅骨，把它置于无垠的海面上，这就是天空，然后又取出其脑浆，做成了白色的、厚厚的云。后来又创造了光明，形成了白天和黑夜。当完成了这起“碎尸案”后，天神们也累了，找个地方休息去了。

看了这段神话情节，不禁让人想起中国的创世神话，那就是盘古开天辟地。讲的是盘古用身躯撑开了天地，最后这位英雄累死了。他死后，尸体化生了天地万物：左眼化为太阳，右眼化为月亮，眼泪成了江河，身躯变成了五方名山，四肢成了大地的四极，肌肉变成了沃土，血液成了大海，毛发变成了花草树木，骨骼和牙齿变成了金银铜铁宝石，汗水成了雨露和甘霖。

《圣经·创世纪》中，认为是上帝创造了天地、人类和万物。

万物初始之前，宇宙是无边无际混沌的黑暗，只有上帝之灵穿梭于其间。上帝对黑暗极为不满，手一挥说：“要有光”，于是世间就有了光。上帝称“光”为“昼”，“黑暗”为“夜”，世间就有了昼夜交替，这是上帝创世的第一天。

第二天，上帝不满意眼前空洞的景象，又挥一下手，说“天上要布满星辰”，于是宇宙间布满了数不清的大小星辰。上帝把日月星辰排列在天空中，它们各司其职，掌管着昼夜和时节。

第三天，上帝见陆地上混沌不分，心生不悦，就说“天下的水要聚在一处，使旱地露出来”。于是，水便汇聚起来，旱地显露出来。上帝称旱地为“陆”，称聚水的地方为“海洋”。上帝又说：“地要发生草木和结种子菜蔬，并结果子的树木，各从其类。”于是，大地生出了草木，出现各种蔬菜瓜果，大地一片生机盎然。

第四天，上帝说：“天上要有光体，可以分昼夜，做记号，定节令、日子、年岁，并要发光，在天空，普照在地上。”于是上帝造就了两个大光，让它们分工，大的叫太阳，管白昼，小的是月亮，管黑夜，接着又造就无数星斗，把它们镶列在天幕之中。

第五天，上帝说："水要多多滋生有生命的物；要有鸟雀飞在地面以上，天空之中。"于是世间出现了各种各样的鱼和鸟。上帝又说："地要生出活物来，各以其类，牲畜、昆虫、野兽，各以其类。"于是，大地出现了各种野兽和昆虫。

第六天，上帝看到世界一片光明，大地辽阔，姹紫嫣红，鸟鸣鱼游，飞禽走兽，十分满意。于是说："我们要照着我们的形象、按着我们的样式造人、使他们管理海里的鱼、空中的鸟、地上的牲畜，和全地，并地上所爬的一地昆虫。"上帝用泥土捏成一个泥人，朝泥人吹了一口仙气，于是人便在上帝手中诞生了。

上帝用五天的时间造了天地万物，又在第六天按自己的形象造出了人。他觉得有点累了，该让自己休息一天，于是就决定第七天为休息的日子。后来，人们按照上帝造世的时间，也把每周分为七天：六天工作，第七天休息。或者是前五天工作，第六天做自己的事，第七天休息，称第七天为"礼拜天"，用来感谢上帝造世的功德。

以上所举创世神话，说明大多数民族的创世神话中强调的是神或上帝创造世界。

陶阳先生在《中国创世神话》中把天地开辟的神话分为六种类型。

1. 自生型

天地自生型，说的是天地原本就存在，宇宙万物是自然形成的。如《淮南子》里所说的宇宙混沌初生，后阴、阳二神俱生。自生型神话属于晚出创世神话，因为阴阳五行是人类进入文明社会以后的思想。

2. 胎生型

在创世神话中，有的认为天地是一位创世大母神胎生的，或某一生物生下的。宇宙由天父地母胎生的观念，是民族创世神话中较常见的一种说法。

3. 蛋生型

蛋生型，就是天地是由蛋孵化出来的。中国古籍《三五历记》讲的天地混沌如鸡蛋，盘古生于其中，在《日本书纪》开头也有类似的提法。

宇宙蛋生说的根据和胎生说接近，在于蛋是生命的源泉。佛经中讲到生命的诞生，有胎生、卵生、湿生和化生等多种说法，因此宇宙的生成如同生命的生成一样，是一种再自然不过的认识和推测。

4. 开辟型

开辟型认为宇宙本是混沌，天地不分，是某位大神把天地分开，才出现拥有万物的大地。典型的就是盘古开天辟地的神话传说，甚至把他描写成一个石匠的形象，“左手执凿，右手执斧，或用斧劈，或以凿开”。

5. 创造型

陶阳先生认为开辟型与创造型有交叉，且常常会混杂在一起，但二者仍有区别。开辟，是把原有的混沌世界加以开辟和修理；创造，则是指天地、万物均是由大神或上帝打造出来的。

6. 变成型（化生型）

宇宙化成型神话是某物通过神巨人的力量或神气变成世界万物的故事。化生型中最典型的莫过于神巨人的身躯化生为万物。《述异记》中记载盘古尸体化生万物，在创世神话中的化生说也是典型例子。

以上介绍了陶阳先生对天地起源神话类型的划分。实际上，在世界主要创世神话中，天地生成是多种综合要素作用的结果，它的起源和最终生成的方式是多种多样的，就日本神话来说，天地生成过程如下。

①宇宙的存在是原始的，或者说最初的世界是一种混沌的状态，雏形先于神的存在。它只是一种胚胎。

②天地如同一个鸡蛋，上为天，下为地，天地的最初形成源于蛋生说。

③随着父神和母神的诞生，他们孕育和创造了国土以及万物，也就是天地的最终生成和完善源于神的再造和进一步开创。一方面，他们直接以胎生的方式诞生了国土和万物；另一方面，神本身的灵力可以单独生育各种事物，乃至神祇的尸体可以化生为一些具体的事物。

在《古事记》编纂时期，日本已经开始系统地接受大唐文化，来自异域的另一种文化——佛教文化已深深地融入日本人的血液，这两股强大的异域文化在日本交融，并与日本的原始文化共同生成一种新的文化形态。在神话中，来自中国的阴阳五行、天人合一的思想，佛教的因果报应和生命起源的认识，再整合本土神道的自然崇拜和御灵崇拜，形成了日本创世神话的独特视角。

由此可以概括出东西方主要神话体系的创世过程：

中国：混沌—天、地—万物—人；

日本：天—地、水—岛—与人生活相关的神；

希腊：混沌—地、黑暗、爱、地狱，黑夜—天、海，时序—泰坦神族—新神人；

犹太：天—地、水、黑暗，光—天—海与陆，植物—天体—动物、人。

创世过程的顺序区别，实际上体现着不同的创世方式。

中国的神话是通过神或人的劳动，将世界改造成适合人类生存的基本结构，但往往会夸大神或人的主观能动性，片面强调改变自然，征服自然，坚信人定胜天。

而日本神话则是通过天神的指令和充分授权，父母神将世界调节成为适合于人类生存的结构。调节不是创造，而是做局部的改良。因为在神话的一开头，就说明世界已经发生了变化，有了天地之分和国土的基本框架，有了地面的漂浮和凝固，在此情况下，对这一变化过程加以控制和调整。因此，它更着重如何顺从大自然，在尊崇自然的前提下让自己的生活变得更有美感和舒适。

至于西方神话，古希腊神话是通过神的生育繁殖，产生了人类所见到的世界结构；《圣经·旧约》更是通过神的意志和万能，变出或化生了包括人类在内的世界结构，强调神的无所不能和无所不在，上帝是世界的原始动力，也是世界存在的理由。上帝创世不需要艰苦的付出，只需一句话，一个念头或者一个意志，就可以变化出万物。

二　日本国土生成神话解读

众所周知，日本群岛位于北太平洋西侧，是太平洋西缘一系列弧形岛屿的一部分，在远古时代，它与亚洲大陆原为一体，位于中国大陆东部边缘地带，后来环太平洋的造山活动，在距今约 1 万年的冰川后期，由于海底地壳隆起，海面上升，日本列岛最终形成，使日本与亚洲大陆分离。因此，从岛屿的类型上说，日本四大岛屿是典型的大陆岛，这是关于日本国土形成的基础知识。

从神话的角度分析，日本国土的生成和扩大，主要有三个原因。

其一，潜水捞泥造陆型。日本的第一块国土淤能基吕岛就是二神用天沼矛头探入海中搅动海水，提起矛时，从矛头滴下来的海水，积聚成岛的。大林太良将淤能基吕岛的产生归类于潜水捞泥造陆型的国土生成模式。

其二，父神母神生育型。日本国土是由二神通过自然的生育而形成的，也就是二神生育了日本的大八岛和六小岛，构成了古代日本国土的主体。

记纪神话中关于国土是由二神生育的这种说法，在日本各地的神话传说中也得到响应。那就是除了二神，日本各地还有参与创建国土的各位神明。古代日本人认为某个岛屿的突然出现是神的伟大创造，因而令人非常敬畏。

《续日本纪》记载，天平宝字八年（764 年）十二月，鹿儿岛的樱岛喷火，七天后在信尔村附近的海里堆积了很多沙土，形成了三个小岛，是为神造之岛，故命其神名曰大穴特神。《日本书纪》记载，天武天皇十三年（684 年）十月发生了伊予、土佐大地震以及伊豆诸岛的地震，隆起了一个三百余丈的小岛。后来伊豆诸岛的神被命名为三岛大明神和伊古奈比咩神。

日本有两个建岛的神话被简称为“三宅记”，描写伊豆诸岛的建岛大神三岛大明神的事迹。说的是三岛大明神本是天竺的王子，他渡海到日本，寻找安身之所，从第六代孝安天皇二十一年（公元前 372 年）开始他打算在伊豆的海中用火烧出岛屿，住在那里。他借助龙神和雷神的力量，整整用了七天七夜，烧出了十座岛，并逐一命名，其中第七个岛叫八丈岛，为人们所熟悉。传说徐福一行到日本熊野后，派遣童男童女乘船四处寻找仙药，途中船只被海浪冲散，漂到八丈岛，童女住八丈岛，童男住附近的青岛。此外，八丈岛也是流放地，1600 年关原之战结束，作为失败方的西军大将宇喜多直家被德川家康流放到八丈岛，在岛上生活了 49 年，于 1655 年以 84 岁高龄辞世。

三岛大明神在第五个岛——三宅岛上营建自己的宫殿居住，并且让后妃们分别住在五个岛上，他与后妃生育子嗣，繁衍家族。

众所周知，日本列岛地震、火山喷发等自然灾害频繁。地震诱发地壳的变动，火山喷发出炽热的火熔岩和岩浆、岩屑，势必影响到人类的生活环境。当古代日本人在一次较大的地震或火山喷发后，看到了原来空旷的海平面一夜之间冒出了几个小岛，自然而然地认为是神明创造出来的，是神明生育出来的新国土。

其三，拉来的国土（国引神话）。在日本《出云国风土记》中记载着一个国引神话，说的是八束水臣津野命认为出云国是一个由东向西狭长的地带，又长又细，土地狭小，于是这位大神用一条又粗又长的绳纲从志岁纪（新罗）、北门佐岐（隐岐道前）、北门良波（隐岐道后）、高志（越）拉来了多余的土地，和出云国一起，形成了今天的岛根半岛，从而扩大了自己的统治领域。其中有一块土地属于新罗国，而新罗曾是朝鲜半岛的国家之一，935 年亡于高丽王朝。

与八束水臣津野命的这个神话故事相类似的是另一位知名度远超过他的一位大神，即天照大神的弟弟须佐之男。

据说须佐之男斩杀八岐大蛇后，出巡出云各地，寻找营建宫殿的地址时，一天，他站在高处俯瞰出云，发现出云宛如一条狭长的丝带，于是自言自语地说道："我统治的国土如此狭小实在说不过去，难道就没有办法让国土变宽吗？"说着，他向更远处眺望，发现朝鲜半岛南端向外凸出一块土地，"有了，把这块土凸出的多余地拉过来补在我的国土上不就可以了吗？"

于是，他抡起一把大锄头向半岛的凸出部分砍去，把它与半岛断开，然后用一条大绳子缚住，使劲地往回拉，这块拉来的国土与出云国相接，形成了今天出云国小津港到杵筑的御崎这一段海岸。为了不让拉来的国土漂走，须佐之男往海里打下大木桩，用绳子牢牢地把国土系在桩上。那个粗桩日久化成了出云与石见之间的三瓶山，绑定国土的长绳化作今天杵筑御崎南边的长长海滨。

尽管如此，须佐之男仍不满足，他看到隐岐岛又多一块凸出部分的土地，又如法炮制把它拉来，成了今天的多久村至狭田村一带。后来，须佐之男又以同样方法从别处拉来两块国土，出云一下子新添了这么多土地，变得宽敞多了，须佐之男满意地笑了。

当时，日本国土上草木稀少，到处是荒山秃岭。须佐之男有一次渡海到朝鲜半岛，发现了大量金山银山，很想把它们带回来，但没有那么多的船。须佐之男决定在本国广植树木，再伐木造船。于是，他拔下自己的长须一吹，长须落地化成杉树，又拔下胸毛，胸毛化作了桧树，拔下的腰间的体毛化为松树，他的眉毛化作楠树，于是，整个国土都长满了杉、桧、松、楠等各种珍贵树木，全日本为绿荫所覆盖。

写到这里，笔者不禁想到了日本对外侵略的文化特质。要研究和说明日本民族的对外扩张和侵略的历史，其文化源头应从“拉来的国土”这个故事开始，然后从神武天皇的“八纮一宇”入手进行论述。

第三节　众神明的诞生

二神生育大八岛和六小岛等日本国土后，下一步就是让这个国土充满无尽的生机和茂盛的生命力，也就是先“生岛”后“足岛”。因此，二神通过交合，孕育了诸多神祇。《古事记》列出的众多神祇就是二神及其子孙所生。二神所生的子孙的神灵数量近三百尊，日本人是由二神生下的后代和亲戚构成的，他们的身份、地位有所差别，但都是神的后代，故他们将自己的国家称为“神国”。

从诞生的过程和顺序看，诞生的神祇主要是岩石、山脉、河川等自然诸神，二神生育这些神明以后，大地才有了各种图案和形状，直至大山津见神诞生之后，地上才有山陵的存在。

最早诞生的是六位与居住有关的神明，是家宅六神。其次是与海、水有关的神明。接下来是大地的自然环境诸神，包括风动、树木、山丘、原野等自然风景以神祇的形式出现。然后是接送诸神的天鸟船神。二神又生下谷物与食物之神，二神最后合作生产的火神诞生，火神的诞生造成了灾难性的后果，导致了母神伊邪那美的死亡，从而改写了日本神话。

一　家宅六神

二神最初生的神叫大事忍男神。这位神明职掌不明，不知是何方神圣。

接下来连续生下家宅六神，它们象征各个住宅的建材、构造和建筑工程。安全、舒适的家宅对人类的重要性是不言而喻的，所以，六神是守护人类房屋的重要神祇，是与人类最密切相关的六柱神。

这些神祇出现的顺序，恰恰是住宅建造的整个流程。

石土毗古神、石巢比卖神，代表着石土、沙等建材，象征着住宅的地基和墙壁；大户日别神代表了大门口，是房屋门户之神；天之吹男神是修缮之神；大屋毗古神则象征着屋顶。由此可见，前面的五神的出现表现了一座家宅从地基到封顶落成的状态。而最后出现的是从风雨中保护已落成住家的风木津别之忍男神。家宅六神是象征家庭生活的房屋守护住家安全的六柱神。

神名中出现“别”和“男”的都是男神的特有用字，神名中的“毗古”也代表男神，“比卖”代表女神，六神的性别是五位男神和一位女神。

二　海神和水神

二神生下家宅六神后，接下来生海神大绵津见神。它和后面的山神大山津见神是成对的神祇。神名中的“绵”是海的古语，“见”代表神灵，“大”是伟大的意思，因此全称是“伟大的海之神灵”。但《古事记》中只提到这位神祇的大名，不见有任何具体事迹。后来伊邪那岐从黄泉国回来，在祓禊中诞生绵津见三神，也是三柱海神，只是前面没有“大”字，可见后面三神的地位还不够崇高。

接下来出生的是，兄妹水神速秋津毗古神、速秋津比卖神。这对兄妹神，别名水户神，是港口之神、河口神，是掌管着国土发展和繁荣的守护神。

水户代表水的出入口，也就是河口。古时的船会拴在河口一带，所以可以把河口理解为港口。因此，水户神是掌管河口和港口的神祇，也就是掌管河川和海洋。

神名中的“速”指的是水流湍急。如大阪的古地名叫“浪速”，说明大阪湾的海浪汹涌水流急速。“秋津”是洗净身上的污秽，所以它们是利用水流的速度来冲洗污秽的神，因而也是兼有除秽的神祇。

有一种观点认为男神速秋津毗古神寄宿于河中，女神速秋津比卖神寄宿于海中。它们不但是一对兄妹神，同时也是一对夫妻神，为伊邪那岐、伊邪那美生下八个孙子孙女。这八个同样为水神后代子嗣，各自拥有水性的性格。

首先出生的是沫那艺神（是风平浪静的神化）与沫那美神（是波涛汹涌的神化），颊那艺神与颊那美神（是水泡的神化）两组神。它们神名中的“沫”指水的泡沫，“颊”是泡沫破裂的声音，“那艺”象征远见，“那美”即有波浪的意思。由此可见，这两组四柱神的名称分别表现出水面宁静和骚动两种正反面状态。

之后出生的第三组两柱神是天之水分神和国之水分神。“水分”是指山的分水岭，因此它们也就是象征将水平均分配的神祇，因而也是掌管灌溉用水的神祇，大多供奉在水源地或水路的分岔点。

最后出生的第四组两柱神是天之久比奢母智神和国之久比奢母智神，它们也是配对神，“久比奢母智”是用瓢舀水的意思，所以他们象征了柄勺等用来汲水的工具。

三　风神

二神生完水神后生下风神志那都毗古神。神名中的“志那”在古日语中表示气息长久之意，古代日本人认风是神明呼吸的气息所引起的。

风，本是神明乘坐之物，后来逐渐演变为独立的神体而受到人们的敬畏。在日本，风在稻谷作物的生长和渔业生产中都扮演不可或缺的角色，但是，台风或暴风会造成巨大的灾害，因而人们对风的方向、风力大小都予以极大的关注。

相传有一种恶神能掀起风暴，传播恶疾，各地畸形风神祭大都与防治此类灾害有关。西北风被称为“灵风”。可能是这种风是由恶灵掀起的风，所以把祭祀风神的神社盖在城市的西北角方位，就是因为魔风是从西北方向刮来的。

此外，志那都毗古神也被当作航海安全之神，海上行船需要顺风顺水，最担心的莫过于狂风掀起恶浪。在祭祀天照大神的伊势神宫的内宫，有一个别宫叫“风日祈宫”，外宫有一个别宫叫“风宫”，这两个别宫均祭祀风神。风日祈宫原来称“风神宫”，后来在 1274 年和 1281 年蒙古军队两次入侵日本，因为“神风”将蒙古军的舰队吹散，使得日本免遭蒙古人之屠戮，国家得以保存，天皇和皇室也得以延续下来。为纪念此事，天皇特意下旨改名为“风日祈宫”，永远纪念“神风”对日本皇室的再造之恩。

四　木神

二神生下风神后，接着生木神久久能智神。神名中的“久久”是形容茎或树干抽高生长的状态，又可引申为“木木”，“智”代表神灵，是有威力的意思。因此，“久久能智”就是象征树木生长的生命力的木之神。

《古事记》里二神生育诸神的顺序描述了一个规律性的发展过程，即先生下风神后生下木神，接着后面是生下山神和草原之神，寓意着春风吹过，木芽首先扎根山野，绿遍草原，大地生机勃勃。从这个角度说，“久久能”是掌管山与森林树木的木之神，并进一步理解为它不只是单纯的木神性格，其神格中也包含着让大地生长树木的生命力。与它联系密切的是须佐之男，如同前面提及的这位大神是在为日本国土上广植树木而提供种子的木种之神，同时也是一尊林业的守护神。

日本是一个木的王国，有着独特的木文化。在这个地球上，有 8000 种树木，日本拥有 2231 种树木，其中 1718 种为日本所特有。日本的森林覆盖率为 67%，而且其中 54% 是天然林。日本的木文化起源于木神久久能智神，起源于须佐之男的四种体毛生出四种树木，起源于须佐之男的儿子五十猛神，从天上带回树种播种，从此“始自筑紫，凡大八洲国之内，莫不播植而成青山焉”。日本哲学家梅原猛认为森林的存在主导着日本人的世界观，并著有《日本的森林哲学》一书。

五　山神

生下木神后，二神接下来生育的是统率众山神的山神之王——大山津见神，是同时掌管山和海的伟大父神。

世界上有许多民族流行着山神崇拜。山神，是山体的一种宗教图腾。

"山林川谷丘陵，能出云，为风雨，见怪物，皆为神。"各种怪异之景物及鬼怪精灵，乃至山中野兽，皆被尊称为山神。一般会认为山神就是统治着山林的神灵。其实，在古代日本，山神被封为"山灵"的万兽之王，具体指狼和熊，猎人在捕获鹿或野猪时，要割下它们的心脏和一块肉用来供奉山神，就是为了感谢从山神（即狼和熊）那里分享到食物，实际上是人从山神那里抢走了一部分食物，所以要与山神分享。

日本没有老虎等大型肉食动物，在本州和四国分布着日本黑熊。作为杂食性的动物，黑熊也时常袭人，尤其是在东北地区。所以，一些地区的交通路口和道路上会树立"熊出没"的警示牌。至于狼，曾经全国各地大肆捕杀狼。1905 年，随着最后一头雄性幼狼被猎杀而终于彻底灭绝，它的近亲北海道狼也已经于 1889 年灭绝。所以，在今天的日本，已经看不到野生的狼。

日本是一个典型的"开门见山"的国家，必须仰赖水源和森林中的食物资源，加之人们对于崇山峻岭怀有敬畏之心，就产生了山岳信仰，从而孕育出山神。二神所生的大山津见神，神名中的"津"属于接续词，"见"是神灵的意思，因此，它的全称是寄宿于伟大山岳中的御灵。

大山津见神还有一个别名叫作和多志大神，"和多"指的是海，代表海神。大山津见神不但是最大的山神，同时又是受人尊敬的大海之神。事实上，作为山神和海神的一体两面，它之所以在日本成为超过一万座神社的主祭神，主要是基于它的海神的身份。大山津见神被供奉在濑户内海大三岛上的大山祇神社，该地为海上交通枢纽。由于濑户内海的水军笃信大山津见神的灵力，所以它又以武神和军神的身份受到武士的敬仰。

与大山津见神结为夫妻的是鹿屋野比卖神，又称野椎神，"鹿屋"是指屋顶的茅草。该女神是掌管原野上绿色植物的女神，有趣的是，爱知县的萱津神社将她奉为日本唯一的酱菜之神。

六　船神

二神生完大山津见神和原野神（山神），让他们掌管山岳和原野。接着又生船神，名叫鸟之石楠船神，又名天鸟船，掌管交通运输。在古代，陆上走车水上行舟，车船是最主要的交通工具。天照大神后来派建御雷神用武力去平定苇原中国。其中天鸟船扮演辅佐建御雷神的角色，做好交通和后勤保障。在古代日本，雷神乘船往来于天地的说法正是源于此，因为建御雷神是日本神话中最著名的雷神和战神。

在希腊神话中，太阳神的交通工具是马拉的车。在古埃及神话，太阳神的交通工具则是船。太阳是古埃及人们最敬畏的自然现象，因为对太阳的看法不同，而有两种跟太阳相关的神话。一种把太阳视为最高神“拉”的眼睛，是谓“拉之眼”神话；另一种神话是将太阳视为天空之船，即“太阳船”神话。

古埃及人将周而复始的白天和黑夜，看成太阳神“拉”在天空航行。太阳神“拉”白天乘的是太阳船，晚上乘的是夜暮船。白天的“拉”神一边统治世界，一边在众神的陪同下巡视各地。到了黄昏，他会感到十分疲倦。于是，入夜后，在冥王欧西里斯的陪同下搭乘夜暮船，为了让衰弱的肉体重生而开始冥界之旅。所以，古埃及人看见太阳运行，认为是太阳神“拉”乘船在天空中移动。入夜后，“拉”在冥界的旅行中取得新的生命力，第二天早上从东方再度升起。1954 年，胡夫金字塔南侧发现了一艘被解体的古代大型木船，被认定为“太阳船”。1987 年发现了第二艘船，建造巨大的船据说就是为了让太阳神之子法老遨游天空。

七　食物之神

二神生完船神后，接下来生的是谷物和食物之神，神名叫大宜都比卖神，她是二神共同生育的最后一个女儿。神名中的“宜”泛指所有的食物，“大”是赞美之词，“比卖”意指女性，因此，大宜都比卖神也就是伟大的食物女神之意。

在国土生成神话中，提到了二神所生下的伊豫之二名岛（四国岛）拥有一个身体和四张脸，而其中一张脸即“粟国”就被称为大宜都比卖。

大宜都比卖很喜欢厨艺，常常做出美味的食物给众神品尝，大家对她的手艺赞不绝口。邻居有个帅哥叫羽山户神，向她求爱，于是二神结为夫妻，婚后生活美满，经常探讨烹饪技艺。

第四节 母神之死

一 母神之死

（一）神避

母神伊邪那美生下食物女神大宜都比卖神，这是她正常生育的最后一个孩子。接着她生育火神火之夜艺速男（该神又名火之炫毗古神和火之迦具土神，这里“夜艺”是燃烧，“速”表示威力，“炫”和“迦具”都是光辉的意思），她在生育这个孩子时，阴部被严重烧伤而卧病不起，最终不治而死。

《古事记》对日本大母神伊邪那美的死亡原因的描述是非常清晰的，这是日本神话中的第一个死亡案件，也是第一个死亡的神明（神祇的死亡被称为“神避”）。

在人类相当长的时期，由于生活环境恶劣和医疗条件极端落后，妇女在生育过程中冒着极大的生命危险，很多产妇在生育中不幸难产而亡。

根据资料分析，古代产妇难产致死的原因主要有以下几点。

其一，医疗水平低下。古代的医疗水平低下，接生婆的技术也参差不齐。另外，卫生条件不好，有些即使胎儿能够顺利出生，产妇也会因为感染而发生疾病死亡。

其二，结婚年龄过早。古代女子婚娶大多在十三四岁，这个年龄以今天的标准说还是未成年人，恰恰又是女人身体发育的重要时期，尚未成熟，所以生育小孩对女人来说是去鬼门关走一遭。

其三，女性骨盆窄，导致难产。在古代，不能实行刨宫产术，没有经验的接生婆只能用力死命将孩子拽出，结果孩子可能窒息而死，产妇也会因为阴道撕裂大出血而亡。

其四，产后大出血。产后出血是指胎儿分娩后 24 小时内失血量超过 500 毫升，自古至今此症居产妇死亡原因之首位。在古代，出现这样的情况就只能等死了。因为不能输血，不能输液补充体液，产妇很快就会因出血过多而休克死亡。

从《古事记》描写的母神的死亡过程大体可以推断母神死于第三、四种症状的可能性较大。因为母神不是当场死亡，所谓阴道被撕裂而出现大出血，血的颜色和火的颜色相接近，母神在剧痛中辗转反侧，并出现上呕下泄，因痛苦不堪而导致大小便失禁，最后魂归西天。

（二）母神病中所产之神

母神生下火神后痛苦不堪，上吐下泻，大小便失禁，于是从这一堆排泄物中，化生出六位神，他们分别是以下几种神。

其一，呕吐之物化成神，分别是金山（意即矿山）毗古神和金山毗卖神，正如神名中的“金山”所示，是司掌矿山的神祇，因而进一步成了所有金属业的守护神。“毗古”代表男性，“毗卖”代表女性，可见他们是男女成对的兄妹神。

读者一定会感到疑惑不解，呕吐物与矿山神怎么联想在一起，难道母神吃的饭菜是铜铁金银？

日本学者对此给出的答案不甚明确，多数认为是将呕吐物的外表联想成矿石的形态。因矿石与呕吐物的外观相似说明它们之间的关系是一种牵强附会，令人难以信服。笔者认为，对于呕吐物是金属的说法必须从母神的地位和属性去确定，因为伊邪那美是大地之神，是地母神，大地上所有的物质皆为地母神所赐予。矿山通常位于地下，要进行挖掘才能裸露出来，也就是从“体内”到“体外”的过程，这恰恰是地母神的呕吐行为。

二神从守护矿山开始，制铁、锻冶、冶金、铸造，一切与金属相关的事物皆属二神的职能范围。《古事记》中没有说明金山毗古神与金山毗卖神的关系，但在岛根县安来市金屋子神社主祭神金屋子神被认为是二神的孩子，因此可以推断他们是一对夫妻神。金屋子神社将这三柱神一并列位祭祀，统称为金山大明神。岛根县安来市自古以来就是日本制铁业的发源地。

其二，粪便化成神，分别为波迩夜须（意即红色黏土）毗古神和波迩夜须毗卖神，这又是一对兄妹神。他们是土神，因而是土木园艺业、制陶业的守护之神。

波迩夜须是红色黏土，从外观上看，红色的黏土与粪便极为相似，而身为地母神的伊邪那美所排出的粪便，也就直接和红色的土地联想在一起。

其三，尿液化成神，分别为水神弥都波能卖神与和久产巢日神。

弥都波能卖神是司掌水性的女神，"弥都波"有多种解释，一为"水早"，代表水源的出现；二为"水走"，意指引水灌溉；三为"水这"，即在大地上流淌的河川。在《日本书纪》中，该女神写作"罔象"，代表中国传说中化身为龙的水中妖精。

水不但是农业和渔业所需，也是人类生活中须臾不能离的宝贵资源。自古以来，人们就以各种形式供奉寄宿于水中的神祇。大母神伊邪那美的尿液就是从大地涌出的泉源与蜿蜒不断的河川。因此，从尿中现身的弥都波能卖神便是司掌这些水源的水神。

另外，在农耕时代，尿液和粪便一样是弥足珍贵的肥料，所以，这位女神也是肥料之神。

在日本民间，大多将这位女神视为井之神，由于井边是从事烹饪及洗涤等家务的地点，也是女性的聚集地，所以，日本有些地区的老百姓认为井之神弥都波能卖神拥有保佑生子与安产的灵力。

从尿液中现身的另一位神是和久产巢日神。他首先是水神，但更多的是把他当作肥料之神而促进农业丰收的神祇。他是和食物神一同列位祭祀的农业守护神，是能够赋予大地活力的神祇。

神名中的"和"代表年轻有朝气，"久产巢日"指生成的灵力，所以，他象征了年轻而强大的生成力，是农耕神和生产神。

他的女儿丰宇气毗卖神，就是那位坐镇于伊势神宫外宫的食物神兼谷物神。因而作为父亲，他当然也兼有谷物神的性质。父女一起被供奉于著名的爱宕神社。

以上六柱神是大母神患病期间，靠自己自身的力量单独生育的。

二　从父母创生到化生

母神在临死之前所有的呕吐物和排泄物化生为神，这就是典型的化生说。

《古事记》中的创生观主要有两种，一是父母生育型，二是化生型。

（一）父母生育型

父母生育型的创生观，指通过男女两性的结合创生的思想，在日本神话中又可细分为两类。

1. 男女神（人）通过两性交配创生天地万物

本章所讲述的二神通过交媾而生的大八岛、六小岛等国土，以及生育家宅六神，水神、风神、木神、山神等自然之神。

2. 神（人）与动物结合创生生命

神（人）与异类相爱并交合产子，在《古事记》中最典型的是山幸彦父子分别与同为姐妹的海神之女鲨鱼结合，生下了后代。

关于神（人）与动物异类交合创生生命的神话传说，在许多民族的神话中俯拾即是。

（二）化生型

和中国流传的盘古尸体化生的传说一样，日本神话也存在化生传说，且种类繁多，主要有以下几种。

1. 尸体化生

在后面火神被杀的章节中，火神被极度愤怒的父神伊邪那岐斩杀，尸体被斩成五段，各个部位化生了八柱神。还有伊邪那美死后到黄泉国，尸体八个部位共化成八雷神。

2. 神体化生

即指“活”着的神（人）的一部分或其排泄物化生为自然物。

伊邪那美临死前的呕吐物、粪便、尿液化生为六神即是神体化生。大气津比卖神被须佐之男杀死后，其尸体各部分化为五谷，则为尸体化生。

神体化生的还有《日本书纪》中讲到须佐之男拔掉身上的各种体毛，化为各种树木，如杉、樟、桧。

3. 祓除化生

最典型的是父神伊邪那岐从黄泉国逃生回来，为了祛除身上污秽进行祓禊时化生的二十六位神，其中包括天照大神等“三贵子”。

4. 嚼物化生

就是男女神各取对方的手中物，放在嘴里咀嚼，吹出的气化生为神。比如须佐之男到高天原见天照大神，双方隔着天安河发誓，天照大神首先把须佐之男的十拳剑折断后洗干净，放在嘴里反复咀嚼，吐出时气息化成三位女神，而须佐之男把姐姐佩戴的五种玉佩洗净后先后放入嘴里咀嚼，吐出时气息化成五柱男神。

5. 感光化生

在《古事记》的“应神天皇”条中，记载着新罗王子天之日矛从朝鲜半岛到日本寻找他的妻子，其妻是由一个红色的球化生的。说的是妻子的母亲经常在沼泽边睡觉，有一天突然感到日光如虹，直指其阴，不久，怀孕并生下了一个红色之球。此球后化生为一美女，王子与之成婚，但夫妻常闹矛盾，妻子一怒之下乘船回娘家日本，王子随后到日本寻妻，并最终定居日本。

三　解读母神之死

（一）女神崇拜：世界是由女神创造的

在人类早期文明的创造和发展过程中，都出现过“女神崇拜”。

中国上古神话中，女娲是创世女神和人文始祖。她不但是补天救世的英雄和团土造人的女神，还是一个创造万物的自然之神和大地之母。

除了这位伟大的女神之外，我们熟悉的女神还有嫘祖、嫦娥、西王母、妇好、九天玄女、巫山神女、精卫、娥皇和女英等。

在希腊神话中，大地之神盖亚是希腊神话中最早出现的女神，是所有神灵中德高望重的显赫之神。至今，西方人仍常以“盖亚”指称地球，她是人类灵魂中最原始的部分。

美国学者金芭塔斯在20世纪后半叶掀起了一场女性主义神话学的运动。她根据一系列的考古发现，提出了“女神文明”和“大女神”的设想，她把大女神分为三类，并分别具有三种功能。

其一，创造女神。具有创造人类与自然界生命的功能。

其二，抚育女神。具有维系生命、抚养生命的功能。

其三，死亡与再生女神。具有死亡、负责生命的循环与更新的功能。

金芭塔斯认为以女神崇拜为中心的古代欧洲宗教和神话世界，可被称为女神宗教与女神世界，而它所反映的社会乃是一个以女性为中心的史前社会形态。女王和女祭司是社会的中坚力量，在这个社会中，女性是社会的核心，她们是宗教、艺术的表现对象，同时又是家族与部落崇拜的对象，享有极高的社会地位。大量的考古资料表明，古代欧洲社会是一个以女神崇拜为核心、以女性为社会中心的社会，男性在社会中受到充分尊重。

根据金芭塔斯“大女神”的类型和功能对伊邪那美进行分析，毫无疑问，她在不同时期扮演着不同的女神角色，具有相应的功能。

一开始，她作为少女形象与男神伊邪那岐结婚，他们通过交合，生下了日本国土和众神。这时的女神是创造人类与自然界生命的创世女神，同时在不断的生育过程中，扮演着母神的角色，与男神共同抚育众神。最终，女神在继续创造神的过程中，不幸因难产而死亡，从而堕落到黄泉国，掌管生命的循环，成为死亡与再生女神。

（二）从母权崇拜到父权崇拜

美国学者坎伯指出，在西方文明的演进过程中，创世神话经历了四个阶段的转变。

第一，世界由无配偶的女神创生；

第二，世界由女神受孕于配偶而创生；

第三，世界是一男性战神自一女神身体上打造而成；

第四，世界由一男神独自创造。

在原始社会中，为什么人类最初的始祖神大多为女性？对此，宋兆麟先生指出：人类在相当长的历史内，不知道性交与生育之间的关系，起初被人类所认识的生育源泉是母亲，而不是父亲。

朱大可先生指出早期社会的母亲信仰，是基于生殖和繁殖的强烈渴望而产生的。大母神开始在世界各地普遍出现，史前的社会以女性为权力中心，由女人担任部落首领，并信奉具有强大生殖力的女神。祭司阶层虽然男女混杂，但早期祭司大多由女人担任，而后期则逐渐落入男人之手，这种微妙的变化，是女权社会向男权社会转型的重要契机。历史上的大多数政治叛乱，都是由祭司发动的，因为只有祭司才能篡改神谱，推动男性众神的崛起，并以神学和神圣法典的理由，推翻女神和女人的统治。

（三）女神之死的神话学意义

伊邪那美之死是日本神话体系中发生的一件大事，其死亡的神话学的意义在于以下两点。

其一，女神是被男神“杀害”而非病死的，原因是男神发现了生殖的秘密，离开了女神，他完全凭借自身的力量完成生殖的任务。

正如前面所言，人类早期存在着女神崇拜是因为人类不了解生殖的真正原因，即生育的源泉是母亲，生命的诞生完全是由女性完成的。樋口清之在《梅干与武士刀》中指出古代日本是女尊男卑的社会，他以“结纳”为例，说明这是一种象征过去母系社会的历史遗痕。

所谓的“结”，即结社之意，这里的结社指的是结婚。男方要对女方纳聘，日文称之为“结纳”，这种仪式代表着男方要求加入女方所属家庭之意。日本的家庭以女性为中心，正因为女性象征着这个结的中心，所以男方想要加入的话就必须纳聘。

“结”，原始的是以腰间的细绳或男女内裤、裙上所打的结为象征，每个结社不同，结的花样也不同，同一家族的打结方法由家中的女性代代相传。古时候，家中的男性若准备离家外出，会请女方系兜裆布，在旅行途中，这个兜裆不能解开，因为每个女人的系法不同，假设男人在外偷腥，自己系或让别的女人系上兜裆布，回家后就不言自明。因此，《万叶集》中有一首和歌描述为了要不要解开衣服上的这个结而“纠结”，这时读者就明白了什么是“纠结”。

在日本神话中，讲述二神因为发现彼此身体的生理差异而媾和产生了国土和诸神，女性在生育过程中的独特作用决定了她的社会地位。但是，随着生育方式的多样化，男女神双方都意识到可以不依赖对方而单独完成生育任务。

当男神不需要借助女神而完成生育或生产的任务时，女神的地位开始下降。原来的男女神的平等地位逐渐变成男主女从、男尊女卑。这就是女神死亡的第一步意义，也就是说女神被“杀死了”。

其二，女神死后进入黄泉国而成为死亡之神。这时，女神成了死亡、黑暗、邪恶的代名词。

因为要为女神之死负相应的责任，父神找到了替罪羊，才不惜杀死儿子火神来证明自己的清白。

男神“杀死”女神的现实手段是发动政变，推翻女王或女酋长，或将其杀死或废黜或流放。在男神集团中，由于内讧或分赃不均，在夺权胜利之后，新的统治集团会找到相应的替罪羊，把杀害女首领的责任全部归咎于这个替罪羊，将其处死。

日本女性冷酷文学先驱桐野夏生颠覆性梦幻之作《女神记》，取材于《古事记》。在《女神记》中，桐野夏生描写了两位被自己的丈夫或爱人杀死的女神的爱恨情仇。

波间是海蛇岛上幽冥巫女，奉命守护岛上的黑夜，终身不得与男人交媾，然而她却违背岛规，与心爱之人珠胎暗结，并乘一袭小舟私奔出海。在苍茫海面长达半年的颠沛流离之后，大陆终于遥遥在望，可就在此时，她的喉咙却被爱人扼紧，最终魂归黄泉，成了伺候黄泉女神伊邪那美的侍女。

而伊邪那美在黄泉国因被丈夫发现真相后，派兵追杀丈夫未果，最后丈夫用巨石堵住黄泉国的出口，她永远被困在黄泉。两个被男人背叛的女神心中充满复仇的怒火。波间变身黄蜂飞越茫茫大海，返回海蛇岛，企望用只有一个月的生命，求得遭爱人扼杀的原因，而伊邪那美则发誓每天杀死丈夫的国中千人以解恨。然而，报复之后，怨恨是否因此而消失呢?

另外，在从女神崇拜到男神崇拜的转换过程中，存在一个过渡阶段，即“双性同体”的阶段。

前面讲到西方创世神话四个阶段，即女神地位逐步堕落的四个阶段。而在东方国家，四个阶段的划分并不明显，比如在中国，原始神话中以女娲作为人类始祖的大母神地位，一开始就十分明确，后来加入了男神伏羲并成了兄妹神进而为夫妻神共同创世。而在日本，一开始并没有出现大母神创世，而是由男女神共同创世，后来随着女神的死亡，男神取得了支配地位，他依靠自身的灵力生下“三贵子”，并进行分封。

从女神崇拜转变到男神崇拜，是因为随着人类智力的开发，人类逐渐了解到生殖的秘密，尤其是男性在生殖过程中的功能。加上男性在农牧生产劳动中所占的优势，社会才逐渐演进到以男性为主的父系社会，原先的女神崇拜逐渐演化为男神崇拜。

男神不依靠女神而完成生殖任务，在中外古代风俗中可以得到证实。比如在中国神话传说中有“伯鲧腹禹”一说，鲧是禹的父亲，腹中怎么会怀上禹呢？实际上就是中国古代曾经存在着“产翁制”，即女人分娩，而男人在床上坐月子，享受产妇的一切优待，接受众人的道贺，而真正的产妇却被冷落一边，分娩后要马上从事劳动。这是男人对女人最高荣誉的一种剥夺和侵犯。“产翁制”是母权社会向父权社会过渡的产物，此类风俗在古代的一些民族中也存在。

在由女神崇拜向男神崇拜的演化过程中，为了成功地将女神的生殖能力转换到男神身上，除了“产翁制”的遗俗之外，在不少民族中会出现“双性同体”神的现象。比如中国汉唐墓葬出现的两尾相交的伏羲女娲合像，最终过渡到男神为核心，女神成为男神的配偶，并处于从属地位。

四　男神的第一次无性繁殖

伊邪那美自从嫁给伊邪那岐后，夫妻一心一意搞生产，到她死之时，共生了十四个岛屿和三十五柱神，还不包括因不正确的婚姻而生产的水蛭子和淡路岛。山村明义做了统计，结论是二神的孩子数量多达近三百尊，日本人是由二神生下的后代和亲戚们构成的。

伊邪那美死后，父神为妻子举办了包括招魂仪式在内的隆重的丧事。在丧礼中，男神一边哭泣一边呢喃。父神在亡妻的头与脚之间来回匍匐啼哭，完成了一场真人秀。

《古事记》讲到男神因哀恸哭泣，其泪水化为泣泽女神。这位女神住在大和国（今奈良）香久山下的一棵树下，是母丘树下所居之神。

泣泽女神，神名中的“泣”是指哭泣，“泽”既是潸然落泪的模样，也指泪水如泉涌，代表涌出大量流水的地方。

泣泽女神是伊邪那岐独自生下的第一个女神。这个女神的诞生揭示了一个奇特的现象，那就是《古事记》中极少出现神祇本身的所在地保留至今的例子，而唯一的神当属泣泽女神，《古事记》说她被供奉在香久山亩尾的一棵树下。

香久山即今天的奈良县橿原市的天香久山。香久山传说是天上落下的神圣之山，与亩傍山、耳成山并称为大和三山。至今在该地还设有祭祀泣泽女神的亩尾都多本神社，通称为哭泽女神社，其神体并不在神殿之中，而是神社境内的一口古井中，和《古事记》中描述的场所如出一辙，泪如古井之水不断涌流。从本质上说，这位女神是一位水神，是水井与水泉之神，而水井通常多是女人聚集之地，因此，泣泽女神与前面提到的伊邪那美的尿液化生的弥都波能卖神皆属水神和井神。

泣泽女神在记纪神谱中算不上什么重要的角色，但她是伊邪那岐所生的第一个孩子。确切地说，她是父神与香久山下的某位女人所生的孩子，这在古代日本一夫多妻和一妻多夫现象中纯属正常。这也说明伊邪那岐除了伊邪那美之外，已开始拥有其他的女人。也就是说，随着伊邪那岐社会地位的提高和财富的增加，他要求拥有更多的女人，从而生下更多的孩子，这也是后面夫妻在黄泉国反目成仇的主要原因。在后来的黄泉约会中，伊邪那岐第二次"杀死"伊邪那美，也是彻底地杀死伊邪那美。如果说第一次杀死的是女神的肉体，那么第二次杀死的则是女神的灵魂。而伊邪那美对男神的怨恨在于对方用情不专，笔者的这个看法，在桐野夏生的《女神记》中得到全面的诠释。实际上，伊邪那岐的贪财好色的德性，在他的后代子孙如须佐之男、大国主神乃至更遥远的子孙如景行天皇、仁德天皇身上都有所体现。

五　伊邪那美是出云大社的主祭神

伊邪那岐为妻子举办了隆重的葬礼，把她埋葬在出云国和伯耆国（今天的岛根县与鸟取县）交界的比婆山。

在《古事记》里，第一次出现出云这个地名并把它当作埋葬女神之地，后来在男神逃离黄泉国，用巨石堵塞黄泉国与苇原中国之间的通道口的黄泉比良坂，也位于出云国，也就是说出云国是黄泉国的入口，或者说，黄泉国明确地处于出云国地下。后来大国主神好不容易打下出云这片天地，最终被天照大神的天孙族打败，自己和整个家族被神隐。大和朝廷为了安慰以大国主神为代表的众多怨灵，在出云国建造出云大社予以祭祀。传说每年十月，日本所有的神祇都聚集到出云大社进行神仪，所以在日本，十月这个月除出云是"神有月"，其他地区均为"神无月"。

为什么每年十月，全日本八百万神祇都要到出云大社聚会，实际上是天照大神代表全体天津神，向被大和神族杀害的以伊邪那美、大国主神为代表的怨魂恶鬼致祭，安息和规劝他们，不要再给大和朝廷和皇室添乱，制造新的麻烦。出云大神主祭神是大国主神，实际上还有另一个主祭神是伊邪那美。而在日本的神社，同时祭祀两位或两位以上的神祇是十分常见的。再者，出云大社的参拜遵循“二礼、四拍手、一礼”的程序，比一般神社多了两次拍掌，成为出云大社的独特象征之一。这也说明出云大社同时祭祀两位日本神界最有影响的神祇。

第五节　火神被杀

一　被枉杀的火神

伊邪那岐在一边哭泣的同时，为了自证清白和向亡妻献祭，斩杀了火神。

伊邪那岐拔出随身携带的十拳剑（又名十握剑，一拳或一握皆为四指宽），砍向火神迦具土神，斩下他的脑袋，火神瞬间丧命。火神成了日本第一个被实施斩首刑的神祇。

这里谈一下斩首刑。在日本，对犯人施以各种方法惩处，斩首刑一直是主要的处死方法。据《日本酷刑史》记载，江户时代，死刑依罪行轻重分为六种，即“下手人”“死罪”“火炙（火罪）”“狱门”“石磔”和“锯刑”。其中第一、二、四种属斩首刑。

斩首刑最轻的是“下手人”，是针对庶民使用的死刑，它一刀毙命，死得痛快，且家属可以领回尸体，并接受众人的吊唁。

重一点的是“死罪”，也是砍头，但砍头后的尸体要被用于新铸刀的“试切”，也就是试一下新铸刀是否锋利，尸体被切成几段，且不允许吊唁。

最严重的是“狱门”，就是斩首之后，将死者的头颅放在广场上示众三天，叫作枭首示众，三天后把头颅扔掉。同时没收死者的财产，禁止埋葬和吊唁。日本最后一起“狱门”是在 1874 年发动“佐贺之乱”的明治政府第一任司法卿江藤新平。讽刺的是，包括枭首示众在内的死刑是由他规定的，他成为明治维新后第一个也是最后一个被斩首示众的高官。

火神被父亲残忍地杀害后，化生了若干位神。有两种情况：一是十拳剑因为斩杀火神而舔血，产生灵力而化生诸神；二是被斩杀后的火神的尸体各部分化生神。

（一）嗜血之剑而化生的诸神

剑本由金属铸造，一旦杀了人沾上血，剑就有了灵力，成了杀人利器。如武侠小说上所说，名剑不轻易出鞘，一旦出鞘，必有血光之灾。

伊邪那岐用了一把名叫天之尾羽张的十拳剑砍了火神的脖子，鲜血四迸，大量的血溅到剑的各个部位，并顺势流下，化为各种神祇。

第一，沾在剑锋上的血，溅在岩石上，化为神，名叫石拆神、根拆神、石筒之男神，共三神，象征剑的威力。

"石拆"又可写作"磐裂"，是将劈岩之神与劈岩神剑的威力神格化。同样，"根拆"又可写作"根裂"，是将劈开木根的神与劈开木根的神剑威力神格化。二神应为剑神。

但是，本居宣长对此有不同的诠释，他认为神名中的"拆"字代表了岩石表面的凹凸，而这些神祇是从积蓄在凹陷中的血液中出现的。

至于石筒之男神，"石"即岩石，"筒"指神灵，即岩石之神。

《日本书纪》将石筒之男神视为剑神经津主神的祖先，因此"石筒"被解释为石槌或锻剑用的槌子，可见，它象征了利用石槌锻造，打炼成剑的技术。

第二，沾在剑背上的血，溅在岩石上，化成三柱神，即瓮速日神、樋速日神和建御雷之男神。

三神的神名中，"瓮速"是威严迅猛，"樋速"是烈焰和烈日，建御雷是勇猛。这三神表现出刀剑锻造的景象，把金属放进烈火中烧得通红，然后取出来锻打，铸剑中会喷散出大量的星火，建御雷神代表着这些星火。

建御雷神是日本神话中最伟大的武神和剑神，是拥有最高神力的高天原武将。在后来的神话中，建御雷神为日本皇室立下不世之功。

第三，积聚在剑把上的血，从手指间流出，化为神，即暗淤加美神和暗御津羽神。

暗淤加美神是司雨的龙神，暗御津羽神是山谷里的水神。

把以上八神串在一起，实际上讲的是铸剑的全部过程，即石拆神、根拆神是凹凸不平的平面，石筒之男神是锻剑用的槌子或大铁锤，建御雷神等第三神表示炉火旺盛，锻打时火星四溅，而最后二神则代表用水淬火。这样下来，一把新剑就铸成了。

（二）火神尸体化生的八柱山神

火神的神名叫“迦具土神”。“迦具”意即闪耀，即烈火燃烧，火苗闪烁，“土”则是灵魂的存在，意即旺盛燃烧的火神。

无辜的火神被残忍的父亲斩杀，成为亡母的祭品。他死后，头和身躯的各个部分化生为八柱山神。

火神的头颅化成神，名叫正鹿山津见神。这里的“津见”是管理的意思，正鹿指山的险峻处。

火神的胸部化成神，名叫淤滕山津见神，淤滕是山腹的意思。

火神的腹部化成神，名叫奥山津见神，奥山是指山的深处。

火神的阴部化成神，名叫暗山津见神，暗山是指山谷。

火神的左手化成神，名叫志艺山津见神，志艺是树木繁茂的意思。

火神的右手化成神，名叫羽山津见神，羽山是山麓。

火神的左脚化成神，名叫原山津见神，原山指山顶上的平坦处。

火神的右脚化成神，名叫户山津见神，户山指的是外山，正好和腹部化成的神相对应，一座是户山（外山），另一座是奥山（山谷）。

火神尸身的八个部位化成八神，这个情节有以下几点含义。

其一，它是日本版的盘古垂死化生的故事。讲的都是化为各种山陵。《述异志》中讲到，盘古死后，头为东岳，腹为中岳，左臂为南岳，右臂为北岳，足为西岳。这个说法是为了解释中国五岳（即五大名山）的由来，所以盘古的头和身躯化为五岳。《古事记》讲述的是把火神的尸体比作一座大山，所化生的八神分别代表一座山的不同侧面和区域。

其二，火神之死和化生八神实际上是在描述火山爆发及其产生的后果。一方面，火神的出生令人想到火山喷火、岩浆飞溅的景象，日本拥有众多的活火山，日本人一直被笼罩在火山随时喷发的阴影下。火山喷发消灭了各种动植物，森林被毁，农作物绝收，造成了人类和财产的巨大损失，这让日本的先民恐惧不已。母神之死，描述的正是这种惨痛的记忆。另一方面，它又能使土地更肥沃，孕育出新的生命，生成新的国土和改变自然景况。这种结果正是火神化生八神的含义。

其三，频繁的火灾，对古代日本人构成了巨大威胁。因为日本的文化本质上是森林文化，日本人建造神社以供奉火神，把它当作防火之神，从而形成了火神信仰。最具代表性的是分布于日本各地的爱宕神社和秋叶神社，都是祭祀迦具土神，祈求免于火灾之苦。此外，日本人还把火神尊为锻冶与陶瓷之神，因为这两个行业与火的关系十分密切，位于陶瓷产地的陶瓷神社大多以火神为守护神。

（三）神剑与剑神

斩杀火神的那把十拳剑，剑名天之尾羽张，又名伊都之尾羽张。“尾羽张”表达的是刀面宽厚、剑锋无比锋利的意思，“伊都”是威严的意思，为什么要加前缀“天”或“伊都”呢？因为这把剑的主人是创世父神伊邪那岐。

天之尾羽张首先是一把神剑，也是《古事记》里提到的第一把神剑。其次，天之尾羽张当属一位神祇，即剑神、剑祖，因而也是武神。这位神祇寄宿于神剑之中。最后，天之尾羽张是建御雷神的父亲，因为它斩杀火神，剑背上的血溅落岩石，化成建御雷神。

这尊神在后面的平定苇原中国的故事中，首次以神祇的角色出现，讲的是天照大神决定以武力讨伐苇原中国，思金神向天照大神推荐派天之尾羽张神当统帅，天之尾羽张得知后向天照大神推荐武艺超群的儿子建御雷神，代他出征，果然儿子不辱使命，一战告捷。

二 “火神被杀”的文化意涵

（一）“杀子”的神话

在古希腊、古印度、古罗马和古代中国等不少国家的神话中，都有“杀子”的神话传说，它有两种类型，一是父亲杀子，二是母亲杀子。

父亲杀子的，除了日本神话的父神杀死儿子火神，还有古希腊神话中讲到宙斯的父亲第二代神王克洛诺斯。为了防止自己的王位被儿子们篡夺，最简单的做法就是把生下来的孩子吃掉，他连续吞食了宙斯的五个哥哥姐姐，宙斯还是他的母亲瑞亚用一块石头调包才侥幸得以保存下来。宙斯长大后，与母亲合作，用酒灌醉父亲，父亲大醉并不断呕吐，才把吞进肚子里的五个孩子都吐出来，宙斯和众兄姐废黜父亲，当上第三代神王。

在神话传说中，更多的是讲述母神杀死自己的孩子。

在希腊神话中，火神赫费斯托斯出生时十分丑陋而且跛足，天后赫拉非常厌恶他，把他抛到海里，让海水淹死他。幸亏海洋女神忒提斯和尤瑞诺美出手相救并抚养他，九年后将其送回奥林匹斯山。火神对母后十分不满，就设法报复她。他制造了一把巧妙精美的椅子送给母亲，赫拉见了很喜爱，就坐上去，不料被椅子里的机关困住不能动弹，任凭谁也无法解开，最后在海神的调停下，母子关系才得以和解。

希腊神话中，科奇斯岛会施法术的公主美狄亚，与来到岛上寻找金羊毛的伊阿宋王子一见钟情，为了和爱人私奔，她不惜杀死弟弟。后来她用计杀死伊阿宋的叔叔，帮丈夫夺回王位。伊阿宋十分忌惮和害怕美狄亚，后来他移情别恋，美狄亚闻讯后立马将自己亲生的两名稚子杀害，又设计杀死了丈夫的新宠，伊阿宋也抑郁而亡。从美狄亚身上，让人们见证了爱的伟大和仇恨的可怕。

在古印度神话中，讲到月亮王朝的国王福身王，有一天父亲告诉他，已经为他定好了一个妻子，但结婚后不得探询妻子的来历或干涉她的行为。后来，福身王在恒河边散步时见到一美女，并爱上她。美女向他提出了与其父王说的完全一致的条件，福身王立马答应，高兴地与她结婚，这个女郎就是恒河女神。

女神嫁给福身王的原因是，天上八位婆苏神因偷走神牛而得罪了极裕仙人，受到仙人的诅咒被贬到凡间，他们只得向仙人求情，最后仙人答应他们其中七人可以在出生后立即返回天界，只有主谋神光神必须在人间待一辈子后才能返回。众婆苏神又找到恒河女神，请求她下凡当他们在凡间的母亲，女神答应了，化身凡人嫁予福身王。婚后，八位婆苏神依次出生，而女神一生下孩子就把他扔进恒河淹死，这样婆苏神马上就升天了。福身王不能理解，但碍于誓言只得眼巴巴地看着亲生儿子一个个被妻子弄死。但是当第八个儿子也就是神光神出生时，福身王再也无法忍受妻子这种暴行，阻止了女神，结果违反了誓言，恒河女神告诉了他全部真相后就返回天界了，而神光神也应了仙人的诅咒留在凡间，他的化身就是毗湿摩。

在很多神话中，女人扮演着杀死孩子的角色。比如中国神话中有一位产生天地的鬼母，她每天生下十个鬼子，到了晚上又把他们通通吃回肚子里了。在印度，也有一个类似的鬼母——诃梨帝母，她生了五百个鬼子，都喜欢抓别人的孩子来吃，后来被佛陀劝化了，成了生育女神和孩子的保护神。在日本神话中，二神在黄泉国不愉快的见面，导致夫妻反目成仇，伊邪那美发誓每天杀死一千人。

在上述神话中，女人扮演杀死了孩子的角色，它说明了女性的双重属性，即她们是自然的化身，同时兼具仁慈和狂暴的双重面向，即既可以赋予生命，也能随时剥夺生命。

刘达临先生在《中国性文化史》中指出，在上古社会，存在着弃子与杀首子的风俗。男子娶妻后，要把她所生的第一个孩子抛弃或杀掉，这是母系社会向父系社会过渡时期的产物，一方面，当时还存在着群婚杂交，不少女子在婚前和男子就有性关系；另一方面，父系继承制开始建立，男子要把财产留给的确是出自自己血统的子女，而当时又没有科学的检测方法，所以杀掉或扔掉所生的第一个孩子，是最保险但却是十分残酷和野蛮的方法。

（二）“火神被杀”的文化意涵

“火神被杀”的杀子神话，代表着如下三层意涵。

其一，说明火的起源，来自体内，来自男女神的性交。

神话除了要回答世界如何创造的，人又是如何产生的问题之外，还要回答诸如火是怎么来的、粮食又是怎么产生的问题，这就是文化的起源。

关于火的起源，一些神话把火归结为是神主动赐给人类，或神偷来的火赠予人类，并教人类用火的方法。

在一些民族的神话，把火和性联系起来。比如在美拉尼西亚神话中，说火存在于一个老妇的阴部之中。一天，这个老妇抓住了两个年轻人，给他们三根阴毛，于是火便被带到地上。而在新几内亚马林德阿宁人的神话中，说火是由于性交而出现的。日本神话中所提到的母神生火神时，阴部被灼伤，很快就死去。一些学者认为，这种火来自体内的神话的背后，有钻木取火的习俗。也就是说把女人比喻为木头，竖起男人如棒子的阳根，像锥子穿孔一样，钻的结果引起了火。日本神话把火归结为男女交配中性器官的摩擦引起的。

其二，“火神被杀”是一种猎头献祭祈祷丰收的宗教仪式。

在世界很多地方，包括南美早期的印第安社会，东南亚的缅甸、印尼、菲律宾，乃至中国南方和台湾，都曾经存在割头致祭，以祈求农作物丰收的习俗。猎头习俗一般发生在原始社会末期的部族当中，人们在血族复仇与掠夺战争中，猎取敌人的首级，并通过一定的祭祀加以顶礼膜拜，以达到风调雨顺、保佑平安的目的。

猎头祭田神，即所谓的“祭谷”“祈丰”的习俗在近代中国仍然存在。比如，云南佤族和台湾高山族外出猎头的时间，一般是每年的谷物播种或收获的时节，或者是粮食歉收之时，早年的一些南方少数民族在播种前，会把种子拿到祭人头的地方去祭过，并掺上一些祭人头的灰土，相信这样做会使水稻长得好。猎回人头后，会把人头插在室外的竹竿上，下面放一箩火炭，让人头的血滴在炭上，然后将炭灰分给全村各家各户，撒播于田中。即使在猎头习俗被摒弃多时，台湾的泰雅人仍在收获之后集合于祭场祭献新谷，壮丁会从山上砍下芭蕉树头，刻上人的五官，做成人头状，进行献祭。

当然，猎头在古代也是军人立功的象征，砍下敌人的首级越多，功劳就越大，得到的奖励就越多，战国时期的秦国军队之所以无比凶悍，因为首级是作为重奖的唯一依据，头颅是最主要的战利品。很多猎头勇士最终的结局也是成为他人猎头的对象。因为很多部族认为，越是杰出的人物或陌生人，在被猎头后的巫术力量就越大。几年前，在海内外深受好评的台湾电影《赛德克·巴莱》中男主角莫那鲁道就是一个典型。他割了好几个外族人的头，而他的头颅也被外族人始终惦记着。

和东南亚岛国以及中国台湾等地一样，日本是稻作文化，在早期的历史上，也势必存在着猎头献祭，以人头献祭田神，祈求丰收的行为。

日本神话中的杀子，和苏美尔神话中的弑父媾母在本质上是一致的。这种不可思议的残忍行为和农业生产息息相关。苏美尔神话的创世观是以农作物的生长和收割为动力的，所以宇宙万物都要在植物生命的自然循环中获得生生不息的能量，这些神话是古代日本以及苏美尔农耕社会为了赢得土地的丰饶而表达暴力的神话，在这一点上，杀死儿子和杀死父亲没有本质上的区别，它们都是在表达一种共同的认识，而这种认识所产生的基础是农作物周期性的死而复生（春种秋收）的信仰及牺牲献祭的仪式。

其三，它在表述当横向的夫妻关系和纵向的父子关系，如果出现矛盾时所做出的选择。

神话作为人类最早的意识形态，既有显意识所感觉的意识，也有潜意识的内在意义。比如东西方家庭关系中同时存在着两种关系，即横向的夫妻关系和纵向的父子关系，假设这两种社会关系之间出现矛盾并且不可调和时，必须做出非此即彼的关系选择时，不同国家的神话传说就得出相应的答案。

在中国传统的家庭模式中，纵向的父子关系远远重于横向的夫妻关系。陈连山先生在《启母石神话的结构分析》一文中，以嵩山启母石为例进行叙述。

据说涂山氏住在嵩山，山之南面的颍河发大水，大禹化为黑熊开掘萼岭口，欲将颍水引入河，大禹与妻涂山氏约定以鼓声为号，前来送饭。不料有一天落下石头击中大鼓，妻提前送饭，才发现丈夫是一只黑熊，她又羞又怕，赶快逃回家，大禹见之，在后猛追，涂山氏一急之下，就地化为石头。大禹知道妻子早有孕在身，当涂山氏化成石，大禹表现十分漠然，反而一心想得到儿子。在他的要求下，“石破北方而启生”，石破北方象征着涂山氏被杀。这则神话说明了大禹最终选择了父子关系而抛弃了夫妻关系。这种选择模式具有深厚的中国社会文化内涵，是与中国传统家庭模式相一致的。

而在希腊神话中，有两则著名的故事传说。一是俄狄浦斯的恋母，二是美狄亚追随情人而背叛父亲。俄狄浦斯是西方社会的精神代表，在他看来，模向的夫妻关系重于纵向的父子关系。所以，他抛弃了父子关系（杀死父亲）而追求夫妻关系（娶母）。而美狄亚更是不加掩饰地选择，为了和情人私奔，她背叛了父亲并杀死了前来追赶和劝说她的亲弟弟。俄狄浦斯和美狄亚的故事是典型的西方家庭的文化模式，即夫妻关系重于父子关系。日本神话中的伊邪那岐也做出这种选择，为了伊邪那美而杀死儿子火神。

第四章　黄泉诀别

本章主要叙述了父神伊邪那岐赴黄泉国欲解救母神伊邪那美，但因父神失信偷窥犯忌，让母神深感羞辱，父神遭母神追杀，狼狈地逃离黄泉国，夫妻恩断义绝，从此诀别。

本章的主要内容如下。

1. 黄泉国之旅；
2. 夫妻诀别；
3. 日本人的宇宙观；
4. 日本人的生死观。

第一节　黄泉国之旅

一　招魂

《古事记》讲到父神掩埋好妻子，并杀死火神泄恨，即使如此，也无法浇灭他对爱妻的思念。所以他一直追到黄泉国，也就是死者的国度。

父神追随母神到黄泉国的目的就是通过招魂，让死者复生。

生者对死者的眷恋和思念使一种神秘文化广泛流传，它就是招魂。中国古人确信刚去世之人，灵魂尚未走远，如果及时召唤还可以让灵魂回体，使之死而复生，这是一种对亲人难以割舍的情感寄托，也是古代人最朴实地想留住亲人的愿望表达。在上古时代，上至天子王公，下至贩夫走卒，每当有人去世，亲人必为之举行招魂仪式。因而父神的黄泉之旅实际上是父神为母神举办的一场招魂仪式。

林炳僖先生指出，韩国巫师（巫堂）和中国东北地区的萨满教都有通过冥府的旅程令死人重生的神话。巫师们所具有的最大能力是使人重生，通过去冥府的旅途，巫堂拿到现实世界所没有的重生药。巫师们受人之托，熟练地去冥府，很容易通过多重关卡，把人从冥府中解救出来。这种神话在今天看来也许是荒谬的，父神在黄泉国的一切遭遇实际上是他在招魂过程中的梦境所呈现的。

古代日本人相信，人的肉体消失了，但灵魂依然不灭，即所谓的"灵肉二分说"。人死后，肉和魂自动分离。人死后的肉体会很快腐烂，变得毫无意义，在佛教火化传入之前，日本人对尸体的处理是相当随意的，或扔入山谷让野狗撕咬或挂在树上自然风干，或丢入河中成了鱼虾的食物。由于相信"灵肉二分说"，因此，日本人会造两个墓，一个是埋葬肉体的墓，称为"山墓"或"舍墓"，即把人的尸体扔到山里，既然扔了，就没有祭拜的必要。取而代之的另一个墓叫"里墓"，也就是在住家附近建造一个可以随时祭拜灵魂的墓。到了平安时期，演变为同时建造两个坟墓，是为"两墓制"，这种做法当然也是出于远离死秽的需要。到了后来，就更简单了。日本人就在家里立个牌位，当作里墓，朝夕供奉。家里一旦着火，就赶紧抱着这个牌位往外跑。

作为日本天皇即位式的重要组成部分的大尝祭，集中体现了日本人对灵魂的基本认识。一代天皇只举行一次大尝祭，通过大尝祭，新天皇成了"现人神"。天皇作为天照大神的子孙，这副肉体是会死亡的，但是充满这副肉体的灵魂是亘古不变的。所以，即使肉体发生改变，只要将灵魂注入其中，依然同样是天照大神的子孙。在大尝祭的仪式里，通过真床覆衾，就可以将先帝的威灵转到新帝的身体里，这种威灵叫作天皇灵。

二　冥府寻亲：世界神话的一个母题

在许多民族神话中都有相似的冥府寻亲的故事情节。笔者仅举数例。

其一，在闪米特神话中，妹妹阿尼特为了救活哥哥阿里安，来到死神莫特的国度，哀求死神放她哥哥回人间，死神答应了。阿里安在宫殿里苏醒，人们逃到他的宫殿，才得以躲避大洪水的灭顶之灾。

其二，在阿都尼斯神话中，塔穆斯是女神易士塔的情人，他每年都要死一次，离开欢乐的地上世界，进入阴暗的地下世界。因此，女神也要每年一次踏上寻找情人之路，当她离开地面，人和所有生物的生命都停止繁殖和生长。大神埃阿派使者到地下解救女神。阴间女王勉强同意女神和爱人一同离开，重返阳间之后，大自然才得以复苏。

其三，希腊神话中俄耳浦斯冥府寻妻的故事。俄耳浦斯是太阳神阿波罗的儿子，从小就有超人的音乐天赋，用七弦琴弹奏出来的美妙琴声能让树木低头倾听，他后来娶了欧律狄刻，夫妻十分恩爱。终有一天，妻子在散步时被毒蛇咬伤，不治而死。俄耳浦斯悲恸欲绝，决定去冥府寻找妻子，他弹的凄楚动人的音乐感动了天地。大地为之打开了进入地府的缝隙，船夫破例载他渡过苦恼河，守门狗让他顺利通过地狱之门，终于到了冥王冥后面前，在他的再三求情和冥后的说情下，冥王答应放他的妻子回去，但告诉他：在到达凡间之前，不可以看到妻子，也不能和她说话，否则他将永远见不到妻子。

于是，俄耳浦斯在前面领路，妻子紧随其后，一路狂奔。在他们快要到阳间的时候，他担心妻子没有跟上自己，忘记了冥王的警告，回头望了一眼，当他看到妻子满脸笑容时，妻子瞬间就消失了。俄耳浦斯在冥府与人间的边缘徘徊了七天七夜，再也等不回妻子了。从此以后，他到处流浪，形同骸骨，终于有一天被一群酒神女祭司杀死，撕成碎片，他的灵魂飘摇地下了地府，终于能和心爱的人永远厮守在一起。

第二节　夫妻诀别

一　犯忌：冲突的转捩点

（一）“黄泉户吃”

父神很想见母神，便一直追到黄泉国，母神从殿内开门相迎。父神说：“亲爱的老婆大人，我和你创造的国土还没有完成，还要继续造神，请跟我回去吧！”母神回答说：“对不起呀！你没有早些来，我已经吃了黄泉的饭食。既然我亲爱的夫君特意来找我，我也愿意回去啊！让我和黄泉的神商量商量。但是在这期间你可千万不要进来看我呀。”说过之后，就回到殿内。

以上这段情节有三层含义。

其一，“黄泉户吃”：吃了黄泉的饭菜，就属于黄泉国的人了，想要抽身离开，难度非常大。可见，黄泉国的饭菜轻易吃不得。

为什么黄泉的饭菜不能吃？黄泉的饭菜到底是什么东西？与这个故事情节相类似的是希腊神话中的冥王黑帝斯。他主管包括地狱在内的整个冥界，和哥哥宙斯一样好色，但接触女神的机会又少。有一天他抱走了宙斯和农神德墨忒耳生的女儿波瑟芬妮。德墨忒耳发现女儿失踪了，心如刀绞，她撕破衣服，肩披黑纱，发疯地到处寻女，因为她的离职，导致大地荒芜，颗粒无收。

在阿波罗的帮助下，农神查到女儿的下落，她威胁宙斯，如不放回女儿，她将收回一切生育能力，人类将灭绝。宙斯吓坏了，让黑帝斯赶紧放人，可惜波瑟芬妮因为饿了，吃了冥府的几颗石榴，回不去了。最后，双方妥协的结果是，波瑟芬妮一年中有三个月要留在冥府，其余的时间回到地上陪同母亲。人类终于避免了一场浩劫。

“黄泉户吃”指的就是死者的饮食。为什么吃了它就回不去了？日本的“黄泉户吃”与灶的信仰有关。这里的“户”就是灶，不能吃黄泉的饭菜是因为它是用黄泉国的灶火做的。

古代日本人尊重火的清净性，他们认为吃了用清净之火做的饭菜，就成了清净之身心；反之则为不净。灶火的信仰与“黄泉户吃”结合起来，所以在日本式的“死者的饮食”中是没有“生鲜的饮食”的。

《日本书纪》中出现的“共食者”一词，是指吃同一饭菜才服从同一地神的一种连带感。因为粮食是地母神的恩惠。既然如此，吃了黄泉国的饭菜的母神就成了黄泉大神了。

那么，黄泉国的饭菜到底是什么？日本神话中指的是用黄泉灶火做的饭菜，凯特尔神话中的苹果、希腊神话中的石榴、美洲印第安人神话中的井水，都被视为“死者的饮食”。这些饮食本是“共食”的饭菜，后来成了跟死者的祭祀和冥府结合的饮食。

此外，到冥府是要付费的，在苏美尔神话中，印南娜下冥府要过七个大门，每过一道门，就要向守门人交出一件衣饰或珍宝，到达终点时美女已经赤身裸体了。古希腊人在死者口中放一枚硬币，是死者渡过冥河要付给艄公的摆渡费。而在日本，这个摆渡费是六文钱，很便宜。有的读者会问，死者为什么不可以直接游过冥河到对岸去？如果这样的话，死人的魂就会沾到河水，永世不得超生，所以，死者一定要雇船渡河。战国武将真田幸村父子以“六文钱”作为家纹，就是表示武士逢战必死的信念。

其二，既然吃了黄泉的饭菜，就成了黄泉国的人。要离开黄泉国，就要和领导商量，征得他的同意。

母神要和黄泉的神商量能否随夫君回家这句话告诉我们如下信息：首先，黄泉国和高天原一样先于神而存在，不是神创造的；其次，黄泉国中的神和高天原的神不是同一系统的；最后，创世大母神的加入，大大地提高了黄泉神明的社会地位，所以，女神后来成为黄泉国众神之主也是理所当然的。

其三，凡事必先定规则，依规矩办事，才能持久合作。

母神在临走前告诫父神，在她与神商量期间要耐心等候，不得去看她。这和冥王告诫俄耳浦斯一样，在到达阳间之前不得看他的妻子或和她说话。两者的共同性在于做事前先立下规矩，丑话说在先头。如果对方不遵守双方约定的诺言，是要付出代价的。

（二）偷窥的禁忌

女神回殿后，男神苦苦等待，实在等得不耐烦了，父神取下左发髻上戴着的多齿木梳，拆下一个边齿，把它当作火把点燃，在火光的照耀下，走入黑暗的殿里。

在火把的照明下，他看到一幅令人作呕的景象：母神满身蛆虫蠕动，气结喉塞，头上、胸上、肚子上、阴部、左手、右手、左脚、右脚八个部位有各种各样的雷，有大雷、火雷、黑雷、拆雷、若雷、土雷、鸣雷、伏雷，各种雷的威力不同，形状大小不一，共化成八雷神。

以上这段描述有三重意思。

其一，父神看到的是母神那具正在腐烂爬满蛆虫发出恶臭的尸体，这就是所谓的死秽。

日本第52代嵯峨天皇的皇后橘嘉智子是著名的贤后，也是虔诚的佛教徒。她笃信“诸行无常”的道理，为了唤起人们的菩提心，据说她临终前留下遗言，不要将自己的遗体火化或掩埋，而是放在路边，让路过的人看到她的遗体是如何一天天腐化成白骨的样子。后来有画师经由此传说将遗体腐化的过程画成了图画，即“帷子辻”。

其二，母神高度腐烂的尸体化成八种雷神。它描写了八雷寄生于母神的尸体。在黄泉国，母神成了八雷的统括神，而在日本神话中，雷和蛇密切相关，往往被视为同一质性。八雷寄生的样子实际上是蛇缠绕腐烂尸体的情景。所以，母神又可以说是统括很多蛇的大蛇神。可见，伊邪那美既是大雷神，又是大蛇神。古代日本人认为蛇神和冥界密切相关，蛇神在冥界中具有管理生命的功能。

在笔者看来，所谓女神身上的八雷神，是对女神丑恶污秽形象所表达出来的恐惧的具体化和形象化，或者说是恐怖到难以用语言去表达。

其三，男神违背禁令，犯了偷窥的禁忌。

男神看到女神腐烂的尸体并表示了莫名的恐怖，这一情节是完全真实的。

正如笔者前面所说，母神死后，男神为之举行了隆重的葬礼，包括入殓前的匍匐仪式、献哭仪礼等咒术仪礼，在无意中看到躺在棺材里的女神高度腐烂的尸体而深感恶心。

还有一种可能是瞻仰死者的遗体是这场招魂仪式中不可缺少的仪式。松村武雄也持类似观点，他在《日本神话的研究》中提及在中国、日本冲绳等地有“偷看死者”的习俗，伊邪那岐的偷看跟这个习俗有关。

从日本、希腊相关神话中可以了解到冥府有两个禁忌：一是不能吃冥府的食物，吃了它的东西，就成了它的人；二是不能偷看，偷看的后果极其严重，俄耳浦斯因为回头看了亡妻一眼，结果前功尽弃，妻子永远留在冥府；而父神偷看了母神，发现了母神丑陋的一面，导致夫妻诀别，反目成仇。

日本民间有一种极具代表性的禁忌就是“不可以看的禁忌”，俗称“出处”。这个窥看的禁忌最早源于对父神偷窥母神的描写。河合隼雄在《日本人的传说与心灵》一书中，对此进行了深入的分析。

河合隼雄列举了若干日本民间故事，如《黄莺之家》《鹤妻》《浦岛太郎》《黑冢》等，运用精神分析方法进行剖析，从而得出在此类问题上，日本与西方的文化差异。他指出，比如就立禁令者与冒犯禁令者而言，在日本，冒犯者没有受任何惩罚，被冒犯者悲伤隐身而退，从此导致禁令形同虚设，没有任何效力。而在西方，立禁令者胜利，冒犯者会受到相应的惩罚。

二 母神雪耻

（一）母神受耻和日本人的“耻意识”

父神看到母神腐烂的尸体，万分惊恐，扭头就跑。母神深感耻辱，先后派黄泉丑女和黄泉军追杀父神，被父神用计谋得以逃脱。最后，母神亲自赶来，父神赶紧用一块巨石堵住黄泉比良坂，夫妻隔空发出决绝的誓言，父神终于从灵魂上消灭了母神，成了这个世界真正的统治者。

在《古事记》中，记载了六件受耻事件，它们分别是：

第一，父神偷窥，母神因蒙耻愤而追杀男神，夫妻从此诀别。

第二，须佐之男不愿意接受父亲的分封，且终日哭闹要去见亡母，惹得父神勃然大怒，剥夺其继承权，赶出家门。

第三，须佐之男被逐出高天原后，向大气津比卖神乞食，女神从其嘴和肛门等处掏出食材要做美食，须佐之男认为这是对他的大不敬，将女神斩杀。

第四，阿迟志贵根高神吊唁好友天若日子，因两人相貌相似，被天若日子的家人误认为天若日子还活着，阿迟志贵根高神认为对方拿死秽的人和他相比，深感耻辱，愤而大闹灵堂。

第五，大山津见神为了高攀天孙，在出嫁小女木花之佐的同时，让大女儿石长比卖陪嫁，天孙嫌后者丑陋坚拒，山神备感受耻，诅咒天孙和今后的历代天皇如同樱花，虽灿烂但都不长命。

第六，火远理命娶了海神之女丰玉毗卖命为妻，丰玉毗卖命在临产前告诫夫君不可偷窥，但火远理命感到奇怪，在她分娩的时候去偷看，发现妻子是一条大鲨鱼，吓得逃开。丰玉毗卖命感到羞耻，生下孩子后回娘家，并堵塞了海路，与丈夫永不相见。

以上这几起受辱事件深刻地影响着日本民族的性格，构成了日本文化的潜在特质。本尼迪克特在《菊与刀》中指出日本民族具有重耻的性格特征，并将其定义为“耻感文化”。耻感在日本人生活中的重要性和意义在于任何人都十分注意社会对自己行为的评价。日本人对耻极为敏感。他们在被外界冒犯或自己犯下过失后最先感到的是耻辱，随后就会想方设法消除耻辱，甚至不惜采取极端的方式。这在日本武士社会最为突出，比如江户时代就有一个好管闲事的町人告诉某武士，说他身上有一只跳蚤，武士听后怒不可遏，怎么能把肮脏的跳蚤跟堂堂的大和武士相提并论！立马拔刀将这个多嘴的町人当场斩杀，事后幕府判决该武士无罪，因为对平民的“无礼”者“斩舍御免”是武士的特权之一。

母神对父神怒吼：“你让我受了耻辱!”，实质在于触犯禁忌这一行为，并不是什么不可原谅的罪行，而是强调因偷窥，被对方看到自己丑陋的一面而产生的耻辱感，这和夏娃偷吃苹果构成鲜明的对比。在《圣经》中，夏娃因这个行为违犯禁忌而遭到上帝的问罪，至于觉察到自己一丝不挂而感到羞耻可以忽略。她的行为是罪包含耻，而父神的行为是耻主宰罪，因此母神为了雪耻就必须斩杀丈夫。

津田左右吉对日本文化的基本特征进行了分析，他指出：顺应社会秩序，服从社会权威就是善，而反抗者则被称为恶。善恶两面的识别是非常简单的。因此，所谓的善人并非指那些有崇尚理想、为了改善人类生活而不断努力的人，而只是那些拘泥于琐碎世风和所谓的义理者。相应的，恶人也不过代表其反面，仅仅想要一逞私欲罢了。真正诅咒人生本身，以行恶为乐，具有恶魔性质的深刻性格的人是不存在的。

顺应是善良，反抗是恶，在日本社会可谓是深入人心。比如，在天皇制鼎盛时期，天皇代表社会秩序和权威，940 年平将门造反，想取代天皇，兵败被诛，处以“狱门”之刑（枭首示众)，他是恶人。到了天皇制衰败的时期，幕府代替了朝廷的权威，1221 年，退位的第 82 代天皇后鸟羽上皇带兵讨伐镰仓幕府，很快就失败了，并被幕府流放到隐岐岛。在这种情势下，天皇就成了恶人。后来第 96 代后醍醐天皇又造幕府的反，又是“天皇造反”（御谋反)，真正是天下奇闻，他最终成功了，镰仓幕府变成了恶人。可见，判断某一行为是否构成“罪”的标准，要看它是否顺应了社会秩序。

（二）男神“逃之夭夭”

母神蒙羞，盛怒之下，派兵要把逃跑中的父神缉拿归案。

她先是派黄泉丑女在后面紧追不舍，父神取下头上的黑发饰，扔到地上，长出野葡萄，并趁丑女摘葡萄吃的时候逃脱了。丑女很快追了上来，男神又取下插在右鬓上的多齿木梳，折下梳齿扔到地上，长出竹笋，趁丑女拔食竹笋的时候又逃脱了。

追捕不成，马上就升级到追杀了。女神又派八雷神，率领一千五百名黄泉军追赶上来，男神拔出所佩的十拳剑，一边向后面挥动，一边逃跑。一直被追到黄泉的边界比良坂，这时，男神从坂下的桃树上摘下三个桃子，等黄泉军追赶上来，向他们扔过去，黄泉军见状便逃了回去。男神感谢桃子的救命之恩，赐名为意富加牟豆美命，即大仙桃神。

以上这个情节如同一部惊险片，是男神的一场梦魇。它有以下几层含义。

其一，这里所描写的是追杀和后面因追杀失败，母神亲自出手的情节。但被父神堵住通道，双方发誓并断绝关系。这些情景都发生在父神为母神举行的招魂仪式上，是在父神的梦境中所发生的。

其二，关于母神派她的子弟兵黄泉丑女追捕父神的故事情节，可以理解为：首先，黄泉丑女和后来的一千五百名黄泉军都是母神在黄泉国所率领的嫡系武装。母神一开始只是派几个面容丑陋的黄泉女子去缉捕父神归案。没想到这几个丑女好吃，被父神用美食计给蒙了过去。无奈之下，母神只得命令八雷神率领一千五百名黄泉军进行大规模的追杀，因为在古代日本，一支一千五百人的武装称得上非常强大了，日本历史上很多所谓的“合战”大多是几百人在一起打群架而已。

其次，无论是小规模的追捕还是上升到大规模的武力追杀，都没有残酷的血腥场面。比如，对付黄泉丑女，男神用野葡萄和竹笋就把她们打发了，至于武装的黄泉军团，男神一边狂奔，一边用他的十拳剑向后比画几下，吓唬一下。最后确实抵挡不住，摘了三个桃子扔向他们，最终解围。

其三，母神所率的这支亲兵队伍即“女子军团”，是否受到中国唐代的娘子军典故的影响呢？

万礼认为，母神率领的“女子军团”的说法，是受到中国唐高祖李渊之女平阳公主辅助父亲，带兵打仗，立下赫赫战功的故事所影响。平阳公主是中国历史上第一个领兵打仗并获得成功的女将军，山西娘子关因她镇守于此而得名。实际上女性带兵打仗在她之前有妇好、冼夫人，之后有梁红玉、秦良玉和孔四贞等巾帼英雄。

在笔者看来，平阳公主的娘子军与母神所领的黄泉丑女、黄泉军纯属巧合。在日本历史上也有女子带兵打仗的事例，最著名的莫过于神功皇后率兵征韩的传说；在日本平安时代末期的源平战争中，木曾义仲的妾室巴御前女士是著名的美女战士，与丈夫并肩战斗，多次率兵攻入敌阵，最后共赴黄泉；在日本安土桃山时期，加藤清正奉命平定岛原的木山弹正，木山战死，其侧室阿京率三十骑娘子军冲入敌阵，欲取清正的首级，不料头盔被梅花树枝挑起，暴露了身份，清正的亲兵发现是一女将，蜂拥而上，将阿京刺死。坏了她的好事的这株梅至今还活着，只是因受阿京的诅咒只开花永不结梅子。

其四，男神以桃退敌的情节恰恰是受到古代中国的影响。

在中国的民间传说中，因拥有神秘力量而用于巫术的植物首选是桃，桃实或桃木都有驱灾延寿功能。

唐更强先生认为三个桃子击退黄泉军的情节，有如下几点含义。

第一，“桃”与“逃”谐音，投桃这一行为，使得邪物逃归和邪念消亡。

第二，桃树的任何部分包括桃花均有祛除邪气的功能，而桃花开的季节正是举行婚礼的好时间，它与“阳气”的运行有一定的关联，阳可以抵邪。

第三，投掷桃实，是因为果实是精华，最具祛除邪气的力量。至于为什么要投出三枚，是因为“三”这个数字具有生成万物的力量，能以此驱赶处于“生”的对立面“死”的世界内的众雷神。

由于桃树有上述的神功，在日本，女儿节也称桃节，一是三月三桃花开，是结良缘的最佳季节，也是生命的旺盛生长期；二是桃木能破邪降魔，保佑女孩健康成长。

三　夫妻从此是陌路

当丑女和黄泉军抓捕失败后，母神亲自出马，父神赶快用“千引石”堵住黄泉的比良坂，也就是黄泉到苇原中国的出口。夫妻俩隔着这块石头面对面地站着，发出了夫妻决绝的誓言。母神说：“我亲爱的夫君啊，你既然这样对待我，我就在你国每天杀死一千人。”父神回应说：“我亲爱的老婆啊，你如果这样做，我呀，就每天建立一千五百个产房。”这样每天必死千人，每天也有一千五百个新生命诞生。因此，母神就被称为黄泉津大神。另有一说，因为她追赶到这里，所以又被叫作道敷大神，堵住黄泉坂的千引石，名叫道反大神，又名塞坐黄泉户大神。所谓黄泉比良坂，就是在出云国的伊赋夜坂。

关于以上情节，可以从以下几点进行叙述。

其一，道反大神与日本人的石头崇拜。

母神快追上父神时，二神并没有厮杀一番，而是父神用一块大石头把黄泉的出口给堵死了，把母神永远关闭在黄泉国。这块灵石被称为道反大神，反即返也，也就是到此返回的意思。它又被称为塞神、道神。

中国和日本古代都有灵石崇拜的现象。中国唐代之后，在石头上刻上“石敢当”字样，立于街巷之中，尤其是刻在丁字路口等路冲处被称为凶位的墙上，表达了保平安、驱妖邪、压灾殃、镇百鬼的多层含义。

在日本，石头崇拜十分盛行，墓葬用石材，通往神社的道路用碎石铺就，因为日本人相信石头能通灵，有独特的功能。在日语中，“石头”和“灵魂”是谐音的，比如伊势神宫中的路是用松散的小石子铺成的，其意是用石头与神灵相通，神宫正殿内用较大的白色石头铺就，“白”是尊贵的颜色，白色石头即尊贵的玉石，将它与天照大神相通，以示对皇祖神的尊敬。

堵塞黄泉出口的千引石成了道祖神或塞神。日本人相信它能把从外地袭来的瘟神恶鬼阻挡在村头、坡路、山顶、十字路口及桥头等地方，相信它能掌管生与死，是现世与来世的界限，能够阻止来自冥府的死魂、邪魔、瘟神，而且还能控制它们。至于用碎石铺路或铺停车场的做法，是在向道祖神祈求出入平安和旅行平安。因为《日本书纪》中提到道祖神曾经作为经津主神的向导云游天下。

其二，由于父神用千引石堵塞黄泉的出口，导致女神的灵魂无法复活，是从灵魂上杀死女神。夫妻诀别，成了日本神话第一起离婚案。

母神先发出决绝的誓言，也就是每天要杀死丈夫作为首领的国土上的一千个人。而父神回应要每天建一千五百个产房，也就是每天会死一千人同时也会有一千五百人诞生。这段情节在记纪神话中被称为“事户渡”或“绝妻之誓建”。

这段情节是生与死之间，双方对应发出断绝夫妻之缘的咒语（事户渡）。日本学界有以下几点看法。

首先，竹野长次认为可以看成人类增殖的故事，断绝夫妻关系的誓言，存在着言灵的思想。日本人所说的言灵指人们所相信的，在语言中寄存的法力，类似中国成语所说的一语成谶的意思。

其次，仓野宪司认为它是在说明人类生与死的起源。尾崎畅鞅也认为是在讲人口增殖的起源故事，表达了生多于死的事实。

最后，武田佑吉认为它是在讲夫妻断绝关系，生与死的诀别。

实际上，这段誓言叙述了人类死亡的起源并表达了人类得以存在的一个基本前提是出生的人要多于死亡的人。

关于人类死亡的原因，日本神话将其归结为父母神之间的一场吵架或离婚。每日绞杀一千人，每天出生一千五百人的说法，表明了在古代社会，由于自然环境的恶劣和生活条件的艰辛，人类的死亡率居高不下，为了维持人类种族的繁衍必须大量地生产人口，以更高的出生率去抵销较高的死亡率而造成的人口缺口，所以高死亡率伴随着高出生率是人类社会相当长时间的一种生存状态。

值得指出的一个细节是二神即使在诀别的争吵中也具有很高的涵养，都能互称对方是“亲爱的”，而不是泼妇骂街、混混打架似的嘴脸。

其三，无论是《古事记》中所说的“事户渡”还是《日本书纪》中表述的“绝妻之誓建”，实际上都是殡葬礼的最后一个仪式，也就是灵前告别。

其四，经历夫妻诀别后，母神完全被剥夺了伟大的地母神、创世神的身份，成了主宰黑暗与死亡的黄泉大神。

在黄泉国，本来也有神的存在。伊邪那美死后，进入黄泉国，并吃了黄泉的饭菜。父神寻妻，母神本来也有回苇原中国的可能，最后因为父神犯忌，夫妻反目，父神堵塞了黄泉的出口，彻底摧毁了母神复活的希望，从此永驻黄泉。由于她的身份极其尊贵，就被众神捧为黄泉津大神，成为黄泉国主管死亡的冥界之王，但她不是死神。

在希腊神话中，死神是将死者之灵魂带至阴间或另一个世界进行审判，或者在阴间司掌、审判死者一生功过的神明。在佛教里，“死魔”乃是直接为生命带来障碍的魔，是决定众生死亡之日的神明。如掌管阴间的十殿阎王与其辖下的牛头马面，皆属死神。

但是在日本神道教中，伊邪那美不是死神，她死后成了黄泉津大神或道敷大神，是黄泉国的主宰神。在日本佛教的观念中，鬼神怨灵不一定夺走人的生命，反而引导亡者走向死后的世界。伊邪那美完成了由生命的创造神向生命的管理神的转变。她的死亡及其角色的转换，标志着女权社会的终结和男权社会的开始，也标志着女性地位的堕落和女性形象污名化的开始。这就是伊邪那美的终局，也是日本女性悲剧的开始。

第三节　日本人的宇宙观

一　中国神话中的宇宙结构

中国古人对宇宙认识经历了漫长的历史时期，随着神话的演变和道教的兴起，一部分神话渗入了仙话的成分，因为两者的内容和风格极为相似。中国古人的宇宙结构观可归结为“三界”“三重天”。

1. 横向结构的“三界”：神、仙、人

在中国神话中，黄河奔流到海，勾连起中国神话中的两个极乐世界：西方昆仑山的神界和东方大海中的仙界。

昆仑山是宇宙的中心，是令人向往的神域，它有神人居住，地域广阔且不易到达，能通神灵。而在黄河的另一头，是位于东海中的仙境，有三座仙山，即方丈、瀛洲、蓬莱，住着许多仙人。

中国神话里，西边是以昆仑山为中心的神界，中间是人类人界，东边则是仙人们居住的仙界，这就是通常所说的“三界”。“三界”界限分明，处于同一个平面，神、仙、人各得其所，构成了陆地上的合理秩序。

2. 纵向结构的“三重天”：天、地、人

1972 年湖南长沙马王堆一号汉墓出土的一件帛画，将神话中关于天上、地上和地下的想象描绘得淋漓尽致。它反映了中国古人对天上、人间、地下三度空间的理解和想象。

帛画分为三层，上端描绘了想象中的天上的各种景象，有太阳、嫦娥奔月、玉兔捣药、伏羲女娲、天门等。中间是人间的景象，一老妇拄杖而立，她是墓主人，前有两人捧盘跪迎，后有三人随身伺候，以及生前大吃大喝的场面。在画的下端，画有一巨人站在两龙之上，横跨一条大蛇，双手托举象征大地的白色扁平物。大地以下是“阴间”，人死后化为鬼，住在地下，称之为“黄泉”或“幽都”。

这幅帛画描绘天上的情景，表示死者的终身归宿；描绘人间，显示死者生前的荣华富贵；描绘地下，则表示阴间的幸福。三种情景在指向同一目的，就是希望主人的灵魂自由并且和生前一样享尽荣华富贵。这一帛画也在向人们展示神话中的宇宙天地结构，天上是神，地下是鬼，中间则是人，而人的灵魂可以升华到天上，也可以下坠到阴间。

中国神话的三分世界结构，也就是天、地、水三种物质构成了三分世界。以地为界限形成二元对立，天神世界、人类世界共为阳界，同地下的水世界即阴间形成对立。因此，地下的阴间神同时又兼水神或海神。

马王堆汉墓帛画所描绘的天上（天神）世界、人间世界、地下世界，三界不能混淆，神界是永生的世界，人、鬼不可企及，人间即是有生就有死的世界，最后的归属是地下的鬼域。这种三维世界的空间结果，天（天上世界、神）—地（地上世界、人）—水（地下世界、鬼），是早期人类想象所能达到的极限。

中国神话中的宇宙空间是立体且系统的，既有纵向的自上而下的层次分布，又有横向的东西南北的平面空间分布。这种思想观念深刻地影响着日本人的宇宙结构观。

二　日本神话中的纵向宇宙结构

日本神话中的宇宙结构观和中国神话相类似，它分为纵向的结构和横向的结构，纵向的宇宙结构是：高天原、苇原中国和黄泉国；横向的宇宙结构是：高天原、苇原中国和“常世国”。

（一）高天原

高天原是五尊特别天神及神世七代的诞生地和居住地。广泛而言，它是所有天津神的场所，被描写为漂浮在海上、云中的岛屿，由天照大神统治，众神祇各司其职，共同为天照大神服务。

那么，高天原究竟在哪里呢？日本学界有诸多观点，大体可分为三大类。

1. 天上说

本居宣长认为，"高天原，即天，只不过，天与高天原的差别在于，天是天神所在的国度，因此，山川草木、宫殿等万事万物皆是其国土。凡事及诸神之万事，皆如其国土"。"高天原是神的住所，因此肯定是比天还高的宇宙。而认为高天原在其他场所的观点，都是不敬的。"本居宣长的这一观点与皇国史观相结合，成为日本战败之前社会的主流观点。

2. 地上说

日本不少学者认为，神话一般包含着某些史实，因而高天原也是某个实际存在地点的反映，比如新井白石认为高天原位于常陆国（茨城县）的多贺郡，在他之前，京都朝廷主张高天原是大和国的葛城。

地上说又分为国内说和海外说，国内说是一种着眼于邪马台国和高天原之间相互联系的观点。海外说代表的则是中国南部说。

更多的人认为高天原是大和族的发祥地，比如高天原有叫作天之香具山、天之安河的山河，以及天之高市的城市，在高天原也有水田。一旦发生重大事件，众神便聚集在天之高市和天之安河的河滩上召开称为"神集"的会议，商讨对策。上述地名与日本奈良县的地名完全相同，由此可见，高天原是将地上的大和国反映到神话中了。

3. 虚构说

山片蟠桃认为，神话本身就是子虚乌有的事情，因此，在一部并不具有真实性的作品中挖掘故事发生背景"高天原"的真实性，其本身就是一项没有意义的研究。津田左右吉也认为《古事记》所记载的神代的事件，乃是后世的虚构。所以，高天原神话的本质就是鼓励将统治阶级当作来自天上界而尊敬。

笔者认为，高天原是日本古人塑造出来的一个类似其他神话中的上等世界和人类最好的归宿地。

高天原类似希腊的奥林匹斯山，中国道教中的天界，佛教中的极乐世界，它是人类所追求的幸福乐园的代名词。希腊神话把奥林匹斯神界的各种关系进行充分的叙述，中国道教则对昆仑山中的神仙和一草一山都做了天才般的描绘，而日本古人天生就缺乏浪漫和丰富的想象力，他们所能想到的是山、河以及河滩、稻田。因此，对他们来说，高天原既是天上众神的居所，也是人类向往的世外桃源。因此，它是一个虚构的天上世界。它的名字本身就明明白白地告诉人们，它是高高在上的天际中的一块大平原。

至于人们把它比作某一地上的缩影，在于历史事件本身的关联性。天上人间总是以地上人间为蓝本再加以改进和创作的。如果认为神话中的高天原的天之香具山、天之安河等名称与大和地区地名相同，就认为高天原是大和国，那么为什么不可以反过来说，人们是根据神话中的地名去命名大和国的某些山水呢？它只是一种借用而已，如同奥林匹斯山、昆仑山至今都是希腊和中国的名山，但在这两座山并没有住着我们所能想象的宙斯、神族和西王母娘娘等各路神仙。

（二）苇原中国

苇原中国意即丰饶芦苇包围之中的国土，或者是芦苇草原中的田地。在《日本书纪》中称之为丰苇原千五百秋瑞穗国，这里的千五百秋意为千秋万载，瑞穗即稻穗丰饶。也就是从丰饶芦苇原开垦而成的长满沉甸甸稻穗的国土。

在日本人的纵向宇宙观中，高天原是经线，苇原中国是纬线，高天原决定了天照大神至高至纯的血统，是天照大神的子孙统治苇原中国的合法性来源。《古事记》的主题都是围绕着苇原中国的形成以及天皇祖先统治权的确立而展开的，即高天原是天神居住的地方，由天照大神统治；苇原中国是人居之所，由天照大神的子孙即天皇统治。

应当指出，苇原中国原来是一个对外开放的地域，后来成了一块封闭的区域，这是因为：首先，它与高天原通过天浮桥相通，二神也是从高天原通过天浮桥并在桥上用天沼矛制造自淤岛而有了立足之地，进而创造八大洲。天孙与诸神通过天浮桥降临到苇原中国的高千穗峰。可见，天津神可以随时通过天浮桥降临苇原中国，而国津神难以上升到高天原。

其次，苇原中国与地下的黄泉国原本是相通的，后来，父神用巨石堵塞着黄泉比良坂，通道就此断绝。苇原中国与海神国即龙宫的交界“海坂”也被海神之女丰玉毗卖命因丈夫偷窥她的生产，愤而堵塞。自此，苇原中国才形成了一片封闭的自然地域。

（三）黄泉国（根坚洲国）

黄泉，在中国道教文化中是指人死后所往之地，即阴曹地府，类似古埃及神话、古希腊神话中的冥界。中国古人认为天地玄黄，而泉在地下，故称之为黄泉。古代盛行土葬，意即天的颜色是黑的，地的颜色是黄的，故地下是鬼魂居住之所。

日本和韩国都引用了中国的黄泉这个说法，但赋予了新的含义。

《古事记》中的“黄泉国”是指那种充满腐烂尸体的地下冥府，其实就是巨大的坟墓，是一个尸体总是腐烂而灵魂被囚禁、无法逃脱的地方。父神看见的是一具正在不断腐烂令人作呕的母神的尸体，但母神的灵魂仍寄存在腐烂的尸体之中。在古代日本人看来，死者哪儿都没去，死亡并不等于踏上旅程，灵魂会逐渐转化，变得威力强大。

《古事记》中为什么把黄泉国的入口设在出云国，且最后被父神封住呢？

这个说法实际上是现实政治的反映，是以天皇为代表的大和族巧妙的政治手腕，公元645年7月，中大兄皇子即后来的第38代天智天皇，联合中臣镰足等势力，一举解除了对皇室构成严重威胁的豪族苏我氏，强化了天皇的权威。苏我氏成了朝敌，因为出云是苏我氏的家乡，把黄泉国的出口设在出云的后院，显示了大和族对苏我氏的看法，也就是把苏我氏永远钉在耻辱柱上，诅咒他们是黄泉恶鬼，其灵魂永世不得超生。另外，大和族还挪用了苏我氏的氏神——须佐之男，将其设定为天照大神任性的弟弟，他因大闹高天原，被永远驱逐出高天原，成为恶神荒神之首。

与黄泉国相关联的，还有两个概念，即根坚洲国和地狱。

根坚洲国（根之国）是日本人独创的一个名词，实际上指黄泉国，根坚洲国在《古事记》神代篇中出现过两次，第一次是须佐之男不服从父神的分封，哭闹着要去见已经在根坚洲国的母亲伊邪那美；第二次是大国主神到根坚洲国拜访须佐之男，也就是说根坚洲国是须佐之男的最后居住地。

《日本书纪》称根坚洲国为根国，并指出根国、黄泉与现世之间有一个共同的“黄泉坂”。根国是一个低下、遥远的地方。根据飨祭和大祓祷文所说，根国是所有恶灵邪鬼的滋生地和所有罪恶灾难的抛弃地。

地狱，是人死后灵魂受审判和接受惩罚的地方。它是佛教、印度教使用的术语，随着佛教传入中国，与中国的“阴世”的概念相结合，丰富了地狱的概念，逐渐成了一种地狱信仰。这里要指出的是，地狱只是阴世的一部分，是人死后灵魂受苦的地方。

在佛教中，地狱分为四大类十八层。佛教以地狱之说，结合轮回观念，以便更形象地解析“业”与“果报”，以导人向善。佛教由中国经朝鲜半岛传入日本后，对日本人的思想观念产生了巨大的影响，仅举以下几例。

一是佛像。让日本人感受到某种真实的存在。

二是火化尸体的过程。神道教主张土葬，它认为人的躯体被当作灵魂的容器。人死后，尸体从腐败到变成一堆白骨需要几个月甚至几年的时间，也就是身体和灵魂不是同时前往来世的。而火化尸体，可以通过焚烧尸体去抵消尸体自然腐败的时间，火化使得灵魂与身体一同上路，前往来世。

三是地狱的思想。日本人接受了佛经中叙述的地狱这种惩罚系统，进行充实和进一步演绎。

985 年，日本佛教天台宗高僧源信撰写了《往生要集》，通过它将度过末法世界的方法理论化并传播给世人，鼓励人们更加积极地念佛、供佛，给世人莫大的安慰，使得信仰净土教以求往生极乐的信徒逐渐增多，源信因此也成了净土宗教祖之一。

《往生要集》的开头，详细地描绘了满是痛苦、烦恼的地狱场景，按顺序分别表现了地狱道、饿鬼道、畜生道、修罗道、人道和天道诸相。强烈鲜明的地狱与极乐的对立，使人们在向往极乐世界的同时，对包含地狱在内的六道产生强烈的避讳，日本很多寺院都挂有图绘版的《往生要集》，其中地狱绘的出现反映了日本人独特的地狱信仰。

山折哲雄指出：高天原—苇原中国—黄泉国三层世界构成记纪神话的基本结构，它是上、中、下垂直的三重神话世界。首先，高天原是确保日本主权正统性的天上他界，苇原中国是包括大和和出云在内的地上空间，且地上空间的周边是被丑恶与污秽侵蚀的黄泉国，从而形成了伊势（天）—大和（地）—出云（地下）三重世界观。

西乡信纲根据日本神话的“三分观”指出：从大和看来，出云是西方的日落之国，因此出云被看作死之国。而伊势位于大和的东方，所以被看作与日神有很深渊源的地方。

三　日本神话中的横向宇宙结构

日本神话中还存在着一种横向的宇宙结构，它有两种空间分布模式。

（一）天、地、海三界

父神自黄泉国归来，化生“三贵子”，并给他们划分了各自的领地。“三贵子”分别得到高天原、夜食国和海原的统治权。至于苇原中国归谁管辖，父神未作交代。

但在《日本书纪》中，“三贵子”诞生后，被分配统治了天上、天下和海原三界。其中天照大神统治高天原，月读命分管海洋，须佐之男分管苇原中国，也就是在《古事记》中，还没有形成天、地、海三界的对应关系，而在《日本书纪》中，划定了天、地、海三界的分别归属。在这里，高天原、苇原中国和海原是并行的，处于同一水平位置。

（二）苇原中国—龙宫（海洋）—常世国

如前所述，中国古代神话中，西方昆仑山是神界，中间是人间，东方是仙人的仙界。日本的横向宇宙结构的第二种模式是：中间是日本国土即苇原中国，东、西两边是大海，大海的尽头是常世国也就是世外桃源。这种横向宇宙结构与日本所处的地理完全吻合。日本四周由海洋所环绕，一望无际，但在海的尽头有常世国的存在。

1. 龙宫（海洋）

在日本，龙宫又称水晶宫。正式名称是“绵津见神宫”。“绵津见”意为“海的神灵”，绵津见神所在的宫殿被称为“绵津见神宫”，也就是中国人所说的“龙宫”，如果要到龙宫，一是要乘船，二是有专门的海路可通向龙宫，后来被堵塞了。

古代日本人出于对大海的恐惧和敬畏，相信海底有神灵的存在，希望获得神灵的庇佑。同时，海洋里大量的生物，为日本人提供了丰富的食物来源，环绕日本列岛的海域也为日本人带来了交通的便利。

那么，龙宫的出入口究竟在哪里呢？

折口信夫在《古代生活研究》一书中记载：冲绳县的石垣岛有一个宫良村，村里有一个海蚀洞穴，这个洞穴可以通达地底的另一个世界——龙宫，常世神或者赤面神、黑面神这两个巨人就住在这个洞里，暴风也是从这里吹出来的。冲绳人在祈祷风平浪静的时候会说："风啊，快回你的龙宫吧！"可见，台风的先兆（风根）就在龙宫，大概从这里刮出的暴风也就是恶灵吹的风。

2. 常世国

关于常世国，在《古事记》《日本书纪》《万叶集》《风土记》中都有记述。

《古事记》中最早提到的"常世国"是神产巢日神的儿子少名毗古那神帮助大国主神建国，后来功成名就，回到他的家乡常世国。《古事记》第二次提到常世国是神武天皇的三哥御毛沼命踏着浪花到常世国，但没有说明原因。《日本书纪》记载的是神武天皇率军东征，在熊野外海突遇暴风雨袭击，神武天皇的二哥稻饭命拔剑跃入海中，三哥御毛沼命（三毛入野命）亦道："我的母亲和阿姨是海神，为何要起波澜让我们灭顶呢？"于是也跃入海中，踏浪花渡住常世国。

记纪二书皆记载，第11代垂仁天皇派多迟摩毛理，到常世国去寻找非时香果，多迟摩毛理终于在常世国找到这种水果。当他回国时，得知天皇已驾崩，遂在天皇墓前献果并痛哭而死，据说这种水果就是橘子。

谷川健一对"常世国"的含义做了这样的表述："常世"起源于"常夜"，是祖灵居住之岛，后来逐渐被美化成"理想乡"的世外乐土。在《万叶集》和《丹后国风土记》中，明确指出到常世国要经过海境，是海中的"蓬莱山"。本居宣长认定常世国很可能就是蓬莱岛，也就是中国古代神话中的三仙山之一。

在日本，还有长生国的提法。长生国不仅是大海彼岸的仙境，同时还是生命和富足的源泉地，是神仙秘域，非凡人所能至，因而是海上神仙乐园。

除了常世国、长生国，日本还有世外桃源的说法。据宫崎县日向的传说，从前当地人进入雾岛的山里时，有时能见到一个隐藏着的国家，那里有庭院，还有人打扫，树上挂着熟了的橘子，佳人来来往往，音乐不绝于耳，青山萦翠，碧海流云，但回来后再去看，却怎么也找不到。类似世外桃源的传说在熊本、鹿儿岛等地都有。

在日本神话中，二神造国之后就将世界分为“常世”和“现世”。二神在“黄泉国”见面并最终断绝关系；须佐之男与天照大神的冲突，导致其被赶出高天原，回到他的“根坚洲国”；丰玉毗卖命因为丈夫偷看她的产房，一怒之下回到“龙宫”。三个男人都是因为犯忌，遭到女性的反抗，并引发了家庭和亲人之间的矛盾，导致被疏远或断绝关系。这一系列冲突可以看作由天神支配的高天原、苇原中国与黄泉国、根国、海神之国（龙宫）、常世国之间的对立。在笔者看来，这一系列对立最后集中体现在《古事记》时代所关注的两大敌对势力的对立，即“出云世界”的死、暗、恶，同“高天原”的生、明、善之间的对立。

第四节　日本人的生死观

一　死亡的神

《古事记》中讲到母神因生火神而死，这是在告诉人们，神也是会死的。伊邪那美是高天原中第一个死亡的神。《古事记》中还讲到人类死亡的原因在于神明之间的矛盾和冲突，母神怨恨父神，发誓每天要杀死父神统治的国度里一千个人。

那么，神死了以后去哪里？《古事记》里面列举了很多去处，有“黄泉国”“根坚洲国”“常世国”等各种“他界”，都是神的去处，而且，神死了，还要为其举行各种殡葬仪式。

（一）众神的退场方式

山折哲雄把众神的退场分为三种方式。

1. 隐身神

隐身就是躲藏起来的意思。五别天神和神世七代中除了伊邪那美之外，天照大神和大国主神父子等众神消失的时候，都选择了不具有死亡意义的“隐身”形式。“隐身”不仅没有死亡的迹象，甚至连死后复活的征兆都没有。比如伊邪那岐在分封三贵子的领地处置须佐之男后退出神话舞台，选择坐镇近江的多贺神社。而在《日本书纪》中则说男神完成生国和生神的事业后，因发烧去世，静静地“隐”于建在淡路国的“幽宫”。

2. 被葬神

伊邪那美死后藏在比婆山。“葬”字显示了埋葬遗体的事实，夫妻反目都是因为父神偷看到母神腐烂的尸体造成的。所以，母神的“神避”不是指神的隐身状态，而是指入土后的尸体。《日本书纪》记载母神的埋葬地是在熊野的有马村，而且，为了祭祀其神魂，还有供花立幡、敲鼓吹笛、载歌载舞等仪式，说明对她实施了人间葬礼仪式。

3. 死后被葬于山陵的神

天孙迩迩艺命（琼琼杵尊）以下三代都葬在日向地区的山陵，说明记纪神话没有把他们的死亡当作天上的故事，而是作为人间的死亡礼仪加以区别。

实际上，第二、三种方式并没有本质上的区别，被葬的神和采用什么方法的殡葬仪式以及葬在哪里，只是具体化而已。所以，女神的安葬是第一种类型的“隐身”和第三种类型“陵墓—埋葬”的过渡阶段。

（二）生和死：神话探讨的核心母题

首先，死的起源神话和人类起源神话有密切的交叉，在不少场合都是作为后者的一部分予以对待。其次，两者之间有对应关系，在死的起源神话中对于违犯创造神的旨意的人而给予惩罚。日本二神的对立，最后造成了人类的死亡战胜了永生。在《旧约》中关于人类始祖的神话中，说的是夏娃由于吃了苹果才产生性欲，这样，性交不仅和丰产结合起来，同时作为其结果，死亡也就产生了。

关于死亡的原因，大林太良在《神话学入门》中列举了脱皮型、香蕉型和传令型三种类型。

在《古事记》中，神的死亡有两种原因。

一是母神之死，是因难产而死或者是病亡。母神的伟大不仅仅在于和父神合作创世，最可贵的是她在生下现代文明发展不可或缺的“火”的时候死去，她的死亡是世界形成后的第一次死亡。但是，这个无比光辉的形象在她死后被彻底抹黑，成了黑暗、死亡和污秽的代名词。

二是天孙之死。天孙因为喜欢美女而厌恶丑妇，遭到大山津见神的诅咒而死。天孙在生命的长度与生命的质量两者选择中，最后选择了后者；选择了樱花的美丽但短暂，放弃了石头的丑陋但永恒。他的选择与其说是轻率，不如说是性情率真的专情行为。他的死亡是为了解释作为现人神的天皇为什么和常人一样也会死亡这样的疑问。

（三）“杀神理论”

神为什么会死亡，或者说是为什么要让神死亡？著名人类学家弗雷泽在其宏著《金枝》中做了系统的分析。

在很多民族神话中有神圣动物，尤其在狩猎民族，动物崇拜尤为盛行。弗雷泽在《金枝》中详细叙述了印第安人在一年一度的鸟会上如何杀死他们崇拜的大雕。尤其精彩的是日本阿伊努人、西伯利亚的吉利亚克人、中国的赫哲人如何杀死他们自己亲手养大并视为山神使者的熊。照理说，杀了并吃掉山神的使者，会受到神的惩罚。但是阿伊努人在杀熊时会流下真情的眼泪，把它从小养大的妇女会跟熊说话，安慰它，并作祈祷，意思是说我们养你花了不少代价，现在你长大了，应该回到你父母身边，到了那里要为我们多说好话，告诉他们，我们有多么爱你，请再到我们这里来，我们将祭祀你。

祷告完毕，开始屠宰熊，吃熊肉，喝熊血，甚至吃肝脏、大脑，因为他们相信吃什么补什么，而且会受到神的祝福。

在原始民族的思维中，生是源于死，死是起于生，可以相互转化。只有杀死神圣动物，困在其中的灵魂才能回到神灵的世界，所以，杀死神圣动物是在帮它们的大忙，“我杀了你是为你好”；另一种观点认为，衰老的动物会导致整个动物族群失去生命力和繁殖力，从而退化。为了保护它们，就需要在它衰老前杀掉它，让它的生命力回归整个族群，这样来年会有更多的动物供人类狩猎。前一种观点是宗教色彩的虚无主义，后一种观点则是彻头彻尾的利己主义。

《金枝》中的主线就是“杀神理论”：通过杀死神或者让神死亡的象征性仪式，模拟神灵的婚姻、死亡、重生等相关事件，确保自然、日月、季节、动植物繁衍等一系列要素可以正常运行。只有让神死亡，神才能重生或复活。

可见，只有伊邪那美死亡退场，才能迎来天照大神的降生。或者说，天照大神是伊邪那美的重生和循环，因为伊邪那美和伊邪那岐合作，生育了日本国土和几十位神祇，已经进入生育的衰退期，缺乏生命力和创造力，所以必须使她死亡，从而让位于下一位青春美少女。

二　日本人的生死观

生死观是人类对自身的死亡的本质、价值和意义的根本看法。一方面，是对生命的看法，即生命的意义是什么？生命是一个怎样的过程？人应该如何活在这个世上？另一方面，是对死亡的看法，即死亡与生命有什么关系？死亡是不是人生的终点？哪些死亡方式是合理的？死后的经历如何？如何对待死者？等等。各个民族都有其对生与死的思考。

在中国，死亡意味着最严厉的恐怖、丑恶和惩罚；在西方，死亡是一种回归，即回归天堂。而在日本，由于其独特的地理环境，与众不同的社会历史，深入人心的宗教信仰，从而形成了别具一格、豁达通透的生死观和死亡美学。

2008 年热播的日本影片《入殓师》，以一个新入行的入殓师的视角，去观察各种不同形式的死亡。影片以温和平静的手法向人们展示对生命的思考和启发，死不是生的对立面，而是生的延续，是另一种生的存在。它通过一幅幅死亡的画面，去诠释死亡的真正意义，表现了对生命的敬畏，即给予死者慰藉，给予生者勇气。

日本人的生死哲学可概括为“超越生死，生死一体”，通俗地说就是看轻生死，尊重生死。其精神境界是“生如夏花之绚烂，死如秋叶之静美”。

日本人的生死观，具有如下两个特点。

其一，重生敬死。

日本人对待生命有着热爱和珍重的态度。生命即宝物，有了生命就可以创造一切。日本人认为人只要活着，就不能浪费时间，要积极进取，努力拼搏，不断改善生活条件，并好好享受生活。日本人有极其深厚的“樱花情结”，认为人的一生如同樱花的开放一样短暂，在有限的时间内去做一件事情，有“一生悬命”的精神，同时要活得像樱花一样灿烂，注重生活品质，绽放人生光华，也就是生就要像樱花那样有“生得辉煌”，死要像樱花那样“死得有尊严”。

日本人对死者表示了极高的尊重。《入殓师》通过六次入殓仪式，展示了对死者的尊重和维护死者的尊严。为死者举行葬礼，修建坟墓。日本人的葬礼庄重而烦琐，充满神道教和佛教的色彩，请僧侣为死者念经，为佛教徒的死者起戒名（法名），参加者保持严肃和安静，为死者鞠躬和上香。葬礼之后，取死者骨灰，在家里的佛坛前放49天后再入土。在这49天里，亲属每天都要在死者的灵前上香、供餐，以及在每年的盂兰盆会对祖先进行祭祀。

日本人要为死去的亲人修建坟墓，通常把坟墓修建在高处，如山村的墓地建在村上的小山丘，渔村的墓地建在渔港的高台，市区的墓地就在居民区附近，与人为邻。它体现了日本墓地的风景哲学，即“生者的生，必须由死者在更高的地方来守望”。

其二，生死如一。

日本人相信万物都有魂和灵魂不灭。死亡只是肉体的死亡，但灵魂离开了躯体仍继续存在，会去一个亡者的国度，即“他界”。死亡只是生命的一部分而不是生命的终结。

在日本人看来，人与自然没有绝对的距离，而生与死都是自然轮回的现象，因而也没有绝对的隔离，就如同从一个房间走到另一个房间。正如村上春树在《挪威的森林》里反复提到的：“死并非生的对立面，而作为生的一部分永存。”渡边淳一在《樱花树下》开篇写道：“樱花树下埋着死尸”，即再美的生命都与死亡不可分离，要坦然面对。没有一个国家能像日本那样，对死亡产生如此直观的感受，甚至是向往和一种享受，死亡文化是了解日本文化的一个重要视角。

三 构成日本生死观的核心概念

日本人的超越生死、生死一体的生死观有一个长期的形成过程。

在日本古代社会，对于死亡的理解是，人死后会到另一个世界，也就是如黄泉国这样的“他界”。

进入平安时代，随着佛教在日本民间的传播，日本人产生了分辨灵魂善恶的观念，佛教的理论和观点对日本生死观的形成起到决定性的作用，并改变了日本人的殡葬方式，即以火葬取代土葬，进一步影响了日本人对生死的认识。

到了镰仓幕府的武家政权时代，武士的生死观将“惜命”视为耻辱，名誉重于一切，并形成了独一无二的切腹文化。武士因过失被判斩首，是一种羞耻，会被剥夺一切名誉和利益（如俸禄）；如果被判切腹，反而是一种荣誉，往往其家名和俸禄能得以保全。虽然都是死，但选择不同的死法有着根本性的差别，切腹演变为一套极其复杂、烦琐的礼仪，成为一种独特的死亡美学。

日本中世时期，产生了以“侘寂”为核心的美学概念，出现了隐者文学，认为“万物皆有悲伤”，表达了一种对死之美的安心，对后世影响甚大。

到了江户时代，形成了以町人为中心的生死观，也就是“浮世享乐”，而“浮世”的延长就是“心中”这个观念，“殉情”在日语中说成“情死”，而“情死”在日语中有一个专门的词——“心中”。

影响日本人生死观的核心概念如下。

1. 万物有灵和灵魂不灭

日本人自古以来信奉万物有灵和灵魂不灭的信念，认为那些信仰神、依赖神、祭祀神和崇敬神的人，才能获得神的庇佑，才能实现人生的价值。他们认为人类可以在生活中随时随地地感受到神的存在。人死后的灵魂就是神，它会庇佑家族的兴旺，认为人是从神的世界来的，死后还要回到神的世界，死是任何人都绝对不能逃脱掉的，这就是日本神道的生死观，因此要“重生敬死”。

2. “他界”和黄泉信仰

“他界”指人的世界以外的其他世界。在日本，“他界”指人死后，灵魂去往的地方，也就是灵魂归依的地方，或者说是已经去世的先祖生活居住的地方。因为日本人认为人死后灵魂会作为守护神守护其子孙而一直存在。

在过去，神道教对“人死后去往何处”的他界观有各种解释，根据地域和方位，有“天上他界”、“山上他界”、“海上他界”和“地中他界”。柳田国男认为，除了上述他界外，还存在二神离别的地方，也就是母神被埋葬的地方——黄泉比良坂。在《古事记》中所记载的“他界”共有五个，分别位于天上、地上、地下、海底等位置，即高天原、黄泉国、根坚洲国、绵津见神宫和常世国。以黄泉为基础建立起来的极乐净土和天国的信仰成了日本独特的生死观。在江户时代，日本人的黄泉国的理念与朱子学的思想结合，竟然产生人走向死亡世界的礼法——死法。

“他界”思想不仅在日本，在其他国家也有一定的影响力。比如中国，有黄泉、极乐净土、地狱、阴曹地府、天堂等说法；希腊神话中有天上界、海和冥府三界的说法；欧洲神话中有冥界、冥府、黄泉等说法。基督教中有天堂与地狱，佛教中有极乐与地狱，人死后是上天堂，还是下地狱，要由当审判官司的阎王爷或冥王决定。而在日本没有天堂与地狱的区分，人一死终归要去他界，不论善人还是恶人，去了他界就可以成神。他界与现世的最大区别是任何事物都是颠倒的，比如现世的白天是他界的黑夜；现世的杯子是完好的，而他界的杯子必须是打碎了的；现世的人穿衣向右扣，而他界的人穿衣向左扣。

3. “无常”和寻求净土

对日本人的生死观影响最大、最深刻的是佛教的无常思想。佛教认为，一切事物因缘所生，渐而败坏，故曰无常，万物都有一个成住坏空的过程。通俗地说，万物流转，没有常住不变的东西，皆有生死变化，诸行皆无常。

日本是一个岛国，资源紧缺，人口众多，天灾人祸频繁发生，所以日本人对死亡有更超脱的认识，无常在他们的日常生活中也有人生虚幻、渺茫之意。一方面，感叹人生苦短，生命无常，这种无常观在日本茶道中有“一期一会”的用语。也就是在茶道中，表演茶道的人会在心里怀着“难得一面，世当珍惜”的心情来诚心礼遇前来品茶的每一个客人，人的一生中可能和对方见一次面，因此要以最好的方式对待对方，这样的心境正是无常观的体现。

另一方面，既然人生无常，就必须做到不畏死亡，努力求生，过好生命中的每一天，让生命活得自在、充实和有价值。一旦死亡降临，就摒弃污秽世间，走向极乐的净土，这就是净土宗所主张的“厌弃秽土，寻求净土”的基本教义。

4. “物哀”与“瞬间美”

“物哀”是本居宣长提出的文学理论，也是他的世界观。他认为：“凡是人，都应该理解风雅之趣。不解情趣，就是不知物哀，就是不通人情。”在他看来，知物哀是一种高于仁义道德的人格修养，特别是情感修养，也是一种审美情趣。

物哀就是情感主观接触外界事物时，情不自禁地产生的幽深玄静的情感，它和“不以物喜，不以己悲”相反，是一种真情的流露。比如，樱花盛开令人赏心悦目，知道这樱花的赏心悦目，就是知道事物的情致。心中明了这樱花赏心悦目，就会不禁感叹道“这花真是赏心悦目啊！”这种感觉和体会就是物哀。

日本人的审美情趣与中国人大相径庭，中国人以对称为美，日本人更欣赏不对称；中国人喜欢一轮圆月挂中天，日本人更爱残月西沉；中国人喜欢鲜花怒放，日本人更偏爱初绽的蓓蕾或满地碎花。中国人喝酒以大醉为痛快，日本人以微醺为美，所谓“花看半开，人喝微醉”……因为日本人认为残月、花蕾、花落中潜藏着一种令人怜惜的哀愁情结，会增加美感，这种无常的哀感和无常的美感，正是日本人“物哀美”的精髓。日本人的生死观中存在一种“瞬间美”的意识，赞叹和赞美“美之短暂”，他们常常会把“瞬间美”转变为视自杀为人生之极点的行为，期望在死灭中寻求一种永恒的静寂。

正如自杀身亡的川端康成认为“物哀”是日本美的源流，死是最高的艺术，是美的一种表现。一句话，艺术的极致就是死亡。他曾经说过：“自杀而无遗书，是最好不过的了。无言的死，就是无限的活。”在川端康成之前的三岛由纪夫还有更早时期的芥川龙之介、太宰治等日本文学巨匠，都以自杀的方式去证明“物哀美”，追求生命中的一瞬闪光。死亡一直是日本文学的一大主题，日本文学家们身体力行，以自己的行去诠释和实践这个死亡主题。

最后，引用日本著名声乐家秋川雅史在2006年NHK第57回红白歌会上演唱的《化作千风》这首歌，原作者是美国的一个家庭主妇，但歌词充分表达了日本人的生死观，其中最经典的歌词是：

> 不要在我的墓前哭泣，
> 我并没有睡在那儿，
> 而是化作千年之风，
> 吹拂在无限宽广的天空里。

第五章　祓禊生子

本章叙述了伊邪那岐逃离黄泉国，回到地面。因为到过非常丑恶而又污秽的地方，所以必须洁净自己的身心。于是，他就到日向国的阿坡岐原，举行祓禊仪式。在祓禊过程中，他扔掉的各种物件以及身上的污垢都化生为各种神，最后在洗左右眼和鼻子时，化生了“三贵子”，即天照大神、月读命和须佐之男，然后进行分封。因须佐之男违抗命令而被剥夺继承权，并赶出国土。在圆满地完成创造国土和生育诸神的任务后，父神永驻淡海的多贺。

本章的主要内容如下。

1. 日本人的污秽观；
2. 祓禊和诸神诞生；
3. “三贵子”的诞生和分封；
4. 天照大神和太阳崇拜。

第一节　日本人的污秽观

一　日本人的污秽意识

父神在黄泉国中见到母神死后那具高度腐烂的尸体，感到万分的丑恶和惊恐，于是扭头就跑。在这里，按日本神道说法，这是死的污秽，人一死，不净就发生了，而尸体，则被称为“黑不净”。古代日本人相信，死者身上带有死秽。它必定会在死者的亲人周围传染开来，死秽的时间是49天，在此期间，死者的亲人是不净之人，必须避开与他人的接触，这也叫“忌”。而参加葬礼的人在回家之前，必须用盐清身清心，就是为了避免将葬礼上死者的污秽带回家。

在日常生活中，还有一种污秽是女人的经血，是为“赤不净”。因此在过去的日本，处于月经期的女性是不能参拜神社的。从事渔业、狩猎、木工等职业的人，必须与孕妇分居。孕妇临产前，必须在住宅外面单独建一个产房，在里面生产。

在多数宗教中，女性的月经被视为“不洁”。日本媒体曾经盘点日本女性至今仍被禁止做的几件事：①禁止攀爬日本“世遗”大峰山，大峰山仍遵守古老的禁令，理由是女人会蛊惑朝圣者的修行；②禁止进入相扑竞技台，理由是女性侵犯了相扑赛场的神圣；③半禁止成为寿司大厨，理由是女人来例假时会影响寿司的风味。实际上，以上几例的女性禁忌，从根本上来说还是认为女性是“赤不净”的携带者，如不禁止，会对神造成不敬，惹神生气。

“污秽”意识是人类社会一种普遍的文化现象，一般表现为对死亡、分娩、经血的避讳和禁忌。与其他民族相比，日本人有着更强烈的洁净意识，这不仅表现在对神灵的圣洁不可侵犯，以及对秽物、不洁现象的种种禁忌上，在一定的历史时期以此形成一种独特而严格的社会规范，并上升到法律的层面，乃至发展为对特定人群的差别意识，从而形成了独特的“污秽观”。

日本人的“污秽观”表现在：一方面，他们对“污秽”的认识不仅停留在区别洁净与污秽以及不洁感上，还因此形成了注重去除污秽和恢复洁净的独特的文化特点；另一方面，他们认为“污秽”有可去除和不可去除之分，而将对不可去除的污秽与特定的人群结合起来，形成了差别意识和社会歧视。可以说，“污秽”是了解和透析日本人的人文精神信仰的一个绝佳视窗。

日本人独特的“污秽观”的思想基础源于神道教。在日本的原始信仰中，清净代表神圣，污秽代表罪恶。面对大自然的壮丽、庄重、洁净而产生敬畏之心，是神道教的原始信仰。在神道教中，“生”“健康”“洁净”是高贵的正义，相反，“死”“伤病”“污秽”是严重的罪恶。在日本古代社会，有所谓的天津罪和国津罪，而犯罪也被视为一种“秽”。

因为父神到黄泉见母神，死亡成了最大的污秽，成为日本污秽观的思想源头。在奈良时代之前，日本天皇死亡，新天皇即位，为避秽而频频迁都。奈良时代之后，引进佛教、风水、阴阳道以对付死亡的负能量。因为要避死秽，平安时期盛行“两墓制”。

因为一些人从事与污秽有关的职业，所以他们被称为“秽多”，长期受到社会的歧视。这些人的工作是屠宰家畜、割动物的皮以及处理人的尸体，因为他们终生与死亡和血打交道，一直是不洁净的人，所以他们要远离社会，备受歧视。

因为女人会怀孕，会有生理周期，天生带有不洁或污秽的因素。所以，她们生产时一定要单独建一个临时性的产房，生完孩子后，就把产房烧掉。因为有经血，所以她们不得参拜神社，不得攀登圣山。

《古事记》中“罪”这一词反复出现，可见日本人具有强烈的“原罪”意识，神道中所表达的“罪”其实就是世间不洁或污秽的事物，而不是人内心的东西。就如风吹来的灰尘和污物覆盖在人的身上，把这些“罪”像扫除灰尘一样从人的身上掸掉，就可以轻轻地把它赶走，本来有“罪”的人就可以再次轻装上阵。因此，在日本，“罪”是内在的道德意识，“耻”是外界要求的道德准绳。

二　去除污秽的方法：祓禊

在神道教看来，有些污秽是可以祛除的，有的污秽则是难以消除；有些污秽是人们事先可以预见的，因而是可以预防和回避的；有的污秽则是无法预测，不可觉察的。而且，污秽是会逐日积累的，人身上的污秽越多，越容易招祸上身，而去除污秽的主要方法是祓禊。

祓禊是源于中国古代的一种民间习俗。祓者，秉火以祭；禊者，春濯水滨。祓禊，就是借助火、水除恶禳灾。在日本的国家神道中，祓是除秽，禊乃洁净，祓禊原来分别指祓和禊两种不同仪式，后来被合并为一个词。

中国古代有三月三日上巳节到水边去祓禊的习俗，目的是驱晦求福。后来逐步演变成一种春季在水滨举行的、以濯浴为主要形式的游乐活动。如同《兰亭集序》中所描写的曲水流觞的文人雅集，杜甫诗中所说的仕女集体踏青活动，以至后来成为男女在水边求爱求子的活动。

中国古人为什么要选择在水边举行用水洗涤、祛邪迎祥的祭礼呢？这是因为，在中国古人的心目中，水域是阴界的入口，所以在这个亡者的魂魄如同春天的草木一般萌动的季节，人们在水边进行祓禊，招魂续魄，祛除污秽，祈求吉祥。除了中国、日本，不少民族也有自己的“污秽”的观念和除秽的方法。

其一，大洪水本身就是一场祓禊。

在《圣经》看来，洪水之前的凶杀使得大地受到玷污，造成了一种不得不通过物质方法（大洪水）来根除物质上的污染的方法。由于人类的无知、贪婪和道德沦丧，发生了杀人、偶像崇拜和性犯罪，污染大地最严重的是那些被谋杀者的“血”。上帝通过大洪水去涤除旧人类的罪行。

“血罪”的观念深入以色列人的头脑，因为凶杀罪的严重性，被杀者的血会污染大地，所以当出现一件未破的凶杀案时，就会通过折断小母牛脖颈的仪式来清洗凶杀给大地造成的污染。

在《圣经·创世记》中，动物有洁净与不洁净之分。耶和华在毁灭人类之前，让挪亚造方舟，交代挪亚带着妻子、儿子、儿媳进入方舟，并告诉他带入方舟的洁净禽类七公七母，不洁净的带一公一母，后来洪水退后，挪亚为耶和华筑了一座坛，拿各类洁净的牲畜、飞鸟献在坛上以供燔祭。

可见，在以色列人看来，动物有洁净与不洁净之分，凶杀案中被害者的血是最大的污秽。

其二，美拉尼西亚槐欧族的污秽观。

人类学家发现，位于美拉尼西亚所罗门群岛的槐欧族人会将宇宙观的象征性区分投射到仪式和居住形态的空间格局上。

槐欧族仪式最重要的事，就是使神圣的领域、污秽的领域与日常的“现世”领域保持适当的距离。男人是神圣的，在方位上居上；女人是污秽的，在方位上居下。因此，男女使用不同的食器进食，用不同的竹筒喝水等。

在空间格局上，空地的上缘为男子会所，是男人膳宿之地，该地是圣洁的，女人不得靠近。在空地的下缘为妇女月经小屋，是污秽之处，男子不得接近。空地的中央则为“现世”，盖有一栋或数栋家屋，即使在每栋家屋中，火炉的上方是男人专用地，下方才是男女共同活动的场所。这种圣洁和污秽，在男人最圣洁的活动和女子最不干净的行为上表现得非常极端化，即焚烧牲畜的大祀和妇女之生产。妇女要生产时，必须退隐到不净的月经地区下方森林的小屋子，不能与任何男子接触，只由一位年轻女孩照顾。举行祭祀的男子则退隐到祖祠附近的男子会所去，不与任何女性接触，“卧病”在床，只由一位年轻男孩照顾。

其三，印度人相信在恒河里可以净化灵魂，洗去一切罪过。

在印度神话中，阿瑜陀城国王萨竭王十分虔诚，感动了湿婆大神，让他的妻子怀孕生下一个南瓜，从南瓜子化生了六万个王子。但这六万个王子胡作非为，并在一次马祭活动中，辱骂神明，触怒了毗湿奴，被毗湿奴大神烧为灰烬。

国王知道后悲痛万分，吩咐孙子安舒曼去找回祭马，让他的六万个叔叔能升上天国。安舒曼最后找到祭马，并到毗湿奴面前求情。毗湿奴被感动了，但认为让六万个王子升入天国的事情在安舒曼这一代是做不到的，必须等到安舒曼的孙子请恒河女神下凡，用恒河水才能洗刷掉安舒曼这六万个叔叔的罪行，净化其灵魂。

到了安舒曼的孙子跋吉罗陀继承王位时，他不忘祖父的遗训，到喜马拉雅山苦修，一千年后终于感动恒河女神，女神答应为其祖先和世间的凡人洗刷罪行。后来在湿婆的帮助下，倾天而下的恒河水被湿婆的前额顶住，河水落入干涸的海底，并留在凡间，湿婆也成了恒河的守护神。直到今天，印度人仍坚信恒河水能净化人的灵魂，洗刷掉人身上的一切罪过，如果将死者的骨灰撒入河里，那么他就可以升入天堂。在恒河沐浴和火化，是印度人的终身乐趣和一种无上的超脱。

三　祓禊与日本人的生活

中国古代曾经有过三月三日上巳节到水边去祓禊的习俗，后来发展成了流觞曲水。它随遣唐使传入日本，先在平安时代的天皇和贵族中盛行，最后变成了往河里放偶人以图辟邪的“雏祭”，亦称偶人节、桃花节、女儿节，成了日本民间五大节日之一。同时，日本人将祓禊演绎为一种不可缺少的生活方式。

信奉神道教的日本人，在生活的所有场合，都会将“清净的空间”与“俗世”严格区分开来，其依据是对“祓濯”思想的实践。

山村明义在《神道与日本人》一书中，以“厕所神灵”解释“祓濯”的精神性。为什么日本人有着少见的“洁癖”或“清洁”的喜好呢？日本人喜欢洗澡难道是因为气候高温多湿？为什么日本的道路总是井然干净？原因在于日本人有“清洁的循环”观念，即“在不干净的地方也有干净的心灵”。这就是日本人能从道路的整治、厕所的清扫，以至垃圾的回收，都能保持足够干净的原因。2011年有一首叫作《厕所女神》的歌谣风行一时，其中有一句歌词赢得人们的共鸣：“厕所在那里，那里都是美丽的女神大人。”据说日本企业成功的一个重要原因是把厕所打扫干净。因为打扫干净了，业绩也就提升上去了。

厕所是不净之地，但日本人认为努力打扫，就会有好事降临。这正是因为有“祓濯”的精神存在。日本人深信：“在清洁的地方和清净的身心中，住着洁净的人和人心。”厕所干净了，女神就进驻；家居干净了，财神福神就会入内；个人身体干净了，好事就会降临。

在日本，祓禊不仅是一种宗教仪式，而且是一种深入人心、牢不可破的生活方式和精神理念，同时也是一种治疗疾病的最佳方法。

在预防疾病方面，日本民间有所谓的“禊”，就是朝自己的身体淋水。在日本，水浴或温泉浴形态，对日本人的健康起着重要作用。没有比日本人更爱好沐浴的民族了。不过，顺便提一下，爱洗澡的结果是每年都有一万多人死亡。据日本杂志报道，日本每年因洗澡不当导致死亡的人数高达1.4万人，其中九成是老人，原因是在洗澡中摔倒，溺水而亡。

樋口清之在《梅干与武士刀》一书中介绍到，平安时代因天皇贵族与庶民在沐浴态度上存在差异，从而导致健康和寿命存在差异。

樋口指出：当时的贵族不喜欢水浴，即使是天皇，也顶多是每天傍晚在其专属的汤殿里泡半腰汤而已。那个时代尚无全身浴，天皇除非是生病才会到水蒸气弥漫的浴池泡澡。连天皇尚且如此，不难想象一般贵族的身体有多脏多臭。于是，平安时代就流行使用“香粉”去掩盖身体上的气味。

因不爱洗澡，又穿厚重不透气的衣服，不爱运动，再加上吃的都是营养价值很低的食品，所以平安时代的贵族大多短命。据研究，当时的贵族平均寿命，女性为27岁，男性为32岁，死于肺结核的占54%，脚气病的占20%，皮肤病的占10%。可见，沐浴对预防疾病有多么重要。反观当时的庶民，不仅热衷于沐浴，吃的食物也杂，不过由于普遍缺乏卫生常识，加上贫穷，故未必长寿。

第二节 祓禊和诸神诞生

一 阿坡岐原行禊

伊邪那岐在黄泉国遇见死秽，所以必须洁净自己的身体，也就是用清水洗涤身心上的污秽。因此，他来到筑紫的日向国橘小门的阿坡岐原，在那里举行祓禊仪式。

（一）父神行禊地点的争论

父神逃离黄泉国后的行禊，是日本神话的第一次行禊。

行禊地点的第一种说法是在日向国橘小门的阿坡岐原，筑紫的日向国大约是今天的宫崎县，它位于九州的东南部，面临太平洋。至于阿坡岐原在日向的具体位置已无从考证。

这就马上产生一个问题，父神从黄泉比良坂逃脱出来，黄泉比良坂在出云国，出云到日向，也就是岛根到宫崎的距离相当遥远，岛根位于本州岛的西南部，与朝鲜半岛隔海相望，宫崎位于九州岛的东南部。父神为什么要跑那么远的地方行禊，即使他有腾云驾雾的技术或者孙悟空的翻筋斗云的本领，也没有必要跑那么远。要知道出云前面就是日本海，境内到处是河流，都可以行禊。

由此可见，阿坡岐原的行禊地点的说法有两个可能：第一，是作者记忆有误；第二，最大可能是把大神行禊事件与后面的日向神话联结起来，从而进一步说明天皇家族源出九州。

父神行禊地点的第二种说法是在黄泉比良坂附近，这是《日本书纪》中的说法。《日本书纪》中说到，父神行禊时在下水前把衣服扔在黄泉平坂上，这个说法符合常理，因为父神从黄泉国出口的黄泉比良坂逃脱后，感到万分秽气，就在比良坂附近的河川里行禊，把脱掉的衣服放在岸上下水祓濯，洗个痛快的澡，祛除秽气。

父神行禊地点的第三种说法是在淡路岛周边的地区。根据《神代纪》的记述，父神从黄泉国回来后觉得自己浑身沾满了秽气，便打算行禊，他看到了“粟门”（现在的鸣门海峡）和“速吸名门”（现在的明石海峡），那里海潮又急又快，鸣门海峡是日本流速最快的旋涡，号称世界三大旋涡之一。明石海峡平均水深100米，在这两个地方行禊太危险了，所以男神就走到了橘小门，即今天的德岛县阿南市有个叫橘湾的地方，那里风平浪静，适合行禊。而且《日本书纪》明确记载，伊邪那岐是淡路岛的岛神，作为岛神，男神举行祓禊仪式的地方应是淡路岛周边才是合理的。

本来洗去污秽、净身的习俗并不是起源于淡路岛一带。据中国《魏志倭人传》的记载，倭人有一个习俗，葬礼后全家都要沐浴净身。这一习俗一定是渡来人看到生活在离朝鲜半岛不远的北九州渔民的风俗后传过来的。

（二）以水净化心灵

古时除秽，无非是用风、火、水。日本人对水情有独钟。人的心物不净不洁，用什么去净化。日本人认为用水来净化，这种对水的灵威的信仰，或者是说圣水信仰的源头来自日本人的山岳信仰，因为圣山出于山岳的森林，由山岳流出的水是洁净之水，男神用圣水除秽。

不洁不净就像流水一样会自动流去消失，随后代之以清洁明净的全新形象。这就是日本人对水的宗教式的体验。正因为有如此的宗教体验，才会出现后来诸如圣武天皇时代的名僧行基提倡的沐浴功德之说，以及光明皇后开浴池施浴治病救济百姓的做法。

（三）手水舍：简化版的祓禊

神道是非常忌讳秽气的，秽气是精力枯竭与精力衰退之意，即活力明显衰退的状态。秽气会在接触死亡或动物的血而后染上，如果以此状态接近神明则被视为最大的禁忌。因此，在拜神之前一定要洁净身心，这种仪式被称为“禊”。

最早的行禊是在大海或河流与大海的交汇处进行，一者海水冰冷，能考验人的意志；二者海水里的盐是最好的除菌物和消毒剂，除污效果最为显著。但是大海复杂危险且海水较为寒冷，后来人们选择在河流或瀑布下行淡水禊，最后又演化到井边汲水祓濯和在家里以温水冲洗，把身上的污秽洗干净了，再去拜神。

行禊可以使用事先汲取储存或者水道中流动的水，但以亲身前往河川、大海、瀑布等地的水源行禊为最佳。如果是使用汲取的水，也可以使用冷水取代一般的水，以更加严苛的条件加诸已身。

如果在特定的日子去参拜特定的神社，事先可以沐浴。问题是临时见到某座神社而祓濯又不方便时怎么办？日本人就发明了手水舍这种简化了的行禊仪式。

手水舍是让一般参拜者洗手、漱口，进行简略净身仪式的设施，大多邻近拜殿，由四根柱子撑起屋顶，四面通风，底下设立水盘，水流不断涌出，其上放置木勺，先洗手后漱口。最初的手水舍像伊势神宫的五十铃川那样，利用自然河川和涌泉供人净身，而后才定型为现今的模式。“手水”就是由“洗手的水”简化而来的。手水舍的出水口造型各异，依神社而异，别有一番情趣。

二　诞生于祓禊的诸神

日本史上第一次禊乃是为祛除黄泉国秽厄而进行的，实际上是父神完成了母神的所有葬礼仪式后，为除死秽而进行的祓禊之仪式。父神也因此独自孕育出诸多神祇。

正如前面所说，父权制文明取代母权制社会必然要剥夺母系社会最核心的意识——生命的孕育和生产者只能是女性。试想，如果男性能承担所有的经济职能，而且还能够违背常理地承担孕育生命和生产的责任，那么，女性的社会地位自然会一落千丈，成为男权社会的附庸，甚至女性本身的生命都源于一位男神的身体，比如夏娃源于亚当的一根肋骨，从本质上说她是亚当的女儿。还有雅典娜是从父亲宙斯的脑袋里迸裂出来的女神。可见，在父权社会，女性失去了与男性争夺统治权的所有筹码。

前面提到父神在为亡妻悲痛哭泣时，眼泪化生为泣泽女神，这个女神是父神感生的第一个孩子，在接下来的祓禊中，又有一系列神祇因父神的感生而化育，这是一则典型的感生神话。

三　遗弃物化生的十二神

父神在行禊之前，要先扔掉手杖，脱掉身上的衣物，解下佩戴品，方能入水。这些扔掉的物品纷纷化为神，共十二尊神，为造福之神。

①手杖化为神，名为冲立船户神，即指引道路的神。

②衣带化成神，名为道之长乳齿神，也就是保佑路上平安的神。

③下裳化成神，名叫时量师神，即掌管时辰的神。

④上衣化成神，名叫和豆良比能宇斯能神，是摆脱烦恼的神。

⑤裤子化成神，名叫道俣神，是寄宿于岔路和边境的村落守护神，大概是源于裤子从胯间分成两道的结构。

⑥冠化成神，名叫饱咋之宇斯能神，也就是能吞掉污秽的神。

以上六柱神是为陆路之神。

⑦~⑨尊神是由扔掉的左手上的手串化成的神，分别叫奥疏神、奥津那艺佐毗古神和奥津甲斐辨罗神，三神皆以奥字开头，是海路神的标志。

⑩~⑫尊神是由扔掉的右手上的手串化成的神，分别叫边疏神、边津那艺佐毗古神和边津甲斐辨罗神，此三神皆以边字当头，是从海边到海上的神。

以上六尊神皆为海路之神。

四　由身体污秽而化生的五神

伊邪那岐脱掉身上的累赘后，下河洗濯。他觉得上游水流太急，下游水流又较缓慢，因而选择在中游入水，他一头钻进水里，尽情地洗涤。在这一过程中，先后化生五尊神。

首先，他钻入水洗涤时，化生了两尊神，分别叫八十祸津日神和大祸津日神。

这里的“八十”是数量很多的意思，“祸”即灾难厄运，“津”是“的”的意思，意即会带来很多灾厄的神。两神是由于父神黄泉之旅所带来的死秽所形成的神明，这里会令人产生两个疑问。

其一，本来神应当是圣洁的、高贵的，可在这里却出现了由洗掉的污秽所化生的神，令人费解。日本人认为既有圣洁的神，又有污秽化生的神，比如在母神生病期间，她的呕吐物、尿屎都是污秽，但都化为神。在日本神话中，圣洁和污秽既相互对立，又可以相互转化。因为在原始神道看来，污秽主要是指精神上的污秽，通过祓禊仪式，人们的精神得以纯洁。

其二，神本应是帮助人、给人带来福祉的，才会得到人们的尊敬和供奉，居然还有能给人带来灾祸的神，那么人为什么要供奉它呢？

本居宣长认为，祸津日神就是给人生带来诸多不合理、灾祸不幸的神祇，就算众生秉持善心处世，未必能得到幸福。人生的祸福、吉凶皆由神明决定，故祸津日神会毫无情面地带给众生悲伤和不幸。

在神道中，祸津日神也被当作“好的神灵”。因为在日本，八百万神灵居住神界中，祸事之神也不过是普通存在。日本人相信“祸福同在”，并非任何祸事都是坏事，它也蕴含向好的方向转变的契机，成为社会进步的动力。

其次，为了洗净这次灾祸又化生了三神，即神直毗神、大直毗神和伊豆能卖神，其中神直毗神、大直毗神是为了消除前面两位祸神，将凶祸折直为良善。也就是说这两位神是以抗灾厄之神的灵力，逢凶化吉的。因此，在福冈市的警固神社，将这两位神与八十祸津神一同供奉为警固大神。至于伊豆能卖神，也具有净化污秽的神力。

其三，在水的不同层面净身，分别产生绵津见三神和住吉三神。

在前面讲到二神孕育众神时，其中提到他们生下海神大绵津见神。在这里，父神又生出三尊海神，这三位海神分掌大海的不同层面，即海面、海中和海底。他们被供奉在志贺海神社内（见表1）。

表1　父神生出的海律

	绵津见三神	住吉三神
水面净身	上津绵津见三神	上筒之男神
水中净身	中津绵津见三神	中筒之男神
水底净身	底津绵津见三神	底筒之男神

父神在生出三位海神的同时，又相对应地生出命名为“筒”的男神。对于“筒”的解读，有的学者认为它是指夜晚的星星或月亮，有的学者

说筒代表祭祀船灵的桅杆，实际上，这三座神是指明方向的猎户座的三颗星星，为夜晚航行的船提供方向，因为三神被供奉在摄津国（今大阪）的住吉神社，故被称为住吉三神。据说神功皇后率军攻打朝鲜船队迷航而得到住吉三神的庇佑，回国后，神功皇后分别在摄津和长门创建住吉大社和住吉神社。后来，民间视神功皇后如神明，将其和住吉三神一同供奉，因此，住吉神社供有四尊神。并且，根据《伊势物语》记载，在天皇吟诗之时，住吉三神曾现身吟诗回赠。可见，住吉三神能文能武。目前，全日本供奉住吉三神的神社超过2300座，可见“神”气之高涨。

第三节　“三贵子”的诞生与分封

一　“三贵子”的诞生

（一）洗脸部化生的“三贵子”

前面讲到伊邪那岐在水中行禊，首先他扔掉的衣物和佩戴品化为十二尊神，其中六尊是陆路之神，六尊是海路之神。接下来下水洗涤，其黄泉污秽化生两尊祸神，其中又化生了三尊除秽之神。父神在水面、水中、水底洗濯时又化生了三尊海神和住吉三神，以上合计为二十三柱神。

男神行禊到最后，洗左眼生出天照大御神，洗右眼生出月读命，洗鼻子生出了须佐之男，这三位神明由于身份特别尊贵，亦称“三贵子”。到此为止，父神行禊过程中共生育二十六柱神。

（二）《日本书纪》中没有“三贵子”的提法

在《日本书纪》里，三贵子的诞生与《古事记》完全是两码事，《日本书纪》中也没有“三贵子”之说。

按《日本书纪》的说法，伊邪那美并没有死，所以男神也没有黄泉探妻，因此也就没有祓禊和洗眼睛而化生神的后续情节。在《日本书纪》中，两神商量并一致同意在生下大八州国和山川草木之后，应当给他们生下领导人，也就是天下之主。

于是，他们便共同生下太阳之神，其名曰大日灵贵。二神认为这个孩子是所有的孩子中最怪异者（可能指拥有特异功能或与众不同），相貌姣好，应将其置于天上。接着他们又生了月神，别名月弓尊、月夜见尊，这孩子同样也有姣好的容貌，由于他是继太阳神之后诞生的，因而父母也将他送上天。接下来生的第三个孩子是蛭儿，他是一个直到三岁还不会站立的瘫子，所以被丢在船上流放走了。这里没有解释蛭儿残疾的原因，而且他还是天照大神的亲兄弟。而在《古事记》中认为蛭子是失败的婚姻所造成的。

最后生下的是素戈鸣尊，也就是须佐之男。他生性勇猛，却能若无其事地做出残忍的行为，动辄就大哭大喊，哭得众多世人因此丧生，山川树木因此枯萎。所以，两神就命令："你这小子甚是无道，不可以君临天下，当地上的统治者，应当让你去根国。"从这段情节可见，首先，须佐之男哭泣并不是因为母亲过世而伤心痛哭，更何况按《古事记》的说法他是父神独自生下，知其父不知其母，从未有过母亲，又从何为母哭泣！他的哭泣是出于本性而已。其次，把须佐之男放逐去根国，并非男神单独决定，而是夫妻神商量的结果。

从《日本书纪》看，夫妻神生四子女，成器的只有老大、老二，成功率只有一半，老三天生是残疾人，老四天性残暴，被剥夺了继承权，赶出家门。

二 "三贵子"的由来

为什么在《古事记》中，把父神生产的最后三尊神称为"三贵子"，成为日本神话中地位崇高的三位大神。这是因为以下三点缘由。

其一，在父神生育的诸神中，"三贵子"的地位最高。

父神生育的诸神有四种化生模式，一是由父神扔掉的衣物等化生的，这些物体本是父神的身外之物；二是由父神所沾染的污秽化生的；三是由父神在水的不同深浅度洗涤而化生的；四是由父神行禊完毕洗刷脸部的眼睛和鼻子而化生的。很显然，以第四种模式化生的神，与父神的关系最为密切，因而在众神中的地位最高。

化生的二十六柱神，当中有三位除污之神和"三贵子"，这六位神形呈显明的"尊贵之别"，并由此形成了日本人既定文化，天皇是由天神钦定的思想也由此产生。

其二，按照古代神话的观点，创世神身体的不同部位诞生的神或人，其尊卑有极大的差别，头部居于首，是最尊贵的部位。因此，从头部的相关部位化生的神，其地位高于其他部位化生的神。

比如印度有悠久的种姓制度，它把人分为四个等级，即婆罗门、刹帝利、吠舍和首陀罗。一张根据《陀原人歌·梨俱吠》所绘的瓦尔那等级：婆罗门诞生在原人（宇宙原初巨人）的口中，刹帝利生于原人的手臂上，吠舍则诞生在原人的大腿旁，而首陀罗则从原人的脚下出现。至于类似于日本“秽多”的贱民，在印度就不是人，不被列入四大种姓之列。

即使脸部的不同方位诞生的神，也会有极大的差别。天照大神是父神洗左眼所化生的，是他的嫡长女，接下来洗右眼化生月神月读命，是他的次子。按照日本古代贵左贱右的传统，天照大神作为日神居左，地位高于居右的月读命。太阳跟左相关，月亮跟右有关，这恰好和中国的阴阳思想相一致。而在脸部中，眼睛的位置高于鼻子，根据上为贵的原则，父神洗鼻子化生的须佐之男在“三贵子”的地位中居末位，为高贵中的相对低位阶的神。

其三，“三贵子”的得名关键在于父神赋予他们相应的权力和地位。

父神在离开母神之后所化生的最后三位神，标志着其创世使命完全告终。他对“三贵子”进行分治，让天照大神治理高天原，是为众神之王，为神界的最高神；让月读命去治理夜之国，最后让须佐之男去治理海洋，也就是男神通过分封，组成了由“三贵子”构成的领导集团去治理日本的土地和国民。这就是说，权力的大小决定其地位的高低。

三 “三贵子”的性别

首先，明确须佐之男是一位男神，他后来改邪归正，建国立业，娶妻生子。

其次，根据中国的阴阳思想推断左 = 太阳，右 = 月亮；“阴 = 女，阳 = 男，公式是左 = 日 = 男，右 = 月 = 女”，也就是说天照大神应该是男神，月读命应该是女神。在多数神话中，太阳神都是男神，月神都是女神，而且他们是兄妹关系。可见，伊邪那岐生的“三贵子”是两男一女，头尾是男神，中间是女神。

但是，记纪神话中明确指出天照大神是女神，是高天原地位最高的女神。这种性别的转换是因为天皇和神话的密切关系，就是当时拥有最高权力的持统和后来的元明、元正三女帝持续掌权，因为有了持统天皇才有了天照大神的变化，才升级到皇祖神的地位。天照大神也由男变性为女，就如观世音菩萨在唐代以前，是大丈夫相，到了后来，汉地的观音形象越来越趋向女性化，成了东方的女神，这完全是现实的需要。

由于天照大神的性别转换，作为月神的月读命也只能由女身变男身，成了男神。

四 “三贵子”分封

（一）神话中的分封制

神话是现实世界的投射，现实中存在的事物会在神话中有所体现，比如神界的权力分配。

在中国古代神话中，玉皇大帝是众神之王，统御诸天，综领万圣，主宰宇宙，开化万天。他总管三界（天上、地上、地下）、十方（四方、四维、上下）、四生（胎生、卵生、湿生、化生）、六道（天道、人道、魔道、地狱道、畜生道、饿鬼道）的一切阴阳福祸。他居中央，东西南北有四位大帝帮他打理天下，即北方紫微大帝、南方长生大帝、东方青华大帝、西方太极大帝，还有一大帮文臣武将辅佐。

在希腊神话中，宙斯领导各位兄姐打败第二代神王，取得胜利。兄弟三人为分配世界的统治权而互不相让，最后听从普罗米修斯的意见，以抓阄的方式决定，结果是宙斯分到了天空，成了天神；波塞顿分到了大海，成了海神；最倒霉的是黑帝斯，分到了冥界，成了冥王。至于大地，通过协商由三兄弟共有，三兄弟中确立以最小的弟弟宙斯为老大。三兄弟的分封是由神的意旨决定的。

（二）“三贵子”分治的依据

“三贵子”的诞生，意味着父神的创世使命的终结。男神的继续存在也就失去了价值，所以他该隐退了，把统治权交给“三贵子”。

于是他下达了《古事记》里的第二道神敕，就是“三贵子”的任务分担“敕语”，该敕令不得违抗。

首先，他取下挂在脖子上的用玉珠串成的项链，把玉珠子摇得哗哗作响，郑重地赐给天照大神，并对她说："我命你去统治高天原。"这个玉串就叫作御仓板举之神。御仓板举，就是以玉为神，举行宗教祭祀的意思。

其次，他又面对月读命说："你去治理夜之国。"

最后，他对须佐之男说："你去治理海洋。"

至此，敕命宣布完毕。天照大神和月读命均遵神敕，各赴自己的领地。只有须佐之男抗命不遵，拒不赴任。

写到这里，有几个问题值得进一步探讨。

其一，伊邪那岐分封诸子的合法性问题。也就是说伊邪那岐凭什么对三贵子进行分封。

伊邪那岐分封的合法性在于他和伊邪那美奉天神的第一次神敕，创造日本国土和生育诸神。因此，作为创世神有权把他们创造的世界和万物交给自己中意的人选继承，也就是打下江山的人，有权指定谁来坐江山。同时，也应该指出，父神发出的这道神敕事先必定得到高天原众神的认可。如前所述，高天原的神大多是隐身神，不好管闲事，如果有人替他们打理高天原的政务，他们也乐得逍遥自在。

其二，分封的信物或凭证问题。

男神在分封三子的时候，身上仅有一串挂在脖子上的玉串，其他的佩戴物如左右手的手串，在男神祓禊时被扔掉并化为神。因此，男神把这串玉做的项链解下来交给天照大神，作为信物。古代人是非常注重信物和印绶的，因为它们是权力的象征。比如在中国古代，调动兵马的凭证是虎符。虎符被劈为两半，其中一半交给将帅，另一半由帝王保存，只有同时合并使用，持符者才能获得调兵遣将权。父神赐给天照大神的玉串，成为她统治高天原的神器。后来，天照大神派天孙下凡统治苇原中国，就是根据这一原理赐给天孙玉、镜、剑三宝物，即"三神器"，它具有至高无上的权威，用于证明天皇的合法性。

其三，分封的制度设计问题。这就涉及日本的财产继承制度，即家督继承制度。

日本社会长期实行长子继承制，它有两个特点：一是长子继承家业时，父母尚健在，只是由于父亲年老体衰，能力不足，为了让家庭有更好的发展，父亲主动归隐，交出权力，父母搬出主屋，独立生活；二是长子继承家业后，弟弟必须离开家庭独自谋生，并且不能从家庭分得任何财产，如果家庭遇到困难，弟弟有义务进行帮助。

在日本，家督是一个家庭的领袖。在镰仓时代，以嫡长子为家督，而财产则是诸子均分。不断切分的做法，其结果导致家庭的影响力日衰乃至最终消亡。所以到室町时代，原则上，权力和财产由嫡长子继承，但在现实生活中，会造成家庭内部的纷乱而难以确立。到了江户时代，社会承平，幕府以绝对的权力为背景，确立了家督由嫡长子继承的制度。

在神话中，父神把主要的财产和家名交给嫡长子（女）天照大神，其他两子名义上也分得一部分财产。最后，他让出当主的位置，由天照大神作为家督统领神界，自己搬到一个地方隐居起来，彻底地退出权力中心。

其四，分封不均会引起内乱。

在《古事记》中，“三贵子”分封，天照大神治理高天原，月读命治理夜之国，须佐之男治理海洋。而在《日本书纪》中则记载天照大神治理高天原（神的世界），月读命治理沧海原潮之八百重（月亮和潮汐），须佐之男治理天下（苇原中国）。

依照前一种分配方案，有以下几个问题。

第一，天照大神凭什么资格去治理高天原？因为高天原在众神出现之前就存在，它不是由伊邪那岐创造的世界。

第二，月读命治理夜之国，“夜之国”指什么？如果按字面理解，白天是太阳的国度，晚上是月亮的天下，那么作为月神去治理黑夜，那是一个非常虚无的存在，这也符合日本人意识中的“空无”。月读命象征完全“无为的神”。如果把夜之国理解为黄泉国或根国，那么月读命就是管理冥府的大神，这种岗位又与他作为月神的称呼不相符合。

第三，为什么不让须佐之男去管理苇原中国，而是让他去管理危险又不可预测的海洋？换句话说，须佐之男管理海洋，那么苇原中国到底由谁来管理？

因为《古事记》中对领地的分配不合理造成了“三贵子”内部的矛盾。一方面，天照大神与月读命终生互不见面，理由是月读命杀了保食神，天照大神十分生气，发誓与月神永不见面。另一方面，天照大神愧对须佐之男，放纵他在高天原胡闹，最后躲进天岩户，造成了世界黑暗，为此众神严惩须佐之男，将其永远逐出高天原。姐弟反目成仇，后来天照大神又以武力占领须佐之男的后代大国主神创立的国家，美其名曰“让国”。

梅原猛在《诸神流窜》一书中注意到这种不合理的分配方案，“三贵子”分封中，把皇位给予天照大神，却让两位亲王月读命和须佐之男分别治理夜国和大海，而夜国和大海是无法进行统治的，也就是说，这两位亲王没有自己的领国。这种分配方案是由《古事记》撰写时代特殊的历史背景决定的。

众所周知，奈良时代是女帝掌权，当时的皇族男性亲王都是皇位的潜在竞争对手。在天智天皇之前，亲王享有丰厚的待遇，有自己的领地。701 年颁布的《大宝律令》和以后的《养老律令》做出了一系列规定，亲王没有其领国，并受到了极其苛刻的待遇。这一切都是几位女天皇出于对其天孙如文武天皇和圣武天皇的呵护，打压其他男性亲王的经济基础和政治空间的目的。当然，也有因国家财力有限，难以供养如此众多的皇室成员的考虑。所以，以后的源氏、平氏以及门迹寺院等，都是出于对没有领国的亲王实行生活救济政策而产生的。

可见，作为家督的天照大神继承家名和所有的财产，而月读命和须佐之男实际上被剥夺了继承权，一无所有，因此，“三贵子”内部的权力斗争由此开始了。

五　须佐之男哭泣的原因

分封完毕，天照大神和月读命遵从父神的安排前往各自统治的国家，只有须佐之男荒废自己统治的国地，不肯赴任，只是不停地痛哭，哭到胡子长到胸前都没有停止的意思，哭得震天动地，其惨况直叫青山干枯死寂、河海干涸。恶神的哭叫声犹如苍蝇充斥各处，各地的恶灵一齐来祸害。

伊邪那岐实在忍受不了，便询问须佐之男痛哭的原因，须佐之男回答是因为想去亡母的国土根之坚国，所以才哭泣。男神听后勃然大怒，“那么，你就不要住在这国土上啦”。说罢便赶走了他。

这段情节讲的是须佐之男因想念亡母而放声痛哭，这正好触动男神最大的痛点，因为他们夫妻已经决裂成了仇人，想念仇人并想去见仇人，这还得了。所以，父神一怒之下立马取缔了须佐之男的继承权，并将他赶出家门。按《日本书纪》的说法，须佐之男在被父亲赶出家门前，提出要先去高天原见他的姐姐天照大神，之后永远退出该地，父神答应了他的要求。

父神赶走小儿子，处理了一切事务后，就完全可以告别人生舞台了。因此他就坐镇淡海的多贺地方，在那里终老。淡海的多贺是今天的滋贺县犬上郡多贺町，当地有敦贺神社，主祭神是伊邪那岐。而《日本书纪》则记载父神住在淡岛的多贺，也就是淡路岛建造幽宫，成了淡路岛的守护神。

根据上述情节，有以下几个问题可以展开讨论。

其一，剥夺须佐之男继承权的理由究竟是什么？

明眼人一看就知道，《古事记》前后的矛盾，须佐之男是由父神单独生育的，他根本就没有母亲，而父亲的妻子早在他出生之前就已死亡，他们之前没有任何关系，又何来为亡母痛哭并为了见亡母而不惜被父亲重重处罚呢？这在逻辑上说不通，如果按《日本书纪》中的说法，哭母和见母的理由就成立了。因为在《日本书纪》中，伊邪那美是生完这四个孩子后才死亡的，须佐之男是伊邪那美的亲生骨肉。作为儿子，想念亡母，为母哭泣是再正常不过的行为。

从《古事记》里可见，父神剥夺须佐之男的继承权的理由是不成立的，或者说，罪名是捏造的，是莫须有的。捏造罪名，打击异己是常见的权力斗争游戏。因为天照大神与须佐之男是奈良时代大和朝廷政治斗争所代表的两极，以持统女帝等几位女天皇为代表的正在崛起的势力，为了保护天孙能正常登基，不惜动用各种手段排除和打击对皇位构成威胁的须佐之男之类的男性皇室成员，从被大友皇子赶下皇位并死于非命，大津皇子被处死，到最后被诬造反全家集体自杀的长屋王事件，哪一个不是政治斗争的牺牲品，最终被剥夺财产、功名乃至性命的？

其二，关于须佐之男“恋母情结”所透露的文化恋母倾向。

须佐之男为亡母痛哭并表达了前往亡母安魂地黄泉国的强烈愿望。以这一典故为开端，日本的传统文学便罩上了一层独特文化——恋母色彩，特别是从《源氏物语》开始，日本文学的叙事便开启了一种追忆母亲、寄托爱恋的表现传统。

根据精神分析理论，父母本身会经常刺激子女，使之产生俄狄浦斯情结的反应，因为他们往往偏爱异性的孩子，所以父亲总是宠爱女儿而母亲总是宠爱儿子；或者，假使结婚的爱已经冷淡，孩子即可视为失去了吸引力的爱人的替身。作为父神的伊邪那岐偏爱大女儿天照大神，并把她推上权力的最高位；而对须佐之男，父亲有天生的反感，让他去管理一望无际到处充满危险的海洋，这种分配方案本身是有失公允的。

须佐之男最终被剥夺权利并赶出家门，最重要的原因是他挑战了父亲的权威，戳穿了父亲的谎言，导致父亲颜面尽失，尊严荡然无存。

众所周知，男性身上不具备自然生育的机能，因此在孕育生命方面，他无法扮演主角乃至否定女性的角色。但在日本的神谱神话中，随着母神之死，由父神母神共同生子演变为父神一人完成生育使命，父神对须佐之男隐瞒了真相，谎称他没有母亲，或者母亲在生他之前就已经死亡，须佐之男是由父神独自生育的。后来，须佐之男了解了事实的真相，一方面，为亡母痛哭流涕，表达要去黄泉见母的愿望；另一方面，对父亲的权威提出挑战。男神愤怒的原因在于儿子并不承认父亲孕育了自己的生命，而将生命的源头追溯到母亲身上，而这一寻找生母的行为无情地戳穿了孩子由父亲单独生育的这一谎言，儿子的这一行为触犯了男权社会一个最大的禁忌，这是当父亲的所无法饶恕的。所以，父神勃然大怒，并将须佐之男扫地出门也就在情理之中了。

大林太良认为，日本神话有一个固定模式，就是男性英雄总是尚未从自己的母亲神那里获得完全意义上的独立。为此，男英雄们始终处于女神的支配之下。这种英雄模式对于理解日本文学有重要的启发作用。

须佐之男是日本恋母文化的原点。由于对日本历史上母亲文化盛世的怀念，日本自上古以来便形成了民族性的恋母心态及恋母文化的模型。唐卉女士指出：日本文学中很少存在怨恨父亲甚至弑父的冲动，更多的是对强权的无奈和妥协，将内心失调的情感通过强行压抑和适时移情的手段进行自我疗愈。

女性和母性的形象在日本的文学作品中无所不在，作家对自己那未曾见过面的母亲的本能的依恋，同日本人潜意识中对已消失的母系文化的怀念对应，互为表里。这种特殊的文化背景所积淀和呈现出来的心态模式就是：现在的人对已经逝去的美和爱的执着探求，并从现存的事物中寻找足以唤起回忆及怀恋的替代品。对日本人而言，恋母也可以是对自己文化传统的亲近和尊重。而在日本的现代社会中，这种恋母的模型演化如果偏离了其轨道，就出现了母子乱伦行为，这在日本也是屡见不鲜的。

其三，对伊邪那岐退隐的文化解读。

伊邪那岐完成了他的使命后，就住在淡海的多贺地方，从权力中心消失，从此不再过问世俗之事，这就是在位者的退隐制度的开端。翻开日本天皇史，有一个独特的现象是许多天皇在生前就退位，成为太上皇，甚至纷纷出家，成了法皇。天皇生前退位的首例始于第 35 代皇极女皇让位给孝德天皇，后来孝德天皇病死，她又重祚成为第 37 代齐明天皇，从皇极天皇开始，至第 119 代光格天皇于 1817 年让位于仁孝天皇为止，共有 63 例，可见从奈良时代到江户时期末期，通过让位继承皇位是惯例。

当然，天皇退位而成为太上皇，原因比较复杂。有的是自愿让位，自动退出权力中心去安享晚年，有的是被迫的，还有的是以退为进，即先成为太上皇，然后以天皇的父亲身份重新掌权，也就是实行院政。

这种退隐制度也影响到武家政权乃至平民百姓。比如，江户时代的初代征夷大将军德川家康、第 2 代将军德川秀忠、第 8 代将军德川吉宗、第 11 代将军德川家齐生前退位，成为大御所而“垂帘听政”。如前所说，江户时期强力推行家督继承制度，作为一家之长即当主的父亲，在年纪老迈、精力衰退之时退隐，让嫡长子成为家督管理家族事务，这种做法使得政权的过渡或家族的权力交接有一个比较平缓的过渡期，避免当权者突然死亡引起纷乱而导致失控。

第四节　天照大神与太阳崇拜

一　世界神话中的太阳崇拜

（一）源于农耕文明的太阳崇拜

太阳崇拜又可称为日神信仰，它是一种以天体为对象的自然崇拜。自从人类诞生以来，它作为一种天体与人类朝夕相处。在人类的早期社会活动尤其在原始采集和狩猎时期，还没有发生太阳崇拜，因为太阳毕竟对人类的生活和安全尚不构成直接的影响，或者说人类还没有深刻地体会到太阳的重要性。

当人类进入农耕和畜牧时代，太阳与人类形成了直接的利害关系，人们深刻地感受到太阳对农业畜牧业的影响，用现代的术语说，如果没有太阳的辐射，农作物就不能进行光合作用，就不会产生碳水化合物等主要有机物，并释放能量。

当人们意识到自己的劳动成果受制于太阳的时候，就会更加关注太阳，去思考太阳。早期人类不理解太阳的科学奥秘，认为太阳有能使万物生长和复苏的神奇力量，是丰产的主要赐予者。根据万物有灵的思想，原始人认为太阳和人一样，也有灵魂，有七情六欲，这就形成太阳有灵的观念，后来，人们把太阳人格化，把它视为大神而广泛地进行祭祀。

太阳神不仅司掌生命和植物的生长，而且还成为君主的主要保护神。古埃及的法老自称太阳神之子，日本人更是声称太阳神天照大神是日本皇室的皇祖神，并以太阳旗作为国旗。据说希腊缺乏王权，以色列对王权的废止解释了这些文化中太阳崇拜的空缺，也就是说太阳崇拜甚至影响至早期许多国家的王权秩序和政治生活。

爱德华·泰勒说过："凡是太阳照耀的地方，均有太阳崇拜的存在。"麦克斯·缪勒更是认为："一切神话均源于太阳"，"《旧约全书》中认为上帝耶和华于火中诞生，更多民族的原始信仰无不与太阳或者火有着千丝万缕的关系"。太阳神话是多数民族神话的核心，它从仅仅是一个发光的天体变成世界的创造者、保护者、统治者和支配者的角色，在多数民族的神话中，太阳神成了至高无上的神。缪勒指出：人类所塑造出的最早的神是太阳神，最早的原始崇拜就是太阳崇拜。

几乎所有的民族都有日神信仰的历史，一般认为世界上的太阳崇拜有五大发源地，即埃及（阿布辛贝神庙）、希腊（德尔菲、阿波罗神庙）、印度（科纳拉克太阳神庙）、玛雅文化（秘鲁的马丘比丘）和中国（山东日照天台山）。

（二）主要民族神话中的太阳神

1. 埃及的太阳神："拉"

太阳神"拉"是埃及地位最高的神，他本是普通的神，后来被埃及僧侣捧为众神之主的太阳神和国家神，同时其也是创世神。“拉”神还教人类创造发明，为人类祛灾免邪，降福于人，因而深得人类的爱戴和颂扬，以至古埃及的法老们都标榜自己是“拉”神的儿子。

2. 希腊神话中的太阳神：赫利俄斯、阿波罗

希腊神话中的太阳神是赫利俄斯（这个名字在希腊语中就是太阳），他面容英俊，身材高大，身披紫袍，头戴冠星，后边还有一个日形圆盘，威风凛凛。他的任务是每天驾着由四匹火马所拉的太阳车在天空中驰骋而过，从东至西，晨出晚入，令光明普照世界。后来，阿波罗莫名其妙地取代他成了太阳神。

为什么会有两个太阳神？有两种观点。一是两神混淆。在荷马笔下，阿波罗和赫利俄斯是两位不同的神祇。阿波罗负责治愈疾病，手握银弓，与太阳毫无关系。二是取代说。赫利俄斯在古典希腊时代的宗教中扮演重要的角色，但到了希腊化时代，他已成了明日黄花。

阿波罗如何取代赫利俄斯，后世也有两种说法。

一是放纵儿子闯祸而被贬职。据神话所说，赫利俄斯的儿子法厄同，有一天哀求父亲，想无证驾驶那辆太阳车，起初他不答应，但在儿子的哀求下同意了，并教儿子驾车的注意事项。

没想到儿子驾着太阳车毫无章法乱闯一通，大地山河都被太阳烤焦了。不得已，宙斯只好用一道闪电击中法厄同，太阳神的儿子就这样陨落了。赫利俄斯为此陷入深深的悲哀之中，并为儿子的过失承担责任。

二是宙斯在泰坦大捷之后，开庆宴并封赏各位有功之神。其中光明神阿波罗索要太阳一职，宙斯大概喝迷糊了，忘记了正在值日的赫利俄斯，答允了阿波罗的要求。后来为安抚老神，宙斯把希腊的罗德岛送给赫利俄斯作为封地，于是他从一位大神降格成了这个著名商业港的守护神。

3. 印加帝国神话的太阳神：因蒂

因蒂是印加神话中的太阳神，也是印加帝国的守护神，据说他是创世神维拉科查的儿子，是温暖和光明之源。在印加帝国，上至印加王，下至普通百姓都尊奉他为唯一的主神，并通过多种形式崇拜他。印加王族自称是太阳神因蒂的直系子孙，是奉神命执掌政权，并到处为太阳神建神庙献祭物；为太阳神建造深宫幽院，供他的那些永保童贞的妻子（太阳贞女）

居住以及把全国土地的三分之一的产出作为太阳神的财产施舍给国民，等等。

4. 中国神话中的太阳神

和赫梯帝国神话一样，中国神话中有好几位太阳神。在华夏第二代神话中，已经拥有帝舜、帝俊、羲和、少昊、东君、太一等神格相似的太阳神。后来经过汉儒的整容，黄帝取代帝俊成为华夏神话中的最高神。

《山海经》中有关于日神帝俊的记载，帝俊的原型是印度的日神苏利耶。据说羲和是太阳女神，是帝俊之妻，生了十个太阳，成了“太阳之母”，并且是太阳的赶车夫，每天自东向西，驱赶着太阳前进。

中国是一个疆域广大的多民族国家，各地和各民族有其信奉的太阳神，因此有诸多日神的日神信仰是其太阳崇拜的一大特点。

（三）太阳神的地位和作用

如前所述，太阳崇拜是人类最早的自然崇拜，各民族的神话中对太阳神的地位和作用的认识是有所区别的。

朱大可先生在《华夏上古神系》一书中谈到太阳湿热法则。他指出：冰川时代的非洲智人，其流迁的主要方向，正是太阳升起的东方，在智人看来，它比南方更加温暖，这是驱使人类迁徙的核心动力，荣格称之为“向日性”。

太阳无疑是提供热力的最高天体，它是日神的唯一代表，不仅代表湿热，还代表光明、希望和恩典。

基于天体的自然属性，有的西方学者就认为太阳崇拜多发生于寒冷地区，而热带区域的人们更多是崇拜月亮。这一观点经不住推敲。实际上，古埃及、东非、东南亚、南美印第安文化中普遍存在着太阳崇拜。在这些地区，产生太阳崇拜的原因有如下几个方面。

1. 太阳充当了农业丰产的赐予者。农耕民族对太阳的理解，要比以自然采集和狩猎为生的民族深刻得多。

2. 出于对贵族与太阳神攀亲的需要。这是一种政治需要。

古埃及太阳神最大的特征是与人间帝王的关系，法老自称是太阳神“拉”的儿子，是“拉”的祭司之妻与“拉”神秘交媾而生出来的。

在中国，帝王自称天子，实际上天子就是太阳神之子，如果天上有一个大太阳，那么，帝王就是小太阳。流传了千年的中国帝王的早朝礼仪就证实了这一点。为什么中国皇帝要在东方天色刚刚发亮的时候就端坐在金銮殿的宝座上进行早朝，几乎天天如此，非常辛苦。其实背后的神话逻辑在支配他，即当宇宙中的太阳将其生命之光照耀在人间大地的时候，天子作为世俗的太阳，要和它同步，将假想中的光辉普照于臣民和国家，让他的臣民也将他看作太阳。

太阳崇拜在东亚国家根深蒂固，朝鲜半岛的檀君神话中，创立古朝鲜国的檀君，其祖父桓因就是太阳神，天孙檀君具有无比高贵的太阳神血统。至今在东亚某一个国家把该国已故的最高领导人的诞辰 4 月 15 日定为“太阳节”，将其陵墓命名为“太阳宫”。

大林太良在《神话学入门》中，提到了高文化与宇宙观念，他认为从农耕开始以后，人类进入一个高文化阶段，也就是天体的运行极大地制约着人们的行动和观念。

津巴布韦文化中的帝王制就是一个案例。据传说，从前帝王并不是住在城里，月缺时，帝王进城，等消失的月亮作为新月在空中重新辉映时，帝王就到山谷去。帝王必须随着月亮这一天体的运行来行动，如若违犯，会给国家招来祸患。观察天象的祭司有极大的权力，每四年祭司观察一次星星，判断帝王死还是不死，如果必须死，就把地方官叫来，下达命令，对帝王执行弑杀。这说明，帝王的不道德行为，会使国家遭受灾难。

再如“天狗食日”是中国古人对日食现象的说法，被认为是不祥之兆。按古人理解，日食之所以会发生，乃上天意志干预人间，警示君主，而“日不食，星不悖”才是太平盛世。

对于帝王与日月天体的密切关系，古代日本统治者也有深刻的认识。据隋书《倭国传》记载，倭的使者对隋文帝杨坚说：“倭王以天为兄，以日为弟，天未明时出听政，跏趺坐。日出便停理务，委我弟。”这表明，在日本古人看来，世界由四方组成，王国、天都和王宫都是宇宙缩影，帝王是宇宙运行原理在地上的体现者。

二　政治理念的化身：天照大神

德国民族学家鲍曼指出：太阳神话和月亮神话只有在特定的文化中才

会特别发达，父权制文化中的太阳神话与母权制文化中的月亮神话，存在着很大的局限性。

在日本神话中，太阳神是“天”的集中体现，它是将宇宙的创造主视为根源神，并将太阳定位为地上能够显现的最高表现主。

在日本农耕社会的早期，至少到公元4~5世纪，日本列岛上居住的农耕民当中，太阳信仰的意识较为淡薄。西乡信纲指出：谈到太阳至少在日本成为一种明显的意识是把它看作太阳之子，或称之为“日之御子”的观念的出现，毫无疑问，它的形成是同政治神学之轴的急速运转的过程相呼应的。

在早期的日本民间农耕礼仪中，太阳崇拜并没有发挥多大的作用。原因是农耕社会的信仰主要是雨和水，以及作为水源地的山，而并非太阳不可。在日本神话的原始阶段，太阳神并没有受到特别的重视，相反，水神（雷、蛇、龙）、山神、火神等出现了很多，它们更多地显示出自然神阶段的神的性格和功能。确切地说，天照大神充其量是一个地方性的神祇，它的作用和地位与水、火、土地等神祇相比，稍逊一筹。

对于古代日本人来说，太阳崇拜和农业有很大的关系，人们是根据太阳的运行知道季节、计划农业。太阳信仰在各地供奉太阳的神社里都有记录，但是神祀里供奉的叫作“天照”“天照产巢日”，也不叫“天照大御神”。当时，她还不是神道教中的最高神，也不是皇祖神。根据史实，在奈良时代以前，皇宫里并没有供奉天照大御神。

随着5~6世纪大和朝廷的统一，散落在各地的“日神”，被天皇和皇室认定为皇祖神，皇室原来的祖神是高御产巢日神，天照大神是后来才作为祖神被供奉的，把天照大神奉为太阳神，以区别于其他豪族的氏神，并确定其地位是最高神，这是奈良时代以持统天皇为代表的日本皇室的政治诉求。

奈良朝诸女帝的政治动作如下。

其一，把一个普通的散落民间的日神奉为最高神，成为高天原的统治者。

其二，和原来的皇祖神高御产巢日神一并成为皇祖神被皇室供奉，而且其地位高于高御产巢日神。高御产巢日神作为天照大神的姻亲、天皇的外戚而存在。

其三，对太阳神进行变性手术，由男神变成女神。因为当时的最高统治者是以持统天皇为代表的包括她的儿媳元明天皇和孙女元正天皇。

在日本古坟时代，开始出现太阳崇拜。在日本，有一条著名的“太阳之道”。也就是以奈良的箸墓古坟为中心，延伸约一百公里的路线，在这条直线上散落着古代诸部落供奉太阳神的祭祀遗址。不可思议的是，这些遗址几乎都位于北纬34°32′，以伊势斋宫遗址为起点，往西进入奈良后有室生寺、长谷寺、三轮寺、桧原神社、大神神社、箸墓古坟、大鸟神社，直至兵库淡路的伊奘诺神宫等十几处祭祀太阳神的神社或遗址。

被认定为太阳神的天照大神最终成了天皇的皇祖神，她是因为皇祖神而成为高天原的最高神，这是由天皇是日本的最高统治者决定的，而不是因为天照大神是高天原的最高神，因而决定了作为她的后代子孙的天皇是日本国最高的统治者。神界逻辑与现实的逻辑正好相反，是日本天皇选定了天照大神为皇祖神，成为宫廷供奉的神，甚至禁止天皇以外的氏族和民间供奉。

为什么日本皇室要选定天照大神作为皇祖神呢？理由有三。

其一，天照大神是太阳神，是宇宙的主宰神，是日本人心目中最高贵、最伟大的神，这样做容易获得民众对天皇的信仰和支持。

其二，把太阳神当作皇祖神，独占和垄断“太阳崇拜”，从而使自我地位远远高于其他豪族的氏神。高天原的权力结构，与地上的统治者的权力安排相对立，从而形成一种永久性的主从关系。也就是天照大神是最高神，其他豪族的氏神是天照大神的下属或随从，从而使天上和地上、神话与现实高度融合。

其三，借照天照大神神化天皇的起源。日本的君主由原先的“王”或“大王”，最后改称为“天皇”，就是强调自己是天照大神的圣裔，是天照大神派驻人间的唯一合法代表，是“现人神”。皇统就是神统，通过记纪神话的神化，天皇既成了日本神道的宗教领袖，又成为现实意义上的世俗君主，从而确立了政教合一的一元化政治体制，这符合统治者的利益，也有利于日本古代社会的相对稳定。

三 天照大神的原型

关于天照大神的原型是谁，日本学界有如下的观点。

1. 持统女帝说

如前所述，《古事记》成书于奈良前期，恰是诸女帝执政时期。协助天武天皇推翻天智系而开创天武系王朝的持统天皇，是日本历史上颇有作为的女天皇，自然而然把她当作现世版的“天照大神”。

在记纪两书中，天照大神的别名“大日女”，亦即“日妻”，就是说天照大神是太阳神的妻子，后来代替丈夫成了太阳神，而持统天皇本是天武天皇的皇后，原定皇位传给他们的儿子草壁皇子，但草壁皇子在天武天皇死后不久就猝亡，而草壁皇子的儿子轻皇子此时才 7 岁，不能胜任皇位，持统天皇只得即位。

在持统称帝期间，伊势神宫变更神宫家，据推测是神祇伯中臣大岛串通伊势神宫的主祭，把神宫里的日神由男神换成女神，于是女神和持统女帝重叠一致了。

2. 卑弥呼说

白鸟库吉在《卑弥呼考》一文中提出了以下观点。

①日本太阳神崇拜与将太阳神奉为皇祖的信仰是 4～5 世纪的时候出现的。②按照神代史的记载，天照大神隐居岩穴，天地一片黑暗，走出岩穴，世界又是一片光明，这正和卑弥呼去世后日本出现混乱，倭王壹与出世后日本归于平静的历史事实相吻合。③日本神话中有天安河原八百万神集合拥戴大神的传说，而历史记载中也有倭女王不用武力从鬼道惑众的故事。天安河原故事反映了卑弥呼所处的社会时代背景。④历史上卑弥呼是居住在九州的女王，而神话中的日本最高神以女神的面目出现，这正反映了历史的真实。

总之，日本的卑弥呼神话，引申出天照大神神话，神话中女神的形象与《魏志倭人传》中日本君主形象一致。倭女王以鬼道治理国家，而在日本神话中，天照大神是祭鬼的神，这样，日本神话中的神便成为古代君主在天上的折射。

天照大神的原型除了有持统女帝、卑弥呼之外，还有以神功皇后为原型等见解。

笔者认为，天照大神的原型是以持统天皇为蓝本的，吸收了神功皇后的某些描述，理由如下。

其一，卑弥呼女王所统治的邪马台国即使在九州，与大和朝廷发端于九州，在地域上重叠，但还是不能证明大和朝廷是邪马台国的继承者。

其二，天照大神隐居岩穴，造成世界一片黑暗，后来走出洞穴，天下重新恢复光明，这恰恰是典型的日食现象。而日食神话，遍布东南亚诸国。笔者认为除了日食，九州地区多次发生火山喷发，导致粮食长期歉收。火山喷发造成天昏地暗，就是岩洞的黑暗效应，持续的火山喷发，给古代日本人留下严重的心理阴影。

其三，天安河原八百万神集会达成拥戴天照大神的共识。这恰恰是持统天皇设的局。持统天皇原是第 40 代天武天皇的皇后，即鸬野皇后。686 年 9 月，天武天皇病死，在丈夫尸骨未寒之际，她迅速逮捕皇位的有力竞争者大津皇子，并于次日处死。鸬野皇后又在天武天皇的葬礼上大做文章，她将丈夫的灵柩停放在殡宫达两年三个月（隐居岩穴的时间）。这期间，朝中大臣和地方官吏不断地到灵前“痛哭”，对皇后表示效忠。同时，皇后又向百姓大派福利，施舍财物，赢得民心，造成了“八百万神”拥戴的效果。后来，儿子草壁皇子猝亡，她又听政了一段时间。直至 690 年正月，她登基成了第 41 代天皇，这时距离丈夫死亡已经三年零四个月了。8 年后的 697 年，她让位 15 岁的孙子文武天皇，继续以太上皇身份垂帘听政，直至 702 年病逝。

四　天照大神的性别之谜

天皇家的祖先天照大神，在《古事记》和《日本书纪》中都有记载。被神化为太阳神的天照大神，就是以女神的印象深入人心。

在《古事记》中，作为弟弟的须佐之男被父亲流放前声称要到高天原和姐姐天照大神辞别，并描写天照大神在机房看织女织造神衣，自己本身也从事织造工作，所以把其当成女神并不奇怪。另外，天照大神还有其他神名，如“大日灵贵神”，该名号里有以大为尊称，还加上表示“高贵”“太阳女神”的字眼，天照大神的别名还有“大日女”，这些都是大家认为是“女神”的原因。

在世界主要神话中，太阳神多为男性，但也有一些神话中太阳神是女性，比如中国神话中的西王母与天照大神相类似，还有一位既是太阳女神又是太阳之母的羲和。在北欧神话中，苏尔就是一位太阳女神。

赫梯帝国神话中有数位太阳女神，其中最著名的是乌伦塞穆。她是赫梯神话中的主神之一，在哈图萨斯一世时期，被当作王者的“养护者”，赫梯王国后期，她作为“阿林纳城的太阳女神”的作用迅速降低，哈图萨斯三世时期，试图重新唤起人们对她的崇拜。除了乌伦塞穆，充当太阳女神的还有卡塔哈兹普照利和阿丽娜。

但是也有人信奉天照男神说。按照平安时代中期的法律实施细则《延喜式》所提供的神名单，日本各地的神社也供奉“天照御魂神”“天照神”“天照玉命”等跟天照大神的名字相似的神，而且这些地方太阳神大部分是男神。从古代和皇室有渊源的伊势神宫，就认为天照大神是男神，持统天皇时期，神祇伯中臣大岛和神宫主祭中臣意美麻吕共同串通起来，把神宫里的男神换成女神，而且在神宫里，称天照大神为天照皇天御神，从名字上看的确是男神。江户时期伊势神宫的学者一直怀疑天照大神是女神。

记纪神话主张天照大神是女神。但是，日本中世以来，也就是从院政时期到室町时期，天照大神是男神的说法很受欢迎。在日本学者苅部直编的《日本思想史入门》一书中，讲到中世神话的天照大神，不但是男神，而且是阴阳人。

首先，天照大神误会弟弟须佐之男到高天原的目的是抢夺她的地盘，所以她结发为髻，缚裳为袴的打扮正意味着“女神男装”，并全副武装地去接近弟弟。但是衣冠束带的男神形象的天照大神反而更加引人注目。各地流存的“三十番神绘”中，多数的天照大神形象被描绘为衣冠束带、正襟端坐的形象。

其次，天台座主慈圆所著的《昆逝别》中记载了如下的梦谈。伊势大神宫的本尊是女身，但是根据过去神宫所提供的神服，因此参照《日本记本文》后，得知天照大神也能以男神的形象出现，慈圆得出了“一佛之身非男非女，只无两报身”的结论。此外，更有中世的神道书《日讳记本纪》中，将拥有“男女二报”的天照大神描述为“今之阴阳人之始”，即双性人的起源。中世神话中的天照大神可以是女神，也可以是男神，甚至演变了兼具男女特征的神。

最后，天照大神是男神还是女神，与记纪神话中二神生下“三贵子”和蛭儿的“一女三男神”的认识有关。在《日本书纪》中，二神生下的长女是天照，余下三个孩子都是男性，但在中世神话中，有一女是蛭儿或一女是月神的说法，或从神的出生顺序来看，有长子是须佐之男、次子是天照大神的说法。

总之，中世以后，天照大神是男神的说法不绝于耳，神佛习合信仰认为日本的诸神都是佛的化身来到日本后出现的现象，亦即本地垂迹。天照大神被认为是大日如来的化身。平安时代末期，武士势力抬头，当时的社会以父系社会为主体，所以天照大神是男神的说法得到广泛的认可，及至江户时代。到了近代，津田左右吉、折口信夫还是主张“天照男神说”。

第六章　姐弟相争

本章主要讲述了由于伊邪那岐分封不当，姐弟骨肉相残，发生了激烈的权力争夺战。天照大神在众神的支持下，打败了须佐之男，并最终确定了她在高天原神界不可撼动的领袖地位。须佐之男在权力之争中败北，受到了严惩，被永远赶出权力中心，并累及子孙，由天津神变为国津神。

本章的主要内容如下。

1. 天安河的誓言：须佐之男以探访为名到高天原，天照大神怀疑其图谋不轨，女扮男装领兵拒之。为证清白，双方在天安河以生男生女的方式判明心迹。须佐之男侥幸地取得第一回合较量的胜利。

2. 隐居天岩户：须佐之男乘胜大闹高天原，天照大神以退为进，最后以隐居天岩户的做法，迫使众神表态和选择站队。在赢得众神的强力支持下，绝地大反击，须佐之男惨败，接受国法制裁，被永远赶出高天原，由天潢贵胄变为荒魂野神。

3. 五谷的起源：须佐之男离开高天原后向大气津比卖神乞求食物，因误会而杀死大气津比卖神，女神死后，其尸身化生五谷，是为五谷的起源。

第一节　赌誓神话

一　高天原之争的背景和实质

神话研究必须结合它产生的时代背景，或者说，神话的内容总是可以从它产生的背景找到相关线索并得到印证。

须佐之男到高天原探访天照大神，姐弟以生子赌誓证明清白，证明须佐之男本无争夺皇位的妄图。须佐之男乘胜大闹高天原，天照大神因理屈一再退让，最终酿出人命，威胁到天照大神的生命。百般无奈之下，天照大神躲入洞穴，天下顿时失去光明。

高天原八百万神惊慌失措，齐集天安河举行全体大会，采纳思金神的建议，众神共同努力，用计谋引诱天照大神走出洞穴，当她走出来时，高天原和苇原中国重现光明。

八百万神在向天照大神齐表忠心的同时，共同商议对须佐之男进行财产和肉体的处罚并将其赶出高天原。天照大神取得最终的胜利。

这段神话实际上是反映了《古事记》写作时代的日本皇室内部斗争史，也就是皇位争夺战。

公元672年，天智天皇病死，大海人皇子打败侄儿大友皇子，成为天武天皇，从而建立了天武王朝。直至770年，称德天皇病亡，光仁天皇即位。天皇的血统又从天武系转移到天智系。在这将近一百年的时间内，发生了多起的权力争夺战，主要有以下三起。

第一起是公元686年10月天武天皇病逝，鸬野皇后为确保自己的亲生儿子草壁皇子登基，迫不及待地逮捕并杀害天武天皇生前钟爱的大津皇子。

第二起是公元728年9月，圣武天皇和光明子所生的不满周岁的太子夭折，使得长屋王以及他和吉备内亲王所生的王子具有继承皇位的资格。长屋王是天武天皇长子高市皇子的长子，圣武天皇的堂叔；而长屋王的正妻是吉备内亲王，她是文武天皇的妹妹、圣武天皇的姑姑。所以，为了排除长屋王本人以及长屋王的儿子有继承皇位的可能性，藤原四兄弟与圣武天皇联手，于729年3月16日，派兵包围王府，迫使长屋王自杀，其妻吉备内亲王及所生的王子们也一同自尽。

第三起是孝谦上皇与淳仁天皇的权力之争。孝谦天皇是圣武天皇与皇后藤原光明子唯一的女儿，于749年登基，756年圣武上皇病逝，留下遗诏，指定道祖王（新田部亲王之子、天武天皇之孙，后谋反被杀）为太子，但不到一年就被废，改立孝谦属意的大炊王（舍人亲王之子，天武天皇之孙）为太子。758年8月，孝谦天皇让位，大炊王即位，为淳仁天皇，二人很快就产生不和。764年9月，爆发了藤原惠美押胜的叛乱，孝谦上皇先下手为强，很快就平息了叛乱，并于10月废黜淳仁的皇位，幽禁淡路岛。翌年10月，淳仁废帝企图逃跑，被抓回后于次日身亡。孝谦上皇再次践祚，是为称德天皇。

在天武朝存续期间，以持统天皇为代表的当权者，在皇位继承上要防备来自两方面的挑战。

首先，要严防天智系的复辟。众所周知，天武天皇的皇位是从哥哥天智天皇的儿子（也就是自己的侄儿）大友皇子那里抢来的。虽然大友皇子已死，但天智天皇的其他儿子如志贵皇子、川岛皇子尚在，两位皇子及其后代随时有卷土重来的可能。而实际上，770年8月称德天皇病亡，天武系的男性继承人已全部灭绝，不得已，只得让天智天皇的孙子、志贵皇子的第六子白壁王登基成为天皇，是为光仁天皇。天皇的血统在时隔98年后从天武系回到天智系。

其次，要防备天武系皇室其他成员的挑战。天武天皇有10个儿子，除了草壁皇子，其他的几个儿子（如大津皇子、舍人亲王、高市皇子）都非常优秀。持统天皇为了确保嫡孙即后来的文武天皇上位，元明天皇志在扶持亲孙即后来的圣武天皇登基，对天武天皇的其他子孙采取压制乃至人身消灭的做法，不断的内讧和残酷的政治斗争，导致天武天皇的子孙消亡殆尽，只得把皇位拱手返还给天智系。

二　姐弟猜忌

《日本书纪》记载，须佐之男因悖逆父亲而遭放逐时，向父亲提出在去根国之前，先前往高天原和姐姐拜别，之后永远退出该地，伊邪那岐点头答应。

当须佐之男前往高天原时，大海剧烈摇动，山岳轰然作响。这是因为须佐之男神性雄健之故。天照大神素知弟弟性格粗暴顽劣，听到他要来的消息，大为震惊。说道："我弟弟此来必无善意，一定是想夺我国土，不可不防！"

于是，天照大神也做好了与弟弟作战的准备，摆出了决一死战的架势。她打开头上的结发，绾上男发式的鬟颊髻，女扮男装，并在髻上、发鬟上和左右手上佩戴八尺琼勾玉串，肩上背着千羽箭筒，胁下挂着五百羽袋箭，腕上戴着皮护腕，搭起弓弦，手握剑柄，全副武装，像希腊神话中的女战神雅典娜，想想这个原本柔弱多娇的女神，在盔甲的后面背负着千支箭的箭袋，在前胸部又挂着五百支箭的箭袋，设想是以一千支箭先对抗弟弟，而五百支箭矢作为预备之用，由此可见，须佐之男不是单枪匹马过来，而是身边有一帮人，否则，天照大神也不用如此大动干戈，准备那么多的箭。

天照大神全副武装之后，带着高天原的军队，脚踏着坚硬的地面，硬邦邦的土地上尘埃被踢得像雪花般飞扬，可见天照大神内心是多么冲动、恐惧和焦虑不安。她摆出勇猛的雄姿，大声诘问须佐之男为何而来，有何企图。须佐之男回答说："我没有恶意，只因为大御神问我为什么痛苦，我说是因为想到亡母的国土去，所以才哭泣，大御神听了很生气，就把我赶出来了。我来你这里的目的只是想告诉你我要去母亲的国土了，所以才来向你辞别的，绝对没有异心。"

天照大神听了，还是半信半疑，她说："果真如此，怎样才能证明你心地纯洁呢?"须佐之男回答说："那么我们就在神明面前立下誓约（宇气比），以生孩子来证明。"

关于以上情节，有以下两点值得指出。

其一，天照大神对须佐之男的猜忌和不信任是有一定根据的。

应该说，须佐之男是日本神话中的第一个"荒神"。所谓"荒神"，原来是粗野不羁的一种神。在记纪神话中，凡是违抗天照大神所支配的神界、不服从天皇权威的神，都被称为"野神"或"荒神"。在众神眼里，须佐之男不服从父亲的旨意，哭闹着要去见亡母，被父亲赶出家门，后来到了高天原又赖着不走，把高天原弄得鸡犬不宁，欺负姐姐，干了很多坏事，当然是最大的"荒神"。

其二，天照大神为什么要一改过去温柔的形象，把自己打扮成一位飒爽英姿、威勇刚强的战神呢?

在神话世界中，天照大神是一位非常特殊的主神，不仅是世界神话中少有的女性主神，同时也因为她是最不愿插手管事、相当安分守己的一位主神。

在记纪神话中，作为"三贵子"之首，受父命统治高天原，尽管是主神，但她的业绩并不多。作为女性，原本就较不具有攻击性格，更缺少攻击性行为，很少与其他神明发生冲突。而且，在高天原做出重大决策时，她总是听取高御产巢日神等众神的建议，实行民主化决策。还因为她是一位温柔的主神，所以日本神话与其他神话如希腊神话、印度神话相比，众神之间的争夺较少，即使有争夺，也没有血腥的场面。

但是，须佐之男的到来，引起了天照大神无比恐慌和忧虑。她一改在众神心目中的形象，把自己打扮成一个威风凛凛的战神，其中一个细节是平时她都是把头发放下，唯独在与须佐之男对峙的时候会把头发结成角发，而角发是日本古代成年男子的结发法，这副打扮在于表明如果须佐之男欲夺其江山，天照大神必定与之死战到底，绝不妥协。

三　天安河誓言

（一）奇特的赌誓

须佐之男提出了通过生出的孩子的性别来鉴定自己清白与否。天照大神答应了，因此，姐弟俩隔着天安河进行赌誓。

以上情节，包含着两层意思。

其一，可以看出，天安河是高天原与苇原中国的界河。也就是说在未能证实须佐之男清白之前，须佐之男不可越过这条界河。所以姐弟俩要隔河赌誓。

天安河在哪里？梅原猛在《诸神流窜》一书中指出，在福冈大岛的宗像中津宫的后面有一条叫天川的河，那里有天真明井。《古事记》的作者为了不被人识破说是天川的事，因而在书中把它更名为天安河，这个传说本来是说男女二神在天川相遇并生子。后来两次八百万神齐聚天安河原开会，也是发生在此。并且“天安”二字有含义，作为界河，它肯定是一条很不平静的河流，希望它能安定下来。

其二，天安河誓言与吉野宫盟誓。

盟誓，实际上是在神明面前发誓要共同遵守某种约定，如有违背，会遭到神人共戮。这种盟誓有一定的约束作用，因为古人相信因果报应，对神明有敬畏，不敢轻易违反。

讲到天安河誓言，其实它是神话版的吉野宫盟誓。话说天武在世时，为了达到“千岁之后，欲无事”的目的，于679年5月，做贼心虚的他与皇后以及儿子草壁皇子、大津皇子、高市皇子、忍壁皇子以及天智天皇的两个儿子志贵皇子、川岛皇子八人在吉野宫盟誓，众皇子发誓要遵从天武的命令齐心协力，“相扶无悖”，不能有二心；而天武和皇后则誓言要对“异腹而生”的皇子一视同仁。六个皇子中，只有草壁皇子是天武和皇后所生，其余的五个皇子中有三位皇子是天武与其他嫔妃所生，有两个皇子则是天武的侄儿。天武天皇尽管立草壁皇子为太子，实际上他更赏识大津皇子，四年后就让21岁的大津皇子参与朝政，从而威胁到太子的地位，这引起了皇后的极度不满，是导致大津皇子被杀的直接原因。所以，持统天皇并没有遵守吉野宫盟誓。

在日本历史上，尽管政治人物喜欢在神明面前盟誓的做法，并彼此交换人质以防止对方毁约。而实际上，毁约的事屡见不鲜。比如丰臣秀吉在垂暮之年，为了保证自己打下的江山能由幼子丰臣秀赖传承下去，要求德川家康等“五大老”和各地诸侯宣誓效忠，德川家康等人两次递交誓书，保证在秀吉死后尽心尽力拥戴幼主。

“誓书”，这张白纸黑字的纸条，在日本行之已有几百年，是表明心迹的契约、赤诚的见证。但是，一张纸是靠不住的。秀吉死后，德川家康马上带头违约，并于两年后发动关原之战，成为日本新的天下人。

（二）奇特的生育

姐弟在确定了以向神发誓生孩子的方法自证清白后，采取了一种独特的生育方法。

首先，天照大神将须佐之男递过来的十拳剑折为三段，把它放入天真名井洗涤干净，放在嘴里嚼碎后吐出来，其喷出来的气息化为神，共生出三尊女神，分别是多纪理毗卖命（奥津岛姬命）、市寸岛比卖命（狭依姬命）和多岐都比卖命。这三尊女神是日本著名的由三位绝色美女组合的宗像三女神。全日本有超过八千座神社供奉她们。

宗像三女神是守护海上安全的神祇，每一个小女神都是赫赫有名的绝色美女，也因此芳名远播，并形成了宗像信仰。实际上，以北九州地方的宗像氏为中心的海女一族，自从她们发展出宗像信仰以后，便逐渐流传到中国与朝鲜半岛，因而声名大噪。尤其是位于北九州的玄界之滩，海面尤其汹涌危险，使得人们在出海前必须向宗像三女神祈求平安。因此，她们就成了大海与航海安全之神，名声传遍了日本，其影响力类似于源自中国福建的妈祖信仰。

天照大神生了三个女神后，接下来轮到须佐之男。须佐之男把天照大神头上左右额、发髻，以及左右手佩戴的五块玉逐块放在井里洗干净，把它们一一嚼碎，吐出时的气息先后化生了五尊男神，他们分别是以下五位。

1. 正胜吾胜胜速日天之忍穗耳命

这是须佐之男表示自己真正获胜的意思。正胜是真正的胜，吾胜是我胜，胜速是胜得快，日是太阳，忍穗是丰硕的稻穗，耳是尊称。这尊神的出生可不一般，他是由八尺琼勾玉的玉串化生的，而其他四神只是由四块普通玉石化生的。

天之忍穗是姐弟盟誓生下的第一个男孩，也是天照大神的嫡长子，即后来的太子。后来他与高御产巢日神的女儿结婚，生下了天孙迩迩艺命，正是这位天孙代替父亲降临苇原中国，成为天皇在人间的始祖。

他的神名特别长，名字背后包含着特殊的意义。实际上是须佐之男在与姐姐赌誓，气氛十分紧张，不难想象一个赌徒把身心性命全押上，面临开牌时的心情，而当牌打开，证明自己大获全胜时，情不自禁地喊出："我赢了，我真的赢了，我得了这么快"。他面对天照大神表现出来自豪的态度和胜利的喜悦，而且对农民来说，这个名字所体现的是一串串沉甸甸的稻穗，充满着丰收的喜悦。所以，这尊神是稻穗之神，因而也是农业之神。

2. 天之菩卑能命

他是由天照大神右额发上所佩的玉化生的神，是天照大神的次男。名中的"菩"带有"穗"的含义，是一尊农业神。

3. 天津日子根命

他是由天照大神发鬘上的玉被嚼碎后化生的神，是天照大神的三男。他是祈雨之神，也是风神，以其灵力保护农作物不受暴风雨的侵袭。同时，他被封为许多有力氏族的祖神。这些氏族分布于日本各地，都是发誓效忠天皇的。《古事记》中把这位神高捧为天照大神的御子，实际上是皇室与这些有力豪族相互认亲与结亲，共同构造一个坚强的政治共同体。

4. 活津日子根命

这是天照大神的四男，其灵力如何不得而知。

5. 熊野久须毗命

这是由天照大神右手佩戴的神化生的神，名中的“久须毗”代表秘灵，暗示其灵力很大，而这里的熊野是指供奉他的位于岛根县的熊野神社，他是与火的起源关系匪浅的熊野之神。

姐弟盟誓进行生子比赛的结果是生出三女神五男神，天照大神对这八尊神的隶属关系进行划定。她对须佐之男说：“后面生的五位男孩，是以我的东西为种子而生的，当然是我的孩子。先生的三个女子是以你的东西为种子而生的，当然是你的孩子。”这样一说，就明确了子女的归属。

在明确了归属后，须佐之男对天照大神说：“因为我的心地洁白，所以我生的孩子是柔和的女子。由此看来，自然是我胜了。”也就是在这场赌誓中，须佐之男获胜。

以上是《古事记》对姐弟誓约的过程和结果的记载。但在正史《日本书纪》中所记载的誓约就大不相同了，且内容相互矛盾。

两书关于天照大神武装出迎，须佐之男提出通过盟约证其清白的描述是一致的，但是接下来就大不一致了。

首先，须佐之男先立规矩，他说：“如果所生的孩子是男孩，则表示其心清白，倘若是女孩则代表自己确有二心。”这个判断标准与《古事记》正好相反。

其次，天照大神折断须佐之男的十拳剑，生下三女神，须佐之男捣碎天照大神的五块玉，生下五位男神，然后天照大神宣布三女神为弟弟所生，五男神是自己所生。这和《古事记》记载无异，但因为标准不同，说明须佐之男在这场赌誓中失败，是怀有二心的。既然如此，天照大神为什么要让他进入高天原呢？

《日本书纪》第一卷（异传）记载天照大神生三女神，须佐之男生五男神，依誓约规定，当然是须佐之男获胜，既然获胜，就有权利留在高天原。既然他是五位男神的父亲，那么，皇祖神就是须佐之男而非天照大神。但在《日本书纪》第三卷又说，天照大神把须佐之男的儿子当作自己的儿子，也就是说五男神虽是须佐之男的儿子，但同时也是天照大神的养子，因此天照大神也是皇祖神。

至于日本其他文献，如《先代旧事本纪》所载，与《日本书纪》相类似，都是表明若生女即有二心，若生男即让他当天照大神的继承人，统治高天原。还如，《古语拾遗》则根本没有盟誓的说法，说的是须佐之男为献瑞之八坂琼玉而现身高天原。因感应曲玉而生天祖吾胜尊（天之忍穗），天照大神爱而抚育之。这说明须佐之男才是皇祖神。

赌誓神话的表面是男女神争夺生育权的对决，实质上却是争夺高天原的统治权。

姐弟通过生子来证明清白，各自强调和体现自己有独立的生育能力，而实际上都必须借助对方，与对方合作才能生育子女。从精神分析的角度说，十拳剑是男根的象征，天真名井是子宫，玉是卵子，相互的结合和配合，最终生下三女五男。也就是说，比赛的结果无法证实是男方还是女方在生殖行为上具有绝对的所属权和优胜权。

大林太良认为这个神话以高天原的王权为主题，并具有多个侧面，特别是两重创造神话、天界之王位神话的侧面尤为重要。

在他看来，所谓两重创造神话是指男神与女神各自生出自己系列的神，即男神生男性神，女神生女性神，重要的是，它是在高天原的王权受到威胁，要保护它时才产生的。

从这场生育对抗战中可以看出高天原王位争夺的本质和过程。

第一，在王位争夺战中，一定会发生暴力和流血事件。

在西方神话中，把这种伤害往往归结为性器损伤。在希腊神话中，第一代神王乌拉诺斯就是被他的小儿子克洛诺斯用镰刀割掉他的男根而被推翻的。而赫梯神话中，库玛尔比咬断安努的男根。在日本神话中恰恰受伤的是女阴，第一次是母神伊邪那美生火神时阴部被灼伤而病亡。第二次母神天照大神的织女受到须佐之男的惊吓，梭子触及阴部而亡，另一说死的是天照大神。

须佐之男在赌誓胜利后，屡屡向天照大神挑战，天照大神一再退让妥协，最后发生了人命案，迫使天照大神躲入洞穴。

第二，姐弟盟誓和奇异的生育，实际上是为了保护天照大神的名誉，炮制了日本式的处女怀孕生子的神话。

其实，天照大神与须佐之男姐弟通婚，誓约就是结婚的誓词，剑和玉是彼此交换的信物。天照大神和须佐之男实行的是古代盛行的走婚制，他们生下三女五男，从表面上看，天照大神是处女怀孕生子，但实际上早已经不是处女身了。

这个奇异的生育实际上是在掩盖天照大神与须佐之男姐弟通婚的事实。为什么要隐瞒结婚生子的事实，一是为了维护天照大神的名誉，二是因为须佐之男后来因犯下滔天大罪被赶出高天原，天皇的血统不能有罪犯的基因渗透进去。所以，皇祖神本是姐弟两人，现在只剩下天照大神一人了，而事实上，至少在奈良时代的天皇家其实并不在意被认定是须佐之男的子孙。

姜建强先生在《大皇宫》一书中指出：天照大神自身隐含了两个互为矛盾的话题：一是女神应该具有独身形象——处女神，自元正女帝以后诸女帝都是独身；二是女神有后代但没有丈夫，除表明一种暧昧之外，还暗示了女神已经破了处女身。所以，女神应该是处女身，但破了处女身还是女神。这就是日本人独特的思路和逻辑。

第二节　大闹高天原

一　须佐之男的暴行

（一）无赖的逻辑

天照大神怀疑须佐之男的到访别有用心，须佐之男提出向神发誓生孩子。但并没有事先约定到底是生男孩还是生女孩才能证明须佐之男的清白与否。这是须佐之男的狡黠之处，也是天照大神的疏忽之处。

接下来他们互相取对方的物品洗净嚼碎，他们共生了三女五男。可以有两种划分标准，一是由谁孕育就归谁，照此标准，是天照大神生三女，须佐之男生五男；二是以谁的种子为标准，也就是后来天照大神采纳的标准，即三女神是十拳剑化生的，当然归须佐之男，五男神是五块宝玉化生的，当属天照大神。

在天照大神划分子女归属后，须佐之男才提出生女孩证明自己清白的标准，天照大神傻眼了。就像赌场里赌大小，先不讲大的赢还是小的赢，等牌开出来，见点数大就说大的赢，见点数小就说小的赢，这种赌局怎么能玩下去呢？

事后确认让天照大神吃了哑巴亏，而让须佐之男要了一回无赖，获得了进入高天原的通行证。

须佐之男说他赢的理由是因为他心地洁白，所以才会生出柔和的女神。把洁白与女孩联系在一起，并不是完全没有道理，让人联想到神社里的巫女。

在日本神社，巫女作为辅助神职的神子，通常身穿白色上衣及红色绯袴，代表清新、洁白、神圣和无垢的传统形象。身着白色的衣服表示此人已获净化，不受世间的污染，而这种纯洁的象征性如此伟大，以至于只有神官、新娘和逝去的亲人才常态性地穿着白色和服。

（二）须佐的恶行

由于须佐之男的狡辩，也许天照大神觉得理亏，委屈了须佐之男，因此她接待了弟弟，并让他住了下来。但是须佐之男并不领情，不但长住下来，还乘机大闹高天原，做出了一系列令人发指的恶行。

1. 破坏农业生产

须佐之男毁坏了天照大神和高天原众神所造的田埂，填平了田里的沟渠。《日本书纪》的记载是，春天时，须佐之男跑到天照大神亲自耕种的天狭田、长田重复撒下种子，毁坏田埂并填平沟渠，导致农田用水不畅。到秋天则将天斑驹驱赶到田中，妨碍稻谷的收割。这一系列行为引起众神的公愤，天照大神不但没有谴责，反而为弟弟辩护，说他毁坏田埂填平沟渠是爱惜土地，是为了扩大耕地面积。

以上这段话给我们透露了如下两点信息：第一，高天原实际上是一个世外桃源，那里的神也是农民，要自力更生，养活自己，天照大神充其量也就是一个村长而已；第二，须佐之男不是暂住高天原，而是长时间居住，才有春天和秋天两季捣乱的事实。

2. 玷污神殿

神殿本是最圣洁的地方，而须佐之男却偏偏跑到天照大神要举办新尝祭品尝新收成稻米的神殿里拉屎。这是对神的严重亵渎和极端无礼，这下把高天原的众神惹怒了，天照大神又纵容弟弟，睁眼说瞎话，说那是弟弟喝酒喝多了误入了神殿而呕吐出来的东西，并非粪便，而是醉酒后的呕吐物。

由此可见，须佐之男的恶行不断升级，从破坏生产进而亵渎神明，而天照大神一味地纵容包庇他。

这里还有一个有趣的说法，在日本，人们对饮酒者相当宽容，在日本到居酒屋喝酒，有时会看到个别日本人喝多了，就在路边当场小便，而其他人会意地笑笑。日本人素来对饮酒者酒后失态或不当行为相当宽容，这其实就是从须佐之男那里沿袭下来的传统。在神殿拉屎当属恶行，如果说是醉酒呕吐，倒还可以得到神的原谅。因此，天照大神才会如此替弟弟辩解和开脱。

3. 酿成人命

受到天照大神百般纵容的须佐之男，越来越变得无法无天，变本加厉。有一天，天照大神在清净的机房看织女织造神衣时，须佐之男拆毁机房的屋顶，把天斑马倒剥了皮，扔进机房里，天衣织女受到惊吓，梭子触击其阴部，竟致死去。

天照大神见状吓蒙了，极其惊恐，连滚带爬跑进天岩户，紧闭大门，藏在里面不敢出来，天上天下顿时陷入黑暗之中。

二　性虐待与织女之死

《古事记》描写了须佐之男把剥了皮的马丢进机房，使天照大神主仆惊吓万分，导致发生织女失手将梭子插入阴部，最终死亡的恶性案件。许多情节语焉不详，给人留下了很大的想象空间。

（一）倒剥马皮

日本原本无马，后来从大陆引进了蒙古马，不断进行近亲繁衍，所以日本古代的马个矮力气小，品种不良，更适合干农活。须佐之男杀死耕田拉车的马，并残忍地倒剥马皮，其行为之恶劣已超过了恶作剧的范围，引起神人共愤。倒剥马皮的做法在于制造恐怖气氛。

在希腊神话中，也发生剥皮的事件，但剥的不是马皮而是美女的皮。说的是女神库柏勒的仆从马叙亚斯捡到雅典娜遗失的笛子，吹奏技术大为提高，她声称自己的笛声超过阿波罗的琴声。阿波罗知道后大为恼火，携琴前来应战，双方的赌注是：胜利者可以任意处置对方的身体。比赛的结果是前二局平手，第三局阿波罗胜出，阿波罗绝不手下留情，他剥了这位女仆的皮，并把它挂在树上，这情景让人毛骨悚然。

（二）性器官受到伤害的原因

《古事记》讲到须佐之男把剥了皮的小马丢入机房，正在织布的织女惊恐万分，一失手将梭子插入阴户，最终伤重不治。织女之死恐怕不会这么简单。

在《古事记》中，有三处提到三位女性因阴部受重创而死亡。

第一例是伊邪那美生火神灼伤阴部最终命赴黄泉。第二例是受惊吓的织女失手刺伤阴部。第三例是在崇神天皇时代，大物主神与崇神天皇的婶婶倭迹迹日百袭姬命实行“妻访”，丈夫总是晚上来和她共度良宵，一大早又离开。当妻子的从未见过丈夫的尊容。有一晚上两人缠绵后，妻子提出在天明时让她一睹风采，大物主神答应了，并说他会藏在梳妆盒里。天亮后她打开盒子一看，是一条蛇，顿时惊恐万分，失声尖叫。大物主神感到妻子羞辱了她，马上变回人形，一怒之下回他的三轮山，百袭姬望着远去的丈夫，十分懊恼，遂用筷子戳自己的阴部自杀身亡。她的墓十分宏伟，时人称为“箸墓”。

可见，前两例倒是外力所致，第三例是自杀，但事实并非如此。

笔者认为是须佐之男用剥了皮的马去恐吓织女，织女被吓昏过去，须佐之男乘机强奸织女，后来玩起性虐待，把梭子插入织女的阴部，导致织女伤重不治。

事实上，在记纪神话中，男子对女人的强奸时有发生。比如大物主神被少女势夜陀多良比卖的美貌所勾摄，天天盯梢她，趁她在河边上厕所（川屋）时，用树枝去拨弄她的外阴，少女赶快逃回屋内，来不及关门，大物主神乘机入屋强奸了她。

可以推断，须佐之男完事后，用梭子插入织女的阴部，玩起性虐待。在古代日本，士兵在强奸女人之后，总喜欢将枪矛或木棍之类刺入女人的阴道，致其死亡。上面提到的公主用箸刺入自己的阴道进行自杀，实际上是大物主神因自己丑陋的面貌被公主发现了，恼羞成怒，随手用筷子将公主捅死了。

（三）性侵的对象

第一种说法如《古事记》所说的，须佐之男性侵的对象是织女。《日本书纪》指出这位织女名字叫稚日女尊，是负责为高天原众神织衣的衣服之神，这位可怜的小女神遭须佐之男性侵并被他杀害。

日本民间神话把蚕称为“马头娘娘”，把织女、机梭、马皮等因素联结起来。相传一对老夫妻和一个女儿，养了一匹马。女儿到了结婚年龄时，和马好了起来，并结了婚。其父极为恼怒，把马牵到山上，把它吊死在一棵大桑树下，并剥下马皮，没想到马皮飞回姑娘身边，把她拐上了天，老翁在梦中见到女儿，女儿希望父亲把她忘掉，并对父亲说，3 月 26 日早上，家里小仓房的石磨上会出现一个马状虫子，到时用吊死马的那株桑树的叶子喂它。这种虫子就可以吐丝作茧，然后将茧卖掉，维持生活，这就是蚕和茧的由来。

第二种说法是须佐之男性侵自己的亲姐姐天照大神，并导致其不育。《日本书纪》里讲的是须佐之男趁天照大神织布时，把马皮抛进去。被梭刺伤的其实是天照大神本身，《日本书纪》虽然并未明文说明，但天照大神应当是阴部受重伤，事实上，天照大神从此之后确实没有再产下子嗣。

读者不禁会问，如前所说，天照大神和须佐之男既然是夫妻，怎么会存在着强奸并致伤一说呢？

这要从两方面说起，首先要归结于走访婚这种婚姻制度。在这种婚姻制度中，既是一夫多妻，又是一妻多夫。除了须佐之男之外，天照大神还有其他男朋友。所以，前面所讲的有八个孩子其实不全是她和须佐之男共同生育的，后来划分子女归属时，就把三个女儿全归给须佐之男，而不管是不是须佐之男下的种。

其次，由于须佐之男在高天原居住期间屡屡闯祸，引起众神的不满，天照大神也日益生厌，与之分居并提出分手。须佐之男无比恼怒，才剥马皮恐吓她，并实施强奸和伤害。

在吉田敦彦的《日本神话的考古学》一书中也有类似的结论。

吉田敦彦在书中列举了希腊神话中大地女神德墨忒耳的遭遇，与须佐之男姐弟相类似。

德墨忒耳是农业女神，有一次她经过阿卡狄亚，弟弟海神波塞冬对她燃起了情欲，尾随其后。女神发现后马上变成一匹母马，混入附近吃草的马群中，以此蒙蔽波塞冬。不过，波塞冬一眼就识别出来，瞬间变成一匹公马，捕获了变成母马的德墨忒耳，强奸了她。这次交配，令德墨忒耳生下了一个女神和一匹神马。

事情发生后，德墨忒耳对弟弟蛮横无理的行为感到愤怒，她披上黑衣，躲进山洞之中，中止自己作为让大地培育农作物的大地女神的功能，让世界陷入饥馑之中。为此，宙斯只得派命运女神到山洞去劝解她，好说歹说把德墨忒耳从洞穴中劝了出来。

德墨忒耳的遭遇和天照大神的相类似，首先，她们都惨遭弟弟的强暴。在这里，"马"是一种隐喻，在德墨忒耳那里，马是障眼术；而在天照大神这里，"马"成了弟弟恶作剧的工具。其次，她们都由于愤怒或极度害怕而躲入洞穴，拒绝履行自己的职责，实行罢工抗议。一个不履行农业生产的职责，导致人类饥馑；另一个不履行提供光明和热能的职责，导致天上天下一片黑暗，鬼哭狼嚎，最后都是在众神的劝说或诱导下走出洞穴，重新履行职责。

三　天照大神：日本女性的典型

在人们心目中，日本女性几乎成为"东方女性"的代表，其以温柔、体贴、顺从、忍耐和情感细腻而著称于世。但是，日本妇女性格的形成有一个漫长的过程。肖书文女士曾对《古事记》中的女性形象进行文化解读，指出日本女性的性格在《古事记》中显示了三个层次，即在远古神话中奠定了日本女性重政治、重家族义务和重情感的特点；在历代天皇的传说中，日本女性往往以情感和爱情为基点来处理政治与家庭关系；自仁德天皇以后的日本女性则越来越把恋爱视为人生的真正意义，由此形成了日本女性温柔、体贴、忍耐、坚韧、细腻和善于言辞的特点，但也包含对家庭义务和国家政治的献身精神。

《古事记》中所有涉及的女性当中，天照大神无疑是一个典型。这可以从她如何处理她与须佐之男的关系上进行分析。

（一）作为政治领导人的天照大神

在本章开头，天照大神初次出场就表现出她作为高天原领导人英勇果敢和为国家利益，不惜与弟弟一战的姿态。作为领导人的一个基本要求是在大是大非面前，要舍小家而保大家。天照大神听说弟弟前来，料定他不怀好意，欲篡夺政权。所以，她全副武装，拉开架势，如果弟弟真的是入侵高天原，她必定与弟为敌，不惜生命，决战到底。

这种姿态和诉求是由农耕社会的基本特征决定的。

日本作家橘玲在《括号里的日本人》一书中提出了农耕社会的两大特点。

其一，划分势力范围，保护土地，防止敌人侵占是农耕社会的基本法则。为了获得食物，狩猎民族要不断迁徙，对土地没有牵挂。相反，以农耕为生的民族很难从土地之外获得食物，如果失去土地只有死路一条。

其二，农耕社会的第二个特征是“无法退出”。农耕民族坚守着土地，他们的子孙世代是邻居，而游牧部落如果不满意，可以随时搬迁。

结论是：农耕社会在政治上的决断只能是基于妥协的全体一致。圣德太子提倡的“和为贵”是日本人精神象征，但并非日本人所特有，所有的农耕社会都是按照“和”与“妥协”方法运转的。

作为政治领导人的天照大神一方面必须坚持原则，保护高天原不受外来的侵略；另一方面，要体现以和为贵，善于妥协，甚至做必要的牺牲。这就决定了她的政治性格的另一方面——妥协退让。

（二）作为亲人的天照大神

在高天原，须佐之男血统之高贵不亚于天照大神。须佐之男位列“三贵子”之一，随时可以取代天照大神。更何况如前所述，“三贵子”分治天照大神是一锅全端走，引起兄弟的不满。加之通过赌誓证明须佐之男纯粹是来探姐，别无二心。所以，天照大神觉得愧对须佐之男，因此，她放下领导人的身份，而是以亲人的身份去关照呵护须佐之男，可见，她的角色由一个政治责任担当者变成了溺爱弟弟的无原则底线的姐姐。

须佐之男在高天原大肆胡闹，乃至触犯高天原的各种法律和规则，而天照大神对弟弟百般容忍、辩解、包庇和溺爱，这更进一步纵容须佐之男实施更为严重的犯罪行为，必然引起高天原众神的愤怒，从而损害了天照大神在高天原的权威性。天照大神的这种身份立场的变迁，按照河合隼雄以“只有好孩子才是我的孩子”为表征的父性社会和以“我的孩子都是好孩子”为表征的母系社会区分的话，恰恰体现了日本人性的双面性。

日本人性的双面性在于：日本人会按父性社会的标准去选择一些人进入他们的共同体。这个共同体组成一个母性社会，在母性社会中每个人的价值和尊严都会得到充分尊重，个体与个体之间强调协调和妥协，拒斥强制。然而，这个母性社会是封闭的，因为母性社会更强调爱而非价值规范，一旦与其他社会接触，更多的就只有冲突和战争了。

天照大神在须佐之男杀死马匹并性侵织女（或是天照大神本身）时，既没有包庇他，也不惩罚他，而是选择逃避，自己藏起来。因为她感到恐惧和无助，此时她是一个纯粹的温顺守礼、谦恭卑下的日本弱女子，而非天界的最高统治者。因为她是不成熟的政治领导人，把难题留给众神，把一场极其严肃的政治斗争变成一个众神嬉戏打闹的庙会，最后在众神的百般哄骗下，走出藏身之所。

第三节　天岩户神话

一　大神爱玩“躲猫猫”

天照大神因为弟弟的恶行感到极度害怕和愤怒，躲进了天岩户里不现身。宇宙顿时失去光辉，世界进入漫漫长夜。各种凶神恶鬼蜂拥而出，四处作恶。各种灾祸一齐发作，人间牛鬼蛇神横冲直撞，几乎进入世界的末日。

这下全日本的八百万神慌了手脚，他们齐聚天安河的河原上举行全体大会，商量对策，如何把太阳神引诱出来，让天地重见光明。

在世界民族神话中，常见某大神因为某种理由玩起躲猫猫的游戏，不履行本身的职责，而造成神界或人间的某种混乱。

希腊神话中的农神德墨忒耳遭到兄弟海神波塞冬强奸，生下了一个女神和一匹神马，她一怒之下躲进洞穴，让人类陷入饥馑之中。德墨忒耳的这段故事，是用来解释农作物有枯萎期和收成期，也就是宇宙有春夏秋冬四季。

天岩户神话类似的故事在东南亚、阿依奴、爱斯基摩、北美印第安等地区广为流传。

中国南部的苗族、卡西族也有类似的传说。在贵州省的黑苗神话里，有一回太阳走远没有回来，人们让各种飞鸟禽兽鸣叫，希望能唤回太阳，没有获得成功。最后，把一只公鸡送了出去，它的叫声让太阳回来。正因如此，直到现在，公鸡一叫，太阳就升上天空。在卡西族的传说中，一个年轻人发现了一位藏在岩屋中的美女，他不断地在岩屋中放置鲜花引美女出来，最后捉住了她，两人结为夫妻。

二　天岩户神话的不同含义

日本学术界对天岩户神话有不同的解读。

其一，认为天岩户神话的原型是日食神话。大林太良将这个神话同泰国、老挝、柬埔寨等多地的日食神话加以比较，得出如下结论：①日与月原为兄弟或姐妹，下面有个弟弟或妹妹；②这个最小的弟弟或妹妹常干坏事；③为此，上面年长的哥哥或姐姐死去，化为日月，那个做坏事的小弟弟或小妹妹变成妖怪；④日食或月食从此出现。由此可见，除③之外，日食神话的要素在天岩户神话中。此外，它还包含其他类型神话的性质。比如，天照大神还具有农耕神的特征，须佐之男的暴行造成了对农耕的妨害，大林太良指出，在东南亚地区普遍存在一种观念，如果对稻魂不敬，它就会跑掉，因此，天岩户神话也具有这个特征。

其二，天岩户神话讲的是日本古代的火山喷发，即它是以绳文时代的真实事件为基础编写出来的。

在绳文时代，南九州经济文化高度发展，部落人口很多。大约在7000年前，位于日本大隅海峡中的鬼界破火山口发生喷发，喷火的烟雾在上空形成有毒气的气圈，日月几乎暗淡无光，释放岩浆等喷出物500余立方公里，火山灰堆积在九州南部约30厘米，北部有20厘米，摧毁了九州岛的大部分土地，甚至蔓延到四国和近畿，最终连关东地区也不能幸免，火山灰堆了几厘米厚。

在那以后相当长的时间，南九州变得无法居住。另外，九州北部到四国、近畿南部等地方的森林也被毁坏，西日本的绳文人陷入饥饿状态，再加上火山灰导致的呼吸道受害，很多人因此丧命。这次火山喷发和其受害状态也被地质学家和考古学家所证实。天照大神躲进天岩户，世界因此变得黑暗，应该是指火山喷发后火山灰的厚云遮住了太阳，而反映到绳文人的记忆中。

以上两种观点是以天文地理等自然现象去解释天岩户神话。以下是从政治、宗教和人文文化的角度去解释这个神话。

其三，天岩户神话所描述的是镇魂祭。日本古代朝廷有仲冬三祭，即新尝祭、镇魂祭和大尝祭，是大和朝廷极其重视的三大祭，也是皇权与神之间亲缘关系的祭祀。

“镇魂祭”中的“魂”，是指体现天照大神神体的阳光。镇魂祭最早源自民间对阳光的渴望。每当进入冬天，阳光柔弱，万物萧索，在寒冷的夜晚，人们多么需要温暖。所以，在这种朴素的企盼中，产生了祭祀太阳神，祈求阳光重新恢复、寒冬与长夜尽快消失的镇魂祭。

镇魂祭的祭法，是根据“天岩户”的故事进行的。祭祀中，颂祝词、唱神歌，都离不开对太阳的歌颂和祈求。民间的镇魂祭被引入宫中后，便成为由天皇亲祭的大祭。其内容由单纯祭祀太阳之魂，加入了祈求天皇的魂灵复活。因为经过一年的活动，天皇的魂灵如同深冬季节的阳光那样衰弱无力，而游离本体，使渐趋游离本体的皇魂回归成为镇魂祭的重要内容。宫内的镇魂祭在绫绮殿封闭举行，具有“咒术性秘密仪礼”的性质。

在《万叶集》等书中，用“岩隐”一词表示“贵人已死”。从这一点上看，天岩户神话中的太阳神已死，她的重新出现意味着她的复活，这和镇魂祭歌中唱到日神的灵魂附着于神体，把衰弱的太阳灵魂召唤回来，给予其活力，在本质上是一致的。

其四，吉田敦彦提出三机能说，即主权者（祭司）、战士和生产者。然而这三个机能在记纪神话中并不是均衡地起作用。其中“战士”与“生产者”的机能极弱。就天岩户神话而言，唯一起作用的机能便是主权者，作为高天原的最高统治者，天照大神的诞生和成长的“历史”，也是“主权者”确立的历史。

笔者赞同吉田氏的观点，并做以下两点解释。

第一，天照大神的原型人物是持统天皇。持统天皇是日本的“武则天”，她背叛父亲天智天皇和弟弟弘文天皇，力助丈夫从弟弟那里夺回天皇的宝座，在丈夫死后，她不可能让天智系再夺回皇位，也不赞同天武天皇的其他儿子继位，为了能让自己的亲生儿子草壁皇子登基，她不惜杀了大津皇子，可见持统天皇是一个工于心计、手段毒辣的女人。

在天武天皇死后，朝廷还存在着强大的反对力量，他们同情天智父子，而且天智系势力尚存。为此，天武被停柩达两年之久，每天都有朝廷大臣和地方官员哭拜，并向持统天皇表忠心，如同神话中，诸神造镜制玉，献给天照大神以表忠心。在得到绝大多数神的拥戴下，天照大神才打开门走出来。所以说，从天武死亡到持统即位的近三年时间，也就是天照大神“岩隐”的时间。

第二，在“岩隐”期间，持统天皇建立了自己的执政班底。其中核心人物是藤原不比等及其四个儿子。他们父子如同神话中的高御产巢日神和思金神一样，合力铲除朝中类似大大小小须佐之男的反抗势力。如果说持统是天照大神，那么弘文天皇和大津皇子都是须佐之男一类的反对势力，必除之而后快。

三　众神的狂欢：日本的“祭”

天照大神躲入天岩户，导致天地黑暗，灾难降临。八百万神齐聚天安河畔，商量对策。

在高天原第一聪明的思金神策划下，招来了公鸡让它啼叫，招来锻冶神天津麻罗和伊斯许理度卖神制作神镜，让玉祖命制作八尺琼勾玉的珠饰串，天儿屋锻烧鹿骨肩骨当卜。众神将神玉、神镜和神币安装在连根拔起的神树上（如同西方的圣诞树），布刀玉举着神树，天儿屋命念祝词，天手力男神藏在天岩户的暗处，天宇受卖命用葛藤做发鬘，手持竹叶，把空桶扣在天岩户门外，爬上空桶跳舞，咚咚作响，样子如同神魂附体，袒胸露乳，腰带拖到阴部，高天原大为震动，众神哄堂大笑。

鼓声和笑声惊动了天照大神，她心里纳闷，把门打开一条缝，从里面说道：“我隐居在此，本认为天下一片黑暗，为什么天宇受卖还在歌舞，众神在高声欢笑呢?”天宇受卖回答说:“有比你更尊贵的神来了,所以我们在歌舞庆祝。”说话之间,天儿屋和布刀玉拿着神镜,天照大神越发奇怪,想到户外看个究竟,当她刚迈出门槛,就被天手力男一把拉出来,布刀玉趁机张开绳网,阻断了大神的退路。这时,天地重返光明。

这个过程实际上是日本的一场“镇魂祭”。

1.“祭”的基本要素

在日本,祭有两层意思,一是指祭祀神灵的仪式及活动;二是指各种节日。“祭”是了解日本文化的一个窗口。

如前所述,古代日本民间流行“镇魂祭”,通常有两个环节。

一是燃烧大火。“天岩户神话”所描述的引太阳出洞的情节,表述了古代农耕民族对太阳的依赖和崇拜心理,期盼太阳复活。日本的许多“祭”都会点燃大火或举着火把,原因在于人们担心在严冬季节太阳会被冻死,燃起大火为太阳驱寒,祈祷太阳复苏和强大。

二是载歌载舞。“天岩户神话”记载着众神为了引太阳神出洞而使出的主要解数是唱歌和跳舞,引起太阳神的注意,同时也娱乐众神。

2. 组织者与主角

在天岩户的整场狂欢活动中,核心人物是思金神,主角是天儿屋命、天宇受卖命、天户力男神,配角是天津麻罗、伊斯许理度卖命、玉祖命和布刀玉命。下面逐一介绍。

(1) 思金神

思金神是解决岩隐危机的首席功臣,在众神商议如何解决危机的过程中,思金神始终掌握主导权,不愧是智慧之神,高天原神界第一聪明。

思金神是高御产巢日神的儿子,名中的“思金”意为考虑周全。从请来公鸡鸣叫,令人采铁和制作铁镜,制定八尺琼勾玉,使用鹿角占卜,布置场景和编排节目,安排大力神等,一切尽在其设计和掌握之中,最终成功地让天照大神出洞。

天照大神在位期间,极其倚重思金神,在天照大神和高御产巢日神派遣的平定苇原中国的人选均告失败的情况下,思金神力荐建御雷之男神赴任,后者不负众望,一举完成平定大业。之后,天孙奉命入主苇原中国,天照大神特命思金神作为首辅随天孙降临,由他负责掌管祭祀仪式与神宫政务等多项要务。

（2）天儿屋命

天儿屋命是高天原位列第一的写作高手，也是头号马屁精。他是以言灵来联结人与神的祝词之神。

在现代日本的许多仪式中要朗诵祝词，比如建筑工地要举办地镇祭，神主要朗读文章。这种仪式的目的是对寄宿于这块土地的神祇表示感谢之意，意思是“非常抱歉，我占用了您的地盘，让您受委屈了，我们挤一挤吧”。进而安抚神明，祈求工程平安，而仪式中诵读的祝词，源自天儿屋命。

在诱导天照大神出洞的仪式中，天儿屋命写了一篇惊动天神的祝词，赞美之词溢于言表，成功地取悦了天照大神，这是让她回心转意的一大因素。对神的赞美和感谢，成了现代祝词的起源。

天儿屋命因擅长文字和拍马屁，深得天照大神的欢心，后来派他随天孙下凡，负责神事相关的仪式。他被中臣氏奉为始祖。而中臣氏后来出了中臣镰足，因大功于天智天皇，镰足临死前被天智天皇赐姓为“藤原”，是日本著名权贵家族藤原氏的始祖，他的儿子不比等继承了这个姓氏，不比等的兄弟仍称中臣氏。

（3）天宇受卖命

天宇受卖命为了引出天照大神，在洞口前卖命地跳起了艳舞，她一边踏着小碎步，一边袒露她 D 罩杯的豪乳，舞到最激烈时，还会露出阴部，引得众神热烈喝彩，掌声欢笑声回起，把聚会推向高潮，这场古代版的“脱衣舞”造成的效果终于触动了天照大神。

天宇受卖命是裸身舞动的艺能女神，也是日本第一个舞娘，她后来也被天照大神任命为天孙的随侍。

（4）天手力男神

天手力男神在岩隐故事中扮演临门一脚的角色，当天照大神因好奇而迈出门槛想看个究竟时，躲在旁边的天手力男神以迅雷不及掩耳盗铃之势，把天照大神拉拽出门，完成了思金神计划中最关键的一步。他是一个兼具理想肉体与臂力的大力神。

据户隐神社的传说，当时他担心天照大神再度隐身，为了让她无处可藏，便用蛮力直接将石门（岩户）折下，往远处一扔。据说这扇石门最后落在信浓国，即今天长野县的户隐山，山下有个户隐神社，供奉的正是天手力男神。

由于他的壮举，成为日本深受欢迎的神祇。日本各地的祭典和神事中表演的神乐，经常以他作为舞蹈的主题。

（5）天津麻罗

在岩户故事中，出现这个人的名字，但他到底是人还是神，以及在其中做过什么事，神话中没有明确说明。《古事记》中说他前去采天金山的铁，为后面的伊斯许理度卖命制作的八咫镜提供原材料。可见他的任务是负责炼铁。也有学者指出，“麻罗”一词在蒙古语中就是铁的意思。

（6）伊斯许理度卖命

伊斯许理度卖命在神话中的任务是打造后来成为日本皇室三神器之一的八咫镜，用来引诱天照大神走出天岩户。八咫镜本身也作为天照大神的御神体，被奉为镜子的元祖。

和后面的八尺琼勾玉一样，镜在天岩户神话中有双重作用。一是作为引诱天照大神走出洞穴的道具，对女神来说，梳妆打扮离不开镜子，漂亮又名贵的勾玉永远是女神的至爱，所以用最好的铜铁打一面镜子，再用天下最好的玉打造一个勾玉，这是送给天照大神最好的礼物。二是表示臣服的意思。当一方向另一方表示臣服的时候，一定会献上最贵重的礼物作为服从的信物。后来须佐之男改邪归正，斩杀八歧大蛇，从蛇身里得到一把宝刀，就把它献给天照大神，这把刀就是草薙大刀，献刀如同战败缴械一样，向对方表示投降。这样，镜和玉，再加上这把刀，就成了向天照大神俯首称臣的信物，也是代表天照大神拥有天下的象征物。

（7）玉祖命

在天岩户神话中，玉祖命因打造一块巨大的勾玉而被载入日本神话史。这个八尺琼勾玉中的八尺并非尺寸，而是说它的块头很大。

玉祖命后来奉命穗天孙降临日向，之后定居在玉祖神社，开始治理日本的中国地区，成为玉造部祖神。

（8）布刀玉命

布刀玉命是因神事与卜占而深受信仰的神。在岩隐事件中，他使用鹿骨进行一种名为太占的卜占，并从天香具山挖来的一棵常绿树，将勾玉的细绳、八咫镜、白色布帛与青色麻布帛装饰好的太玉串（树枝），作为祭品捧在手中，极为虔诚和庄穆，从而感动了天照大神。而他所捧的太玉串就成了他的神名。

以上是在岩隐事件中出现的几位神明，因有功而得到天照大神的重用。后来，天照大神派天孙统治苇原中国，就以思金神为CEO，以天手力男神为贴身保镖，同时给他配备了四个生产经营部经理和一个文艺队长，即天儿屋命、伊斯许理度卖命、玉祖命、布刀玉命和天宇受卖命，他们下凡后成了辅佐天皇的五个豪族的祖神。

四　天岩户神话中涉及的神社要素

如前所说，天岩户神话展现的是日本民间进行的一场镇魂祭，这里所发生的人事和物件，构成了日本神社的基本要素和配置。

1. 鸟居

天岩户神话中众神做的第一件事是招来常世长鸣鸟，也就是让公鸡停留在一个木架上啼叫，即后来立于神社前的“鸟居”。这个木架就是日本的第一个鸟居。

在日语中，“鸟”是鸡的意思，由于受天岩户神话的影响，公鸡成了神的使者。为什么要让公鸡啼叫呢？道理很简单，在古人眼里，早晨公鸡一打鸣，太阳很快就升上来，所以就认为太阳是被公鸡唤醒的。

不仅日本古人有对鸡的信仰，其他国家也对鸡表示赞赏，比如中国古人赞誉鸡是“五德之禽”。在古代波斯帝国，认为公鸡是王者之鸟，并认为公鸡打鸣可以阻止灾难发生和驱散黑暗。另外，古犹太人特别信仰公鸡和母鸡的生育能力，他们给新婚夫妇的祝词是：新郎要像公鸡一样雄起，新娘要像母鸡一样下崽（蛋）。

2. 神乐和神乐殿

所谓“神乐”，是为慰藉神灵而进行的神事歌舞活动，皇宫中的神乐是从以镇魂为目的的咒术发展起来的，以音乐舞蹈为主要形式，目前日本皇宫存有90首神乐歌。而民间的神乐也被称为里神乐，在祭祀仪式上表演，既娱神也娱人，有多种形式，通常戴假面具配合音乐跳舞，日本神乐历史悠久，分为巫女神乐、狮子神乐、出云派神乐、伊势派神乐等。

神乐源于天岩户神话中天宇受卖命按众神的指派，通过跳艳舞创造气氛，吸引天照大神的注意。由于天宇受卖命的出色表演，目的达到了。表演神乐的舞台就是神乐殿，自平安时代，神乐殿就成了神社的常设。

3. 注连绳

注连绳，又称七五三绳，在天岩户神话中，讲到天照大神因好奇走出天石屋大门的门槛时，隐藏在一边的天手力男神就抓住她的手，把她拉出来。而布刀玉命赶快把注连绳挂在她后面，说道："不许再回到里面去了。"

用稻草制作的注连绳，通常挂在神社的鸟居或拜殿，表示注连绳的内侧为神域，防止不洁之物进入。日本人在过年时，也会在玄关挂此绳，以示辟邪，并得到神的保佑；或者当家里丧事出殡之后，门口挂此绳，表示阻止鬼魂回来。

日本相扑界地位最高的叫"横纲"，他的腰间绑上一条白色的注连绳和数串垂纸，那条粗大的绳子被称为"纲"，"横纲"的本意就是横挂的注连绳。

注连绳是用稻草打造的，原意是为了祈求稻米的丰收。中国和朝鲜半岛南部原来也有吊挂注连绳的习惯，不知何时失传。顺便提一下，日本最大的注连绳在出云大社，长度 13 米，直径达 8 米，重达 4.4 吨。

4. 御神体

日本早期的神社里没有神像，通常会把树木、石头、山体、山洞或者镜子，当作神灵的替身来膜拜，这种被膜拜的树或石头被称为"御神体"，神社的御神体通常是镜、剑、玉。

天照大神在欢送天孙下凡之前，交给他三件宝贝，即三神器。她再三交代说："这面八咫镜如同我的灵魂，要像供奉我那样祭祀它。"因此，镜子就成了天照大神的御神体。在日本神社，通常把神明的御神体安置于本殿，因而本殿是神社最神圣的地方，平时大门紧闭。参拜者一般只能到拜殿，因此误认为拜殿里供奉着神体。

随着佛教和佛像的传入，受此影响，日本 9 世纪的时候开始制作神像，这时才开始有神社以神像作为神体来供奉。

5. 与天岩户神话相关的两项发明

天宇受卖命跳艳舞，把天安河原聚会推向高潮，女神用葛藤做发鬘，把空桶扣在门外，在空桶上跳舞，跳到尽情处，衣裳尽褪，露出女阴，八百万神笑声震天响。这段情节包括四个要素：①以葛藤做发鬘；②咚咚作响的空桶；③露出阴部；④众神大笑。

第一，以葛藤做发鬘：钵卷的起源。

无论是日本电视剧，还是动漫，主人公表示要发愤图强时，都会在头上绑一根白布条，这个白布条的专业术语叫“钵卷”。在日本，它是一种吉祥物，连尺寸都是规定好的，长 120 厘米，宽 5 厘米，市面上很容易买到。通常是在“下决心干大事”的时候带，比如女人要生孩子了，学生要参加考试，工匠要盖房子，甚至武士要切腹。

社会上各阶层对这根白布条的解释不同，体力劳动者把毛巾拧成一根绳绑在头上，是为了防止汗液流下影响工作；士兵作战，头上扎上布条以区分敌我。而神道教的解释比较有文化，就是天宇受卖命在额头上缠了常青藤头绳，所以，后来的宗教仪式上用钵卷来吸引神的注意。

第二，咚咚作响的空桶：太鼓的锥形。

太鼓就是日本传统的鼓艺表演形式。据说早在绳纹时代就出现了太鼓，当时是用来传递信息的。在神话中，天宇受卖命把桶倒过来敲得咚咚响。日本中世时期，随着“田乐”的发达，太鼓在日本民间相当盛行，而战国时代的大名，则利用太鼓指挥军队，太鼓随之兴起。时至今日，太鼓仍是备受欢迎的表演节目，每逢节日，日本各地会组织不同的太鼓表演，少则十几人，多则成百上千，时鼓时舞，嘴里喊着口号，场面非常壮观，有人神相通的共同体验。

在古代，太鼓迎神宴飨，亦可驱瘟赶鬼。在佛教中，太鼓象征着佛的声音。在各种各样的“祭”中，太鼓以简洁而又富有生命力的节奏传达着人对宇宙天地日月星辰的敬畏，在击打中聆听大自然的回响和激荡。

五　女神的“露阴癖”

无论在中国、日本还是在希腊等民族的神话和民间传说中，都有大量关于以女阴去取悦神鬼和驱邪克敌的描述。也就是说，在关键场合女神或女性露出阴部，具有两方面的作用，一是作为开启神灵的路标，有取悦神明让他高兴快乐的作用；二是作为一种法术去驱邪和克敌制胜。

1. 悦神之术，效果奇佳

天岩户神话中最有趣的看点是天宇受卖命大跳艳舞，露出乳房和阴部，逗得众神哈哈大笑，从而惊动了隐居中的天照大神，取得了奇佳效果。

据《日本书纪》记载，天宇受卖命后来随天孙下凡，路上遇到一个长着大鼻子的神，天孙令天宇受卖命上前询问，女神走近这位男神，露出乳房，把衣服卷到肚脐下面，微笑地看着他，还没等到下一个动作，这位男神立即蔫了，告诉女神说他是猿田毗古神。传说猿田毗古神的性器又大又强，被日本民众奉为性器之神，但无论如何强大的男根，在女阴面前都会失去威力，因为日本人相信女阴的灵力超强。

在希腊神话中，农神德墨忒耳由于女儿失踪而四处寻找，因思念女儿而茶饭不思，有一天她到厄琉西斯，国王科勒俄斯热情地招待她，但女神依旧不吃不喝，把国王急坏了。这时，王后的侍女伊阿姆贝做了一个滑稽的动作，露出了她的阴部，引逗女神发笑，女神终于开口吃饭了。

在印度最古老的诗歌集《梨俱吠陀》中记载，日神的母亲曙光女神乌莎丝喜欢一边欢笑，一边跳舞，乳房和身体都因此裸露出来。

世界很多民族的神话传说中都有女阴崇拜的观念，在人类的原始文化中有女阴崇拜的观念，女阴绝不是淫秽下流，而是神圣的生命之门。在日本，人们发现早期就有表现女神展示外阴的雕象，这种形象后来转变成“观音”。直到日本的现代社会，“去看观音”仍是一句流行的口语，意思是去看脱衣舞。甚至在古代日本，把卖淫的游女也称为“观音”，这在中国人看来简直是大逆不道的比喻，是对救苦救难的观音菩萨的极大亵渎，而日本人却不这样认为。

在日本古代信仰中，太阳神本是男神，天照大神本是巫女，是太阳神之妻，后来才成为太阳神。而巫女是专门服侍神灵的，巫女要用性器官挑逗和招待神明，目的是求得神的保佑。

2. 驱邪克敌，屡试不爽

无论是古代中国人还是日本人，都相信女阴有无可比拟的威力，能够驱邪克敌。

日本古代有一个故事，讲的是两个女孩被一群妖魔鬼怪追赶，她们乘船逃跑，魔鬼穷追不舍，两女子走投无路，巧遇一女神，女神让两女子露出阴部，自己先做示范。两女孩照办，三个女人面对魔鬼一字排开，齐刷刷地亮出她们的秘密武器，众魔鬼果然在一阵嬉笑中纷纷离去。

日本还有一个故事，名叫《女孩的智慧》，说的是一老夫妇养育一女儿，有一天，女儿被鬼拐走，老父四处寻找，终于在深山中找到女儿。父女赶快逃命，众鬼在后面猛追。父女俩到了河边，赶紧上船远去，众鬼追到河边，张开嘴大口大口地喝起河水。河水越来越少，船就往后退，眼看就要退到岸边了，在这危急时刻，女孩撩起衣襟，露出阴部，并拍打着臀部，众鬼看了扑哧大笑，结果把喝进去的水又吐出来，这样水一涨，船就赶快开走了，父女终于安全到家了。

在《古事记》里，经常会提到女阴，初代天皇神武天皇皇后的芳名干脆就叫成大剌剌的“女阴”。在《古事记》中，“阴部”读作“HOTO”，从字源上看，原本的“HO”，是火与日的意思。“TO”是场所的意思，“HOTO”是神圣的灵魂寄宿之处。可见女阴是一个多么神圣的器官，是众神向往的地方。因此，在古代日本，裸体或者露阴的行为，绝对不是变态、下流或亵渎、粗俗之意，而是一种用隐藏于体内的神秘力量，去驱邪除魔的做法。

在中国古代，女阴有压邪、克敌的功能，以至于在战阵交攻中用之不辍，谓之阴门阵。史载，1774 年山东发生了王伦之乱。农民军攻打临清城，官军用大炮轰击农民军中的一个大头领，屡击不中。正在官军束手无策之时，一老兵从妓院拉来一个资深妓女，把她带到城墙，脱掉她的内衣，让其阴部朝向大头领，一炮过去，弹丸在大头领面前堕地，忽而弹起，神奇般地打中大头领的肚子并爆炸，使其毙命，一时间全城雀跃。

第四节　须佐之男的罪与罚

一　须佐之男的罪与罚

如前所说，经过众神的齐心协力，终于把天照大神拉出天岩户，世界重见光明，但是众神却不饶恕须佐之男。此时，天照大神也无法再替弟弟求情，甚至是默认和背后支持对须佐之男的审判及处罚。

合议庭判决的结果如下。

其一，在经济上以物赎罪。“使负千位置户”，指摆列于诸多高台上的物品。以物赎罪，让须佐之男倾家荡产。

其二，在名誉和肉体上予以刑罚。也就是割去他的胡须，拔掉他的手指甲和脚指甲。

关于刑罚的情节，不同版本的《古事记》记载的不一样，岩波文库版的是“切发，拔手足之爪”，讲谈社版的是“切发与手足爪以为祓”。

割发刮胡是一种名誉上的处罚，对男性来说是等同失去了名誉。比如在中国古代，发肤受之父母，不可损也，所以才有曹操“割发代罪”的故事。在日本武士社会，如果一个武士的头型也就是“月代”被人割掉，那是奇耻大辱，他是不敢出门的，甚至面临着藩主勒令他切腹的危险，读者如有兴趣可以从仲代达矢主演的日本电影《切腹》中得到答案。

另外是在肉体上进行体罚，即拔去手指甲和脚指甲。在日本刑罚中，拔指甲是古代当权者最喜欢使用的一种酷刑，据说当年平清盛在拷问源义经的所在时，就拔过义经祖母的指甲。

其三，判处流刑。也就是把须佐之男强制流放，驱逐出高天原。

流放一直是日本古代常用的一种刑罚，它的惩罚程度仅次于死刑。这有三个原因：一是流放犯人的多为生活条件恶劣的地方，如八丈岛、壹岐等外岛，一辈子很难再离开，等于是一种终身监禁；二是在岛上没有人帮助调度生活所需，所有的衣食住行均自行解决，而坐牢至少有个房间和简陋的食物可以保障；三是流放地的管理者对犯人经常处以私刑，导致犯人大量死亡。

至于须佐之男被流放到何处，《古事记》先是讲他离开高天原后，便降到出云国肥河上游的鸟发地方，在那里斩蛇并娶妻盖房，最后到根坚洲国。《日本书纪》则记载须佐之男被流放到根国，也就是回原籍，这是他要求去的地方。在流放途中，他十分狼狈，所有人都回避他。据说在雨中，他穿着用青草做的蓑衣，戴着草笠向人借宿，没有人愿意开门留宿他，所以，在日本，禁止穿蓑衣戴草笠进入别人家。

二　处罚的依据：天津罪与国津罪

（一）量刑的依据

700 年 6 月，第 42 代文武天皇下令刑部亲王、藤原不比等等人撰定律令，并于第二年即大宝元年八月完成，是谓《大宝律令》。718 年，又在《大宝律令》的基础上修成《养老律令》。

律的开头有律目，其中有笞、杖、徒、流、死五种罪的规定，以及赎这五种罪所需的铜的数量。比如死罪赎铜二百斤，死罪是最重的罪，但因日本自古以来忌血，所以死罪少，流罪多。继五种罪的规定之后，还规定了所谓“八虐”的最重的罪，接着又列出皇室等可根据其身份和功绩而减罪的条件，称之为“六议”，即要参照其身份和功绩来定这些人犯的罪。但是，如果犯了“八虐”，即使符合“六议”的条件也不能免罪。

这两个律的精神，反映着记纪神话的精神。须佐之男是天照大神的弟弟，在相当于六议之首的皇族中也是最尊贵的皇族成员。但他在赌誓获胜后，肆无忌惮，胡作非为，逼得天照大神隐入天岩户。如果把隐入天岩户理解为天照大神的死亡，那他就等于犯了八虐之首的企图危害国家的谋反罪或第三条企图叛国从伪的谋叛罪。因而尽管属于六议之首的须佐之男可以免去一死，但要付出大量的赎物、剥夺其一切名誉并实行肉刑后，被流放出去。这里贯彻着一种虽是最尊贵的皇族，犯了八虐也难免被处以重罪的律的精神。

905 年，第 60 代醍醐天皇下令编纂《延喜式》这部法律实施细则，作为当时律令政治的基本法，该法于 927 年完成编纂，于 967 年开始实施，其中祝词中出现了“天津罪”和“国津罪”这两个特殊的概念。

《延喜式》中对“天津罪”和“国津罪”做了详细的规定。

“天津罪”有以下内容：畔放（拆毁田埂）、沟埋（填塞引水的沟渠）、樋放（拿掉导水的竹管）、频播（重复播种，妨碍谷物生长）、串刺（将竹枝插在别人的田里，加以侵占）、生剥（活剥兽皮）、逆剥（杀死兽类后，从尾部逆向剥皮）、粪户（散布秽物）八项罪名。

前四项指的是对农田耕作的破坏行为，后四项则是对家畜的杀伤、虐待和玷污空间的罪名。而这些罪名几乎都是针对须佐之男在高天原所犯的罪过，全都是破坏农业生产、虐待动物以及排泄粪便制造污秽的行为。

"国津罪"有以下内容：伤害活人、身长白斑、堕胎杀婴、奸母罪、奸子罪、母子相奸、奸畜罪、昆虫灾、天变灾、飞鸟灾、咒术杀畜、蛊毒害人等。

（二）天津罪与国津罪划分的社会背景

首先，这个划分是基于神道信仰的基本精神。神道的宗教仪式和农耕生活息息相关，应该说日本神道信仰体系是建立在稻作文化的基础上的，因此，土地的再生能力和万物的生殖力成为最重要的正能量。也就是说，"生""健康""洁净"成为神道中具有最高价值的三个核心概念。相反，"死""伤病"和"污秽"就成了最严重的邪恶。这些邪恶的具体表现就是天津罪和国津罪所罗列的罪名。

蔡亦竹先生在《表里日本》一书中对天津罪和国津罪的划分做了精辟的概述，他说：

> 如果天津罪是国家形成之前的农耕社会和神话时代所传承下来的罪恶，则国津罪就是国家体系形成后的罪名。国津罪中把疾病、遗传病、天灾等都列为和乱伦、诅咒、伤害杀人同等级的罪，这在今天看起来当然是一种未开化的歧视。但是，就过去的角度来讲，这些天灾人祸和疾病就是因为人从事不净或污秽行为而导致的后果。

其次，天津罪和国津罪是两种不同性质的罪，天津罪多为与稻作农业有关的侵害土地所有权的行为，而国津罪多指近亲相奸、兽奸等荒唐之事。总之，国津罪指的是原住民、国神所触犯之罪。从这里可以推测出成为天照大神子孙的统治者的选民意识，他们认为原住民是有悖人伦的存在，被当作异族来对待，并极力丑化原住民。因而，是一种地地道道的民族歧视和排挤。

最后，天津罪和国津罪的规定与当时日本社会现实有直接的关联。

徐逸樵先生在《先史时代的日本》一书中谈到日本人的形成和发展，认为日本早期大量渡来人到日本，逐渐形成和发展成为日本人。他认为当时的这些人有两个特点，一是过着严格的统制生活，这样才能对付长期的、艰苦的开发生活；二是进行艰苦的集体劳动。因此，不允许有任何破坏农业生产的行为。

通过艰苦的劳动获得食物资源，这些大陆人到日本列岛后亟待解决的另一个迫切问题是“性”，男性远远多于女性，男女比例长期失调，使得弥生、古坟时代的婚姻长期陷入不正常的畸形状态。一方面，出现大量的近亲相奸和乱伦，即“上通下婚”；另一方面，有所谓的“马婚”、“牛婚”、“犬婚”和“鸡婚”，也就是人兽奸。类似不正常的性关系被大量地写进8世纪后的“大祓祝词”中。

三　须佐之男：日本文化中“恶”的元祖

须佐之男是众神中最缺乏实在性的神。从名字上就体现出来，“须佐”是粗暴、暴烈的意思，也就是一个粗暴无礼的男神。他因为胡闹不讨父亲的喜欢，被剥夺了分封并被赶出所住的国土。后来到了高天原，为了向姐姐证实自己的心灵纯洁，通过赌誓生下许多神，但本性难移，干了许多不可饶恕的坏事，从而被驱逐出高天原，在流放路上还杀了食物之神大气津比卖神。但是，到了出云国，他英雄救美，杀了大蛇，献剑给天照大神，表示臣服，并苦心经营领地，成了一个弃恶从善的典型。

须佐之男的性格多重性和人格的分裂表明，一方面，他是日本文化“恶”的元祖，他干了不少伤天害理的事；另一方面，他又是日本文化的“替罪羊”。

（一）须佐之男：日本“恶”的元祖

须佐之男首先是一个恶神，一个最大的“荒神”。

日本的神是分等级的，它有天津神和国津神之分。居住在高天原的神是天津神，天孙及后来随天孙下凡的神是当然的天神，他们的后代也是天神的后代。而国津神是指那些原本就存在于地上世界的众多神祇，他们是被征服者或失败者供奉的神。须佐之男本是天潢贵胄，是天照大神的御弟，因此是身份极为高贵的天津神，但是，因为他犯了许多不可饶恕的罪恶，被剥夺了天神的名誉和身份，流放到根国，他的子孙后代从此永远低人一等，成为国津神。如果从历史的角度来看，后来组成大和朝廷的那些人所供奉、信仰的神明是天津神，而其他诸如原住民、普罗大众信仰的神就是国津神。

须佐之男的前后两个人生经历的变化，让日本人产生了一种心向：恶神善神，共生共存，天生的恶人是不存在的。因为恶人也可以向善。日本人的逻辑是：人有两个灵魂，但不是善的灵魂与恶的灵魂，而是柔和的灵魂和凶猛的灵魂，因此不存在恶魂下地狱和善魂到天堂的说法。

日本神道中的“罪”，不是基督教中的“罪”，基督教的“罪”是原罪，是先天就有的。每个人都带有“原罪”的基因，要消除“原罪”的唯一方法就是不断地以实际行动去赎罪。而日本的“罪”是从外部而来的，是后天的污秽，要消除这种“罪”的方法就是祓禊，通过祓禊洁净自己的灵魂。

（二）须佐之男是日本文化的“替罪羊”

日本神话中没有洪水神话的情节，因此就没有原罪的概念。但是，如果没有原罪，人类社会中诸多有悖常理的现象就不能解释，最终必须找到一个替罪羊。在记纪神话中，这个最大的替罪羊是须佐之男。

在西方，替罪羊其实就是宗教崇拜仪式中所使用的献祭动物，在希伯来人的赎罪仪式中，祭司将两只手按在一只活山羊头上，向它忏悔罪过，这样就把罪恶转到羊身上，然后把这只羊驱赶到荒野之外，使它永不返回，这只被驱赶的羊就是“替罪羊”。

法国学者勒内·基拉尔认为，人与人之间的相互模仿性竞争消除了差异，趋向了同一；许多具有差异的人为了追求同一欲望而相互冲突，共同希望得到同一物体而进行一场激烈的竞争。也就是说，在一个社会中，模仿一旦被激起，就产生了一种具有破坏性的欲望，当所有的欲望都趋向于一种未分化状态，就会产生社会危机，业已形成的等级和秩序就会崩溃。此时，社会就必须借助于暴力进行社会的重构，其方式就是选取一只替罪羊，担当破坏社会秩序与等级的罪名，通过替罪羊的牺牲而换取群体的生存和秩序的再组合。于是，替罪羊机制就出现了。

从性质上看，基拉尔的替罪羊机制是一种关于暴力与迫害的理论，在这个机制中，暴力的执行者是全体成员，而暴力的承受者是一只替罪羊。

须佐之男就是一只典型的替罪羊，对其施加暴力的是所有的神。因为须佐之男的一系列行为在挑战现有的社会秩序和社会等级，构成了对农耕文明的威胁。

农耕文明一个最重要的特点是身份的固化。人们要共同生活在一起，必须事先确定好各人在社会中所扮演的角色和所起的作用。于是，身份制得以产生，安分守己是一种良好的社会道德和价值判断。身份一旦被固定，个人社会地位就按照上下的“纵向关系”与相同身份之间的“横向关系”而决定。日本社会的主要特征是“纵向社会”。

为了维持制度的实施，会制定各种社会规则或禁忌，一旦这些规则或禁忌被打破，就会遭到个人所属的这个共同体的制裁，乃至被驱逐出该社会群体。日本的“村八分”就是一个典型，是日本社会备受诟病的风俗之一。

“村八分”就是村里面的人做出明显伤害他人的行为时，全体村民便与加害者划清界限，让他陷入被排挤、孤立的状态。“村八分”的惩罚是基于“人与人之间互相帮忙”的社会共同意识。如果某个人违背了社会约定俗成的规则，伤害到他人的利益，也给共同体蒙羞。在这种状况下，就对加害人进行集体抵制，在多数场合下不施以援手。

当然，切断与加害者的人际关系只有八分，也就是在出生、成人、结婚、法事、患病、水灾、旅行、修缮八个事项上不登门道贺，不上门帮助。但还有二分是要帮的，也就是安葬和祝融（房子着火），为什么还留有余地呢？因为人死了不赶快安葬会留下太多的死秽，也可能带来瘟疫和传染病。还有家里着火了，大家不赶快帮忙扑火，很快就会殃及邻居家，因为日本以前的房子是用木头盖的，屋顶是铺稻草的，容易着火，这也是基于自身的利益考虑。

日本人把村八分当作整个村落共同体的最大惩罚，这样的人际关系概念归根究底，出自“人与人之间若不懂得互相帮忙，便无法存活”的社会共同意识，并以此作为人际关系的最低门槛。

须佐之男在高天原这个群体中，肆意破坏农耕生产、虐待家畜和散布污秽，给共同体带来了巨大的冲击，最终由全体天神决定对他进行最大限度的惩罚，以儆效尤。同时，他也是高天原神界寻找到最大的一只替罪羊，他甚至连同他的子孙后代一直背负着罪名，遭到指责并被唾弃。

（三）须佐之男的处罚与“场”的伦理

在“三贵子”中，天照大神是至高神，而须佐之男是被驱逐出神界的头号荒神。

对于须佐之男在高天原的种种恶行，身为众神之首的天照大神却一再隐忍，姑息包庇，乃至到最后事情闹大了。决定对须佐之男惩罚的也不是天照大神，而是经过协商的众神，以天津罪的相关条款进行严惩。

天岩户神话的这段描述，表明众神之间的关系实际上是人与人关系的投影。这种关系是一种“母性原理”的关系结构，只要是血族（或是“场”）内的成员，在某种程度上就拥有平等的地位，而上位者的权力则呈现相对性，缺乏绝对的主宰能力，这种关系被归纳为共同体主义的主从关系。在共同体主义的日本社会，强调的是团结一致，重视的是协调而不是强制，高位者的权力不是绝对的，普通成员的利益也应该得到尊重。

日本历史上没有独裁者的概念，统治阶层内部更多地采取“合议制”，在早期的大和朝廷，实际上是众多有力豪族的共同体，作为王或大王的家族只是其中最有实力的一个家族而已，由大家共同推举王或大王，朝廷各项事务由相关豪族垄断。即使在武家社会，征夷大将军也只是军事首领而不是绝对的独裁者，国家大事的决定仍采取集体讨论和集体决策的形式。比如镰仓幕府在源赖朝死后推出“十三人合议制”，将军的权力被架空，外戚北条氏担任“执权”。

由于共同体的首长和共同体成员都拥有主张权益的正统性依据，所以共同体内的利益冲突以及由此带来的利益调整，就成为共同体的日常事务。这种协调和调整最终又以实力和地位为转移，是以牺牲弱小者为结果的反复博弈的过程。

当共同体发生冲突时，相对性的主从关系会表现出既“开放”又“封闭”的特征。比如，在大和朝廷统一日本的过程中，征服者并不对当地豪族进行赶尽杀绝，而只是削弱被征服者的力量，把其纳入自己的控制之下，并利用其势力进一步扩充自己的地盘。后来的武家政权沿袭了这种思维，比如德川家康建立了江户幕府，采取了幕藩体制，一方面，强调各个藩主必须绝对服从幕府的统治；另一方面，又赋予各个藩主在其领地里极大的自主权。对亲藩和谱代大名给予的俸禄不高，但其能在中央政府参政议政，而对于后来臣服的外样大名给予较高的待遇，但没有参与中央权力的权利。

在政治上，即使武家政权已经掌握了全国的权力，但对已被否定的旧有统治者当作公家阶级予以保留，并视其为古老传统的保持者和文化上的贵族，抱持着极大的敬意。一方面，高级武士能与天皇和高级贵族进行联姻，以此为荣，抬高自己的身份和地位，改造家族的血统；另一方面，模仿公家的生活方式，不断提高自身的文化修养。所以，在日本战国时代，由于战乱，京都的大批贵族流浪到民间，被各地的大名以贵宾接纳和高规格款待，从而把京都高雅文化传播到日本各地。

对于这种以“包容”为特征的社会结构，河合隼雄将其概括为“母性社会”机能。也就是说，母性的表征被归结为“我的孩子都是好孩子”，无论善恶好坏，都被无差别地包含和接纳，这就是母性的绝对平等。崔世广在《日本传统文化的基本特征》一文中做出了如下评述：只要身处“场”中，任何差别都会被抹消，所有的东西都一律呈现出灰色。与这种血族内的暧昧相对，当与“场”外的人进行交往时，母性机能又会显示出黑与白的强烈对比。也就是说，内侧的世界是以“和”“协调”为原理，以融合一体为基准的，而外侧世界则以“战”“竞争”为原理和行为基调。

第五节　农作物的起源

文化起源神话，是创世神话的重要组成部分。凡是有关造福人类的文化业绩缘起的神话，都被统称为文化起源神话。比如火的起源、农作物的栽培、各种生产和生活用具的发明，都属于文化起源的神话。下面谈的是关于日本农作物起源的神话。

一　五谷的起源源于一场误杀

话说须佐之男被赶出高天原，在临走之前要准备一些干粮以备路上之用，这时他想到了他的另一个异母姐姐——食物女神大气津比卖神。于是，他厚着脸皮向这位姐姐乞求一些食物。

大气津比卖神并不嫌弃这个可怜的闯了大祸的弟弟，她热情地让弟弟进她的家门，然后自己下厨房做饭菜。女神从鼻孔、嘴和肛门中取出各种食材，要做出各种食物。须佐之男在一边看到了这种情景，认为是姐姐有意把脏东西拿给自己吃。这个暴烈之神也没听她姐姐的解释，狂怒之下，不问青红皂白，一刀杀死了大气津比卖神。

《古事记》中讲到须佐之男在高天原受到严惩，已被赶出高天原的情况下，又干了一起滔天大案，不管出于什么理由而杀人，肯定是不可饶恕的。难道须佐之男就不担心神界对他罪加一等，甚至把他处死？或者说，须佐之男已经逃离了高天原神界的司法管辖范围？或者是众神知道了暗地放他一马，不再进一步追究？种种疑窦不得而解。

在《日本书纪》中也讲到食神被杀之事，但杀死食神的神不是须佐之男，而是同为“三贵子”的月神月读命。

《日本书纪》讲的是：天照大神听闻保食神在苇原中国，就让月读命前去相见，二神见面后，保食神盛情接待月读命，他面向国土从口里取出饭，又面向大海从口里取得各种鱼虾，最后面朝大山从口中取出野鸡野兔之类的兽类，全部铺开，用山珍海味款待月读命。

岂料月读命见之，大发雷霆，怒道：“污秽，低卑！怎么能拿从嘴里吐出来的东西给我吃?”一怒之下，拔剑斩杀了保食神。然后若无其事地回高天原向天照大神汇报。

天照大神闻言大怒，斥道：“你这个可恶的家伙，我再也不想看到你了!”从此以后，两神各自分开生活，日、月再也不会同时出现。而被月读命杀死的保食神尸身化生出各种农作物。

《日本书纪》中的这个故事，一是用来解释为什么太阳和月亮不会同时出现，一个在白天，一个在晚上。二是用来解释五谷的起源。这种神话故事编得十分巧妙，可以说是天衣无缝，合情合理。

话说回来，被须佐之男杀死的大气津比卖神的尸身生长出一些东西，头上生蚕，两眼生稻种，两耳生粟，鼻孔生出小豆，阴部生麦，肛门生大豆，五谷由此诞生。神产巢日神的母亲知道这件事后，派人拿去当作种子。这就是尸体衍生型的作物起源神话。

《日本书纪》记载，天照大神在与月读命吵完架后，派了名为天熊人的神到苇原中国查看情况，处理善后。看见保食神的尸体头部产生了牛和马，额头产生了粟，眉产生了蚕，眼产生了稗，腹部产生了稻，阴部产生了小麦、大豆和小豆。天熊人将其全部带回天上，献给了天照大神，于是天照大神满心欢喜地说道："这些是要成为人类食物的东西。"决定将粟、稗、小麦和豆作为旱田作物，水稻作为水田作物而在高天原的田地里种植，并且将蚕茧放入口中吐出丝来，开创了养蚕业。

二　农耕中的祭人仪式

吉田敦彦在《神话的考古学》一书中指出：日本神话中，被杀死的神的尸体各部位中长出五谷，这是关于农业起源的神话。按照热带原始的耕作，在栽培薯类和果树的人们之间也可以发现类似的神话。在巴布亚新几内亚，为了重复神话中的事件，会进行将人或动物杀掉，将尸体的碎片或血液播种到田地中的仪式。绳文时代的日本人将土偶制成女神的样子，然后将其破坏并将碎片播种，这是当时的人们已经栽培作物，并信奉这些作物是由被杀掉的女神尸体产生出来的神话的有力证据。

吉田氏由此判断由神的尸体产生作物的神话一定是最初用以说明薯类的起源并由亚洲东南部传到日本的。

实际上，关于从神的尸体或活人体内长出栽培植物的这种神话广泛地分布于世界热带地区，如印度尼西亚、美拉尼西亚和美洲等，非洲也残留着一些痕迹，这种神话主要体现着以薯类和果树栽培为主的农耕文化的特征，而在日本则主要说明谷物的起源，尽管作物不同，但神话的性质是一致的。

居住在巴布亚新几内亚的原住民魏玛勒族有如下的传说。

世界最初的椰子树上，就像结果实一样诞生了一个名叫哈伊奴维丽的处女。她成了阿麦塔的女儿，她通过大便就可以从身体中产生珊瑚、黄金首饰和瓷盘这些珍贵的宝物。人类的祖先感到悚然。在某个晚上，趁她在跳舞高潮的时候，大家合力将其推入深穴之中，并活埋了。

到了早上，得知女儿死讯的阿麦塔将尸体挖出，并且剁碎，把碎片埋到不同的场所。于是从那些碎片上产生了各种山药，之后人类将其栽培作为主食才得以生存下来。这个故事不仅说明食物的来源，并且告诉了人们一个浅显的道理，当人处于极度饥饿的状态时，食物的价值远远高于黄金和珊瑚，因为前者能活人命。

在魏玛勒族还有一个与日本神话相似的故事，讲的是一个老妇人从身上刮下污垢，煮成了粥让孙子食用，可是有一天，这个情景被孙子看到了，他对祖母说不再吃她做的饭。于是祖母要孙子离家三天后再回来。孙子依言而行，三天后回到家里，发现祖母已死亡，从尸体的头部、阴部和身体上长出了各种椰子树，而且树根下还有农具。

类似的故事在北美的切罗基族也有发现，说的是母亲被自己的儿子杀死，她的鲜血覆盖的地面长出了玉米。

在热带地区的神话中为什么会存在着如此血腥的故事，笔者认为有如下几个原因。

其一，从尸体化生作物，最早是源于椰子和薯类之类作物的生长状况而得出的。种植薯块时，把一块薯块切碎，埋在地里，一段时间后每块切成碎块的薯块里会长芽，其根茎最后会长成完整的大薯块。

其二，在东南亚热带地区的原住民在耕种之前将活人、家猪或野猪等作为牺牲而杀掉，这种血腥仪式是为了向神明祈求丰收。被杀掉的人类或动物被剁成碎片，其中的一部分肉被吃掉，剩下的骨头、血液一同被播种到田里，或涂抹在果树的根或树干上。

令人毛骨悚然的是新几内亚的阿尼姆族有一种叫作玛幺的祭祀。在祭祀的最后，被称为“玛幺女儿”的少女要被在场所有的男性成员集体性侵之后再杀掉，并且肉要被吃掉，骨头一根根地分别埋在椰树下，血要被涂抹在树干上。

其三，农业生产的特点本身就是一个生与死反复出现的过程。农耕文明的产生是人类文化史上具有划时代意义的事件。它不仅是技术和经济形态的变化，随之而来的是人的世界观发生了变化。以前，人们只关心动物，而现在植物和人类本身成了农耕民世界观念中的主角。像开花、结果而后很快枯死的植物所象征的那样，人们对生与死的象征主义也发展起来了。春天是生命的萌芽，夏天是生命的生长，秋天是生命的成熟，冬天是生命的终结！

三　日本人的灵魂：稻魂

（一）日本民间关于稻种起源的神话传说

在《古事记》中大气津比卖神尸身化生后的五谷分别是稻、粟、小豆、麦和大豆。众所周知，大豆、小豆、粟的原产地是中国，小麦的起源地在西亚，而亚洲水稻的起源地究竟是印度还是中国，争议颇大。毫无疑问，前三种谷物是由中国直接传播到日本，而水稻究竟是由中国还是由印度传入，抑或是日本人自己发现和栽培的，尚无定论。

在日本，关于稻谷的起源有诸多传说，除了尸体衍生型之外，还有以下三种类型。

1. 落穗型

此类传说有两个共同点，一是带来稻种的使者是日本人所钟爱的鸟——白鹤；二是带到人间的不是矮小的稻株，而是硕大的稻子树。

例如伊杂宫与稻树。伊杂宫是伊势神宫的别宫，它的创建与稻种起源有密切关联。传说日本第 11 代垂仁天皇的皇女倭姬命奉父命寻找祭拜天照大神的宝地，当她在今天的三重县志摩的伊杂一带巡回时，有一只白鹤叼着一株硕大的上面有一千个穗子的稻子树，从天而降，稻子树掉在皇女面前。皇女认为这是神的旨意，就在此兴建伊杂宫，栽培了白鹤带来的稻种，至今伊杂宫每年都要举办植田祭，以示纪念。

其他两个故事都发生在冲绳。一个发生在本岛，说的是一块叫受水走水的水田，是水稻起源之地，冲绳本无稻，有一天一只白鹤叼着 3 颗稻穗飞在受水走水上空，稻穗从天而降，当地人用它栽培水稻。另一个讲的是冲绳以那国岛，岛民常受饥馑之苦，有一个叫野原大主的当地土豪四处寻找高产作物，终有一天傍晚，一只白鹤叼着稻穗，来到野原大主面前，人们开始学种水稻。

2. 偷盗型

在世界各地农耕社会中，这个说法最多。

（1）狐狸与稻种

日本东北地区的农村广为流传着狐狸从天竺（即印度）盗来稻种，因此，狐狸变成了稻荷神使者的传说。

（2）弘法大师与稻种起源

弘法大师即空海，是日本真言宗的开祖，在唐代留学期间，不仅引进先进的佛教文化，也从中国带回了一些作物的种子。如果说有空海大师偷稻种的事，那应该是水稻新品种的种子。更言之凿凿的是空海大师偷小麦的故事，说是空海有一天到长安郊外散步，看见了他从未见到的一种农作物，那就是小麦，大师摘了几颗麦穗，并藏在鞋底里面，农家的狗见之狂吠不已，农夫甚觉可疑，便对大师搜身，查不出问题，当面向大师赔罪并用棍子打死了这条忠诚的看家狗。空海脱身后，于806年回国时带走包括麦种等在内的宝贝东西，并在日本栽培小麦。据说在日本农村，为了纪念无辜被主人打死的那条忠犬，农民一般会选在戌日种麦。

3. 漂着型

这个神话流传于冲绳本岛和奄美大岛。据说很早以前，岛民在海边发现他们自认为是神仙居住的岛漂来了一具小偷的尸体，小偷的肚子上露出了很多水稻种子，从此岛上的居民开始学种水稻。

这个传说与尸体衍生型的神话差不多，都说到肚子里藏着稻种或从肚子里化生水稻。

（二）姐弟之争源于农耕之争

在《日本书纪》里提到月读命杀死保食神。保食神死后，尸体衍生出牛、马等和若干谷物种子，这就是完整的农耕文明起源的版本。后来，天照大神派人察看，选中水稻作为上等的谷物，先在高天原的水田里试种，试验成功后才向外推广。

可见，原生水稻来自苇原中国，由天照大神在高天原水田里进行试验改良，获得成功，后来天孙降临苇原中国，把经过改良的高产的稻种带到苇原中国广为播种。

关于天照大神与须佐之男姐弟之争的原因，《古事记》认为，须佐之男认为姐姐冤枉了他，因此乘机大闹，天照大神觉得理亏在先，故一味退让和迁就须佐之男的恶行。

而在《日本书纪》中，讲到姐弟之争实质上是农耕之争。

据说天照大神在高天原里有三块水田，分别是旱涝保收的安田、土地平坦的安田和多个村庄合并的邑并田。这三块水田条件很好，非常肥沃，又加上种植了产量高的水稻，旱涝都能保收，天照大神的日子过得很红火。

而须佐之男的日子就过得很苦逼。他也有三块水田，分别是田里有很多树茬的杭田、沿江边的川衣田（经常遭水淹）以及形状不规则的锐田，这些都是贫瘠的水田，遇到干旱或水涝时颗粒无收，所以须佐之男非常憋屈，他既责怪父亲的偏心，又嫉妒天照大神。

因妒生恨，须佐之男就搞破坏，在春天播种时就到姐姐的田里，向已经播好种子的水田重播自己的种子，以此证明是自己的田地；破坏姐姐田里的水沟；快到收成的时候到姐姐的田里放马，糟蹋粮食；当姐姐的稻米收获，准备谢神敬神的时候，他又玷污圣殿，做出种种恶行。

在古代农耕社会，因土地、水利设施等造成的纠纷屡见不鲜，这也说明高天原不过是一处世外桃源，但并不安静。天照大神和须佐之男既是神，更是一个个平凡的农夫，他们都在捍卫各自的利益。

（三）稻魂：日本人的灵魂

柳田国男在回答什么是日本和日本文化这个问题时，提出了日本文化形成的两个基本因素，一是日本是岛国；二是日本生产水稻，是稻作文化。

岛国是日本文化生成的外在条件，而稻作则是日本文化之灵魂。古代从事稻作的民族不少，但从来就没有一个民族像日本大和民族一样，把水稻生产和消费放在如此高度的位置去对待。稻之魂，则是日本人之魂。

美国日裔学者大贯惠美子写作了几本介绍日本文化的著作，她在《作为自我的稻米：日本人穿越时间的身份认同》这本书中，对日本的稻作文化和“稻魂”做了深入的分析。

在日本人心目中，稻谷非同一般作物所能比拟，因为稻谷是有“稻魂”的，它存在于每一颗稻谷之中，日本许多神的神名中都带有“稻禾”“稻穗”的含义。稻魂不是一般的植物之魂，它是和人的灵魂联结在一起的。

古代日本人认为，人的灵魂既不在脑袋，也不在心脏，而是住在腹部。而稻种是从神的尸体腹部化生的，因而是神的灵魂之所在。

在日本人看来，一个人的灵魂经过一年的运转，能量正在萎缩，灵魂容易离开人体，只有得到补充，才能重获健康，重焕生机，而补充的方法有两种。

一是直接采补自他人。大贯惠美子指出，在历史上，每逢日本天皇去世，新皇即位时，“新皇通常会咬已死天皇的尸体，以便后者的灵魂能够进入他的体内”。天皇即位后的大尝祭，其主题就是杀王。在举行大尝祭时，大行天皇的遗体放在宫殿的深处两至三个月，在此期间，其灵魂仍浮游在空中，他的灵在大尝祭中被固定，在大尝祭期间，从遗体中分离出来的灵魂移替到下一位天皇。这时，被选定的新皇，用“真床追衾”的形式将自己包裹起来，完成了新老天皇的灵魂交接。

巴布亚新几内亚的太平洋岛民，直至20世纪还流行着分享过世亲属尸体的习惯，目的就在于让死者的灵魂在后代中延续下去。

二是通过食用稻谷来补充能量。用水稻中所蕴藏的“稻魂”来充实和增强自己的灵魂，这就是日本天皇在每年11月23日举办“新尝祭”的目的。其一是感谢神明一年来的庇佑，五谷丰登，把新收获的大米煮做米饭，以及用米酿酒，天皇和神共同食用；其二是通过吃新米补充能量，使灵魂变得更强大。稻谷之魂补充人体之魂的交换区正好就是具有消化功能的肠胃，只要理解到这一点，就不难理解日本武士为什么以切腹最为庄严，既然灵魂在腹部，那么切开腹部就是释放自己的灵魂，让它突破肉体飘逸而去。这就是日本武士死亡美学的真谛。

所以，大贯美惠子自己回答了标题的含义，也就是对作为自我的稻米的认识。因为稻米中的稻魂构成了人类的灵魂，那么，稻米不同于其他农作物，稻米在日本人心目中的神圣地位是不可取代的，因为它早是日本人“自我”的一部分。只有了解了这一点，才懂得日本的稻作文化，才懂得日本文化的精髓。

第七章　斩蛇救美

本章讲述须佐之男到流放地出云后，偶遇国神足名椎夫妇及其女儿栉名田毗卖，得知附近有一大蛇每年都要吞食一个少女。今年要吞食的是栉名田毗卖，须佐之男挺身而出，以娶栉名田毗卖为条件，用计谋杀死大蛇。在砍死大蛇时，得到一把铁剑，并将其献给天照大神。杀死大蛇后，须佐之男盖房娶妻，建家立业，生儿育女，从而由一个恶神转化为善神。

本章的主要内容如下。

1. 流放出云。须佐之男为什么会被流放出云地区或者说出云为什么成了诸神的流放地?

2. 英雄救美。因得知大蛇要吞食少女，须佐之男用智谋斩杀八岐大蛇，从蛇口中救出少女，成为英雄。

3. 成家立业，娶妻生子。在杀蛇之后，须佐之男在本地不断扩张其势力，扩大领地，再造国土，做了一系列好事。最终实现了由恶向善的转化，成为最受欢迎的日本神话人物。

第一节　流放出云

话说须佐之男被逐出高天原，流放于出云。当他降到出云国肥河上游的鸟发地方，看到有筷子从河上流下，料定上游必有人居住，便向上寻找，看见老翁夫妇两人围着少女哭泣，便上前探询，得知他们是大山津见神的儿子和儿媳及孙女栉名田毗卖。须佐之男询问全家为何事而哭泣，得到的答案是附近有一条大蛇，每年都要在这个时候吃掉他们一个女儿，他们本来有八个女儿，被吃掉了七个，只剩下小女儿栉名田毗卖了。老人又面临着生离死别，故而痛哭。

一　出云：神的流放地

在日本神话中，如何清除污秽消除罪恶，有两种形式。一是像伊邪那岐那样，从黄泉国回来后，进行祓禊。去除了身上的污秽，这是自发的祓；二是像须佐之男那样进行强制的去除，因为须佐之男犯了八虐罪，对他进行没收财产，取消他的名誉并进行刑罚，然后将他流放。那么，为什么要将须佐之男流放到出云呢？

日本记纪神话体系由三大神话构成，即高天原神话、出云神话和日向神话。其中高天原神话与日向神话属于同一系列，主角是天照大神和她的嫡孙也就是天孙迩迩艺命。其关系是高天原神话→天孙降临→日向神话→人皇时代。而出云神话是从这个体系中分离出来的，与高天原神话、日向神话相对立。出云神话的主要故事情节如下。

须佐之男被逐出高天原→须佐之男杀死八岐大蛇，并将从蛇身中获得的铁剑献给天照大神→在须贺建造宫殿，并与栉名田毗卖结婚生子→第六代孙子大国主神与众兄弟八十神发生冲突，向须佐之男求救→通过须佐之男的考验成了须佐之男的女婿→大国主神打败八十神，与少名毗古那神共同建国→在建御雷神等高天原军队的高压下，大国主神被迫让国→祭拜出云诸神。

古代的出云地区和九州北部是日本较为先进的两个地区，出云地区的出云族是先住民族，控制着本州岛一大片土地，后来与天神族（大和族）发生争斗，被迫交出统治权。战胜者就把失败者的神话吸收成为自己的神话，为政权的正统性做铺垫。因为本来出云族的首领是大国主神，他和须佐之男没有任何关系。后来，大和族在创造神话时，为求连贯，蛮不讲理地给大国主神认了一个祖宗，硬说大国主神是须佐之男的子孙。

讲到出云，它有两个概念，一个是日本古代划分的令制国之一，位于今天的岛根县的东部。另一个是神话中的出云，它的领地范围超过作为令制国的出云国。出云氏创建了出云王朝，与更为强大的外来的征服者大和族发生激烈的争夺战，最后战败并臣服于大和族，1984 年，日本在出云地区出土了大量的青铜剑，总计 358 把，并证明这里曾经发生过惨烈的战斗。

大和族取胜后，把出云地区的豪族纳入大和的势力范围，封他们的首领为国津神，并祭祀那些被自己置于死地的失败者，让以前为失败者效力的人来为自己效力，让失败者的怨灵变成自己家门的守护神。日本人相信，越是祭祀这些怨灵，这些怨灵就会越发用更强大的力量来保护自己。这就是日本古代文化中独特的赞美失败者的思想。

因此，在日本神话中，出云的特殊意义有两点。

其一，出云地区因发生过征服战，敌我双方人员大量死亡，对这些死亡的灵魂必须进行祭祀。所以，这个地区建造了出云大社，以祭祀大国主神等一批怨灵。

其二，大和国建国以后，不断发生内部的政治斗争，那些在政治斗争中的失败者死亡以后也变为怨灵，大和朝廷把这些失败者的灵魂进行流放，集中管理，因而就选择了出云作为精神流放地。

为什么要选择出云作为流放神的地点呢？梅原猛先生在《诸神流窜》中分析了选择出云的三个原因。一是出云的意宇地方自古就有熊野神社，而熊野神社是祭祀须佐之男的出云系的神社。二是祭祀天照大神等新神的地点在东方的伊势，是日出之处。流放神的出云位于西方，是太阳沉没之处，也是众神的死亡之地。三是出云的杵筑地方盛产碧玉，玉的制造是保护神的重要手段。随着出云大社的动工建造，很多制玉工匠会从越国迁居到出云。

二 日本的筷子文化

话说须佐之男被流放到出云国。有一天，他到了出云国肥河上游的鸟发地方，周围荒无人烟。正在寻觅之中，须佐之男眼尖，看见有筷子从河上漂下来，他断定上游必有人居住，于是就溯源而上。

在《古事记》中，第一次出现“筷子”（也就是“箸”）。

下面，简单地介绍一下日本的“筷子”文化。

筷子是中国人发明的，在殷商时期中国人就使用筷子，但中国人长期以来以勺为主，以筷子为辅：直到元代以后才以筷子为主。自筷子传入日本后，日本人一直以筷子为主，以勺为辅。

筷子在日语中就叫作“箸”。它何时从中国传入日本无从查考。史书上记载，日本首次正式使用筷子是在圣德太子接待来自隋朝裴世清使团访问日本的正式宴会上。

筷子传入日本后，日本人将其无限放大，做足了宗教和文化的功夫，并将其作为日本人生活方式的一个重要元素，日本筷子文化之发达令我们这个筷子的发明人无法想象。

其一，箸文化，首先表达的是宗教文化的含义。

箸文化，从本质上是木文化。在日本人的观念书中，树木中宿营着各种神明。将寄宿着神明的树木做成筷子，使日本人油然产生了敬畏之感和谢恩之情。

日本人在各种祭祀活动中，最重要的一项就是举行向诸神供神馔的神人共食的仪式，神馔也就是御食。在供神馔的时候，首先要供御箸，因为神和人一样，吃饭也用筷子。这样，箸首先是祭具，然后才是餐具。日本人在动筷子前必恭敬地说：“我领受了。”餐后放下筷子说：“蒙赐盛馔。”这就是宗教活动，用来感谢天神的恩赐，感谢从山、海采撷食物的人及天地、大自然的恩赐。在这个环节中，筷子成了人与神沟通的桥梁。日本人在举办庆祝活动的时候用名为太箸的竹筷子，它中间鼓起，据说一头由神灵使用，另一头由人使用，这也体现了日本神人合一的宗教思想。

其二，箸是通往生与死的桥，它伴随着人的一生经历。

日本人从出生到墓地，始于筷子终于筷子，筷子成了生命的符号。

首先，在婴儿满百日后，要举行一项仪式，在礼仪上摆上一个小碗和一双白木筷，并向神灵供奉红豆饭及一条有头有尾的鲷鱼，祝愿婴儿早日长大成人，一生丰衣足食。仪式后还要到神社参拜，神社会赠予一双“初食筷”，意即这个孩子终生受神庇佑。

其次，在举行传统的结婚仪式时，新郎新娘用筷子去夹点心，互相喂对方，祈求婚后衣食无忧。

再次，日本人给老人祝寿，如花甲（60 岁）、古稀（70 岁）、喜寿（77 岁）、米寿（88 岁）、白寿（99 岁）时，会赠送“箸”以表心意。

最后，是在人死后，在葬礼中死者的子女会用绑着脱脂棉的筷子，沾上水擦拭死者的双唇，是谓“末期水”。它源于佛陀涅槃时，弟子为他喂了最后一口水。遗体火化后，还会举行“扬骨”仪式，两人一组，各拿一根木制和竹制的“箸”，把尸骨放进骨灰盒里。

其三，用箸的禁忌很多，一不小心就中招出洋相。

日本人使用筷子之讲究，几乎会让外国人崩溃。据说在东京，有一所筷子学校，专门教人家如何使用筷子。

日本人对筷子的讲究和拘泥，还体现在使用筷子上设定了很多禁忌，其规矩之多让筷子发明者的中国人汗颜。其中一大禁忌是筷子必须横着放，这与中国的纵向放置不同。原因在于日语“刺”的发音与“指”的发音相同，如果将筷子竖着指向对方，是谓“刺向”对方，就是不吉利。相信不少国人在出席各种不同的宴会或聚餐时也会有所体会，比如有些人用筷的习惯既不礼貌也不卫生。

①空箸：夹过来的菜不吃，又放回盘里。

②探箸：用筷子在菜或汤汁里不停地寻找自己喜欢吃的。

③迷箸：用筷子在菜上不断地移动，不知吃什么好。

④咬箸：用嘴咬筷子的头部。

⑤舔箸：将筷尖含在嘴里舔。

⑥点箸：用筷子指向主人或客人。

⑦签箸：用筷子当牙签，挑剔牙缝。

⑧敲箸：用筷子敲打饭桌或碗碟等。

⑨立箸：把筷子插进饭碗的中间，让它立起来。

种种不雅用筷，不一一列出。

其四，举办各种祭，以感谢筷箸。

1974 年，日本学者本田总一郎在其著作《箸之书》中提议，为了感谢筷子一天三餐为人民服务，将每年的 8 月 4 日定为“筷箸节”，这个建议得到热烈响应，第二年日本便设置了“筷子节”。从 1975 年开始，每年的 8 月 4 日，东京千代田区永田町的日枝神社、奈良吉野杉箸神社等要举行箸的感谢祭。德岛的箸藏寺要举行箸供养仪式，1980 年 8 月 4 日，东京赤坂的日枝神社和新潟县三条市的八幡神社也举办供养箸的仪式。新潟县的一宫神社在每年 10 月 9 日举办祭祀，向神灵献上一双长长的大筷子，让神灵品尝他们当年的新收谷物。

此外，在四国的高知八幡宫，当地人建造了一个“箸冢”。每年 2 月举行箸供养祭，与观光旅游业、饮食业相关的人士，络绎不绝地到此，感谢一年中筷子为千万人提供的服务，祝愿无灾无病。他们带来的数十万双筷子，被依次放入正方形组成的神炉里，人们合手祈祷，场面十分壮观。

三　活人献祭

须佐之男根据漂来的筷子，很快就找到了两老一少，只见他们三人在抱头痛哭。经过询问，才知道这三个人是大山津见神的儿子、儿媳和孙女。按照今天的辈分来推算，两个老人要称须佐之男为叔叔。

老翁名叫足名椎，原文意思是抚摩脚；老太婆名叫手名椎，也就是抚摩手（真搞不懂这两尊神神名的含义）。足名椎的父亲是大山津见神，但是查阅了《古事记》中大山津见神与野椎神所生的八个子女中没有一个名叫足名椎的儿子，估计要么是大山津见神的私生子，要么是冒充的。

这两尊神应该属稻神，因为他们的女儿名字中有“稻田”二字。

这对稻神夫妻生育八个女儿，但每年必须献上一个女儿作为大蛇的祭品。直至最后，他们不得不交出最后一个女儿，又是面临生离死别，老人以后就没人送终了。因而只能跟以前一样，三人抱头痛哭，而就在这个时候，他们遇到了须佐之男，这对老夫妇开始转运了。

哭泣的少女神名叫栉名田毗卖，栉有美妙的含义，“名田”代表“稻田”，连读起来叫“优美的稻田”。又有考证，说是须佐之男在准备杀大蛇的时候，估计精神很紧张，就把女孩变成一把梳子，插在自己的发髻上，所以神名才有一个“栉”字，意为梳子。栉名田毗卖是一个幸福的女孩，是八个姐妹中唯一得以活命的乖乖女，后来嫁给了英雄须佐之男。按《日本书纪》的说法，她是大国主神的亲生母亲。

当须佐之男询问他们哭泣的原因，才得知栉名田毗卖即将被作为祭品献给大蛇，也就是活人祭祀。

纵观人类早期社会的活人祭祀，主要有三大因素：一是酬谢神明和祈求神明保佑，二是古人朴素的生死观，三是控制人口。

早期文明社会的祭祀是维持现实社会和超自然的献祭方式。一方面，人们认为神创造了世界和万物，人类的一切活动都和神有直接的关系；另一方面，神维持世界的秩序，支持人类社会，并非没有代价，因为神明在维持秩序支持人类的活动过程中会消耗大量的能量，应当及时补充。所以，人类通过提供各种物品、牲畜甚至是活人作为祭品，及时给神“进补”，而牲畜和活人的能量较为充足。从某种意义上说，活人献祭更能体现人类对神的恭敬和虔诚。这就是当时人类的思想，一种可怕而又混乱的逻辑。

活人献祭的方法是用来祭祀神灵，人们用杀死活人来乞求超自然力量和权力。这种恶俗常常出现在古代文明中，不论是西方还是东方，其中因杀人仪式而臭名昭著的玛雅文化和阿兹特克文化，是这种恐怖习俗的本源。人们认为受害人的死亡仪式是取悦神灵、安抚灵魂的方法。受害人的选取范围从战俘、囚犯到婴孩和纯洁的处女。他们遭受着悲惨的命运：焚烧、斩首、活埋、饿死和淹溺……各种手段无所不有，令人不寒而栗。

在中国，“河伯娶妻”是一个家喻户晓的民间故事。讲的是战国魏文侯时代，邺地临近漳河，漳河常常洪水泛滥，人们认为是漳河的河伯也就是河神生气造成的。为了安抚河神，必须每年给他送一个女人。当地势力（即三老、巫师与官府）借机敛财，只以其十分之一费用祭祀河神，大部分中饱私囊。百姓或因经济负担或因担心女儿被充当贡品，纷纷逃离。西门豹到邺任上，借机除恶，拯救百姓。

活人献祭之风在秦汉以后式微。但中国古代的另一大恶俗仍大行其道，那就是人殉，甚至到明清，明太祖死后有40个嫔妃殉葬，人殉成了惯例，直至康熙皇帝下诏，帝王死后的殉葬才真正退出历史舞台。

日本古代社会也曾流行活人祭祀，《古事记》中所记载的将少女献给大蛇，实际上就是活人祭祀。

2005年至2008年在日本热播的动画片《地狱少女》，女主角是一个名叫爱的小女孩，她所在的村庄流行一个恶俗，就是从7岁的孩子中选一个孩子献给山神，这样全体村民就可以得到山神的庇佑。爱长到七岁时，那一年旱灾，颗粒无收，村民选中爱作为山神的供品，那就是把她放在深山里活活饿死。

爱的父母舍不得女儿，在他们的请求下，爱的堂兄仙太郎每天负责送饭送衣物，一直持续了六年之久。终于有一天，被村民发现了。爱和父母一齐被活埋。爱死后到了地狱，她诅咒村民，发誓要报仇。有一天晚上，村里发生了火灾，仙太郎看到一个女孩，身穿白色的破旧衣服，脸上淌着血泪，嘴里唱着《送七子》的歌曲。所到之处，燃起了熊熊大火，村里的一切和这个叫爱的女孩一起毁灭了。

活人献祭的第二个原因是对生与死的理解，也就是古人的生死观。

古代社会的一些原始部落尤其北美洲的玛雅社会和中美洲的阿兹特克社会认为，像庄稼等新事物的诞生是以其他事物的死亡为基础的，没有死亡，也就没有再生。死亡和再生是同一事物的两个互相依赖的方面，要使人类以及其他一切生物继续繁衍下去，就必须同时有其他人或生物的死亡。死亡是人类最大的一种发明。

在这种思想的支配下，人类自身为了适当控制人口规模而进行活人献祭，以提高整个种群或族群的生存力和竞争力，这是活人献祭的第三个原因。为了杀人，必须给自己找个堂皇的理由，使残忍的手段道德化和神圣化。

在人类早期社会，生存能力脆弱。人多了，没有足够的食物来源，大家都吃不饱，最后都饿死；人少了，容易受到其他强大的部族的侵略和欺压，应对灾难和战争时力不从心。必须精准地控制人口，最好的办法就是多生，然后看情况再杀，因为杀一个人要比生一个人容易得多。

活人献祭持续的时间很长，规模很大，血腥程度最浓烈的莫过于南美地区。那里全是热带雨林，土地开垦困难，没有先进的农业生产工具，又缺少高热量的农作物，如何控制人口是一个很棘手的难题。如果发动对外战争，除了大量人员伤亡，同时也需要消耗大量的包括粮食在内的物资，且成本很高、风险很大。那么，低风险低成本的做法就是以宗教的名义合法地处理一些在他们看来已经成了累赘的人口，比如老人、病人和残疾人，甚至妇女、儿童。而构成其部落的主体是青壮年男女，即使是被抓到的俘虏也不轻易杀掉，因为这些人可以创造财富。

相对于南美和东南亚岛国，古埃及文明的祭祀很快就不需要用宝贵的人牲去祭神，因为富饶的尼罗河三角洲为古埃及人提供了丰富的食物来源。

第二节　斩杀大蛇

一　救美要有回报

须佐之男在了解到活人献祭和八头八尾大蛇（《日本书纪》中称为八岐大蛇）的形状之后，对美女的爱怜之心油然而生。他做出了第一次正确的决定，就是要冒着生命危险斩杀八岐大蛇，搭救美女，为当地百姓除害。从这个决定开始，须佐之男完成了由一个荒神恶神向人间英雄的转化。须佐之男在做出搭救美女的决定的同时，向两位老人提出娶栉名田毗卖为妻的要求。提出这个要求说明须佐之男固然有爱美之心，喜欢上栉名田毗卖，可谓情到深处憋不住；同时也体现他作为无赖的一面，那就是救人前先谈好价钱，有落井下石之嫌。

抚摩脚抚摩手夫妇听到这个提议时，一时感到踌躇。也许他们眼前看到的是一个衣衫褴褛、满脸憔悴的年轻人，因为来路不明，不知道对方的底细，老人不敢贸然答应。只能说十分惶恐，不知须佐之男的尊姓大名。

须佐之男马上亮出他的名字，他是天照大神的御弟，只是一时失志流落民间而已。抚摩脚抚摩手夫妇得知后，惶恐不已。那可是谁都想高攀的天下第一门第，立马答应了这桩婚事，把女儿敬献给须佐之男。

这里要稍做解释，自古以来，日本人有根深蒂固的“血统论”思想。人与人交往是讲究层次和圈子的，婚姻是讲究门当户对的，皇室和贵族是子以母贵。天皇的小妾可以是游女出身，但游女生的皇子是不可能当太子的。天皇的正妻也就是皇后或中宫，必须是皇室公主或是一等一贵族的女儿。

在日本民间一直以高攀为荣，尤其是有皇族血统为最佳之选。

比如日本源氏，始于第 52 代天皇嵯峨天皇，因膝下子女太多，国库无力供养，于是下诏把四个皇子和四个皇女降为臣籍，赐姓“源”。此后有多位天皇也赐其子女为源姓，最著名的是第 56 代清和天皇的清和源氏，他的源氏后代中的源赖朝、源义经兄弟打败了平氏集团，建立了日本第一个武家政权镰仓幕府。

无论是源氏，还是另一个天皇的后代平氏，这些被取消皇室待遇的皇子皇孙，一旦到地方任职，很快就在周围聚集了一大批人。可以想象，源赖朝本是罪臣之子，蒙平清盛不杀之恩，流放关东，得到关东地方豪族和关东武士的拥戴，成为武家栋梁，最后出任征夷大将军，是日本实际上的最高领导人。这固然有其独特的才能和人格魅力，但他身上有着高贵的天皇血统是排在第一位的。

因此，抚摩脚夫妇深知天照大神御弟这张名片的分量，立即爽快地答应了这门亲事。

二 制订除害计划

二老答应这门亲事后，双方同心协力，制订除蛇计划。

须佐之男首先把栉名田毗卖变成多齿爪形木梳，插在头发上。为什么要这么做呢？

这个动作实际上在表达两个含义。

一是把少女藏在一个不为人知的地方，这样可以先把少女保护起来，同时少了一份牵挂，使须佐之男能全力以赴投入战斗。二是把少女变成木梳，插在头发上，说明木梳能带来好运，并作为一时必备之用。前面讲到伊邪那岐到黄泉寻妻，多齿木梳的用处有几种。一是可折下边齿当火把；二是父神在逃跑过程中，遭到黄泉丑女的追杀，情急之下，父神折下梳齿扔在地上，长出竹笋，趁丑女拔食竹笋时逃脱。也就是说，木梳在关键时刻能发挥作用。

接下来，须佐之男交代两位老人去酿造浓浓的烈酒，再筑起篱笆围墙，因为这条大蛇有八个脑袋和八条尾巴，所以篱笆墙上开八扇门，每扇门前搭一个台子，每个台上都放一个酒槽，每个酒槽里都装满烈酒，然后等大蛇自动上门。以烈酒灌醉大蛇，然后杀蛇，是一种危险性最低也是成本最低的方法。

在《古事记》中，这里第一次提到了日本烈酒，这里有必要做个简介。

一般认为，日本的造酒技术来源于中国，早期的酿酒是以浆果为主要的制作原料。在日本大面积种植水稻之后，以谷物为原料的粮食酒开始问世，这主要得益于秦汉时期到日本定居的大陆移民，他们把中国成熟的酿酒技术带到日本，在日本民间，信奉秦氏也就是秦始皇后裔作为酿酒的宗师。

和中国一样，古代日本只有“浊酒”，后来有人在浊酒中加入石炭，使其沉淀，取其清澈的酒液饮用，于是便有了“清酒”之名。

和日本人不温不火的性格一样，日本清酒度数不高，通常为15~16度，对喝惯高度白酒的中国人来说，谈不上是什么烈酒。清酒适合于正规礼节的宴会，而烧酒较适合于轻松愉快的场合。日本烧酒的原料多为山芋、小麦、荞麦等，因为是蒸馏酒，酒精含量较高，一般为25~45度。笔者在鹿儿岛曾喝过一种产自冲绳的名叫“泡盛”的酒，以大米为原料，是使用发酵技术的蒸馏酒，度数高达60度，特别带劲，同行的朋友喝了一杯后，捂嘴大叫，跟杀猪似的。

日本人大多不善饮。酒量不好又喜欢喝，喝多后丑态百出，完全不像一个谦谦君子。日本人喜欢清酒，把它当作国酒，认为是神的恩赐，这不外有两种原因。

一是日本人独有的审美观，认为喝酒喝到微醉的状态最佳，忌讳烂醉。喝的酒酒精度不高，讲究熏、爽、醇、熟，清酒就有这个特点，而威士忌和烧酒酒精度太高，而啤酒的酒精度又太低。就如他们欣赏女人，喜欢看人家的脖子，所以艺伎的一个特点就是露出一大截脖子，让人有无限的遐想，这是因为日本女人的腿不好看，所以日本女人要扬长避短。

二是讲究酒和菜的搭配。日本菜以鱼类海鲜为主，口味清淡，吃日本菜喝高度白酒或威士忌，因酒性太烈，破坏了日本菜的口感；喝啤酒又觉得“味”不足，还是香醇爽口的清酒配上日本菜才有滋有味，是最合适不过的。

三　蛇：一种不可忽视的文化现象

在中外神话中，蛇因为神秘、机巧、敏捷、不死，而成为一种独特的文化现象，一个能引起人们无限想象的文化符号。

（一）西方神话中的蛇

在世界神话中，蛇这一古老的生物占有一席之地，它时而成为神灵和人类的敌对者而祸害世间，时而又成为生命的创造者受人景仰。其超乎常理的生活方式更加深化了人们心目中蛇神的形象，在西方神话中，蛇常常是恶的化身，而在东方神话中，蛇往往是善的象征。

在埃及神话中，主神“拉”总是要与阴间巨蛇大战，而蛇又会保护作为太阳神子孙的法老。看看图坦卡蒙的雕像：他右手执着君王的节杖，左手握着奥西里斯的神鞭，前额所镶的宝石徽章是蛇与鹰的形象，鹰后来象征着太阳神荷拉斯，而神蛇“乌莱”则是法老的守护神。

在希腊神话中，描写最多的动物就是蛇，比如最恶毒的女妖美杜莎满头长满蛇发，她被珀尔修斯杀死后，其鲜血溅落到人间而成为毒蜥，而毒蜥可以用目光杀人。同时，蛇还是杀人的武器，丽朵与宙斯生下私生子太阳神和月神后，被天后赫拉追杀，不得不四处逃难，天后派一条巨蛇追踪丽朵，后来这条大蛇被太阳神射杀。还有赫拉得知宙斯的私生子（即后来的希腊第一勇士海克力斯）出生的消息，极为恼火，于是派两条毒蛇去袭击，被襁褓中的小海克力斯用小手握住七寸，蛇像绳子一样，瘫软在摇篮边，当然，海克力斯长大后最大的功绩之一就是斩杀在勒尔纳沼泽的怪物九头蛇。

蛇在西方文化史上的最高成就是伊甸园里的撒旦变成蛇，引诱人类始祖犯罪，从而使人类堕入罪恶的深渊，蛇成了人类原罪的始作俑者，代表着最大的邪恶。

（二）中国的龙蛇文化

世界神话哲学中对蛇的认识大多具有负面价值，唯独中国把蛇神化为龙，具有正面价值。中国的蛇懂哲学，会讲政治。中国神话中的蛇的形象具有三重含义。

一是与死亡问题联系起来。和世界上许多民族一样，中国一些地区尤其是少数民族地区存在着“蛇”图腾的崇拜。早期人类普遍相信“蛇不会死亡”的说法，在陕西、广西、安徽等地，都有“蛇蜕皮型”的神话，讲述人类死亡的起源：人类本来是可以通过蜕皮长生不死的，但由于忍受不了蜕皮的剧痛或其他原因，与蛇做了调换，从此人有了死亡，而蛇则可以通过蜕皮而长生不死。

二是与性和生命的诞生联结在一起。在世界神话中，人首蛇身的形象比较常见，比如希腊神话中的凯克罗普斯是人首蛇身，被奉为雅典人的始祖。在中国，伏羲女娲交尾图，代表着对人类起源的一种想象，蛇有非常强大的性欲和生育能力。所谓蛇性本淫，一条雄蛇可以和几条雌蛇交配，且交配时间长，短的几分钟，长的可达二十小时，一条母蛇一次可以生出许多条小蛇。这种强大的生育能力让古人仰慕不已。

三是中国的蛇“讲政治”。唯独在中国，蛇神化为象征帝王的龙。蛇是《山海经》中频繁出现的重要动物，共记录六项蛇类的前兆信仰，都被视为凶兆。蛇的可怕是不言而喻的。由于上古先民独特的生活环境，蛇的出现往往代表着旱灾或水灾，总是与灾变相连。

随着治水的成功，蛇在消去了原始恐怖意象的同时，一方面逐渐转变为龙，另一方面成为神力的象征。而这种神力的象征，后来也转移到现实人物的身上，成为帝王的象征，从而制造出中国文明史上最大的谎言之一。诸如炎帝是女登与神龙接触而生；黄帝母怀孕时遇到闪电，感龙而生黄帝；尧是庆都感赤龙而生；舜是握登见大虹而生。这些所谓的“圣人”出生的时期是母权社会，“知其母不知其父”。至于汉高祖刘邦之母“梦与神遇”，因“蛟龙于其上”而生，实际上是司马迁遭受宫刑，而咒骂汉武帝的曾祖父刘邦是一个大杂种，是刘邦的母亲和其他男人“野合”所生，又恰巧被他的父亲撞见，只好说是一条蛇龙趴在他母亲身上。后来刘邦斩白蛇起义，是谓赤帝斩杀白帝，天下将易主。

（三）日本民间传说中的“蛇”形象

在日本奈良，至今仍在举办佛教传入前的本地信仰仪式，也就是野神信仰，而野神就是蛇。在奈良御所市蛇穴的野口神社，每年五月五日会举办“汁挂祭”，以稻草模仿蛇形编成一条长约 14 公尺的绳索，再用味噌汤泼洒其上。

据传说，有位女孩过度迷恋修行中的修验道始祖役小角，而幻化成蛇形，还一边喷火一边追赶役小角，村民见状在惊吓中朝这条美女蛇泼洒味噌汤，后将逃到洞穴内的蛇以巨石封在洞内，由于这个传说，境内也留下蛇冢。后来，村民为悼念女孩而举办“汁挂祭”，村名也被改为蛇穴。在奈良的其他地方，也有众多以蛇为神的祭祀活动，可见奈良到处都有蛇！

古代日本人对蛇的印象是由惧怕而产生敬畏。有时蛇会被视为女性妄执和执念的象征，但更多的场合是把蛇当作神或者神的使者而受到祭祀。《古事记》中除了须佐之男斩蛇的传说之外，还有不少关于蛇的传说。

在日本鬼怪漫画之父水木茂撰著的《妖怪大全》一书中，收集了不少关于蛇的民间传说，大体上可以把蛇的形象分为三类。

其一，蛇是亡灵的化身。在佛教传入日本之前，日本人普遍认为蛇是亡灵的象征。在《今昔物语集》中，人转生为蛇的故事占了很大的篇幅。室町时代也有很多书有此类故事，如不珍惜恋人的女性会转世为蛇；饮酒或与女人乱性的僧侣会脱胎转世为蛇。

这种观念可能源自远古时代的一些思想，比如山神常以蛇的形象出现，或者农耕神同时又是亡灵等。在日本的埼玉县就有一种小蛇叫“念佛长”，其被作为附妖邪，反映的就是上述的观念。

其二，能给人带来富贵和帮助的蛇形象。比如在日本，白蛇会带来富贵。日本有一个广为流传的关于小蛇成长的传说，说的是有一对夫妇没有孩子，有一天，他们在斗笠里发现一条小蛇，驱赶不走，因此就把它带回家饲养，后娶了一财主的姑娘为妻，蛇新郎让新娘用棒槌敲打它的肝，于是肝一下子跳了出来，变成了一个美男子，他们共同赡养老人。还传说有一对老夫妇从神那里领养了一条叫龙吉的蛇。龙吉长大后，父母将它放在山里，后遇旱灾，父母向天求雨，大蛇就会降雨，这里的蛇就是水神，也就是神以蛇的形象出现在人间，给人们带来雨水。日本民间传说中，还有少女和化身武士的蛇结婚，生下一大堆小蛇。

其三，会给人带来灾难的蛇。此类传说遍布日本各地。从古至今，女人的嫉妒心一直被称为“邪（蛇）心”，人们将这个执念比作蛇。

最广为人知的莫过于道成寺的清姬了。一个叫安珍的修行者说了一句“娶你为妻”的玩笑，清姬信以为真，追赶逃走的安珍。追赶中，她竟变成一条大蛇，安珍被迫藏身于道成寺大钟里面，还是被清姬发现了，她用蛇身缠住大钟，最后连人带钟都烧为灰烬。在日本，讲到嫉妒的女性会变成蛇，甚至连她身上的衣带都会变成蛇，叫作“蛇带”，它可不是一般的蛇，而是毒蛇。

在日本，还有一种有角的蛇叫夜刀神，据说看见此蛇会招致家族破灭之祸。

四　三个斩杀大蛇的神话故事

在世界神话中，有三个相关的斩杀大蛇的神话故事，它们分别是希腊神话中海克力斯斩杀九头蛇、中国神话传说中的大禹用神力杀了九头蛇怪相柳，以及日本神话中的须佐之男智杀八岐大蛇。

（一）海克力斯斩杀九头蛇

海克力斯是宙斯与一国王妻子偷情的产物，是希腊神话中的第一勇士，生前完成了十二件常人做不到的苦差，死后升天成神。

海克力斯完成的第二件事是斩杀九头蛇许德拉。许德拉是提丰和厄克德纳所生的女儿，在勒纳的沼泽中长大，常爬到岸上，糟蹋庄稼危害牲畜。她有九个头，八个属于凡间可以杀死，中间直立的第九颗头是杀不死的。

海克力斯接受国王尤瑞斯交代的杀蛇任务后，带着侄儿伊欧劳斯赶到勒纳的沼泽地，用烧红的箭镞引蛇出洞，妖蛇以尾立地，鳞光闪烁，嗞嗞怪叫，海克力斯毫不畏惧，因为他是杀蛇的高手，刚出生时就杀死了两条毒蛇。他用力抓住妖蛇，用木棒将蛇头一个个敲碎，但敲碎一个的同时会再生出两个，像打地鼠游戏一样，沼泽地里又爬过来一只巨蟹加入战斗，它用大钳死死地咬海克力斯的脚，海克力斯挥棒将巨蟹打死。

伊欧劳斯手执火把，将附近的树林点燃，然后用熊熊燃烧的树枝灼焦刚长出来的蛇头，不让它长大。这时，海克力斯乘机砍下许德拉的那颗不死的头，将它埋在路旁，上面压着一块沉重的石头，接着，他把蛇身劈成两段，并把箭浸泡在有毒的蛇血里。从此以后，凡是中了他射出的箭的敌人必死无疑。这毒箭被列入西方生化武器兵器谱，后来流传到特洛伊战场上，射死了风流王子帕里斯。

令人气愤的是，国王尤瑞斯以有人帮助为理由，宣布这件功绩不算数。可怜的海克力斯叔侄两人冒着生命危险，斩杀九头蛇妖的唯一好处就是得到一把带有剧毒的箭矢。顺便说一下，那只被海克力斯打死的巨蟹因忠心护主感动了天后赫拉，赫拉把它放在天上，就成了今天的巨蟹座。

（二）大禹杀九头蛇相柳

远古时代，九州大地一片泽国，洪水泛滥，民不聊生。鲧偷息壤治水，被天帝诛杀。天帝又委任鲧的儿子禹率领民众继续进行治水事业。他吸取父亲鲧治水失败的教训，采取新的治水策略：顺着水性和地势，以疏导为主，以堙堵为辅，并进行分工。由于方法得当，分工明确，治水工作进展颇为顺利，在绝望中挣扎的民众终于看到了希望。

可是，这却惹恼了水神共工，因为洪水是天帝命他降大雨来惩罚人类的。虽然如今水势已经难以控制，但却使他八面威风，享尽了人间的供奉和膜拜。大禹治水居然没经过他的同意，那还了得，共工决定给大禹添乱，搞破坏。

于是，共工运用神力，把刚刚平静的水重新掀起来，大水一直淹到空桑，也就是大地的最东边，中原一带重新沦为泽国。他又让自己的得力干将相柳破坏已经建好的治水工程。

相柳是人面蛇身，蛇皮花纹似虎斑，长了九个脑袋，巨大得能同时在九座山头吃东西，相柳到处吃江河堤坝上的土，使河道中的洪水不断溢出，四处泛滥，淹没一块块陆地。它喷出来的水比洪水还厉害，又苦又辣，吃了就会送命。因此这种水泽中连禽兽都不能生活。

眼看前期的工程惨遭破坏，再不制止就要前功尽弃了，禹决心用武力对斥共工和相柳，在应龙和群龙的帮助下，禹奋起神威，打败了水神共工，把他赶回了天庭，又诛杀了罪大恶极的相柳。

据说相柳被杀后，流了很多血，腥臭无比，沾血的土地寸草不生。他住的地方是一块沼泽地，人们无法在此居住，大禹只好把这里挖成一个大池塘，并用淤泥在池塘边修建了几座高台，作为祭祀诸神的地方。

大禹赶跑水神共工和杀死凶神相柳的神话传说，讲的是上古先民在大洪水面前，不畏困难、与天斗与地斗、引水入海、重建家园的故事。共工和相柳代表着吞噬一切的大洪水，尤其是九头蛇相柳是治水中最为艰难的工程，蛇有九头，说明这条江河分流很多，众多小河汇入大江，引起江水猛涨，很快就淹没一切。至于所说的相柳吐的水又苦又辣，估计是讲到有些沿海地区出现海水倒灌，海水又苦水涩，无法饮用。相柳死后，污血染地，土地不可耕种，大概讲的是盐碱地，因为土壤中所含的盐分影响到作物的生长。

因此，笔者推断共工、相柳联手向大禹发难，实际上是指当时出现两种水灾，一种是内地洪水泛滥，这是共工推动的，另一种是相柳推动的沿海地区的海水倒灌，也许相柳是海洋里的水神。

（三）须佐之男斩杀大蛇

与希腊、中国古代神话一样，日本神话中也有斩蛇的故事。

位于出云高志地区的这条大蛇，是一条八头八尾大蛇，这和中国、希腊神话描述的有所差别。希腊和中国神话中的大蛇只是一个蛇身上长着九个头的怪蛇，日本神话中的这条蛇就更奇怪了，有八个尾巴。在《古事记》中，这条蛇又称“八俣远吕智”，也就是具有灵力之物。而在《日本书纪》中被称为八岐大蛇，岐即分叉，“八”代表很多，“八岐”说明有很多分叉。

这条怪物长得什么模样？《古事记》中的描写是，它的眼睛像红灯笼果，有八个头和八条尾巴，身上长着青苔、桧树与杉松。身体很大，能把八个山谷和八个山岗填满。它的肚子总是血淋淋的，像是糜烂了似的。而在《日本书纪》中写道：八岐大蛇有着八个头，八条尾巴，眼睛如同“酸浆草”般鲜红，背部上则长满了青苔和树木，腹部则溃烂流着鲜血，头顶上则常常飘着雨云，也就是天丛云。身躯有如九座山峰、九条山谷般巨大，非常喜欢喝酒。

须佐之男首先从这两位老人那里了解到大蛇的外观长相和嗜好，因为这条蛇的威力太强大了，单靠须佐之男的个人力量无法战胜它，不能力拼只能智取。所以，当他得知大蛇嗜酒如命的特点时，就决定用酒灌醉大蛇，在它醉酒昏睡失去抵抗力时下手斩杀。

两位老人依须佐之男的计划行事，酿了大量的烈酒，建了八扇大门，在每一个门中都放了一大缸好酒。等到八岐大蛇到来时，它远远地就闻到酒香，忘了要吃美女的事，或者是先喝酒再吃美女。大蛇的八个头分别伸进八扇门中摆放的酒缸里猛喝，当所有的酒都喝完后，它就烂醉如泥呼呼大睡了。须佐之男见时机已成熟，从隐蔽处冲出来拿起他随身佩带的十拳剑，先把八个蛇头逐个砍下，然后再把蛇砍成一段段，大蛇的血汹涌地流出，流入肥河，整条河的河水都成了血水。

当砍到蛇尾时，剑刃崩了，须佐之男觉得十分奇怪，用剑尖划开一看，里面竟然是一把比十拳剑更加坚硬、更加锋利的铁剑。须佐之男拿起这把铁剑仔细地看，觉得这是一件异宝，后来他把事情的始末告诉了天照大神，并献出了这把剑，这就是草薙剑，在《日本书纪》中又称其为“天丛云剑”，是因为据说八岐大蛇头顶上常常飘着天丛云，故以此命名。

五　斩杀大蛇的象征意义

对于须佐之男斩杀大蛇的象征意义，日本学术界有不同的观点，简介如下。

其一，八岐大蛇代表的是“河川泛滥”。出云国的肥河就是今天的斐伊川，这条河上的沙洲形貌是如同蛇鳞般的“鳞状沙洲”，加上河川蜿蜒的模样，因而被描述为“大蛇”。河川固定一段时间的泛滥会毁坏（吃掉）稻田（栉名田毗卖），而击退大蛇就象征着治水的成功。换言之，蛇自古以来被视为水神，洪水泛滥时，到处爬满了蛇，这是先民最先看到的景象。再加上这个神话故事是以肥河为背景的，可以推测，这条大蛇就是由肥河变身而成的怪物，因此杀死大蛇救出栉名田毗卖，反映的是洪水泛滥时拯救田地和家园的事实。

其二，是中国神话大禹杀蛇神的相柳传说的翻版，也就是日本版的“相柳说”。认为八岐大蛇是中国传说中的相柳，据说相柳原来有九个头，因被黄帝用剑斩下一头后，成为八头，与八岐大蛇一样。也是所到之处皆为沼泽，两者之间的相似度极高，所以便认为八岐大蛇就是中国神话传说中的相柳流传到日本之后的变种。

其三，代表或反映一种“制铁文化”。有观点认为，这八岐大蛇也可能反映出古代出云国（今岛根县安来市）的“制铁文化”。八岐大蛇也可能是铁矿山（源头）的隐喻，大蛇腹部流血的模样就是铁砂（原料）混在河水中浑浊的样子，而它尾部内铁剑（成品）坚硬。

须佐之男杀大蛇用的是十拳剑，砍切蛇尾时，十拳剑刃卷了或者说有缺口了，是因为它碰撞到后来称为草薙大刀的铁剑，而十拳剑是青铜打造的刀剑，硬度远不如铁剑。古代出云国制铁技术很先进。事实上，奥出云町自古以来就有利用砂铁来制铁的传统。鸟取县的妻木晚田遗迹里就发现大量的铁器。

其四，日本著名思想家梅原猛提出的“三轮山说”，即须佐之男斩杀八岐大蛇实际上是斩杀三轮山的统治者，自已取而代之。梅原猛在其名著

《诸神流窜》一书中指出：八岐大蛇是圣地三轮山的象征。他首先罗列了八岐大蛇的八个特征，然后同三轮山进行比较，结论是：

1. 大蛇身上是不会长松柏之类的植物的，只有山上才长；

2. 三轮山的形状与大蛇的形状十分类似，都有八个山峰、八个山谷；

3. 三轮山的山神传说中就是一条蛇，而且这个山神和八岐大蛇一样嗜酒贪色，在《古事记》中，三轮山的主神到处留情，劣迹斑斑。

由此，梅原猛的结论是：须佐之男实际上杀的是三轮山的统治者，自己取而代之，须佐之男并没有征服出云，而是征服了大和。

六　须佐斩蛇：一场出云内部的战争

笔者认为须佐之男斩杀八岐大蛇，讲的是他进行一场意在统一出云地区的战争。

水野佑在深入研究出云神话后得出结论：古代出云地区有三大势力，在意宇川流域的意宇地方，起先为出云臣族所占领，但是这股东出云的势力并不强大。相对地，占领西出云的杵筑势力是一个海洋部落国家，部民以航海、渔捞为生。于1世纪前后，征服了意宇的出云臣族。约在同时，第三势力以须佐乡为根据地开始活动，他们利用当地的铁砂及朝鲜的铁器，逐渐强大起来，约在2世纪，他们占领了意宇。在4世纪初，原大和国家趁出云国内各个氏族对立争战之际，大举西征，终于统一出云地区。

笔者认为，须佐之男作为一个最早的外来民族的代表，与出云当地的原住民发生了激烈的冲突，须佐之男最终凭借武力，收服了当地诸多土著豪族，以铁器文化战胜青铜文化，成为出云之王，但他的子孙最终败给了从九州过来的一个更加强大的氏族大和族，献剑表示臣服。

其一，须佐之男是来自中国东北地区或在朝鲜半岛活动的一个氏族的首领，《古事记》中讲得很清楚，他被驱逐出高天原，降临到出云国肥河一带，时间大约是在中国东汉末期的战乱，即公元2世纪初。

在古代日本，中国东北和朝鲜半岛的移民渡海到日本沿海并建国，如大化改新之前的越国，位于今天的山形、秋田和青森三县的最北端，它是由通古族的核心力量——生活在中国东北地区的肃慎建立的独立于大和王权之外的国家，后被大和政权收复，到7世纪后半期的天武天皇、持统天皇时，将这个国家一分为三，成立了越前、越中、越后三个令制国。肃慎本是中亚的游牧民族，后来其势力从中国东北延伸到黑龙江流域，再迁徙到北海道和日本东北地区的沿海。与此相应，笔者认为须佐之男也有可能是肃慎民族的一个部落的首领，由于战乱或内乱，渡海到出云，与出云地区的原住民发生冲突。

其二，八岐大蛇是一个形容词，它有三种含义。

一是大蛇，作为贬义词，它是肃慎族对出云当地土著的蔑称，把原住民当作一个野蛮凶残无知的群体。比如日本大和朝廷把居住在北海道的原住民称为虾夷，后来设立征夷大将军这一职务，是专门讨伐虾夷人的，将九州地区原住民称为隼人，视为异族。还有把不与大和朝廷合作而藏匿在深山中的原住民（国栖）称为土蜘蛛的，这是对在山野外过原始生活的人的蔑称。同样，外来的民族须佐之男把生活在出云地区的原住民蔑称为蛇或毒蛇，因为多山多林多水之地毒蛇多。

二是八岐大蛇也说明出云地区的地形地貌。对大蛇的描述就说明了几个地理特征：第一，有八个头，这不仅说明当地人不好对付，而且表明此地多山地，到处都是大小山头；第二，蛇身长满松柏之类的植物，说明这里全是森林，地广人稀，有资料表明，出云所在的岛根县现今的森林覆盖率高达80%，是日本最重要的森林县之一；第三，八岐讲的是河道密布，港湾曲折，因为山林多，地貌复杂，水道环绕如同一条晒太阳的大蟒蛇，头尾相接。蛇是河川和沼泽的主人。

三是八岐大蛇也说明在当地有很多个土著部落。“八”在日语中是“多”的意思。关于须佐之男设计杀蛇，《古事记》讲到分成八个门，让大蛇八个头分别伸入，彼此孤立而不能让八个头聚集在一起，说明须佐之男在征服当地“蛇族”中采取各个击破，逐一歼灭，以智取胜的策略。

其三，铜剑遇上铁剑表明了两种文明较量的结果是后者战胜了前者。按梅原猛的说法是铁镜的祭祀征服了铜铎的祭祀。

可以设想，以须佐之男为代表的大陆民族，很快就以铁器文化征服了青铜文化。出云地区也就成为日本古代文化的先进地区。尤其是在境内发现了铁矿和铁砂，通过铁的开采和冶炼，制造出比青铜剑更坚硬、更锋利的铁剑以及铁制的农具，大大地加速了出云地区的经济社会发展进程。

在日本神话中有一个十分有趣的现象，那就是和希腊、北欧的西方神话以及中国神话相比，日本神明使用的武器非常单调乏味。《古事记》中神界的第一把武器是天神赐给伊邪那岐夫妇的一支天沼矛，但它还不算真正的武器，只是修造国土的工具。真正的第一把剑是伊邪那岐杀死火神的十拳剑，后来这把剑也随他到了黄泉国。第二把十拳剑在须佐之男与天照大神盟誓时，被姐姐折断并嚼碎了，生出了三个女神。第三把十拳剑是须佐之男杀蛇用的，但在切断蛇尾时碰上更坚硬的铁剑而刀刃卷了，估计也作废了。由此可见，日本神明使用的武器很单调，缺乏创意。

希腊神话中神明使用的武器多到让人眼花缭乱。比如第二代神王克洛诺斯以镰刀为武器，把父亲乌拉诺斯给阉割了，宙斯的兵器是一根可以发射出雷霆和闪电的权杖；海神波塞冬手持三叉戟的兵器，随时能掀起风暴。而战神雅典娜从宙斯的头脑中迸出来时，就头戴盔帽，左手执盾，右手持矛，威风八面。

其四，须佐之男娶当地女子栉名田毗卖为妻，说明作为外来民族的须佐之男，对当地原住民部落不是采取赶尽杀绝的血腥做法，而是在对方战败表示臣服后，与之结亲，相互通婚，结成一个更大的部落。早期的日本天皇的妃子很多，来自不同地区和不同的部落联盟。对臣服的民族怀柔，并化敌为友，这是大和朝廷惯用的策略。从某种意义上说，大和朝廷的这个做法是向须佐之男学来的，是向中国古代统治者学来的策略，比如西汉早期与匈奴多采取“和亲”的策略，送女人给单于，求得暂时的和平。到了国力强大之后，就刀兵相见，这就是汉武帝的做法。

第三节　须佐创业

一　立足出云

须佐之男战胜八岐大蛇后，也就是打败出云地区的原住民后，终于在出云地区有了自己的根据地。斩杀八岐大蛇这个本是出云肥川的民间传说，后来被加工润色，收录到《古事记》中，须佐之男也由一个无恶不作的荒神成了众人传颂的英雄人物。

杀死大蛇并和美女结婚，这是一个典型的英雄救美的“柏修斯安德洛墨达型神话”，须佐之男成了出云系氏族的祖先之神，同时也是日本文化英雄，在他的身上，深深地打上日本文化的烙印，成为日本人的典型代表。

一方面，他是一个有无比威力的大神和巨人，他所到之处，天摇地动，人神颤抖；他哭泣起来，天昏地暗，草木为之枯萎，河海几近干涸。在高天原期间，干尽了人们所能想象的坏事，甚至让太阳都为之躲避，日月无光，是一个典型的大恶神的角色。

另一方面，他到出云之后，杀蛇救美，缔造出云国，在出云地方和文化上与出云地方有密切关系的纪伊地方，须佐之男都被崇拜为赐福于人类的恩人。

须佐之男战胜八岐大蛇后的第一件事是盖房娶妻。他到出云地区，寻找建筑宫殿的风水宝地，终于找到了一个今天地名还被称为须贺的地方，这个地名的日语意思是爽快，因为须佐之男到了这个地方只见山美水秀，风景怡人，说道：“我来到这个地方，心情非常爽快。”于是就在这个地方盖起宫殿住下。

当这位大神建造宫殿时，只见从宫殿那个地方升腾起一片祥云，是为吉兆。大神心情大悦，吟起了日本史上的第一首和歌，歌词是：

腾起八层云彩，
出云的八重宫垣，
和妻同住，
造起八重宫垣，
啊，那个八重宫垣！

须佐之男以吟诗来表达当时自己志得意满的心情，后来这首诗歌被当作日本和歌的起源。诗中提到的“八云”，是层层叠叠的彩云，很多日本动漫中都有“八云”这个词，比如《心灵侦探八云》中的齐藤八云。其中，最著名的现实人物莫过于小泉八云，小泉八云是出生于希腊的爱尔兰人，原名拉夫卡迪奥·赫恩，1890 年他到日本当大学教师，后加入日本国籍，还娶了日本妻子，从妻姓小泉，名八云，是著名的日本通，写了不少向西方介绍日本的书，他的名字就取自这首和歌，他于 1904 年 9 月病逝，岛根县首府松江市有他的旧居，后改为小泉八云纪念馆。

顺便提一下，从须佐之男杀蛇这一故事情节中可以看出日本人多么酷爱“八”这个数字，老夫妇本来有八个女儿（被蛇吃掉七个）；让蛇喝的酒要反复酿造八次；因为蛇有八个头八条尾巴，所以要做八个门，放八个平台，每个平台上准备了八个盛酒的器皿。盖房子时升起八层云雾，好像是有八重墙垣一样。最后任命自己的老丈人为稻田宫主须贺之八耳神。

须佐之男一边唱歌，一边盖房子。很快就盖好了大茅草房，把栉名田毗卖娶进家中，并把老丈人足名椎叫来，告诉他说：“你做我的宫殿管理人吧！”也就是让他的老岳父当大总管，由于这个任命，足名椎由原来是一个抚摩脚的神名改称为稻田宫主须贺之八耳神。

二　建家立业魂归根国

盖好房子后，须佐之男和栉名田毗卖结婚，很快就生育子女。

《古事记》里记载须佐之男和栉名田毗卖，生下的孩子名叫八岛士奴美神。须佐之男又娶大山津见神的女儿神大市比卖（也就是足名椎的妹妹，栉名田毗卖的姑姑），生下谷物神大年神和宇迦之御魂神（伏见稻荷大社的主祭神），由此可见，须佐之男娶了姑侄两人，生了三个男神。

须佐之男的长子八岛士奴美神很厉害，娶了母亲栉名田毗卖的姑姑（也就是大山津见神的另一个更小的女儿）当老婆；老婆是自己外公的妹妹，妈妈成了自己老婆的侄女，按中国人的辈分算，全乱套了，再统计下去，非把人搞成精神病不可。

八岛士奴美神娶了大山津见神的女儿木花知流比卖，生下布波能母迟久奴须奴神；这位神后来娶淤迦美神的女儿日河比卖，生下深渊之水夜礼花神；深渊神娶天之都度亲知泥神，生子淤美豆奴神；淤美神娶布怒豆怒神之女布帝年神，生下天之冬衣神；天之冬衣神娶刺国大神之女若比卖生下大国主神。

也就是从须佐之男到大国主神总共隔了六代，大国主神是须佐之男的六世孙。在出云神话中须佐之男和大国主神是先后出现的两个主角。在后来的让国神话中，《古事记》又继续记载大国主神的后代，总共加起来须佐之男可查的后代共有十七代神。

《日本书纪》与《古事记》中关于这段神话情节有几个区别。

第一，《日本书纪》讲到须佐之男和栉名田毗卖结婚后，生下了大已贵神（即大国主神），然后不久就死了，也就是到根之洲国和他的母亲伊邪那美女神母子团圆了。在这里，须佐之男和大已贵神是父子关系，而《古事记》则说大国之神是须佐之男的六世孙，也没有交代须佐之男最终的归宿。还有一个漏洞是，须佐之男只有三个儿子没有女儿，在后来又冒出来大国主神娶须佐之男的女儿为妻的说法。

第二，《古事记》里没有记载须佐之男在出云立足之后又做了哪些事情。而在《日本书纪》中，须佐之男作为出云国的首领，为出云国建立了不少功勋，比如继续开疆拓土，扩大国土面积；他和儿子五十猛神一起到新罗国考察；拔下自己的胡子、胸毛、屁股上的毛和眉毛撒向大地，使它们分别成了杉、桧、樟等树木；还有他和五十猛神从天上把树种带回日本八大州培植成林，绿化了全日本。

在《日本书纪》中讲到须佐之男生下大已贵神以后，立即去了根国，所以也就没有像《古事记》一样记载着大国主神前往根国寻求须佐之男的帮助等立身神话。

《古语拾遗》和《日本书纪》记载的内容相同。而在《先代旧事本纪》这本古书中，记载着须佐之男被逐出高天原后，直接去了根国和母亲会合。所以就没有杀八岐大蛇和在出云盖房子娶老婆的事，并且须佐之男与大国主神之间不存在任何关系，只是说须佐之男表示自己的子孙后代愿意服侍天照大神。

第三，《日本书纪》讲到须佐之男被赶出高天原，和儿子五十猛神等被放逐到新罗国。他认为此地不宜居，所以就率领其族人东渡到出云国，并将从高天原带来的树种也一并带走，到日本后再播下树种，这就是日本绿化很好朝鲜多秃山的缘故。同时，《日本书纪》也提到须佐之男是由朝鲜新罗人到日本以后才由朝鲜的神变成日本的神，他看到朝鲜有很多金银财宝，希望儿子前去运来，所以才把自己的体毛变成造船的木头，制造船只。这也暗示造船的用材及其技术都是由新罗传来的，甚至包括他斩杀大气津比卖神而由后者化生为五谷的种子，说明日本的五谷也是由新罗的渡来人携带到日本的。《日本书纪》的这段记载，一方面表达了日本与朝鲜关系的神话起源，另一方面确认了须佐之男的身份由来。

须佐之男既是暴徒又是英雄的双面性形象在日本有很高的人气。每年7月，京都都会举办为期一个月的“祇园祭”，这是八坂神社的祭具，而八坂神社的主祭神是须佐之男，透过祭典祈求抵制疾病，消灾解厄，求得“苏民将来之子孙也”护身符。祇园祭是日本最著名也是规模最大的节庆。

从京都四条通往东走，东大路通走到底就会看到八坂神社的红色西门楼。在神佛分离之前，八坂神社都被称为祇园社，以牛头天王为祭祀神，656年，自高丽来到日本八坂氏的祖先将新罗牛头山的神灵迎至京都，并于天智天皇年间（667年），建神殿并开始祭祀，之后牛头天王与素戈鸣尊（须佐之男）信仰融合，被视为同一尊神祇。

在八坂神社西门楼后正面是疫神社，这间小小神社供奉着“苏民将来”，具有祛病的能力。祇园祭时发给民众的护身粽子上，写着“苏民将来之子孙也”，回家后把它挂在玄关上，可保佑全家一整年无病无灾，苏民将来这个典故与须佐之男直接相关。

在八坂神社里，供奉着须佐之男和妻子栉名田毗卖。据说有一天，须佐之男化身为旅人，因天已黑，须佐之男刚好来到苏民将来富有的弟弟巨旦将来的家，请求投宿一晚却遭拒绝，随后又到了苏民将来家求宿，苏民将来答应其留宿，虽然他十分贫穷，但仍尽力招待须佐之男。须佐之男为了表达感谢之意，便与苏民将来约定，今后要保护苏民将来及其子孙不受疫病之苦，而巨旦将来一族则是逐渐没落，因为须佐之男是祛病之神，苏民将来逃过灾厄，得以平安度过余生，子孙兴旺。

三　大年神和宇迦之御魂神

按《日本书纪》的说法，须佐之男生下大国主神（大已贵神）后很快就死了，大国主神是独子，所以就不存在《古事记》里讲的与众多兄弟争权夺利的闹剧。而按《古事记》的记载，须佐之男有三子，长子没有什么能耐，但他有一个非常有能耐的后代叫大国主神。而须佐之男的另外两个儿子是神界响当当的一流角色，他们是大年神和宇迦之御魂神。

（一）大年神：正月之神兼谷物之神

大年神指谷物之神，其中的“年”代表谷物，尤其是指稻穗，全名则有祈求稻谷丰收的意思，在日本农耕神谱中的地位仅次于父亲须佐之男。

《古事记》中对该神没有多少着墨，不过《古语拾遗》里讲了大年神的一个事迹，说的是大地主神让农民吃牛肉，大年神为此怒不可遏，便在田里撒下蝗虫，使稻禾瞬间被啃光，大地主神深感恐惧，赶快向大年神献上白猪、白马、白鸡当作谢罪，大年神念其一片诚心，于是传授驱除蝗虫之法，大地主神依法除虫，果然见效，田里恢复了生机。这段神话透过象征生命的稻穗，来表达大年神发挥出让水稻丰收的能力，因此受到民众的信仰。此外，也有资料认为大年神曾帮助大国主神统治国土，助其一臂之力。

祈求丰收是农耕社会中最重要的传统。因此人们也将大年神视为每年家家户户迎接的“岁神”。日本过新年的一个风俗就是每家要准备门松和镜饼，这些习俗的源头是岁神信仰，由于地域不同，大年神在日本各地有不同的称呼，有的称其为“年德神”，也有的称之为“惠方神”，但本质是一致的。

大年神拥有三个老婆，总共给他生了十六个儿子，个个都成才，成为住宅神、山神和土地神，其中最有名的一个儿子叫大山咋神，这些神分住在日枝山和葛野的松尾，会使用鸣镝矢。

大山咋神是京都比睿山日吉大社的主祭神，又是松尾大神供奉的酿酒之神。日吉大社把狮子当作神的使者，大山咋神被奉为山神，日吉大社被当作山王信仰的总本山。

大山咋神本来只是日枝之山也就是比睿山当地民众信仰的山神，但它之所以后来普及全国，主要是因为和天台宗的结合，最澄在建造延历寺时，将比睿山山神日吉神供奉为镇守神，之后随着神佛调和的加速，作为中世神道代表之一的山王神道因此成立。山王意即山中之王，源自最澄早年在中国天台山修行时所住的“山王祠”，后来这个名称广泛流传。在神佛融合的时代，以“山王权现”之名分灵至日本各地，最终成为民众津津乐道的“山王神”。

据《山城国风土记》记载，大山咋神看中了一位名叫玉依毗卖命的少女，便变成一支朱箭，让带着箭回家的美女怀了身孕。朱箭象征着男根，实际上是大山咋神看中邻村的美女，尾随其后，就来个霸王硬上弓，让她怀孕，最终生下的这位神叫贺茂别雷命，是避雷的守护神，后来成为信徒众多的京都贺茂别雷神神社的主祭神。

（二）宇迦之御魂神

宇迦之御魂神就是全日本家喻户晓的“稻荷神”，他是须佐之男的儿子，以农业之神的身份掌管五谷的收成。名中的“宇迦”意即“食物”，所以他是谷物和食物之神。

该神被供奉于稻荷神社的总本社，即京都市伏见区的伏见稻荷大社，而全国各地祭祀稻荷神的神社多达四万座以上。

为什么“稻荷神”有如此高的知名度？答案在《山城国风土记》里。日本秦氏自称秦始皇的后裔氏族，其祖先伊侣具为豪族，传说他曾把年糕当作射箭用的标靶，当他射出箭时，作为标靶的年糕突然化成一只白鸟冲向天空，最后，这只白鸟停在山顶上，而它驻足的地方因此长出了稻穗。于是伊侣具便在当地建立了神社，并将“伊弥奈利生”改为“伊奈利”（稻荷神），这就是稻荷神社的起源。后来随着秦氏势力扩张到全国，“稻荷神”也随之扩散到各地。

在稻荷神社，通常都会见到狐狸的雕像，也就是说狐狸是稻荷神的使者，而且狐狸从冬眠中苏醒于春晓后下山的习性，也与五谷收成的周期性不谋而合。还有一点，老鼠是谷物收成的破坏者，并与人争夺食物，而狐狸是老鼠最大的天敌。所以它成了谷物的保护者。

由上述对须佐之男及大年神、宇迦之御魂神的分析和描述可以得到结论是：以须佐之男为代表的神系实际上是来自国外的移民所尊奉的神系的组合。在嵯峨天皇的弘仁五年（814）六月，万多亲王献给朝廷的《新撰姓氏录》中，把神分为天神和国神，国神包括三部分：一是被贬的须佐之男的后代；二是苇原中国的神；三是外来民族，也就是“诸蕃”所信奉的神。如果把以须佐之男为代表的神系算作外国随移民流入日本的神，那么日本神话中所谓的“国神”，就只包括日本土生土长的神和来自朝鲜、中国等国家的神这两个部分。

第八章　出云建国

本章主要叙述大国主神的成长过程和他在众神的辅助下在出云建国，成为出云国的统治者的过程。

本章主要内容如下。

1. 忠厚又好色的大国主神。大国主神生性忠厚善良，乐于助人。他营救了受伤的白兔而得到白兔的预言，娶到八上比卖，并因此遭到他八十个兄弟的集体迫害，后来遵从母亲的嘱托，到根国找他的祖宗须佐之男，接受其试炼，最后在须佐之男的协助下，打败了众兄弟。在个人感情上，大国主神天生好色又不负责任，享尽齐人之福。

2. 出云建国。大国主神打败了八十神，成为氏族首领，他在少名毗古那神以及御诸山之神的协助下，完成了出云建国的使命。

第一节　因幡的白兔

一　大国主神

须佐之男的后代子孙中，以大国主神最为出色。大国主神是他打败竞争对手、当上国家领导者之后，须佐之男给他的封号。大是美称，国主是国家统治者的意思。在不同时期，大国主神有不同的名字或绰号，最早的名字叫大穴牟迟神，因为他酷爱女色，又被须佐之男称为苇原色许男神，这是贬称，即苇原中国的渣男的意思。另外，他还有八千矛神和宇都国玉神的名字，一共加起来有 5 个名字，此外，他还有一个幸魂叫大物主神，加上其他文献的称呼，大国主神共有 14 个名字。

大国主神是日本神话中著名的文化英雄，他忠厚善良，乐于助人，赢得了很多神明的赞誉和倾心相助，尤其讨女人的喜爱，同时也遭到亲兄弟的排挤和迫害。作为一个带有深厚悲剧色彩的文化英雄和精神符号，他为修治国土、平定内乱、保护农业、发展医疗等各项事业做出了巨大的贡献。但在《日本书纪》中，他以地方神的身份出现，不属于皇祖神的神话体系，故未提及他的成长过程，只是提到他让国的事迹。

在日本神话中，天照大神、须佐之男和大国主神这三位大神扮演着三大主格神的角色。天照大神是宇宙统治者，是高天原执行祭祀的天神，须佐之男是残忍而有偏激性格的武神，而大国主神是农业守护神。

二　因幡的白兔

大国主神精彩的人生开始于一只白兔的预言，他跌宕起伏的人生也开始于一个女人。

因幡的白兔这个传说发生在今天的鸟取县，在日本是一个家喻户晓的故事。它讲的是当时被称为大穴牟迟神的大国主神和他的八十个兄弟，也就是八十神，都想向住在稻羽（又称因幡，位于鸟取县东部）的八上郡的大美女八上比卖求婚，大国主神因为忠厚老实，被众兄弟叫去当仆人，负责背行李。他的兄弟满怀喜悦地走在前面，大国主神身背大袋子气喘吁吁地跟在后面。

当他们走到一个叫气多崎的地方，看到一只身上没有毛的裸兔趴在地上。八十神干惯了坏事，所以不怀好意地对兔子说："你要做的事是到海水里洗个澡，让风吹着，趴在高山顶上。"兔子按照八十神的指教，到海里洗了澡，然后趴在山顶，可是身上的海水被大风吹干之后，皮肤全裂了，兔子痛得在地上打滚并伤心地哭泣。过了一会儿，大国主神走近了，看到这只受伤的兔子，问它为什么趴在地上哭泣，兔子把实情一一告诉大国主神。说是它原本住在淤岐岛（隐岐）上，想要来气多崎，但自己不会游泳，又没有船，于是就想了一个办法，叫来海里的鳄鱼，编了一个谎言说要和鳄鱼比谁的同族多，鳄鱼受骗了，排成一列长队趴着，兔子就踏在鳄鱼背上，数着数目一只只地跳过去，起先都很顺利，快要上岸的时候，兔子不无骄傲地告诉鳄鱼说："我骗你们的，你们上了我的当。"话音刚落，趴在最后面的鳄鱼一把抓住了兔子，张开大口剥了兔子的皮毛，兔子就成了一只裸兔，后来又遇上了八十神，他们把兔子骗了，不但没治好病，反而加重了病情。

大国主神听了裸兔的这席话后，深表同情，于是告诉兔子治病的方法，他对兔子说："你现在要马上到河口那里，用清水洗净身体，再摘一些河口的蒲花粉铺在地上，在上面打几个滚，就能痊愈了。"

兔子便按照大国主神的话去办了，果然很快就重生出皮和毛，而且比原来还漂亮。它对大国主神说："你的心地如此善良，不是你那八十个心地邪恶的兄弟比得上的。虽然你现在被他们欺负，让你背行李，但是，能让八上比卖看得上的，只有你一个！"

兔子的预言很准确，果然，八上比卖拒绝了八十神的求婚，只倾心于大国主神一人。

因幡白兔的故事是日本最著名的预言传说之一。白兔预言八上比卖会选择大国主神，似乎成了一段良缘，大概算得上兔子报了大国主神的治病之恩。但是兔子没有办法预测到他们未来的感情和生活，其实，八上比卖是一个不幸的女人，所谓红颜薄命，她不但当不了正妻，还因为害怕遭到大国主神正妻的嫉妒和报复，再加上大国主神的软弱，八上比卖后来替大国主神生了一个孩子，不敢当面交给大国主神，而是把孩子挂在树杈上就长住娘家了。可以设想，如果不是大国主神的软弱无情和不负责任，女人绝对不会如此绝情的。不但不要丈夫，生的儿子也不要了，把孩子挂在树上就不怕摔下来或被狼叼走吗？可见八上比卖是多么痛苦和无奈、无助。

因幡白兔因其传说，又被叫作"说谎的兔子""预言的兔子"，有些地方还把它当作兔神。在今天的鸟取县鸟取市因幡山上有一座白兔神社，神社里供奉白兔神，白兔神被奉为治愈皮肤病的神明。此外，还因为它促成了大国主神与八上比卖的姻缘，白兔神又被奉为姻缘之神，是缔结姻缘、保佑爱情常青的神明。据说甚至连远在异国他乡的人，只要向这只兔子祈求，就能实现早日还乡的愿望。

对于大国主神而言，他由于告诉了兔子正确的治疗方法，被当作治愈之神、医疗之神，保佑人们身体健康。另外，因为大国主神背着一个大袋子，后来演变成日本七福神之一的"大黑神"。

三　因幡白兔相关事实的争论

（一）世界各地的类似神话

在西伯利亚少数民族流传狐狸被苍鹭送至孤岛，狐狸叫海豹排成一列，踩在它们脊背上数数目通过，结果最前头的狐狸遭猎人捕杀，剥下其毛皮的故事。

而非洲有一则流传很广的民间故事，描述一只兔子靠着智慧拯救了差点被鳄鱼吃掉的人类，后来人类的妻子生病，巫师表示必须吃兔肉才能把病治好。因为兔子是救命恩人，人类并不答应，弯腰想安慰兔子，但兔子以为人类要抓它，拔腿向外跑，巫师马上唤狗去追，于是兔子被狗咬掉半截尾巴，变成了今天短尾的模样。

类似的故事还有来自南美洲的版本。故事讲的是一个被敌人追赶的男主人公，请求凯门鳄载他过河，鳄鱼答应了，却不安好心，它要求男主人公辱骂它，作为吞食他的借口。一种说法是它指控被他辱骂，另一说法是主人公到达对岸后，自认为已脱离险境而嘲笑它。在这一点上和白兔是相同的做法。结果是鳄鱼把这个人吃掉了。

在南美洲印第安人部落中有一个叫“雷鸟”的神话。说的是两兄弟在归乡途中受到一条河流阻碍，于是他们坐上一条头上长角的蛇的背上渡河，途中必须喂食这条蛇，让它维持气力。当抵达对岸，两兄弟跳上岸时，蛇想要吞食他们其中的一个，恰好在场的雷鸟建议另一兄弟用假的食物喂蛇，从而成功地解救了他的兄弟。雷鸟带他们到它在天上的住所，让他们制造各种闪电，一年后才放他们回家，并要求部落的人民祭祀他们。

在中国、韩国、日本及东南亚流传着大量关于兔子的传说，尤其是关于玉兔的故事。传说有三位神仙，化身为三个可怜的老人，向狐狸、猴子和兔子乞食，狐狸和猴子都拿出食物接济老人，但只有兔子没有食物，后来兔子告诉老人说：“你们吃我吧。”说完便跃入大火。神仙们对兔子舍身的行为大为感动，于是将兔子送到广寒宫，兔子成了玉兔。后来，玉兔就在广寒宫与嫦娥相伴，并捣制长生不老药。在中国汉族神话中有不少关于玉兔或月兔的美丽传说。

（二）关于稻羽、淤岐岛和气多崎的地名

在日语中，稻羽也可以写成稻叶、稻场，《古事记》中没有明确指出稻羽是否位于因幡国，日本各地常见以稻羽命名的地方。但因幡国古称为古稻羽国，大化改新后改名因幡，所以才叫“因幡的白兔”，而不叫“稻羽的白兔”，因幡国位于今鸟取县东部，而大国主神的居住地是出云国，出云国位于今岛根县的东部，两地距离不算近，也就是说大国主神居住在出云，而“因幡的白兔”的故事却发生在因幡国，二者之间究竟如何解释？如果是因为集体求亲，白兔的故事是发生在求亲的途中，这只是说明两个问题，一是八上比卖这个美人太出名了，艳名惊动方圆几百公里；二是大国主神和众兄弟不辞辛劳虔诚求婚。

关于兔子的故乡淤岐岛究竟在哪里，一种说法认为淤岐岛就是现今岛根县的隐岐岛，另一种说法认为这个地点只是模糊地泛称某个海上小岛而已。

至于气多崎是什么地方，那些有考古癖的人认为如果认定淤岐岛是隐岐岛的话，那么气多崎就是今鸟取县鸟取市的气多海岸，邻近有一个白兔海岸，从隐岐岛到白兔海岸有将近 100 公里的距离，这在过去交通条件不发达的情况下是一个不短的距离。有趣的是，距离白兔海岸约 150 米恰有一小岛，岸边布满岩礁，远看像一只海鲛。邻近的气多海岸有一座八十众神欺骗白兔风干身体的“身干山”，白兔神社就建于此。神社内有一座“不增不灭之池”，二战之前蒲黄丛生，传说是白兔洗治身体的水域和将全身撒满花粉的地方。

（三）“素菟”与白兔之说

关于“兔”字，日本各地的白兔神社的祭神多写成“白兔神”“白兔明神”等，在《古事记》里写成草字头的“菟”“裸菟”“稻羽之素菟”等。“菟”是兔的通假字，本居宣长认为“素”字意指一丝未裹、一尘不染之意。裸兔是因为兔子被扒去皮毛，不知道它的原色是什么。再说日本的兔子不全是白色的，之所以把“素兔”或“裸兔”称为白兔，是因为日本人崇尚白色，把白色动物视为吉祥的征兆，比如传说日本武尊倭建命死后灵魂化作白鸟。历史上有这样的记载，某种动物突然变白（白鹿、白龟、白蛇等），当地政府会作为吉兆或祥瑞献给朝廷，朝廷甚至会为此改年号。

（四）“和迩”到底是什么动物

《古事记》里把扒去白兔皮毛的鳄鱼写成“和迩”，但这种爬虫类的动物并非原产于日本，“和迩”究竟是什么动物，说法颇多。

第一种观点认为“和迩”是鲨鱼，在日本北陆、山阴地区常称为“鳄鲛”，用于形容狰狞凶猛的鲨鱼。

第二种观点认为是海蛇，依据是后面讲到了丰玉毗卖命临产时化成八寻和迩，在地上匍匐委蛇，在旁边偷看的火远理命惊恐不已。津田左右吉参照佛教的那伽（水蛟、龙神）信仰，得出是海蛇的结论。司马辽太郎认为匍匐在地的不是海蛇，应该是鳄鱼。

第三种观点认为是鳄鱼，东南亚地区有各种关于鳄鱼的传说，包括鳄鱼驮着豆鹿和猿猴涉水而过的民间故事。也有人认为“和迩”来自中国，早期到中国的日本使者，比如倭五王遣使南朝，倭使也许见过中国华南地区盛产的扬子鳄，所以把这种见闻带回国，但是这个观点无法把它与海洋和淤岐岛联结起来。

还有说“和迩”是鲸鱼，总之，陆上动物欺负水中动物，让后者帮助它渡水的神话故事常有所闻。

四 “因幡的白兔”的神话学象征意义

在以大国主神为主角的神话传说中，为什么一开始以“因幡的白兔”作为铺垫呢？“因幡的白兔”到底有什么神话寓意呢？

梅原猛先生认为因幡的白兔是被人命令着要作禊。八十神并没有错，更不是心眼坏。他们只是命令兔子按照传统的祓禊形式，脱光衣服，以海水作禊。因为伊邪那岐从黄泉国回来，就是用海水洗刷身上的一切污秽，以净化身心的。至今到福冈宗像神社的冲岛参拜的人必须严格遵守以下两条规则，一是严禁女人靠近；二是所有参拜的人必须以海水作禊，脱光衣服入海，在冰冷的海水中冻得浑身发紫，上岸后又是一阵冷风吹袭，而且要连续作禊七天，第八天才能参拜。七天的海水禊对很多人来说是一场严峻的考验。

由于兔子受不了传统的海水禊，所以大国主神建议兔子做另一种禊，也就是淡水禊，大国主神要兔子去水门用水洗洗身体，然后撒上一层菖蒲的花粉，躺在上面滚一滚，这种禊是淡水禊，是一种较简单且舒适的禊。

梅原猛认为，随着日本由海洋国家向农业国家的转变，禊的形式也在改进。原来的禊是用海水，而且要潜入海中。后来随着日本人进入陆地的深处，禊的形式也在不断变化，即变为淡水禊、河水禊，最后是井水禊。禊的这种变化，与日本由海洋民族向农业民族变化的历史有着深刻的关系。结论是：因幡的白兔表示了祓禊形式的变化，大国主神是一个宗教改革家，他适合社会的变化，简化祓禊的形式，让它变得更加简洁、更加舒适和更加方便。

在笔者看来，“因幡的白兔”的神话价值在于启动了大国主神的成长过程，并决定他最终的命运结局。

首先，它是一个“潘多拉盒子”，大国主神本来是一个位阶很低的神，只是八十神的跟班，因为他的善良、热心，拯救了白兔，并在白兔的预言下，获得八上比卖的青睐。这一事件使他陷入了一系列的死亡困境，逃过了一次次追杀或试炼。

其次，它描述了一个矛盾的对立面。兔子用它的狡猾欺骗了鳄鱼，自以为是的它还辱骂和嘲笑这群海洋生物，因而遭受到惩罚。接下来，它又受到第二重的伤害，也就是人对陆地动物的伤害。最终它得到大国主神的真心帮助而被感化。这种命运旋而又在大国主神身上重新演绎一遍。

大国主神性格上最优秀的特质是亲切和蔼，他和心术不正的众兄弟神不同，救了白兔，赢得了动物的敬重，他的温柔热情赢得了身边所有女人的同情和爱。他的敌人似乎都是男人，对他来说，男人总是在迫害他，而女人总是拯救他，包括他到根国接受须佐之男的几次生死考验，帮助他的还是女性和动物，甚至老鼠都在支持他的事业。在经受了种种难以想象的生死考验之后，他击败了所有的敌人，成为出云地区的统治者。而这一切事业的起点源于因幡的那只小白兔。

第二节　浴火重生

一　八十神的迫害

大国主神有众多的兄长，《古事记》里称为八十神。八十神性格粗暴，心狠手辣。他们从来就不把大国主神放在眼里，平时净欺负他，像对待下人一样对待他。八十神到稻羽去向八上比卖求婚，他们让大国主神当挑夫，帮他们背东西。在途中，仁慈的大国主神救了因幡的白兔，得到了兔神的加持和祝福。

也许是八上比卖很早就听说大国主神是一个善良、仁慈、乐于助人的青年人，也耳闻过八十神是一群野蛮粗暴的家伙，甚至可能是听到兔神的如实介绍，对大国主神以芳心相许。八上比卖对前来求婚的八十神说道："我不能接受你们的求婚，我的心意已决，要同你们的弟弟大穴牟迟神结婚。"

美女的表白如同晴天霹雳，在八十神中间炸开了，没想到不显山不露水的小弟，竟然抢到头彩，抱得美女归。他们气急败坏，共同联手，欲除之而后快。

当他们一行来到伯伎国（令制国下的伯耆国，位于今鸟取县西部）的手间山下时，八十神对大国主神说："这座山上有一只红色的野猪，我们上山把野猪赶下来，你等在这里捕捉它，你要是没抓到，我们就杀死你。"

八十神上山后，把一块外观像猪的大石头烧得通红，并把它滚下来，大国主神见状后马上冲上去抓它，被石头烫伤而死。

大国主神的生母刺国若比卖见到惨死的儿子，哭得肝肠寸断。为了救治儿子，她赶到高天原，请求灵力无比的神产巢日神出手相救。在她的央求下，神产巢日神派了两位医术高明的女医生下界救活大国主神。这两位女神擅长用贝壳疗法治疗烧伤，故称为蚶贝比卖和蛤贝比卖，她们是以血蚶和文蛤为药引，负责掌管医药的女神。先是由蚶贝比卖收集了大量贝壳，将之磨成粉末以后，采用日本古代民间治疗烧伤的传统疗法，蛤贝比卖将粉末和蛤汁以及母乳一起涂在大国主神烧伤的身上。在两位女神的精心呵护下，大国主神的伤口很快得以愈合并死而复生，而且变得比以前更帅气更健壮了。

八十神见大国主神居然又活过来，而且身体和气色比之前还更好，又使出一个诡计，他们把大国主神骗入山中，预先砍下一棵大树，然后将楔子打进树中，大国主神是一个记吃不记打的家伙，乐呵呵地把身体挤进树木的裂缝时，八十神拔出楔子，于是大国主神被树木紧紧夹住了。

大国主神的母亲警惕性很高，她见儿子随八十神上山，心知不妙，随后赶到，见儿子被夹在树木中已奄奄一息，连忙劈开树木将他拉出来。

大国主神终于苏醒过来，其母知道八十神势必还会再次加害他，置其于死地，所以，她要儿子赶快动身前往木国（即纪伊国，现属三重县）投靠大屋毗古神。

大国主神听从母亲的劝告，离开家乡前往木国投奔这位远门亲戚，他前脚刚踏入大屋毗古神的家门口，八十神后脚就跟上来了。这下，这帮恶神不客气了，直接搭弓拉箭，要把大国主神射成刺猬。在万般紧急之际，大屋毗古神掩护大国主神钻进分叉的树干之间得以逃生。

大国主神与八十神之间的生死较量是在描述一个什么样的事实？或者说，八十神为什么要不择手段地置大国主神于死地？笔者有如下三个观点。

其一，大国主神代表着早期移民日本的一支外来民族，而八十神即代表当地的原住民或土著。在人类早期的发展史上，人们首先是因为解决食物资源而迁徙。就如早期的人类为了追逐猛玛象才到日本，而当时的日本和大陆是连成一片的。在秦末和东汉末年，大量中国北方居民和朝鲜半岛居民为了躲避战乱而举家迁移到日本的九州和本州，势必与早已定居在当地的原住民之间发生冲突。

一开始，以八十神为代表的当地势力十分强大，大国主神在与之较量中屡战屡败，八十神骁勇善战，充分利用地形和原始工具，三次置大国主神于死地。第一次是八十神从山上推石头下来，大国主神中了埋伏，被石头砸中又遭火烧伤，几乎要了他的命；第二次又是中了对方设计的捕兽器，像野猪或狗熊一样被夹住；第三次是在大国主神逃跑的过程中，中了对方弓箭手的埋伏，幸亏在当地猎人的引导下，以茂密的树林为掩护才勉强脱困，所以，大国主神的三次遇险讲的实际上是和八十神的三次战斗的情节和画面，最后都以失败而告终，大国主神两次身负重伤。

其二，以大国主神为首的外来集团势力与八十神的当地势力之间为争夺土地、水源、食物甚至是女人而发动了战争。战争的导火线是一个叫八上比卖的当地女人，八上比卖是当地土豪的女儿，也可能是八十神的妻妾。大国主神勾引了八上比卖，并与之私奔，让八十神怒不可遏，进行了一场追杀的死亡游戏。

在早期的移民史中，移民的主体是身强力壮的男人，只有他们才能抵挡住来自各方面的挑战和压力，当他们有了安身立命之地后，第一件要解决的事是性欲，无论是合法取得如通过婚嫁，还是通过非法手段如勾引别人妻女，与之通奸，还有通过金钱购买性商品。在当时，性是稀缺的资源，在僧多粥少的情势下，男人们会为女人大打出手。而大国主神恰恰勾引到了八十神的妻妾或女儿，自然引发如火山般喷发的愤怒。因为很多民族对于妻子的私奔会做出强烈的反应，比如因纽特人多半会将诱惑妻子的男人杀死，以捍卫丈夫的尊严，这种仇杀如果一时无法得手，迟至十年以后还会拉满弓。当然，也有某些民族比较克制，比如作为北美印第安人的切依因纳人，他们对这种事不会有激烈的反应，只是要求对方给予一些财物作为赔偿就够了，他们才不会为了女人而拔刀，因为他们是一个节欲的民族，并不在女人身上表现男性的尊严，所以不会因为女人激发强烈的仇恨和愤怒。

写到这里，笔者联想到日本江户时代的武士，按照当时的规定，武士的妻子被人勾引，与他人通奸，作为丈夫的武士可以将“奸夫淫妇”当场斩杀，官府不予追究。所以当时日本男人中流传着做两件事是要冒着生命危险但又很刺激的，一件事是吃河豚，另一件事是勾引武士的妻子。后来，当武士的丈夫想通了，要对方给一笔钱，就不再追究了，因为在江户男多女少，娶个女人很不容易，把老婆杀了，丈夫也得不到什么好处，还要当一辈子的光棍，想想也就原谅妻子的过错，用自己的尊严去换一笔价值不菲的财物。

在日本古代实行走访婚，一个优秀的男人有很多个女人，而一个年轻美貌的女子必然有众多追求者，也许大国主神不小心踩到一颗地雷而已，没想到引起这么大的反应，差点死在八十神手里。

其三，以大国主神为代表的外来势力，在与本地势力的争斗中逐渐形成了一个联盟集团，除了得到母亲的倾力支持外，还有三支重要的力量，一是通过母亲和高天原的神产巢日神攀上关系；二是大国主神与大屋毗古神结盟，并攀附上以须佐之男为代表的更为强大的第三股外来势力，在经过须佐之男的多重考验下，通过结亲，以娶须佐之男女儿为正妻作为条件，联手彻底打败八十神集团，最终成为出云国的统治者。

可见，大国大神与根国的须佐之男，再加上高天原的神产巢日神构成了一个三位一体的同盟，轻而易举地打败出云地区的土著势力八十神集团，实现了统一出云的目标。

二　访问根国

大国主神遵母嘱到纪伊国投靠大屋毗古神，想得到后者的庇护。看来，大屋毗古神的实力也不够强大，只能算是当地的一个中小豪族。八十神从出云赶到纪伊，也就是从今天的岛根县一路追踪到三重县，大国主神还是逃不过八十神的追杀。万般无奈之下，大国主神的母亲要儿子到根国去找他的老祖宗须佐之男，寻求大神的帮助。

遵照母亲的吩咐，大国主神到了须佐之男的国土，很快就找到了须佐之男的住宅，出来开门迎接的是须佐之男的女儿须势理毗卖，两位年轻人只是在门口见了面，连话都没有说就对上眼了，真正是一见钟情，相约为夫妻。

须势理毗卖可不是一般的女孩，出身于大户人家，见过不少世面。一方面，她的妒忌心极其强烈，性格顽劣。这可以从神名“须势理”窥知一二。“须势理”一词融合了激动狂暴，敢说敢干。不难想象其言行激动、义无反顾的行事作风，无法容忍一夫多妻，即使放在今天，也是另类的日本女孩。另一方面，她又有强大的咒力，是大国主神建国时不可缺少的帮手。她毫无保留地将自己的力量奉献给了丈夫，没有这位女人，大国主神或许一事无成。

须势理毗卖与大国主神一见钟情，但作为父亲的须佐之男，不会那么轻易答应这件婚事，也不会轻易接纳这个女婿。当女儿带他进门见须佐之男，并夸大国主神是一位英俊的男神时，须佐之男以鄙夷的口吻说大国主神是苇原色情男。大国主神的好色之名早已传到须佐之男的耳朵里，他对这位第一次见面的“六世孙”表示了极大的轻蔑和鄙视，说他只是苇原中国的一个渣男而已。

既然大国主神想投靠他，须佐之男按惯例对大国主神进行三场考验，以检测他的勇气、胆略和智慧。这就是难题求婚型的故事。

第一场考验：与毒物同眠

须佐之男的第一场考验是把大国主神关在蛇屋，和蛇住一宿。幸亏在进蛇屋之前，须势理毗卖交给他一条驱蛇的披巾。这种披巾是古代日本女性披在肩膀上，尾端垂于两侧的一种装饰品，人们普遍相信它具有驱除害虫和毒虫的魔力。须势理毗卖交代说如果有蛇爬过来，只要对它们抖三下就行了，大国主神进屋后，对着满屋的蛇群抖了三下披巾，蛇群果然安分下来，大国主神得以安心睡觉。第二天晚上，大国主神又被领到一间到处是蜈蚣和毒蜂的房间，须势理毗卖还是送来披巾，仍然按照前一天晚上的做法，这些毒物和大国主神相安无事地住了一个晚上。

用领巾驱蛇蜂是当地的一种民俗信仰，它出现在日本古代著名的氏族物部氏的祖先饶速日的神话中，可能是因为巫师们使用的是具有魔法的布巾。至于大国主神和蛇、蜂等同处一屋的原因是根国为死者灵魂归宿的国度，所以出现蛇、鼠等也表明根国的特性。有关蛇、蜈蚣和毒蜂的考验，是一种未开化人让毒物蜇刺肉体的仪式反映。

第二场考验：草原遭火攻

须佐之男见大国主神和蛇、蜂等住在一起安然无恙，于是就进行第二场考验。他把一支响箭射向茫茫的原野，让大国主神把它找回来，大国主神领命。须佐之男射出响箭后，大国主神随即沿着响箭飞的方向寻找，这时候，须佐之男命人在原野四周燃起熊熊大火，大国主神看到四周的大火，不知所措，这时候跑过来一只老鼠对他说："洞里空旷，洞口狭窄。"听了这话，大国主神一踩到那块地就掉进去了，火随即烧过去了。大国主神又逃过荒火之难。

为什么要火烧草原呢？据说在古代狩猎社会，是为了考验年轻的新猎手狩猎技术的熟练程度以及出现危急事件的应变能力。另有一种说法认为老鼠所说的"洞里空旷，洞口狭窄"，很可能是成人仪式上教导年轻人的谚语。

在四周放火烧草，从而考验一个人求生的智慧，在这里是往地下挖个洞，人躲在洞里以逃过荒火之劫。还有一种草原求生的方法是《古事记》中卷描述景行天皇的儿子倭建命东征时，遭相武国造的暗算，国造骗倭建命说在荒野中有一个大凶神，当倭建命走进荒野时，国造令人放火烧草，倭建命知道自己被骗了，赶忙先用剑割去身边的草，用火石打出火来，对着烧过来的火，点起火来烧过去，把对方的火烧退了，这就是所谓的

“以火攻火”。这把割草的剑就叫作“草薙剑”。

在老鼠的引导下，大国主神又逃过一动。至于那支响箭，也是由老鼠的一群小兄弟帮他找回来的，只是箭羽已经被这群淘气的小老鼠啃光了。

在荒原外面，自以为是未婚妻的须势理毗卖已经身着丧服，号啕大哭，等着收尸。须佐之男也认为大国主神必死无疑，于是转身离开原野。然而大国主神似乎从天而降地出现在他们父女俩面前，这让须佐之男暗自点赞，也让须势理毗卖惊喜不已。

第三场考验：咬碎蜈蚣

在荒火之劫后，须佐之男又出了第三道测试题，就是让须佐之男替自己捉头上的虱子。可是，须佐之男的头上并没有虱子，反而有很多蜈蚣，这时须势理毗卖拿出了椋树子和红土交给大国主神，大国主神咬碎椋树子，再把红土含在嘴里，然后一起吐出来，须佐之男以为是把咬碎的蜈蚣吐了出来，打心里佩服，满心欢喜，于是便睡着了，说明大国主神已经过关了。

大国主神接受了三项试炼。第一项是他分别与蛇、毒蜂、蜈蚣相处，考验其胆量。在须势理毗卖的帮助下过关。第二项是把他放在荒野之中纵火焚烧，以考验他的求生本领和智慧，大国主神在一群老鼠的帮助下有惊有险地通过。这次考验的难度之大，连须佐之男父女都认为大国主神必死无疑。第三项试炼是咬碎蜈蚣，以考察大国主神对待长辈的态度，是否有一颗仁孝之心，可以为长辈做事和表孝心，这次又是在须势理毗卖的帮助下混过。

在中外神话中，有不少难题求婚型故事。讲的是神明招女婿，要进行一系列的考验，出了若干难题，多数以“三”为限，所谓“事不过三”。

在中国云南纳西族创世神话中，讲到仙女衬红把人类始祖利恩带到天上，担心父亲阿普加害于他，先把利恩藏了起来，后来阿普对利恩提出了八个难题，答应完成这些难题后，把女儿嫁给他。这些难题诸如爬利刃梯子、一昼夜砍完九十九座山上的树木、一昼夜将种子撒遍九十九块土地等，利恩在仙女的帮助下，顺利地解决了这些难题，但阿普不认账，继续为难利恩，利恩一一排解。阿普理屈词穷，只得勉强答应这门婚事。

伊藤清司用人类学所阐明的成人仪式及神判考验作为原形参照物，探讨了在中日民间广为流传的一种故事模式——难题求婚型的发生根源，进而上推到中国古代典籍中关于尧舜禅让的传说，认为在后代文人根据儒家思想加以改造的故事当中，依然保存着远古仪式的考验内容。舜之所以经受了“焚廪”、“填井”和“死亡”的考验，因为那是古代部族中的成年者和即将就职的领袖所必须承受的神圣磨难。

在人类早期社会，年轻人到了可以成为部族成员的年龄时，为了取得当部族成员的资格，他们必须从长老或长辈那里接受各种教育，并且经过各种神裁的、严酷的考验。在教育方面，要了解部落的历史与禁忌，掌握祭神的方法，以及农耕、狩猎、渔业等有关生产的技术；另外，那些考验或考试，多半会在肉体和精神上带来痛苦，比如割礼、文身、拔牙、在身上烧炙，甚至是死亡游戏。因此，只有通过成年仪式的年轻人，才有资格结婚生子。这种通过，本身就是一种“死亡”，也就是告别过去的生活经历，甚至重新取名字，这就是年轻人的“死亡”和“再生”。

伊藤清司认为大国主神接受须佐之男的三次考验，尤其前两次是可怕的死亡考验，并最终通过。它反映了在举行成人仪式时长老或长辈们所施加的考验。这个仪式不是普通的仪式，而是特殊化的成人仪式。也就是说，这是一种就任王位之前的考验，其目的是考核他是否具有当政治领袖的能力和素质。按照中国孟子的说法是“天将降大任于斯人也，必先苦其心志，劳其筋骨，饿其体肤，空乏其身，行拂乱其所为，所以动心忍性，曾益其所不能”。

为什么说这是一场王位就任的考验呢？因为大国主命在经过“死亡”的考验之后，从须佐之男那里获得了特殊的许可，被准予携带具有法力的三种武器——刀、弓和琴，并打败八十神而成为出云之王。从获得象征王位魔力的三件宝器以及被赐名为大国主神这两件事，就证实了这是一场王位就任前的考验。

须佐之男在完成对大国主神的三次考验后，觉得大国主神非同凡响，堪当大任，于是带着满意的笑容睡着了。

而大国主神在短短的时间内经受了几次生与死的考验，他根本就不知道在须佐之男心目中，他已经是一个令人满意的女婿，更是一个优秀的未来领导人人选。他担心这位老祖宗和老岳父醒过来后又会对他再玩弄什么新花招，所以，大国主神决定趁其不备，与美女赶紧私奔，逃离根国。

于是，大国主神抓住须佐之男的头发，分别绑在房子的每根椽子上，又搬来一块“五百引石”堵住房门，然后背着须势理毗卖，顺手拿走了大神的大刀、弓箭和天沼琴逃走了。

大国主神又是背着人，又是拿着武器，一路狂奔，在逃跑途中，天沼琴碰到树上，发出一连串巨响，回荡在空中，把正在熟睡的大神惊醒了，大神发现人和武器都不见了，自己又被绑在椽子上。他连忙挣脱，把屋子都拉倒了，当他解开拴在椽子上的头发时，大国主神夫妇俩已经跑得很远了，大神奋起直追。

追到黄泉的比良坂，才老远看到大国主神，估计再也追不上了。这时须佐之男隔空高声喊道：“喂！小子！你用手里拿的大刀和弓箭，把你那些兄弟打败在山脚下，驱散在河滩上，你小子就成为大国主神，也就是宇都志国玉神，立我的女儿为正妻，在宇迦能山下，在地下的石层上竖起粗大的宫柱，盖起高耸入云的宫殿，你就住在那里吧！你这个浑小子！”

须佐之男这段话有三层含义。

其一，同意与大国主神结盟，并授其大国主神的称号，以刀、弓、琴三宝作为凭证。

如前所述，大国主神在与八十神的多次交锋中铩羽而归。后来在母亲的指导下，到根国访问须佐之男，赢得对方的信任，并通过联姻形成牢固的军事同盟，成为大国主神统一出云国最坚强的后盾。

同时，作为须佐之男的继承人，大穴牟迟神正式获得大国主神的称号，并获得大神的生大刀、生弓矢和天沼琴三件宝物。刀和弓箭拥有可使死者复活之咒力，象征着以武力为后盾的军事统治；天沼琴则是在举行降神仪式或神谕仪式时使用的圣琴，象征着宗教的精神统治。由须势理毗卖教会大国主神如何使用这三件魔咒道具，他从而拥有不可思议的力量。拥有这三件宝物，意味着大国主神既是未来出云国的世俗领袖，同时也是出云国最高祭司。可惜这三件宝物只传到大国主神这一代就中断了。

须佐之男同时还交代如何战胜八十神势力。一是使用最先进的武器，也就是用大刀和弓箭打败八十神所使用的棍棒和石头；二是采用伏击战术，在坂坡下伏击八十神把他们赶到河流浅滩，聚而歼之。

其二，必须娶对大国主神会有很大帮助且身份高贵的须势理毗卖为正妻，也就是立她为王后，统率六宫。

其三，在宇迦能山（位于出云大社东北方的御埼山）山麓，以雄伟的宫柱建造高大的宫殿，和须势理毗卖共同治理国家，好好过日子。

须佐之男默认了这位女婿，认为他确实配得上身份高贵的女儿。对他偷走自己的三件宝物、拐走女儿的行为也没有追究，反而事后予以确认并告诉他如何对付八十神。须佐之男可谓是仁至义尽。在交代这一番话后，须佐之男从此彻底隐身了。

大国主神凭借着岳父的力量东山再起。他按照大神的吩咐，拿着大刀和弓箭对付八十神，将他们在山下打败，在河滩上驱散，开始立国，后来在须势理毗卖和众神的帮助下不断扩大地盘，建立了出云国。

日本著名漫画家安彦良和根据《古事记》和日本历史资料创作了《大国主》，获得了很高的评价。书中的主人公大国主是土著民的领袖，而他的宿敌大物主则是馆众（朝鲜半岛移民）的首领。不过，大国主也称自己出生于朝鲜，看来真正意义上的日本土著在当时就基本上被同化了。

安彦良和创作《大国主》的意义在于试图采取将神还原成人的形式，去刻画一场各部族之间的战争，借此挑战“罪孽深重的日本古代史”。在安彦的作品中，大国主是一个意气风发却因超绝的个人能力而平步青云的奴隶，在刻画了他步步高升，逐步成为一国之大将的过程后，剧情却急转直下，为敌国首领日灵女（即后来的卑弥呼女王）所拘禁。这其实是一个关于貌似已经迟暮的英雄，人格实际上变得更大伟岸的故事。

第三节　出云建国

一　大国主神：一只忙碌的小蜜蜂

（一）不幸的八上比卖

在《古事记》中，大国主神和须势理毗卖是一对非常奇特的夫妻。

首先，他们的身份和辈分令人不可思议。按《古事记》的说法，大国主神是须佐之男的六世子孙，而须势理毗卖是须佐之男的女儿，也就是他们两人相差五代，两人辈分差距悬殊令人费解。他们在根国一见钟情，私订终身，后来得到须佐之男的默认，并由须佐之男明确表明大国主神必须娶须势理毗卖为正妻。如果按照《日本书纪》的说法，大国主神是须佐之男与栉名田毗卖的儿子，那么，须势理毗卖应当是须佐之男与其他女神所生的女儿，两人之间是同父异母兄妹（姐弟）关系，这种血亲婚在古代日本再正常不过了。

其次，大国主神在接受须佐之男的三次生死考验中，有两次是由须势理毗卖出手相救，所以，没有须势理毗卖，就没有大国主神。

最后，他们逃走根国，偷走了须佐之男的三件宝物。依笔者之见，这一定是须势理毗卖的主意，因为只有她才知道三件宝物的效用，作为送给大国主神的嫁妆，并由她教会大国主神如何使用，最终以这三件宝贝打败八十神，奠定了出云国的基础。所以，没有须势理毗卖，也就没有出云的建国大业。

因此可见，大国主神是依靠岳父的势力起家，是夫凭妻贵。因此，他对正妻的态度是又爱又敬又畏惧。

他对于须势理毗卖的忌惮，可以从他对八上比卖的态度上看出来。本来，他和八上比卖结缘在先，八上比卖从众多的男人中选择了大国主神。大国主神遇到须势理毗卖，就把他和八上比卖的感情抛到脑后了。虽然也娶了八上比卖，把她带到出云，但也只是众多妻妾之中的一个，只能偷偷摸摸地见面。甚至连他们的孩子都不敢照料，八上比卖害怕正妻须势理毗卖打击报复，在万般无奈的情况下，把她与大国主神所生的儿子夹在树杈上，任其自生自灭，而自己卷起铺盖回她稻羽的娘家，从此消失了。可怜的八上比卖，她挑中的丈夫，虽然忠厚，却也懦弱，而那些挚爱她的八十神，如果当初她选择他们其中的一个，会不会有好的结局呢？因为在古今中外的历史上，为了树立英雄、突出英雄，都会尽量去抹黑英雄的敌人，八十神就是因为大国主神的缘故被描写成暴戾的恶神的。

不过，从上述中可以看出当时的社会实行多妻制，婚姻关系对女性的束缚还是比较宽松的，八上比卖嫁给大国主神，因为当不成王后，结了婚生了孩子还可以抛夫别子回娘家，显然这是她的自作主张。

（二）勤劳的小蜜蜂

大国主神虽然生性敦厚善良，但他最大的弱点是好色且不负责任。

中外神话中的主神，几乎都好色，最为典型的莫过于宙斯，他一生渔色无数，女人不分神界凡界，看中了就不择手段弄到手，且往往不负责任，对不少女人是始乱终弃，生了一大堆私生子。而且背后有一个极其妒的天后赫拉，死死地守着宙斯，宙斯只要趁她一不留神就偷腥，双方经常发生大战，而且天后对宙斯沾染过的女人也就是她的情敌从来不宽恕，甚至包括宙斯和情敌所生下的子女也不放过。

大国主神就是日本版的宙斯，这次，他看上了远在几百公里之外的高志国大美女沼河比卖。

古志国是日本飞鸟时代的国名，又称越国或高志国。大化改新后统一改称为越国，面积很大，天武时期一分为三，即越前、越中和越后，包括今天的福井县、富山县和新潟县。从大国主神到过的地方做一个路线规划。他出生在出云（岛根县），到因幡求亲，后来木国（三重县）向大屋毗古神求援，接着到根国。在出云国立国后，又要去古志国求亲，由此可见，大国主神当时的活动范围十分广阔。

大国主神又名八千矛神，矛代表着男性的阳根，可见这个神名是极具战斗力的。在求亲场合，他是以八千矛神的身份出现的，用八千矛神的神名方便求爱。八千矛神跋山涉水到了古志国美人沼河比卖的家，可是要怎么求亲呢？于是他想到了对歌的方法。他站在美女的家门口，用洪亮优雅的男高音唱道：

八千矛神呵！
走遍八岛国找不到妻子。
听说在遥远的高志国，
有位少女贤惠勤劳，
有位姑娘美丽苗条。
一再登门来求婚，
三番五次来寻好；

连大刀穗子也没有解下，
连蒙身外衣也没有脱掉；
在少女深闺的板门前，
使劲把门儿推呀，我耐心地等待着，
使劲把门儿推呀，我耐心地等待着；
郁郁葱葱的山上枭鸟叫了，
原野上的山鸡啼了，
庭前的雄鸡鸣了；
恨煞人的啼叫的鸟儿呵，
真该把这些东西统统杀掉！
巡回天地的信使啊！
把事儿原原本本地传开哟！

听了这个歌词，不得不佩服八千矛神撩妹的水平，先是谎称自己没有妻子，接着夸沼河比卖是日本第一美女，为了向她求婚，他不远千里，风尘仆仆到高志国，耐心地等待着美女。

听了这首歌，沼河比卖没有开门，而在里面歌唱道：

八千矛神哟！
我本是一介弱女如纤草，
我的心像那河边鸟，
尽管现在我仍是河边鸟，
可今后总归是你的鸟，
但愿你不要心焦而死哟！
巡回天地的信使啊！
把事儿原原本本地传开哟！
太阳落到青山后，
黑夜沉沉你来哟，
你满面春风如朝风含笑；
楮缆似的白腕，
把我细雪般的酥胸，

抚摩而热烈拥抱；
白白的手臂枕着，
展腿会舒膝睡着，
呵，请不要为这爱情而心焦。
八千矛神呵，
把事儿原原本本地传开哟！

两人一唱一和，立马就对上眼了，又是一个非他莫嫁一个非她莫娶，尤其是沼河比卖的对歌唱得非常直白和煽情。到第二天晚上，八千矛神直接把行李从招待所搬到沼河比卖的闺房。八千矛神整天沉醉于温柔乡中，“岂是贪衣食，感君心缱绻。”

在《古事记》和《日本书纪》中保存着大量古代日本的诗歌或歌谣。大国主神向沼河比卖求爱，二人对歌，这两首歌谣是《日本记纪》歌谣中最早录入的，属于爱情歌谣。在《古事记》的上卷，收有八千矛神向沼河比卖求爱以及八千矛神与正妻之间的故事，通过五首歌谣构成整个故事情节。八千矛神与沼河比卖的对歌对仗工整，音律完整。它描写那个时候日本“走访婚”的情景：求婚男只能在黑夜里与女方结为夫妻，而天亮时则必须离开，这种婚姻关系既松散又自由。前面的歌谣写的就是求婚时唱的情歌，求婚者唱了整整一晚上，但女方刚刚有反应，天就亮了，没办法成全好事，只能第二天晚上再来。所以求婚者不得不离去，当然感到沮丧，但是男方没有发出任何对女方的不满或怨恨之词，而是借天明时鸟啼鸡叫的情景，把气愤全撒在动物身上，埋怨它们多事叫得早，从而反衬出对女方的依依难舍之情，这种情景构想既新颖有趣又在情理之中。这首歌谣，由于在原文中使用了五组对句，而且基本上使用的是“五、七调”的音律，因此读起来节奏鲜明流畅，加上清新的意境，就成了一首饶有兴趣的日本古代爱情歌曲。

（三）好妒的王后

大国主神的事业稍有起色，就对女色忙得不亦乐乎。一是贪恋女色，不思进取；二是不顾正妻的感受，到处拈花惹草。须势理毗卖可是一个大醋瓮，她生性好妒，占有欲极强。

有一天，大国主神又要借巡视各地之名行猎艳之实。这一次是要从出云到大和国去，他打点好行装，准备出发时，看到正妻满脸怒色，不化妆也不着正装。大国主神一手抓住马鞍，一脚踏进马镫，唱起了神之间才听得懂的神话歌。

黑色的衣裳，
郑重穿身上，
如同水鸟看自己的高高胸膛，
展展翅儿相不中，脱下扔在河边上。

翡翠色的蓝衣裳，
郑重穿身上，
如同水鸟看自己的高高胸膛，
展展翅儿相不中，脱下扔在河边上。
捣碎山地的茜草根，

茜草汁儿染出的红衣裳，
郑重穿身上，
如同水鸟看自己的高高胸膛，
展展翅儿相中这身好衣裳！

我亲爱的妹子哟，
如果我像群鸟的头鸟，
率鸟儿飞远方，
你就是强说不哭，
只怕也要像山间孤单单一株草，
低垂下脑袋泪珠儿汪汪，
吠息声像晨雨的云雾团团腾上！
我那芳草般的妻啊，
把这事儿的原原本本传开哟！

等夫君唱完神歌后，王后拿来一个斟满酒的大酒杯，迎了上来，举杯唱道：

八千矛尊神，
我的大国主哟！
正因为你是个男子，
可以走遍各个海岛，
可以游遍各个海滨，
可以把芳草般的爱妻找到。
而我呢，因为是一介弱女，
除你之外没有相好，
除你之外没有丈夫哟！
愿你在罗帐低垂的屋门，
在柔软温暖的锦被里，
在白楮被褥摩擦的沙沙声中，
在楮缆似的白腕，
把我细雪般的白腕，
抚摩而又热烈拥抱，
白白的手臂枕着，
展腿舒膝睡着，
请让我献上这杯美酒哟！

两位神这样相互应和着歌曲，同时饮下了交杯酒，来增加夫妻之情，互相拥抱温存，和睦至今。以上两首歌再加上八千矛神与沼河比卖对唱的三首，共合五首歌被称为神语，是日本古代爱情歌谣的经典之作。

以上故事中的大国主神表现出极其“人性化”的一面，与其说是神，不如说是一个现实中的男人游走于情路之中，其做法令人哭笑不得。

首先，他看上了远方的美女沼河比卖，就采用了最新潮的对歌求爱的方式。在歌词中先夸耀自己是一国之主，财富无数，但缺个女主人，其实当时他已经有三个妻子了，按今天的说法是“骗婚”加“重婚”。等到勾引上手后，才想到家中还有一只母老虎在等着收拾他。所以他在与须势理毗卖的对歌中，诚恳地表白说所有的女人都是过眼云烟，唯有你才是我的永恒，我的真爱。这可是男人惯用的伎俩，女人要是相信大国主神的话那就成了典型的白痴。后来大国主神仍然像一只勤奋的小蜜蜂游走在花丛中。

其次，它体现着婚姻关系中男女实质上的不平等。正如须势理毗卖所说的，大国主神作为男人可以走遍天涯海角，到处留情。而须势理毗卖作为女人，是大国主神的嫡妻和专用品，不容任何男人染指，再说周边也没有哪个大胆的男人敢去招惹她，所以，须势理毗卖贵为一国之王后，实为深宫怨妇，她只有大国主神一个男人，天天独守空房，而大国主神是夜夜春宵，这说明在婚姻关系上男女的极大不平等。

所以，须势理毗卖替当时的日本女人发声，表示抗议。所谓好妒，一是女人的天性；二是表示对男女地位不平等的不满。

颇有意思的是，沼河比卖和须势理毗卖在回应大国主神的对歌时，都对自己的身体有直白露骨的描写，并对男女之欢也进行直接的表达，毫不掩饰自己的想法和欲望，乃是真性情。由此可见日本当时性的开放和自由。

最后，大国主神除了离家出走的八上比卖、在家的大老婆以及沼河比卖三个女人之外，还陆续娶了多位女子为妻，享尽齐人之福。一方面，基于大国主神个人的爱好，他长得帅，有钱有地位又会讨好女人；另一方面，也是基于巩固王权的需要，也就是说讨娶很多老婆固然是好色，但更重要的是透过联姻的方式来巩固自己的政权和社会地位。

大国主神能够最终打败八十神，东山再起，完全仰仗的是须势理毗卖父女的鼎力相助，所以他必须立须势理毗卖为王后，居于后宫的最高地位，比如日本早期的天皇皇后基本来自葛城氏，说明葛城氏是天皇集团最强有力的同盟。再者，八上比卖能得到大国主神的青睐也绝不是单凭美貌，而和她身份不凡有关，她一定是稻羽当地的大豪族的千金。而沼河比卖的情况和八上比卖大体相同。之后，大国主神还有其他女人，都不是庸脂俗粉。因此，大国主神“好色”的背后有更多的政治算计和政治意图。如果不懂得这一点，那就不配做一个合格的统治者。

（四）妻妾众多，子孙满堂

根据记载，大国主神和不同女神生下众多子女，有的说是180位子女，还有的说是181位子女，总之子女数目非常可观，这要有好多女人才能和他生如此多的子女。但在记纪两书中大国主神正式入册的妻子共有六位。

正妻须势理毗卖，乃须佐之男的女儿，是不孕不育，还是子女不详不得而知。第二位高志国之妻沼河比卖似乎没有生育；第三位八上比卖，生下一个儿子把他夹在树杈上，自己跑回娘家了，这个孩子叫树杈神，又名御井神。以上三位妻子在前面的故事中有专门的章节叙述。

第四位妻子来头不小，她是宗像三女神之一的绝色美女多纪理毗卖命，算起来她是须势理毗卖同父异母的姐姐，在古代日本，一个男人娶两个姐妹当妻子的事例太多了。这位美女生下一男一女，男神叫阿迟志贵高日子根神，别名迦毛大御神，就是现今的贺茂大御神，女儿叫高比卖命。

第五位妻子叫神屋楯比卖命，生下日本著名神祇事代主神，他神通广大，就是他后来劝说父亲大国主神让国的。

第六位妻子是八岛牟迟能神的女儿鸟鸣海神。

《古事记》中列出名为十七世神的众多子孙，从须佐之男和栉名田毗卖生下八岛士奴美神为一世祖，而这条直系血脉的第五代子孙正是大国主神，又以大国主神为起点到远津山岬多良斯神。《古事记》认为从八岛士奴美神到远津山岬多良斯神共十七世神，而实则十五代神。

二　建国大业

（一）来自高天原的外援

在日本，关于大国主神的传说不仅仅局限于出云地区，在天孙集团入侵之前，大国主神是出云地区的统治者。

在弥生时代，面向日本海的本州地区和毗邻朝鲜半岛的九州北部地区，由于接受了来自大陆的大量移民以及这些移民带来的稻作、铁器等先进的技术和文化，开始出现了大大小小的国家，先后出现的较大、较有影响的如越国、吉备国、出云国和位于九州的邪马台国。包括出云在内的这几个国家是在小国林立的状况下逐步壮大起来的。

出云在《古事记》中，是大国主神禅让给天照大神子孙治理的土地，因此在古代日本是一个相当重要的地区。

1984 年在岛根县神庭荒神谷遗址中，发现了多达 358 柄排列整齐的铜剑，其数量不亚于日本全国在此之前确定挖掘出的铜剑数量。

为什么把大量铜剑埋入地下？一种说法是代表归顺大和政权的仪式，即所谓的“刀枪入库，马放南山”；另一种说法是出云旧统治者其实将卷土重来的希望寄托在埋入土里的铜剑。

隔年，在遗址附近又挖出属于祭器的 6 个铜铎和 16 支铜矛。1996 年又在距离遗址 3 公里的加茂岩仓遗址发现 39 个铜铎。这些兵器和祭器已成为日本的国宝，它充分证明了出云曾经存在着以祭祀大国主神为中心的强大神权国家。

大国主神建国初期最强大的依靠力量是来自根国的须佐之男父女的倾力支持。随着国家日益强大，又有另一支来自高天原的神秘力量介入，那就是神产巢日神和他的儿子。

大国主神开国之初，百业待兴，急需辅国安邦之才，终于有一天，大国主神盼来了一个能力非凡的小个子神祇。

大国主神有一天到出云的御大的御前（今岛根县松江市美保町）时，有一位坐在剥开的罗摩果荚制成的船只上，身披蛾皮衣服乘浪而来的神，大国主神上前问这尊神的名字，他笑而不答。大国主神又问随从，有谁知道他的来路，无人可以回答。这时路边的一只蟾蜍说：“久廷毗古一定会知道这个神是谁的。”

久廷毗古就是将稻草人神格化而成的神祇，因而被奉为农业与土地之神，其博学多闻是身兼学业与智慧之神。为什么他博学呢？《古事记》说他只有一只无法行走的脚，长久伫立于田埂之中，所以更能仔细地观察世间的万物，他的知识更多的是来自飞到田边报信的乌鸦和其他的鸟类。至于推荐稻草神的蟾蜍，因为两者朝夕相处，彼此了解，在日本，蟾蜍以吃山精为主，因此人们认为“人若食之，可以成仙”。另外，人们相信它拥有神力，如果杀了它，会被它附身。

大国主神马上令人把稻草神抬过来，稻草神瞄了一眼，马上就说：“大王，不得了！来者是神产巢日神的儿子，叫作少名毗古那神。”大国主神听后吓了一跳，赶忙到高天原向神产巢日神求证，神产巢日神说道：“是的，他的确是我的儿子，是从我的手指间生出来的儿子，也是你的兄弟，你们应当一起建立并巩固这个国家。”

根据大神的指示，大国主神与少名毗古那神这个小个子神结拜为兄弟，少名毗古那神成了他最好的国策顾问和参谋长，他们合力建国，这个小个子神不负众望，为出云建国立下大功。只是，他们哥俩相处的时间不长，不久后少名毗古那神渡海前往常世国，也就是海的对岸的国家。言下之意是这个小个子神英年早逝。出云国痛失一栋梁之材。

《日本书纪》中对少名毗古那神有另一种说法，说少名毗古那是身着羽衣漂流而来，被大国主神放在掌中玩弄之时突然跳起来咬了大国主神的脸颊，于是启奏天神，天皇高皇产灵（即神产巢日神），说这是由他生的众神子之一，喜欢恶作剧，后来由熊野渡往长生之土。

少名毗古那神自古以来被日本民众奉为医药之神，他在日本神话当中受欢迎的程度也是名列前茅，其超高人气来自他的小巧可爱的体形，有一说法说他是日本童话《一寸法师》中一寸法师的原型。

他利用温泉为大国主神治病的事迹家喻户晓，这也奠定了他医疗之神的地位。

据《伊予国风土记》记载，大国主神因劳累过度而卧病在床，少名毗古那神带来了速见之汤，让大国主神泡入热水中治病，这就是日本首例的温泉疗法。据说大国主神也因此迅速康复。附带说一下，速见之汤即是爱媛县松山市的日本三大古泉之一道后温泉（另两个是有马温泉和白滨温泉）的源头。道后温泉有 3000 年的历史，其泉质柔和，除对神经痛、肌肉痛有疗效之外，还公认有很高的美肤效果。

此外，全日本各地还有许多由少名毗古那神设立的温泉，将他奉为温泉之神的神社亦不在少数。

另外，少名毗古那神也身兼酿酒之神。在《古事记》当中曾经描述神功皇后吟起了一首歌，赞颂少名毗古那神献上的祝贺之酒，并要求众人一同饮用，由此可见，少名毗古那神作为酿酒之神的威望有多么崇高。

少名毗古那神的性质十分复杂和多样。他被广为认可的是医疗、温泉、酿酒之神，但他更主要的应是谷物神。他被稻梗弹飞到常世国，蟾蜍和稻草人在他显形现身的过程中起了很大作用，这些都与农耕有关。从神产巢日神的指缝中滚落而降生的传说表明少名毗古那神的性质仍然受母子神信仰的影响。值得一提的是，他还是表演杂技服务于宫廷的侏儒们所崇拜的神，他跳起来咬住大国主神的面颊等滑稽行为也可看作其侏儒行为的反映。

由此可见，少名毗古那神是大国主神极为倚重的助手，他在合力建设出云的过程中在许多领域都有建树。但是他在出云的时间不长，很快就被召回去了，在日本四国的爱媛县当地有一个传说，据说少名毗古那神戴着钵卷在渡肱川时落水身亡，所以，当地一直有一个风俗，当人们过河时要把白毛巾收起来，否则戴白毛巾会翻船。

通过以上分析可以进一步得到这样的结论：大国主神在建国过程中得到来自须佐之男父女和神产巢日神父子两股力量的支持，把局限于出云地区的小国家迅速扩张为一个大出云国，它的影响甚至涉及四国地区，根据是日本传说的少名毗古那神是从伊予国即今天的四国岛的爱媛县那里得到温泉，治好大国主神的疾病。少名毗古那神是神产巢日神的代理人。大国主神与少名毗古那神合力建国的故事，是海上种族渡海前来开拓国土的一种暗示。

为什么少名毗古那神很快就被召回呢？道理很简单，在高天原神界中，天照大神与高御产巢日神联手，共同排挤神产巢日神，后者很快失势，并被迫召回少名毗古那神。因为天照大神和高御巢日神已做出决定，准备采取各种手段逼迫大国主神交出出云国。

（二）大物主神

自少名毗古那神突然返回常世国后，大国主神走投无路，烦恼自己无法独力创造国家，不知今后该何去何从。就在这时，海的彼端出现了一名全身发光的神祇，徐徐向他走来，那神对大国主神说："如果能供奉我，我能同你一起建国，否则，国难以建成。"大国主神说："那么，应当怎样供奉你呢？"回答说："把我供奉在大和国青山环绕的东山上。"这就是御诸山之神，也就是三轮山之神。

《古事记》中并没有说这个神祇是谁，只是说出供奉这尊神的地点是三轮山，那么显然是三轮山大神神社的主祭神大物主神。在日本，大神神社并无本殿，而是从拜殿直接膜拜三轮山，大神神社保存着日本最古老的神社的原型，三轮山本身就是神体。大国主神按照大物主神的意思，将其供奉在三轮山。大物主神既是三轮山之神，也是蛇神、丰饶神。

而根据《日本书纪》的说法，大已贵命（大国主）落单以后，独自前往国内各地继续从事建国事业，当他到出云时，感叹自己独力治国十分吃力，不知有没有能和他共治天下的人。话音刚落，一道异样光华照亮海面，有人从中走出来。大国主神问道："你是何人?" 答曰："我乃是为你带来幸运的不可思议之魂，也就是你的幸魂奇魂。"

这就涉及神道所主张的一灵四魂：既象征荒暴勇猛，同时也象征灾祸的荒魂、带来和平的和魂、带来幸福的幸魂以及透过奇迹带来直接性利益的奇魂。

实际上，神在同一神格中同时存在着带来灾厄的攻击性部分以及守护众人的和平部分，前者称荒魂，后者则为和魂。它共同存在于同一神明，荒魂出则引发灾难，和魂出即授人以幸福，它又可细分为幸魂和奇魂。如果同一神明的荒魂与和魂的性质差异太大，有时候各自取名。

根据神道的观点，大国主神的幸魂和奇魂形成了有别于大国主神的另一个神格，被供奉于另一个地方。这种情况也存在于天照大神。在祭祀天照大神的伊势神宫里也有另一个名为荒祭宫的神社，也就是境内别宫，特地将天照大神的荒魂即天照坐皇大御神荒御魂分开来祭祀。

在《日本书纪》中，把大物主神当作大国主神的幸魂奇魂，在大国主神的建国事业走投无路之际其伸出援手，是挽回建国绝境的救世主。但在日本神话中，他又是好色贪权之神。

在《古事记》中关于神武天皇的记载为，三岛湟咋的女儿势夜陀多良比卖聪明美丽，大物主神一看就爱上了，当这位美女上厕所的时候，大物主神变成一支涂着朱红色的箭，从冲走粪便的流水沟向上捅少女的阴部，少女大吃一惊，慌张地跑出来，拿着这支箭，放在床头上，这支箭忽然变成一个美男子，娶了这位美女，生的孩子叫富登多多良伊须须岐比卖命。这个女孩长大以后成了神武天皇的皇后。神武天皇驾崩后，她嫁给神武天皇长子当艺志美美命。大物主神是第二代绥靖天皇的外公。

在《古事记》中的崇神天皇部分，讲的是陶津耳神女儿活玉依姬有美名，每晚都有一位陌生男子来访，使她怀孕，其父觉得奇怪，就教给女儿将红七撒在窗前，把麻线穿在针上，待那男子来时，就将针别在他的衣服上，女儿依计行事。第二天早晨发现麻线从锁眼中拖出，线圈上只剩下三圈线了。他们就沿着麻线一直找到美和山神社，后来，人们就断定她生的孩子是神子，由于线圈上只剩下三圈线，故给孩子取名三轮，孩子的父亲就是大物主神，这里讲的是三轮山的来历。崇神天皇时代，由于大物主神作祟，疫病流行，崇神天皇非常苦恼，大物主神托梦给天皇，要天皇隆重祭祀他，天皇照办，果然疫情平息，国家安宁。

此外，《日本书纪》还记载大物主神和百袭姬约会，当后者知道大物主神是一条小蛇时受惊不已，受不了打击，以筷子刺入阴部自杀的故事。可见，大物主神一生不知背负了多少风流账。他非常贪恋女色，甚至强求凡人祭拜自己，可以说是一个欲望无穷的神祇。

实际上，大物主神与神武天皇、崇神天皇的两个情节表明了两种不同的反应。大物主神的女儿嫁给神武天皇当皇后，表示出云国和大和国联合和融合的一面，也就是大和国虽然打败了出云国，但是没有赶尽杀绝，而是为我所用，是故天皇娶对方的女儿为妻以示政治联盟。而在崇神天皇时代，大物主神兴风作浪，散布瘟疫疾病，并要求大和朝廷必须隆重祭祀他，乃是出云系势力反抗大和朝廷的一种表现。

实际上，在少名毗古那神离开后，大国主神对出云国的统治逐渐失去了控制，各部族之间矛盾加剧，出现了彼此之间的内战，部落联盟开始瓦解。

在《古事记》中引入大物主神这个角色，不在于说明大国主神作为大国主神的幸魂奇魂去帮助大国主神，而是《古事记》的作者在这个阶段植入了一灵四魂的神道观念，把大国主神分设为两个不同的神格，分别祭祀。那就是坏的留在出云，好的留在大和。

大和朝廷平定出云国之后，对遭到他们杀害的大国主神及其将士，盖了一座宏伟壮观的出云大社予以祭祀。崇神天皇年间，大和国瘟疫四起，朝廷认为是大国主神等怨灵作祟，于是在大和国的核心地区三轮山设立大神神社，以祭拜作为大国主神和魂的大物主神。

第九章　让国神话

在大国主神统治出云的后期，部落联盟内部发生分化，大国主神逐渐失去控制力。此时，以天照大神、高御产巢日神为核心的大和势力对出云国虎视眈眈，先是派出使者以和平谈判的方式让大国主神交出统治权，未果。最终通过武力征服的办法，经过一番较量，为了避免造成更多人的伤亡，大国主神被迫让国，并彻底隐居。

本章的主要内容如下。

1. 和谈让国。由于出云国内乱，大和国势力随即介入，两次派出和谈使者，要大国主神交出统治权。

2. 天若日子与日本古代葬仪。大和国使者天若日子娶大国主神女儿为妻，企图继承出云国王位，成了高天原叛徒而被处死，家人为其举行葬礼，因误会导致阿迟志贵日子根神大闹其灵堂。这一情节演绎出日本古代葬仪文化。

3. 武力促统。在和平无望的情况下，大和势力派出以建御雷神为统帅的大军兵临城下，出云国内部也存在战与和两种不同意见，最后在经过一番战斗之后，大国主神战败被迫交出统治权，并彻底隐退。大和国为了安慰战败者而筹建出云大社予以祭祀。

第一节　和谈让国

一　让国的理由

（一）让国神谕

在《古事记》中讲到须佐之男被逐出高天原之后，在出云斩杀八岐大蛇而获得草薙剑，并将其献给天照大神，得以在出云立足，这引起了天照大神对苇原中国的关注。而献剑又是臣服的表示，这为后来的让国埋下伏笔。

后来，大国主神通过须佐之男的三项生死考验，成为其女婿，并立须势理毗卖为王后，获得了须佐之男继承人的地位，也就是大国主神入赘到须佐之男的家庭，以婿养子的身份继承须佐之男的家业。

《日本书纪》中记载大已贵神即大国主神是须佐之男与栉名田毗卖所生的唯一儿子。生下这个孩子后，须佐之男就去根国了，后来大国主神与须佐之男在根国所生的女儿结婚并继承父亲的事业，子承父业也是一件正常的事情。

问题在于《古事记》中指出大国主神是须佐之男的六世孙，作为六世孙和须佐之男的女儿结婚也未必太离谱了吧。实际上，大国主神与须佐之男之间并没有任何关系，只是因为让国神话才使大国主神成为须佐之男的子孙。

《古事记》的作者所描述大国主神访问根国的整个过程，恰恰类似情况发生在大和朝廷身上。507 年，年仅 18 岁的第 25 代武烈天皇病逝，由于他没有后代，且皇族中男丁凋零没有合适的继位人选，在大伴金村的筹划下，先是去迎接第 14 代仲哀天皇的五世孙入继大统，但这位候补天皇听说后逃之夭夭。迎接队伍又把第 15 代天皇应神天皇的五世孙大迹王请来，好说歹说，娶了第 24 代仁贤天皇的女儿也就是武烈天皇的姐姐为皇后，以仁贤天皇的婿养子继位。大迹王由此成了第 26 代继体天皇。这里所谓的五世孙或六世孙的说法是掩耳盗铃，纯属胡说八道。

大国主神即位后，因为有须佐之男原先打下的基础，并得到少名毗古那神和大物主神的帮助，出云国得以迅速发展和扩张，成为日本本州岛区域性大国和强国。拥有广大的土地，众多的人口和铁、银等矿产资源，以及丰富的玉石资源，这一切引起了天照大神的觊觎。

所以，天照大神发出日本神话中的第三道神谕（前两道神谕分别是众天神诏示伊邪那岐兄妹修固国土和伊邪那岐敕封“三贵子”），命令她的长子天忍穗耳命去统治苇原中国。

命令一下，受命人天忍穗耳命从天上降下来，他并没有降临苇原中国，而是站在天浮桥往下看一眼就回到天上，禀报母亲天照大神说："老妈啊！苇原中国有很多凶神闹腾得很厉害，我搞不定他们，他们肯定不会接受我的领导。"

听了儿子的口头报告后，天照大神把这个情况又转告高御产巢日神，两位大神碰面后当即下令在天安河的河滩上，召开继天岩户事件之后的全日本第二次神界全体会员大会。在会上，天照大神说道："这苇原中国是我委任给我儿子统治的国土。可是在那个国里有很多凶恶的神祇，他们肯定不会轻易交出国土，一定会有强烈的抵抗，你们讨论一下，应该派哪位神去平定呢?"

思金神和众神讨论后上奏说可以派遣天照大神的次男天菩比神，代表母亲和太子到苇原中国找大国主神谈判，让大国主神和平交出政权。但是，天菩比神到苇原中国后，趋炎附势于大国主神，成了大国主神的跟班，有辱使命，竟然耽误三年不做任何回复。由此可见，天照大神这个窝囊废儿子完全不能胜任交涉工作，也说明思金神荐人失败。

但是，在出云国豪族出云氏的誓词《出云国造神贺词》中认为天菩比神的协商最后以成功收场。贺词里提到，天菩比神奉母之命前去统治出云国，并且确实向天照大神汇报了成果。他还派出了自己的儿子建比良乌命与经津主神，成功地统治了该地。不过，《出云国造神贺词》是由出云氏所写，该族的势力不仅在出云国一手遮天，而且他们奉天菩比神为祖先，把自己的祖宗描写为英雄本来就是一件理所当然的事，包含着夸耀自己祖先的意图。

（二）让国的理由

大和族垂涎于出云地区有广大的土地和人口，尤其储藏着铁矿，这是大和势力扩张中最为急需的物资。日本最早的铁器要在朝鲜半岛组织原材料并进行加工，后来在日本加工，但要从半岛进口原材料。当他们得知出云蕴藏着大量优质铁矿石时，不禁为之心动。于是必须尽快征服出云地区，获取原料产地。天照大神要对方让国的理由有二。

理由一，出云有大量凶神，必须予以平定。

高天原要大国主神让出国家的理由是国家混乱，大国主神无力掌控，拱手交出政权。这纯属是一种借口。让国神话的核心是将日本的统治权由国神交给天神，通过统治权的转让，使天孙降临合理化。在让国过程中，刻意突出两点原则：一是现有的统治者统治不力和统治缺乏法理性、合法性；二是演绎权力的和平交接，让对方自愿交出政权，而非以武力夺取。

早期的日本确实是一个群魔乱舞、凶神到处走的时代。《日本书纪》认为那是一个万事万物都有灵魂的时代，“苇原中国、磐根、木株、草叶都能言语，夜晚如火样喧嚣。白昼同五月蝇般沸腾。”（注，五月的苍蝇最吵，吵得让人心烦，日本人觉得如果有人制造噪声，就用纸张写上“五月蝇”给对方看。）

苇原中国不同风俗、不同习惯的神灵我行我素，特别是到了夜晚，百鬼夜行，更是一个“畏惧之物”横行跋扈的地方，成了妖怪大国。

在这里，如火焰般闪烁的神灵、像五月蝇一样的“邪神”，都被称为苇原中国的“邪鬼”。按照本居宣长对神所下的定义，即“邪恶之物、奇怪之物均为可畏之物，皆谓之神”。所以，毫无疑问，这些被称为“物”的东西也是神的一种，和“鬼”一样，都具有破坏性、否定性的一面。所以天照大神和高御产巢日神必须派天神将邪神以及草木石之类的加以诛杀。

理由二，大国主神的统治不具有合法性。

天照大神认为大国主神对苇原中国的统治不具有合法性，应当交还给原来的主人，即天照大神。原因有二。

一是天照大神是宇宙最高神，她既是高天原的主宰者也应当是苇原中国的最高统治者。在《古事记》中，天照大神被父亲敕封为高天原统治者，须佐之男管理海洋，后来他因违背父命被剥夺了继承权。姐弟在神界的关系本属君臣关系，不可相提并论。而在《日本书纪》中，须佐之男被父亲任命为苇原中国的统治者，后来也遭到废黜和剥夺。因此，苇原中国原本就不是须佐之男的领地。

二是须佐之男因大闹高天原而遭天神界的集体处罚，被开除出天神系统，其子孙永远背着其原罪而成为国津神，在地位上永远低于天神。因此，大国主神必须把苇原中国的统治权交还给天照大神。

二　让国事件的主谋

谁是让国事件的主谋和导演？按《古事记》中的说法是天照大神。是她颁布了让国神谕，并与高御产巢日神共同主持众神大会，先后派出两个和平谈判的使者，在和平无望的情况下，对出云发出战斗的动员令，派出以建御雷神为首的武装力量降临到苇原中国，以武力逼迫大国主神父子交出统治权。

而在《日本书纪》中明确指出，整个让国事件的主谋和总导演是高御产巢日神，而天照大神只是一个附和者的角色。

让国的起因在于高御产巢日神（高皇产灵尊）的女儿万幡丰秋津师比卖命嫁给天照大神的嫡长子天忍穗耳命，生下天孙迩迩艺命（即琼琼杵尊），作为外祖父的高御产巢日神特别钟爱这个外孙，有扶立天孙为苇原中国之主的念头。但苇原中国的诸多邪神，恐难以服命。因此，他在没有事先和天照大神商量的情况下，召开了众神大会，决定派出天菩比神（天穗日命）作为天界的代表。可是这位老兄到苇原中国后，百般讨好大国主神（大已贵神），过了三年都不回来复命。因此，高御产巢日神又派天菩比神的儿子大背饭三熊之大人前去苇原中国，此神也和父亲一样，迟迟不肯回话。

无奈之下高御产巢日神又召开众神大会，大家推举天界勇士天若日子（天稚彦），大神接受这个人选，并赐给武器。但天若日子到了地上很快就和大国主神的女儿结婚，也不复命，高御产巢日神派一只名为鸣女的野鸡去察看，此野鸡遭到天若日子的射杀。大神一怒之下，用反矢杀死天若日子。

杀死天若日子后，大神深感和平让国无望，于是召开第三次众神大会，决定武力讨伐。经众神推举，以经津主神为主帅，武甕槌神为副帅，前往平定苇原中国。面对大兵压境，大国主神和他的儿子事代主神不做任何抵抗就让出国土，大国主神还将昔日平定出云时所持的象征统治权的广矛献给两神，随即隐身不见。两位武将诛杀了出云境内不顺从天神的其他鬼神，然后回高天原复命。

由此可见，整个让国事件皆由高御产巢日神主导，或者说天照大神并没有参与此事，至多事后予以确认。按照《日本书纪》的说法，日本皇室的第一大恩人是高御产巢日神而非天照大神，事实上，日本皇室敬奉的皇祖神就包括高御产巢日神。《日本书纪》是古代日本的第一部官方编撰的正史。在让国神话中把高御产巢日神描述为总导演和总策划人，而天照大神没有直接参与这个事件，其中的原因耐人寻味。

而在《古事记》中，逼迫大国主神让国的神谕是天照大神发出的，在每一个关键场合，天照大神和高御产巢日神共同协商，联合行动，让国事件中还有一个重要角色是思金神，他出谋献策，推荐和谈人选和武统的军事人才。

三　叛天者之死

（一）首次武统失败

《古事记》中指出，天神通会会议决定派出天菩比神出使出云，劝说大国主神和平让国。但是天菩比神趋炎附势于大国主神，忙于吃喝玩乐，三年不回奏，实在有辱使命。不过话说回来，天菩比神并没有做出背叛高天原的行为，只是没有能力完成使命而已。所以让国之后，高天原并没有追究天菩比神的责任，甚至他还被任命为出云大社的宫司，世代继承。

在和平无望的情况下，高天原再次召开众神会议，决定以武力平定出云国邪神。在会上，思金神推荐天津国玉神的儿子天若日子当平定苇原中国的总指挥，得到高御产巢日神和天照大神的批准。把天界威力强大的武器天之麻迦古弓（天上射鹿的弓）和天之波波矢（带羽毛的箭）赐给天若日子，弓箭象征着武力，是天若日子领兵打仗的信物。思金神这一次推荐天若日子作为武统的总指挥，事实证明是大错特错，天若日子不但不能完成任务，反而成了叛天者，出卖高天原利益，并杀死高天原信使。思金神荐人一错再错，愧对天界智慧第一的称号。看来此神巧于用计，拙于识人。

天若日子这个名字是天上的年轻男儿的意思。他是天界美男子。天若日子一到苇原中国，就立即投靠大国主神，与大国主神的女儿下照比卖命结婚，甚至期望成为大国主神的继承者，完全卖身投靠大国主神。所以，他有整整八年的时间不曾向高天原汇报工作进展情况。

天若日子背叛高天原无非有这几种原因：一是下照比卖命长得太漂

亮、太有魅力，使得天若日子忘记了使命，义无反顾地和敌人的女儿结婚，是典型的要爱情不要命的角色；二是天若日子年轻气盛，斗争经验欠缺，中了老奸巨猾的大国主神的美女计，而放弃自己的使命，最终落个不得好死的下场；三是天若日子工于心计，顺水推舟，希望通过大国主神与须佐之男的模式，最终继承大国主神的江山，才虚情假意地和下照比卖命结婚。

下照比卖命是一个值得同情的女人。她嫁给丈夫没几年，丈夫就被射死而成了寡妇，使得这场婚姻最后以悲剧收场。还有更倒霉的是她在为丈夫举办葬礼的时候，她的亲哥哥阿迟志贵高神前往吊唁，因他与天若日子长得很像而被误以为天若日子死而复生，使得阿迟志贵高神十分气愤而拔刀捣毁灵堂，可见下照比卖命是一个霉运连连的女神。后来，下照比卖命成了安产之神，今天的鸟取县倭文神社，是祭祀她的神社，神社的参道上有一块“安产岩”，传说有一名非常担心难产的女性梦见下照比卖命以后，就在这块岩石旁边顺利地生下了孩子。

由此可见，高天原第一次炫耀武力的肌肉秀由于天若日子的背叛而失败。第一次武统以高天原的失败而告终，根本原因是天若日子背叛了高天原，成了一个“十恶不赦”的叛天者。神背叛天，必死无疑。

（二）天若日子之死

第一次派天菩比神三年不回复。第二次派天若日子，竟然八年不回复。整整等待了十一年时间，让国事件没有任何进展。高天原两位大神急了，于是高御产巢日神和天照大神不知道天若日子葫芦里卖的是什么药，需要派人与天若日子接洽。两位大神又问了思金神和众神。后者建议派一只叫鸣女的野鸡作为信使去了解一下。临行前，两位天界大神还特别叮嘱鸣女说：“你去问一问天若日子，之所以派他到苇原中国去，是让他平定那里的凶恶之神，为什么去了八年不回来复奏?”

鸣女从高天原飞到苇原中国，很快就找到了天若日子的家，鸣女停在他家门前的一棵香桂树上，原原本本地重复天界两位大神的原话，责问他为什么没有报告。

这时，随侍在天若日子旁边的是能探听隐情的女子，俗称天探女，这位天探女早已窥知鸣女乃天神派下凡的使者，而不是一只普通的野鸡，天若日子听不懂鸡话，而这位天探女明知故犯，给天若日子挖了一个大陷阱，她说这是一只不吉祥的鸡，建议天若日子把它射杀了。天若日子不知内情，他使用天神赐给他的那副弓箭，一箭就射穿了这只可怜的野鸡。

在《古事记》中这位天探女被写成了天佐具卖，在《日本书纪》中被称为天探女，是日本神话中的女神，也是天邪鬼的原形。

神名中的“探”有“探知”和“违逆”的双重意义，她能探知高天原众神的意向和人类的想法，所以她借此故意唱反调，捉弄人神，她明知这只野鸡是天照大神的使者，而劝说天若日子将其射杀，从而招惹了杀身之祸。所以天若日子是第一个被她坑死的神。另外，日本民间传说稻穗原来是从根部一直结穗到顶端，但是天探女将根茎上的稻穗全部除去，只留尖端的一小节，导致水稻产量锐减，人类长期挨饿。不仅如此，她还派恶鬼在田里撒下杂草的草籽，且使季节出现寒冬和酷暑，以阻碍水稻的生长。总之，天探女专与人类为敌。她后来演变为专门教唆他人、引诱别人犯罪作恶的妖怪，也就是天邪鬼。

天若日子听从了天探女的教唆，一箭射死了鸣女，由于用力过猛，箭穿透野鸡的胸膛，反转而上，一直飞到天安河边天照大神和高木神的住处。可见天若日子是一个勇猛的神箭手，箭术精湛且力大无穷。

高木神拾起这支箭一看，箭羽上沾着血。他一下子就认出来这是赐给天若日子的箭。为什么这支箭会飞到高天原且箭羽沾着血？高木神百思不得其解，他把箭拿给众神看过之后，认为有两种情况：一是天若日子用箭射死了苇原中国的邪神而用力过猛才误射到高天原，这是一场误会；二是天若日子已经彻底背叛高天原的根本利益，用箭射向高天原，表示与天神界决裂。此时的高木神尚未知道他派去的鸣女已遭射杀，箭羽之血是野鸡之血。

在一时无法判断天若日子是否背叛的情况下，高木神把这支箭从射来的箭眼原路投掷回去。在投掷之前，他念了一遍神咒，说道：“如果你是天若日子按照我的命令，为了射死地下的恶神而射到我这里的箭，你就是真正的箭，请勿射中天若日子；如果你是天若日子怀着背叛高天原之心而射出的箭，那么你尽情跌落下去把他射死。”说完便把箭投掷回去，这支箭呼啸而下，一下子就射中了正在呼呼大睡的天若日子的胸膛，他当场毙命。

天若日子的遭遇，被日本学者解读为象征了天津神与国津神，也就是大和与出云各个势力斗争的过程当中不幸受到牵连而死难的平民百姓，有别于官方的评价，天若日子在日本民间可是一个深受民众爱戴的神祇。

在写作于平安时代的《宇津保物语》《梁尘秘抄》等书当中，天若日子以天若御子之名，衬着音乐从天而降。而在室町时代《御伽草子》收录的《天稚彦物语》一文中，他又以天稚彦（《日本书记》中的神名）这一名字登场，身为龙王之子的天稚彦虽然与长者之女结婚，但父亲却只允许他们一年见一次面。这段故事后来衍生为彦星与织女星只在七夕夜相会传说，成为日本七夕的起源之一。

天若日子之死这段神话催生了两个日本著名的谚语和“天邪鬼”这个名词。两个谚语其一是野鸡鸣女被杀，再也不能返回神山，后来将这种“使者一去不复回”的情况说成“野鸡探子”；其二是天若日子被自己射出去的箭折回来射死，后人概括说“折箭可怕”。至于天探女歪曲事实，挑拨天若日子杀死野鸡，后人将这种居心叵测地不根据事实说实话，以使心计得逞的现象称为“天邪鬼”。

第二节　天若日子的葬礼

一　葬礼的起源

下照比卖亲眼见到丈夫天若日子的惨死，不由得放声大哭。哭泣声随风传到天上。天若日子的父母听到哭声，便从天上降下来，一家人悲伤地哭泣着。随即在那里搭起了灵堂，举办丧事。让河雁充当拿饮食的人，让鹭鸶做拿扫帚的人，让翠鸟做司厨，让麻雀做舂米的人，让野鸡做哭丧女。确定了各自的分工之后，举办了八天八夜的歌舞，以慰死者之灵。

以上是《古事记》中对天若日子葬礼的描述，它包含以下内容。

其一，葬礼，简单地说就是对死者的处理方式，它包括安葬、殡仪和举哀等主要内容。葬礼从旧石器时代开始传承到现在。葬礼的仪式反映的不仅仅是一个民族的文化，也体现着民族的生死观和宗教观。葬礼不仅是为逝者举办的，它对活着的人来说也具有重要意义，人们通过葬礼表达对死者的尊敬，同时也表达生者的心情和心境状态。葬礼不同，文化也不同，其表现出来的生死观和宗教观也不同，因此，葬礼礼仪是各民族传承下来的一种特殊文化。

其二，《古事记》中罗列了古代日本葬礼的基本要素，主要有以下三点。

1. 报丧和奔丧

《古事记》中讲到天若日子的妻子哭泣的声音，随风响彻天际。天若日子的父母听见儿媳的哭声，赶快从天而降。这讲的是报丧和奔丧。亲人去世后，正式通知远近各处的亲友其死亡时间、情况和葬礼安排，是谓报丧。亲友携带礼品、礼金等从外地来参加葬礼，是谓奔丧。下照比卖在丈夫死后，立即通知在高天原的公公和婆婆，两位长辈闻讯后火速赶来奔丧。

2. 哭泣

对亲人的死亡表示悲伤而哭泣。中国《后汉书》里说道："倭人，其死，停丧十余日，家人哭泣，不进酒食，而等类就歌舞为乐。"现在的日本人在感情表达方面，尤其注重抑制自己感情的显露，在日本看不到出席葬礼的人惊天动地地哭泣。绝大多数人是冷静、严肃的，即使非常想哭，也要竭力控制。相对于日本人，中国人的感情表达是直率的，亲人放声大哭，甚至哭晕在场。

下照比卖痛失丈夫，天津国主神痛失爱子，尤其是白发人送黑发人，悲痛至极，以致后来发生了认错人的事件。

3. 停灵和守灵

天若日子的父母和妻子都是按照古法设立丧屋，用于停灵和守灵。在古代日本，如果哪家有丧事，为了远离"死秽"，会在野外专门盖一间房屋称为"丧屋"，服丧期间一直居住于此。当然，现在这种风俗早已不见了。丧主为天若日子搭起灵堂，举办丧事。停放天若日子的遗体，接受亲友的吊唁，并轮流守灵。

葬礼的最后程序是出殡和下葬。《古事记》中并没有说明天若日子葬在何处。

二　天若日子之死与日本丧葬文化

（一）《古事记》中的丧葬文化

《古事记》关于天若日子之死的情节，描述了葬礼的一般流程。有两个节点值得关注，一是在葬礼中给各种野鸟野鸡安排了任务，进行相应的分工；二是举办了八天八夜的歌舞。

在天若日子的葬礼中，“让河雁充当拿饮食的人，让鹭鸶做拿扫帚的人，让翠鸟做司厨，让麻雀做舂米的人，让野鸡做哭丧女”。这段话中包含着日本古代丧葬文化的几个要素。

第一，为什么要请求那么多鸟类来帮忙？这是因为在古代日本人的观念中，鸟类是帮忙载送灵魂的动物。这个说法与《古事记》中关于日本武尊倭建命死后，其魂化为鸟儿飞翔上天的古代观念有关，此不独为日本所有，其他民族也有类似的传说。在葬礼上请来众鸟，载歌载舞，是希望以此将天若日子的魂召唤回来。

第二，在对五种鸟类进行分工时，四种鸟类的工作性质比较容易理解，唯独讲到的是为什么让鹭鸶拿扫帚，担当“扫持”一职。

对此，折口信夫指出，人刚死不久，为了防止灵魂飞散，要由专门的人将灵魂扫拢到一起，做这项工作的人被称为“扫持”。同样，这种做法也适合于刚出生的婴儿，日本各地都有这样的传说：婴儿出生的时候，扫帚神和厕所神会守在旁边。在九州，传说扫帚神不来的话，孩子就不能完全从母体出来，这时候，接生婆就用扫帚轻抚产妇的腹部，说道：“请保佑她顺顺利利地把孩子生下来吧！”向扫帚神祈祷，据说这是因为婴儿的灵魂很容易飞走，要用扫帚将其聚拢在一起。

第三，众鸟在葬仪中的分工，都是按照奈良时代的葬仪拟定的，反映了大和朝廷贵族丧礼的不同标准。

说起日本古代葬礼，以古坟时期最为隆重盛大，上至天皇，下至贵族，无不大量营建古坟，全国修建的古坟超过 10 万个。这一时期的坟墓为巨大的穴式土堆，前方后圆，四周有壕沟。其中第 16 代仁德天皇的皇陵堪称世界之最。其长约 486 米，后圆部直径约 249 米，高度约 35 米，前方部分宽度约 305 米，高度约 33 米，由三层建成，仅运土就需要载重 5 吨的卡车 56.23 万辆。以一天动员 2000 人，一个月按二十五天计算，一年就得 60 万人工，至少需要十五年零八个月才能建成。古坟里有大量金银财宝等随葬品。

自奈良时代以后，由于佛教的传播，日本皇室和贵族普遍推行火葬和薄葬。842年，嵯峨上皇病逝，遗言要举行朴素的葬礼，抬棺人和拿松明的人，各12人，追从者在20人以内，不培土、不种树、不建陵墓。他的弟弟第52代淳和天皇更是干脆直接，死前交代其遗体火化，把骨头压碎，撒向京都大原野西部。当时的日本天皇死后实行佛教式的葬礼，即火葬。即使如此，由于当时柴火比较贵，能举行火葬的都是富裕的家庭。8世纪以后，只有富裕一族才被允许火葬。顺便说一下，天皇进行火葬时，为他点火的是最高级的贵族的专项工作。由贵族和僧侣轮流看火，没有专门从事葬礼的专业人士。所以，只要对中日两国的帝王葬礼稍加了解，就能看出中国古代帝王是多么穷奢极欲，日本天皇葬礼的排场程度，比不上中国古代乡下的土豪。

（二）歌乐：游魂的回归

在天若日子的葬礼中，其家人为他举办了八天八夜的歌舞，以告慰死者之灵。

这里的歌舞被称为"歌乐"，是镇魂的歌舞音乐，目的在于招祷游魂的回归。古代日本人认为，人去世之后还可以还阳，复活与死亡并峙。人们相信灵魂可以复活，人类的生活可以永续不息。西乡信纲发表《镇魂论》一文，论证日本戏剧的产生源自镇魂，即"镇魂戏剧论"。在文中，他列举了天若日子葬礼中举行八天八夜的歌舞，以及天照大神"天岩户事件"众神表演的情形，认为这是日本戏剧产生的源头。

更有甚者，土居光知直接得出日本戏剧是从葬礼中发生的，他认为殡宫的歌舞和天岩户的神游都是专为死者灵魂复活而准备的仪式。这些葬礼的歌舞中包含了模仿他人和鸟类"装扮"的戏剧因素，同时已经出现了俳优和土偶。

小金丸研一提出了抒情文学起源于仪式的观念。他认为，韵律文学最早出自仪式的唱和形式。招魂祭仪的唱和歌是日本长歌和短歌发源的直接土壤。高崎正秀声称一切文学艺术都来自宗教仪式，最初的日本文学便是从祭祀仪式上发生的巫觋文学，作为一种咒术宗教而存在。这些最初的作家群，当然是祭神的巫祝们了。

葬礼中的歌乐是为了镇魂而非娱乐。它如同教堂敲响丧钟的真正目的是赶走无形地徘徊在空中的邪恶生灵，而不是要通知远方的人们并请求他们祈祷。天若日子家人举办八天八夜的歌乐，目的在于为天若日子招魂。

自古以来，日本就有“冠婚丧祭”这人生四大礼仪。所谓的“冠婚丧葬”指的是“元服”、“婚礼”、“葬礼”和“祭祖”四大仪式。其中葬礼尤显庄重严肃，它终是为了划清生与死的界限。日本自古以来的信仰认为，肉体会随着时间而腐烂，再至最终消失，而灵魂则会变成圣灵，永存不灭，从而也就有了在人刚死亡的时候，给死者“招魂”这样的风俗。

三　大闹灵堂

在天若日子葬礼期间，其亲友纷纷前来吊唁和参加送葬仪式。在此期间，下照比卖的兄长，同时又是天若日子好朋友的阿迟志贵高日子根神前来吊唁。此神神名中的“阿迟”是一种美称，“志贵”代表农耕用的锄头，因此他是以耕田时必备的锄头为御神体的农耕之神。此外，锄头同时也有雷神附体的意思，而雷的发生通常伴随着雨水，所以，雷神又可身兼水神，可称这位神明为丰饶之神。

阿迟志贵高日子根神是天若日子的大舅子，又是好朋友，他们都是帅哥，长得很像。因此，当他一迈进灵堂，天若日子的父母以为儿子并没有死，上前一边哭着一边拉扯着阿迟志贵高日子根神的手，说道：“我的儿子没有死呀!”而作为妹妹的下照比卖也昏了头，竟然也把哥哥误认为丈夫，上前拉着哥哥的手，哭喊着说：“我的丈夫没有死呀!”他们都认错人了，把活人当作死人了!

于是，阿迟志贵高日子根神勃然大怒，说道：“我和天若日子是亲密的朋友，所以才来吊丧。为什么拿污秽的死人和我相比呢!”便拔出所佩的十拳剑，砍倒了灵堂，用脚踢开，这就是美浓国（今岐阜县南部）兰见河上的丧山。他砍倒灵堂的大刀，叫作大量，又叫作神度剑。阿迟志贵高日子根神一怒之下，飞快地走了。他的胞妹高比卖命为了显扬他的名字，歌唱道：

美丽的天上织女啊，
颈下玉串儿挂在胸前，
玉串儿的管玉挨着管玉，

好像光华灿灿的两山谷，

飞越过的阿迟志贵高日子根神呵！

因为和死者长得极其相似，导致天若日子的亲人们误认为自己的至亲死而复生。这本是一场误会，但是被误认为死者，而死亡在日本是一种最大的污秽，所以阿迟志贵高日子根神勃然大怒，用剑砍倒灵堂，愤而离开。由此可见雷神的粗暴脾气和刚烈的性格。他的行为也被亲人所赞赏。在旁的胞妹高比卖命就专门编了一首农民的恋歌（夷歌）来歌颂哥哥，表达了自己的爱慕之情，把哥哥比喻为一道闪电从一个山谷照耀到另一个山谷，温暖着一颗青春少女的心。

大闹灵堂的阿迟志贵高日子根神是日本出云系诸神中数一数二的强大力量。他还有一个大名叫迦毛之大神。迦毛之大神是鸭氏一族从弥生时代开始祭祀的神祇，后来鸭氏融入了葛城氏一族，最终归顺于大和朝廷之下。虽然阿迟志贵高日子根神原本的出身与大国主神这一类出云神祇不大相同，但后来却因此并入出云众神的族谱之中，成了大国主神的儿子和天若日子的好友，而天若日子是天津神的儿子，本该也是天津神，但因为叛天而遭处死，故天若日子不能被称为“神”或尊称“命”。

另外，据《续日本纪》记载，日本第 21 代雄略天皇前往葛城山打猎之际，曾与当地的老猎人互相争夺猎物，于是将老猎人驱逐出境。日后他才得知，那名老猎人其实是葛城山的神灵，这下把雄略天皇吓坏了，赶紧恭敬地将他奉为迦毛之大神予以祭拜，可见大和、出云之间的争斗，也影射到了《续日本纪》的故事之中。

附带一提，正如大神之名所示，阿迟志贵高日子根神是一个力量强大的神祇。将其奉为主神的高鸭神社，也因他拥有保佑疾病痊愈、除厄等强烈的灵力，而吸引了众多信徒前往参拜。

阿迟志贵高日子根神大闹灵堂的情节，包含以下几重含义。

其一，日本传统的村落葬礼仪式发挥着延续社会构造、整合社会秩序、强化集体情感的功能，而且是村民文化和社会认同的重要基础。

吊唁和送葬仪式一直是日本宗教学、民俗学、文化人类学者关注的问题。柳田国男是这一领域最早的开拓者，他所写的《送葬习俗词汇》一书，提炼日本人的生死观，对后人研究葬礼习俗影响极大。竹田听洲在其《祖先崇拜》中指出，在日本一年的传统节庆活动中，正月礼和盆礼是同族人之间的人情往来，婚礼和葬礼是在同族本家指挥下的仪式活动，举行葬礼的时候，本家要代表丧家向参加葬礼的人致谢。过去村里的婚礼和葬礼不仅是婚家和丧家的仪式，也是村组、亲戚、同族共同经营的仪式，仪式由他们操办，他们是葬礼中的主角。

在日本民间社会，自古以来互助组织发达，在举行葬礼的时候，葬礼组和葬礼讲（操办葬礼的近邻组织）作为组织发挥着作用。尤其是日本近世以来，死者的送葬和追福（祈求死者冥福的仪式）是在檀徒制下，由寺院的僧侣负责实施的。但是，吊唁和丧葬仪式还是按照惯例由村民来做，送葬不仅是一家人的事情，几乎是全村人的事情。葬礼除了对死者哀悼之外，还是维持邻里关系的重要手段。葬礼不仅仅是为死者送行，更重要的是生者与生者之间的对话。这是日本社会的规矩，只有参加别人的葬礼，才能指望别人以后来参加自家的葬礼，不懂得这一点，在日本农村就无法生存，所以，葬礼是“村落共同体”的共同事务。

其二，认错人的说法是意味着死者的复活，它源自“子神”的信仰。

一旦死亡降临，死者灵魂便开始神游，然后灵魂的复活才成为可能。因为阿迟志贵高日子根神与天若日子音容姿态十分相似，以致被旁人混淆，喊出“我的儿子没死!”“我的夫君没死!”这有天若日子的灵魂依托阿迟志贵高日子根神而复活的意味。不言而喻，这里表达了后世神话化的复活思想。

西乡信纲在《镇魂论》一文中指出，上古社会所思考和理解的复活，不单是死者回生这么简单，更是将这一信仰结合到“死亡—诞生—成年”的生命循环结构中，从而定位死亡和复活的关系。在这个往复的结构关系中，死亡就像青年的元服和成年的婚礼一样，都是再生的一种形式。日本早期有“屈葬制”，将死者身躯紧紧地缚绑，这种做法就是古人希望死者肉体回复到胎儿状态以利于其新生，其与古坟文化关于灵魂的再生观念有着密切的关系。在原始社会，存在着长者、年轻人、儿童三个年龄阶层的社会秩序。从这个秩序的一个阶段进入下一个阶级，必须经过死亡与再生的“通过仪礼”。儿童是祖先的再生，年轻人又是儿童之“新生”，最后年轻人逐渐成为长者乃至去世成为祖先，这样的情况构成了一个循环。后来逐渐浮现的阶级矛盾打破了这个朴素的循环，肉体与灵魂分享的观念出现，再后来这个循环更被佛教的六道轮回思想所攫取、改造。

第三节 战争与和平

一 最后的王牌

高天原派出的两拨人，无论是和谈还是武力恐吓，都被大国主神一一化解，最终是无功且不返。因为派去的人都投靠大国主神，不但没有完成任务，白白浪费了十一年的时间，而且使者也不回来了，让国问题毫无进展。

高天原的两位大神着急了。于是，天照大神又把思金神和众神召集在一起讨论和推荐平定苇原中国的新人选。思金神两次荐人不当，这下变得极为谨慎了，经过思金神和众神的反复讨论，决定打出高天原的最后一张王牌，也就是著名的战将尾羽张神与建御雷神父子。思金神和众神回答说："可以派住在天安河上天石屋的伊都之尾羽张神。如果不派这神，就派他的儿子建御雷神。况且这天尾羽张神堵塞了天安河使河水漫涨倒游，堵住了道路，别的神过不去。可以另派天迦久神去问一问。"

天照大神采纳了他们的意见，派天迦久神去问尾羽张神时，对方回答说："谨遵指派，可以让我儿子建御雷神前去。"便把儿子献给天神。天照大神随即任命建御雷神为征讨苇原中国的军事统帅，同时命令天鸟船神辅佐建御雷神前去。

在前面讲到伊邪那岐因痛失爱妻，迁怒于火神，用名为尾羽张的剑杀死火神，其沾在剑背上的血溅在岩石上化生三神，其中就有建御雷神。建御雷神是剑神尾羽张众多儿子中最出色的一个。为什么尾羽张神不亲自出马，而是让儿子代他前往平定出云呢？原因有二，一是天安河堵塞，导致河水漫涨倒流，他负有治河任务，不能离开；二是他说自己年纪大了，繁重的战事会使他力不从心，更重要的是让儿子有一个立功的机会，以光大门庭。事实证明，尾羽张神这个决定是正确的，建御雷神没有辜负他的期望，一举平定苇原中国，成为高天原的第一战神，而思金神这一次总算没有看错人。

在《古事记》中，平定苇原中国的主将是建御雷神，还有一个配角叫天鸟船神（飞鸟形状的船神）。在日本古代，有雷神乘坐船往来于天地的传说。天鸟船神负责陪同建御雷神，将他们送往地上世界。

在日本，建御雷神是人人熟知的“鹿岛神”，以茨城县鹿岛神宫为总本社。遍布关东、东北地区的鹿岛神社当中，所祭祀的主神即是建御雷神。由于他被供奉在鹿岛神宫里，因此又被称为鹿岛神。对建御雷神的信仰在日本称为鹿岛信仰。

在日本，称为神宫的神社少之又少，除了祭祀皇祖神和天皇的神社如天照大神的伊势神宫、神武天皇的橿原神宫外，因祭祀特定神祇的场所而命名为神宫的很少。建御雷神因对日本皇室立有不世之功而得名为鹿岛神宫，为什么将他供奉在茨城呢？因为茨城县旧属常陆国，位于关东平原东北部，是大和朝廷势力范围的最东边，也是军事基地的最前线，在鹿岛神宫供奉建御雷神，是让这位著名的战神镇守边疆，保卫大和朝廷。

建御雷神最早被视为鹿岛当地的土地神，而大和朝廷内负责掌管神事、祭祀的豪族中臣氏出身于常陆国，该族将其奉为氏神，因此建御雷神也就成为一位重要的神祇。可见，神的地位是由人的地位决定的。

在元明天皇迁都平城京后，中臣氏的一支即后来的藤原氏将建御雷神请灵供奉于春日，以守护京城和便于祭祀，这就是春日大社的由来，因为建御雷神（武瓮槌神）乘鹿而来的传说，而把鹿作为神的使者，所以，奈良古城里随处可见野生鹿群与人群怡然自得互不干扰。

在《古事记》中，迫使大国主神父子让国的唯一功臣是建御雷神，天鸟船神只是负责雷神的接送任务。而在《日本书纪》中，完成让国任务的除了建御雷神（武瓮槌神），还有一位更重要的神是经津主神。《日本书纪》中讲到高御产巢日神（高皇产灵神）召集众神选拔平定苇原中国的人选，所有的神一致推荐经津主神为最佳人选，但住在天石窟的武瓮槌神对会议的结果表示抗议，责问大家为什么只推荐经津主神而不理会他。由于言辞激烈，且众神抱着谁也不得罪的心理，决定让武瓮槌神为副帅追随经津主神去平定苇原中国。

经津主神（布都大神）是位于千叶县香取神宫的主祭神，他是物部氏供奉的氏神，和鹿岛神一样。他们一起征服了众多的国津神，从海路进入利根川，坐镇在现在的香取神宫，他自古就被朝廷奉为武神，护佑朝廷攻取东国，是关东的镇护神以及下总国的开拓神，被授予“神宫”的称号，享受皇祖神的待遇。大国主神让国后，经津主神便巡回各地，平定作乱的神祇，他被当作武术之神崇敬，与鹿岛神一起在全国各地的武术道场受到敬拜。

为什么《日本书纪》中会出现两位大神平分让国的功劳？是因为当时的大和朝廷有两个豪族掌管政权，即物部氏的石上麻吕和藤原氏的藤原不比等，物部氏的氏神是布都大神，“布都”和“经津”在日语中的读音相同。所以把各自的氏神都列入开国功臣，后来随着物部氏的衰落，藤原氏成为天皇家的千年外戚，权势如日中天，藤原氏就把经津主神也吸收为自家的神，放在香取供祭，让自己的氏神独占让国的全部功劳，不容与他人分享。在春日大社内供奉着四位神明，即武瓮槌神（建御雷神）、经津主神以及中臣氏的祖神天儿屋根命和比卖神。

建御雷神和经津主神分别被供奉在东国的鹿岛和香取。经津主神被称为斋主神，从神的级别看，鹿岛的神要比香取的神略高一点，但他们都不是人格神，没有后代子孙。这两柱神是力量足以互相匹敌的武神、剑神。据说他们原来是常陆下总地区的同一名土地神，因分别受到物部氏与中臣氏的信赖，才会分成不同的名称。所以应当把二神看作同一刀剑神，并且原先就被供祭的神当是原来的祭主，也就是祭祀仪式上祭司的神格化。

二　战争与和平

（一）主和的事代主神

建御雷神降临到出云国伊那佐的小滨，拔出十拳剑，倒插在浪花上，然后在剑尖上盘腿而坐，向大国主神问道：“奉天照大御神和高木神的指派，我来问你，你所占据的苇原中国，是大御神赐给自己儿子统治的国土。你以为如何？”大国主神回答说：“我不能回答你，我的儿子事代主神可以回答。但是，他到御大之前打鸟和钓鱼去了，现在还没有回来。”

于是便打发天鸟船神找回事代主神，问他的意见。事代主神对其父神说道："好，把这个国敬献给天神的御子吧！" 于是踏翻乘船，用手背相拍，把船变成青柴垣，隐住了身形。

这段故事情节表达了以下几层意思。

其一，让国前夕的大国主神已经年迈力衰了，处于半隐居的状态，当建御雷神找到他，并横剑拔刀相威胁，大国主神是一脸无奈，因为他已失去权力，不能做主了。实际上，当时的出云国权力已划分为祭祀（宗教）、军事（武力）等各种具体权力，由大国主神的两个儿子分别执掌，事代主神掌管祭祀，建御名方神掌管军事。大国主神只是名义上的元首，这种情况和律令制之前的天皇十分相似，天皇或大王只是大和朝廷的召集人，实际权力掌握在各个豪族手中。

其二，在强敌兵临城下的情况下，出云内部存在着不同的意见，一种意见是以事代主神为代表的主和派，认为寡不敌众，抵抗只会造成更多无谓的牺牲，主张和平交出国土，臣服于高天原；另一种意见是以建御名方神为代表的主战派，认为不能轻易交出国土，而应积极备战，不惜玉石俱焚。两派意见相左，难以调和，大国主神也无法协调，只得让建御雷神分别去找事代主神和建御名方神。

其三，事代主神同意和平交权，他交出的是国家宗教权，即祭祀权。

事代主神是大国主神的长子，面对建御雷神提出让国的要求，大国主神并没有亲自答复，而是让长子代为回答。

当时，事代主神正在出云的三保崎垂钓。于是建御雷神便派出使者前往征询他的意见，事代主神答曰："就将苇原中国让给天津神御子吧。" 说完踏翻乘船，用手背相拍，把船变成青紫垣，隐住了身形。这里的青紫垣是祭神时所编的篱笆，通称神篱，据《日本书纪》记载："因于海中造八重苍篱，踏船木枻，而避之。" 也就是说事代主神隐退，表明大国主神把出云的宗教统治权让给了天照大神。大国主神之所以要建御雷神征询事代主神的意见，是因为事代主神掌管神谕，他的话能够传达事物的真相和神的真正意图。而事代主神的名字又可以写成"言知主"，代表知其所言，代为陈述的意思。

《日本书纪》中记载，大国主神让经津主神二神征询事代主神意见，事代主神对经津主神派来的使者说："既然你们想要，我父亲又有意让国，我更不敢不遵从。"随后蹈船木枻而离去。这里有一个可疑之处，实际上是经津主神耍了一个花招，他们先是武力逼迫大国主神让国，大国主神说："你们去找我的大儿子，他答应我就没有意见。"而使者在找到垂钓的事代主神时却说："你父亲已经答应我们交出政权，你同意不同意。"事代主神只能回答说："既然我父亲都同意了，作为儿子的我只能遵从。"说完就离去了。

使者又回到大国主神面前，说你儿子同意了，而且不知去向。大国主神只好说："既然我所依怙的儿子都同意让国而且已离去，我也应该跟着离去才对。如果我抵抗的话，国内诸神想必和我一起抵抗，会引起生灵涂炭，人神尽毁。如今我选择让出国土，谁敢不从。"于是大国主神将昔日平定出云所持象征统治权的广矛，交予二神，说道："我持此矛而有治理国家之功，天孙若持此矛治理国家，定能长治久安，之后我将隐居。"说完，大国主神消失不见。这里有一个非常明显的漏洞是，大国主神怎么可能事先知道天照大神会派天孙下凡统治呢？

在《日本书纪》中，两位武神威逼大国主神和事代主神父子和平交出政权，没有后面建御雷神与建御名方神比武的情节。

其四，被谋杀而不是自杀的事代主神。如前所述，事代主神对形势有正确的判断，他认为武力对抗会造成更多无谓的死亡和财产损失，为避免百姓免遭战火之苦，他审时度势，果断地承认了天神的统治权，从而确立了天神对苇原中国的统治地位。在承诺交出政权后，他掀翻了自己所乘的小船投海自杀而死。

事实上，事代主神是被高天原的武装集团所谋杀，理由有三。

第一，他在遵从父亲让国的承诺中已做了背书，大国主神让国与否是以事代主神的意见为准的，可见他在父亲的心目中的地位和作用是何等的重要。在承诺和平让国后，他没有自杀的理由。更何况一位深谙水性的海边长大的垂钓者，要投水自杀是很困难的。事实的真相应该是在事代主神答应让国后，高天原军事集团派人将其小船掀翻，拖入水中，活活淹死他，制造自杀的现场，并以此打击大国主神。

第二，事代主神死前做了一个奇怪的手势，即"逆手"或"天逆手”。“逆手”是诅咒坏事和坏人时拍手的一种方法。其方法或将手背到后面拍，或将手掌反过来拍。事代主神在承诺让国后，踏翻船只时，用手背相拍，做出一个“天逆手”，这种手势是渔民的一种咒术。事代主神在临死前为什么要做出这种咒术性的手势？原因不外是，一是让国是被迫的，心有不甘，在死前施咒以示对高天原的怨恨；二是高天原背信弃义，对他施加杀手，在临死前以此表示对高天原的诅咒。

第三，天皇家高规格对待事代主神说明这里面另有隐情。事代主神和平让国，有功于天皇家族。所以，《日本书纪》里写到事代主神的后代女子成为天皇的皇妃，与天皇家族渊源深远，因此也可以说是天皇家的守护神。事代主神是因为天皇家族而死的，必须祭祀他、供奉他。

关于事代主神的真正出身，记纪神话中将他列为出云之神，事实上并没有定论。他原本是美保神社周边从事渔业的人民所信仰的土地神，为了以神谕的形式来表现让国的正当性，所以才被写入神话之中。事代主神在让国神话中以天启之神的身份登场。另外，他又被人们奉为渔业之神，源于他收竿钓鱼的模样。据说他死后，变成了七福神之一的，肩上扛着钓鱼竿、手里抱着鲷鱼微笑的惠比寿神。

（二）虽败犹荣的建御名方神

和平总是一种借口，背后充满着欺骗、血腥和杀戮。

建御雷神在得到事代主神的让国承诺并杀害事代主神后，他们又追问大国主神还有哪几个儿子不服。大国主神说他还有一个儿子叫建御名方神可能不服从高天原的统治，此外再也没有了。

在大国主神与建御雷神对话时，建御名方神用手指擎着一块大岩石走来，说道：“是谁来到我的国，并且窃窃私语？那么就比比力气吧！我先抓你的手。”建御雷神让他先抓自己的手。他一抓那手就变成矗立的冰柱，再一抓就变成锐利的剑锋。建御名方神惶恐地退了下去。建御雷神反过来要求抓建御名方神的手，刚一抓，就像抓嫩苇子似的，把手捏碎之后扔掉了，建御名方神转身逃走。建御雷神随后追赶，追到科野国的洲羽海，将要杀时，建御名方神说：“我错啦，请不要杀我，除了这里，我绝不到别的地方去，绝不违背我父大国主神的命令，也不违背事代主神的话，并且遵从天神御子的命令，献出这个苇原中国。”

以上关于建御雷神与建御名方神较量的情节，包含着以下几层意思。

其一，建御名方神作为出云的主战派，不情愿交出国土，在敌我力量悬殊的情况下，仍与强大的建御雷神军团决战，很快就败下阵来，这一战虽败犹荣。

在大国主神的诸多儿子中，有两个勇猛过人的儿子，一个叫阿迟志贵高神，在大闹天若日子的灵堂之后，这位雷神不知所终，在让国故事中没有出现。另一个就是建御名方神，他一个人就扛得动需要一千人才能搬动的岩石，可谓是力能扛山的大力神。在《古事记》的让国神话中，他向高天原第一号战神建御雷神发下战帖来比试力量，结果惨败，一路被追杀到诹访，也就是今天的长野县，从关西跑到关东。最后他认败投降，发誓遵从高天原的领导，并保证永远留在该地不回出云，这才保住一命。

历史总是由胜利者书写的。如果建御名方神如《古事记》所写的那种结局，他先是一个莽夫，战败后又成了一个贪生怕死的胆小鬼的话，他不可能成为诹访大明神，与经津主神、建御雷神并称为关东三大战神，成为武士们崇拜的军神。位于长野县的诹访大社是以建御名方神为主祭神的神社，是全国约两万五千所诹访神社的总本社。由此可见，该神有非常高的人气和众多的铁粉。

实际上，建御名方神由于反对让国，奋起抗争，被高天原武装集团从出云一直追杀到信浓（今长野），在诹访湖畔耗尽了最后一丝精力，倒地不起。当地的人们为他的抗争精神所感动，以他为原型塑造了神像作为纪念，这就是信浓国第一神社诹访大社的由来。

其二，建御雷神追击建御名方神的路线，是从出云到信浓，也就是从本州西部到中部，从关西到关东，是大和朝廷征服日本的路线。《古事记》通过建御名方神臣服于天津神的神话，来呈现大和朝廷往东国拓展势力时征服各地势力的情况。

之所以有这样的看法，是因为《古事记》虽然把建御名方神当作出云系的重要神祇，但在诹访大社的社史当中却记载着他是来自外地的神，因战胜了当地的神祇才取而代之的，与《古事记》的记述截然相反。也就是说，当地人并不认为建御名方神是出云系神祇。

其三，两位著名战神较量衍生出日本相扑，是人们最为了解的一个传说。

建御雷神与建御名方神的比赛，是日本史上最早的一场相扑。这场史上最早的相扑的筹码极大，以一个国家作为赌注。而在《日本书纪》中，最早的相扑记录是大约公元前 23 年，也就是垂仁天皇七年的七月七日，天皇在御前举办相扑比赛，野见宿弥一脚踢碎了另一位勇士当麻蹶速的腰，获得了胜利，同时得到后者的土地。

还有一个有趣的传说是和建御名方神有关的。说的是在今天的长野县南佐久郡，传说诹访大神骑白马经过这里时，因马腿被藤蔓绊住而落马，大神被芝麻扎伤了一只眼睛，成了独眼神。从此，这里就不种藤和芝麻，也不养白马。由此可见当地人对诹访大明神是何等尊敬。

三　政权交接

（一）让国的条件

建御雷神在处置建御名方神之后，又回到出云，问大国主神："你的儿子事代主神和建御名方神都说服从天神御子的命令，绝不违背，你的意思怎么样呢？"

当大国主神了解到建御名方神的悲惨下场后，深知再抵抗也是徒劳的，所以他回答说他也会像两个儿子所说的那样，献出苇原中国。但是，他提出了让国的两个条件。

一是如何安置自己。他要求新的统治者给他提供的住处要像天神御子继承大业治理天下时所居住的宫殿一样，也就是给他盖一座宫殿。即以磐石为基础，竖起粗壮的宫柱，盖一座冰木（屋顶两端木材交叉向上翘起的构造，是出云大社屋顶的特征）仿佛可以企及高天原的神殿，那他就愿意退隐，终生闭门不出。

二是妥善安置他的家人。他希望能重用事代主神，这样他的众多儿子就会服从大和朝廷。很显然，大国主神并不知道事代主神已经被杀了。他希望新的统治者要善待他的众多的神子神孙。

建御雷神答应了大国主神的两点要求，大国主神听完后满意地隐去。建御雷神按照大国主神的愿望，在出云国多艺志的小滨，修建壮丽的宫殿。让水户神的孙子栉八玉神做厨师，献上珍馐美味时，致祝词；栉八玉神变成鹧鸪，钻进海底，衔上海底的泥土，制造许多瓷器；又割取海带的柄做燧臼，用海莼的茎当燧杵，钻出火来；大国主神说道："我所钻出的火，熊熊地燃烧不熄，以至于上通天上神产日巢神新厨房的透烟窗，冒出滚滚浓烟，下则烧得土地坚硬如石，直连地下石层。放开了千寻长绳垂钓的渔人，飒飒地拉回长索，把巨口细鳞的鲈鱼钓了上来，用这鱼做出丰盛的佳肴，把盛菜的竹案压得弯弯曲曲地献给你吧！"

以上是《古事记》中记载的内容。这段情节有如下含义。

其一，其所兴建的宫殿就是今天的出云大社。

其二，大国主神在出云大社建成后，让水户神之孙栉八玉神当他的料理长，栉八玉神变成鹧鸪潜入海底取土，制作神圣土器，又截海藻以燧臼燧杵生起圣火，制作美味可口的料理敬献给天津神。

其三，从大国主神在厨房里的自我赞美，拿他的厨房和神产日巢神新厨房相提并论，得出神产日巢神在高天原有一栋新的大房子，而且神产日巢神和他的关系非同一般。

《日本书纪》中记载经津主神两神平定国津神，连草木、石头也整平了，但仍有个别神明不服从高天原而遭诛灭。星辰之神天香香背男神是抵抗天照大神到最后的反对势力。连经津主神都拿他没办法，最后只得派倭文神建叶槌命去征服他。

（二）出云大社的象征意义

为了感谢大国主神对大和朝廷的巨大贡献，大和朝廷为他建造了出云大社。1873 年，明治政府的国立银行发行第一套印有人物头像的纸币，最大的面额为 20 元，上面印着大国主神的头像，其他的面额为 10 元和 2 元，分别印着神功皇后和南北朝武将新田义贞的头像。

位于岛根县的出云大社的主祭神是大国主神，自古以来就与伊势神宫并称"大社"，受到朝廷和民间的尊崇。现存出云大社的本殿高 8 丈（24 米），已经是一座规模非常宏大的神社，但据说出云大社在平安时代高 16 丈（48 米），大化革新之前甚至高达 32 丈（96 米），这个高 96 米的神殿无法证实，但确实有过高达 48 米的神殿，2000 年在出云大社发现了将三根杉木以铁圈固定、直径 3 米的柱子，由此可推测在古代可能存在着有惊人高度的神殿。也许是因为这栋建筑使用的建筑技术已超越了当时的技术水平，从平安到镰仓的二百余年时间，有过多达七次的崩坏记录。出云大社神乐殿的注连绳堪称日本第一，且结法不一样，一般的注连绳是从右边结绳，使邪物无法进入神域，而出云大社的注连绳是从左边结绳，用来封锁大国主神，他老老实实永远待在神社。

出云大社是记纪神话中留下名字的唯一的古代遗迹。它是大国主神作为隐退的条件而要求天神建造的神社，但在那么早建造那么宏伟高大的神殿是不可能的，理由有二。

第一，在原始神道中，日本的神祇是在山川中自由自在活动的，并不是舒适地住在宫殿里，并没有神殿这个说法。日本三轮山的大物主神，至今还在风吹日晒，不肯住入神殿，再者也盖不了能遮蔽整座三轮山的神殿。

第二，建筑学已经为我们弄清楚了出云大社的建造时间。一般认为，把日本的神放在神殿里来祭祀是在佛教传入，建造佛殿以后的事。神道教为了同佛教相对抗，才开始建造宏大的神殿。所以，出云大社的神殿建造时间不可能早于 7 世纪。按照梅原猛先生的推断，在出云那里建造如此巨大的神殿，必须有 7 世纪末以后的政治局面和革新技术。

大和朝廷作为胜利者，为失败者大国主神建造与天照大神同等规格的大社，具有两个象征意义。

其一，建造出云大社祭祀以大国主神为首的死难神族，是日本古代赞美失败者思想的具体体现。胜利者祭祀失败者的灵魂，称颂其美德，是日本自古以来的习惯。因为胜利者祭祀被自己置于死地的失败者，这样就可以使以前为失败者效力的人们来为自己效力，从而使失败者的怨灵变成自己家门的守护神。日本人始终深信，越是祭祀这些怨灵，这些怨灵就越发用强大的力量来保护自己。

在日本历史上，罕见对付失败者采取斩草除根赶尽杀绝的方法，对于失败者的方法一是能不杀就尽量不杀，这样就可以尽量少制造怨灵；二是万不得已必须杀人时，比如对敌方的首领进行诛杀，对方地位越高，其怨灵的力量就越大，对他们的安抚越显得十分必要，一方面，要严加看管，严防死守，防止他们的怨灵跑出来作恶；另一方面，要主动出击，去安抚他们、隆重地祭祀他们，甚至把他们变成自家的守护神，从而彻底消除他们的怨恨和愤怒，这就是日本式的思维。

其二，出云大社与伊势神宫的对决。按照宗教二元论的观点，伊势神宫与出云大社、高天原与苇原中国、天神与国神、圣与俗、善与恶、阳与阴、秩序与混沌的二元性已渗透到日本神话思维的本质之中。

西乡信纲指出：以天照大神为中心的天神世界的形成过程同时也是众多的国神以大国主神为极集约的一个过程，由此，伊势神宫的创立与出云大社的创建是东西相对的二元宇宙轴的建立过程。它既是一种对立和矛盾，又是一种极致的平衡。

四 “出云”：日本皇室无法消弭的噩梦

（一）和平让国是一个弥天大谎

日本皇室作为大和朝廷的领导核心，作为拥有较为先进文化和先进武器的外来民族，对日本各地进行一系列的武力征服活动。

日本大和民族的征服史分为两个层面，一个是存在于神话当中，如天照大神和高御产巢日神派遣建御雷神以武力征服出云国，随即天孙集团统治苇原中国。另一个是存在于历史当中，从神武东征开始，一直到景行天皇派遣他的儿子即日本武尊（倭建命），东征西讨，即便如此，被征服的各地氏族仍然时有反抗。日本武尊、坂上田村麻吕、西乡隆盛是日本不同时期现实版的建御雷神。

朝代更迭政权轮换，从来就不是在和平的条件下进行的。日本如此，中国更是如此，政权和平更迭只能发生在实行民主政治的国家。

日本历史上最近一次“让国”是发生在 1867 年 10 月，德川幕府末代将军德川庆喜上奏大政奉还。1868 年 1 月，德川幕府与支持朝廷的萨长盟军爆发了鸟羽伏见之战，4 月江户宣布无血开城，9 月会津藩战败宣布开城投降，1869 年 5 月，位于北海道的五棱郭开城，榎木武扬代表存活仅 125 天的虾夷共和国宣布投降。至此“戊辰战争”宣告结束。沉默了七百多年的天皇再一次走到权力中心，这次“让国”是德川幕府的武士政权把权力交还给天皇，实现“王政复古”。所谓的江户无血开城，只是把德川幕府的将军居所与办公场所即江户城交出，这个江户城随即成为天皇的新居所。

日本如此，说到中国就更可怕。每一个朝代的更迭，不知道有多少人头落地，多少财富毁于战火，其人员死亡的规模、动荡的程度，是日本远远无法比拟的。

因此，笔者认为大和集团在使用武力进攻出云的情况下，大国主神一族要么战死沙场，要么被俘后遭到斩首。大国主神在宣布投降交出政权后，遭到终生幽禁，因为大国主神是一国之主，如果马上处死他，必定会引起支持者和亲族的全力报复，所以最好的办法就是幽禁，让他在极其恶劣的地牢中消耗生命力，很快就饿死、病死。这是日本酷刑中著名的“幽闭”。

大国主神被终生幽禁，很快就死去，成为日本神话中的第一号怨灵，大和朝廷担心这位怨灵作祟，所以在他死亡的所在地建造神社予以祭祀，这就是出云大社的由来。

为什么说大国主神是神界第一号怨灵呢？道理很简单，日本皇室现实中的第一号大怨灵是第 75 代崇德天皇，他是日本第一大魔王，他死后日本灾祸不断，所以朝廷于 1165 年，把他的灵位与大国主神合祀，以此平息崇德上皇的怨气，他们合祀的神社位于四国香川县的金刀比罗宫，成为航海的守护神。这种合祀表明大国主神与崇德天皇分别是神界和人间的第一号怨灵。即使这样，崇德上皇仍然怨气十足，最终导致武家政权取代朝廷达七百年之久，直至明治天皇即位前派特使将他的灵位接到京都的白峰神社单独供奉，他的怨气才消了下来。

日本史学家加来耕三在其著作《决定日本历史的瞬间》一书中指出：建御雷神以强硬的态度逼迫大国主神让国，大国主神提出让国的条件后遭到软禁，不知大国主神最后是被杀害，还是一直被软禁，到族人全部灭绝，总之，这条血脉就此中断。

依笔者之见，大国主神被幽禁后很快就死亡，成了冥界的统治者，他的族亲被灭绝，其国人还在进行抵抗，持续了十年之久，才基本平息。后来出云地区仍常祭出反旗，所以在《古事记》中才有后来倭建命西征出云，杀出云建。

河合敦在《博览日本史》中讲到神话和遗址时指出：随着水稻耕种与金属加工技术由朝鲜半岛传入，掌握这些技术的外来集团，由于拥有金属制作的武器，对绳文人有压倒性的优势，外来集团有可能是新一代的统治阶层，《日本书纪》或《古事记》也记载着疑似外族入侵的文字，亦即让国传说和天孙降临的传说。

传说中提到西日本海一侧原为出云地方最高权力者大国主神所统治，某日高天原却派遣使者逼迫交出筑紫的统治权，结果谈判成功，天照大神便派其孙到筑紫这块新领土。

记纪神话中都尽量淡化战争和血腥的色彩，强调让国是在自愿的基础上和平交接，《日本书纪》提到经津主神二神提出让国要求，大国主神推托给儿子事代主神，事代主神代父答允让国。而《古事记》中，建御名方神不服，建御雷神与他只进行一次相扑就把他打败。一次相扑就赢得了一个国家，这多么轻松和多么娱乐！

《出云国风土记》对这个让国有着完全不同的记载，这本风土记中讲到，大国主神并没有受到高天原使者的威胁，而是主动交出统治权，只要把出云留给自己统治，也就是说宣布了出云的独立。

总之，关于让国一说，其实是旧统治者让渡权力给新统治者。《古事记》《日本书纪》是以当时中央政府的大和王权为中心视角来编著的。因此，描写了武力征服下的和平交接政权。但是出云一方并不认为被征服，而是以保护出云独立性的一种宽松的同化认识记载下来的。

（二）出云大社：灵魂的牢狱和恶魂的流放地

在日本，皇室和普通老百姓对大国主神的认识和定位是不同的。

对于日本皇室而言，大国主神既是恩人又是仇人，因为把国土交给大和政权，所以是恩人，同时这种交换是以牺牲大国主神及其亲属为代价的，皇室是夺走大国主神生命和国土的仇人。对于皇室来说，大国主神是压在他们心头上一块永远搬不走的“千引石”。

从恩人的角度说，日本皇室要给他建一座和伊势神宫同等规格的神社祭祀他，并派天照大神的二儿子也就是天孙的叔叔天菩比神（天穗日命）担任最高神官，其子孙世代代皇室主持祭祀。另外，巴结大国主神遗族，与其联婚。因为事代主神是让国的决策人，所以，从第一代天皇神武天皇到第三代天皇安宁天皇，三代祖孙天皇的正妃都是事代主神的女儿，这是何等的荣耀！也就是让大国主神的血液也融入天皇家族。

从仇人或怨灵的角度说，日本皇室对大国主神及其出云神族严加防范。一是永远贬低出云系神族，在古代日本，凡五位以上称殿上人，是可以升殿面见天皇的贵族，但出云最高位阶始终定在从六位，也就是说，出云永远产生不了一个真正的贵族，让他们在大和贵族面前永远抬不起头，挺不起胸膛。二是在出云大社做了各种手脚，埋设各种机关。一方面，在本殿里，大国主神的神座朝西，参拜者永远无法正面参拜，只能从侧面拜见，朝向是太阳下山的方向，是象征没落和死亡的方向。因为出云大社本身就是建在伊势神宫的西边，一个象征太阳东升生机勃勃，另一个象征夕阳西下暮气沉沉。另一方面，本殿的客座上除了天照大神之外的高天原的五位大神监视着他，这五尊大神是神话一开头就讲到的五大别天神，每尊大神的威力都无法想象，五神中除了神产巢日神和出云的关系比较密切外，其他四神与出云毫无关系，所以，把大国主神看得死死的，让他丝毫动弹不得。

每年的十月在日语中被称为“神无月”，据说在这个月全日本的神祇都要前往出云大社开会，可以想象这个时期神明们无论是自驾还是乘飞机、乘新干线到出云，都会出现严重的交通堵塞。

实际上，到出云大社的神应当是国津神，是和出云系神族有关系的神。众所周知，日本的神分为天津神、国津神两大类别，也可以称为伊势系（天照大神流派）和出云系（大国主神流派），它们有严格的区别。组成大和朝廷的那些人所供奉、信仰的神便是天津神，其他人信仰的诸神就是国津神，两大神系之间等级森严，平时不大来往。所以，十月到出云大社的应当都是国津神。以天照大神为首的天神系，允许国津神一年有一个月聚会团圆的时间，这算是法外施恩。

为什么这么说呢？十月是国津神之间的亲戚见面会，准确地说是居住在出云之外的国津神到出云去探望被天神流放到出云的国津神。

出云是一个暴戾之地，是一个充满血腥味的地方，历来为以天照大神为代表的天神集团和日本皇室所厌恶。梅原猛在《诸神流窜》中，论证了出云地区是犯有罪行或过错的神，无论是天神还是地祇，被判流放罪而集体流放之处。第一个被流放的是须佐之男，接下来是作为其子孙后代的大国主神全族。他们在全国各地到处被供奉，平常不得相见，只有到了十月份，才从各地赶回来，和各自灵魂会合。所以，十月作为出云的“神有月”，被大和朝廷认为是凶神、荒神、恶神的聚会之月。

相对于朝廷对大国主神的排斥和防范，日本民间却十分同情和善待大国主神，比如大国主神被民间认定为缔结姻缘之神，因为大国主神是一位尽享齐人之福的神。他在正妻须势理毗卖的帮助下，成为一名优秀的统治者，却在感情上对正妻敷衍了事，到处寻花问柳。所以，大国主神常常被邀请到有名的高级酒店和一些设置了结婚仪式场所的神殿供人们祭拜。人们供奉作为缔结姻缘之神的他，并不是希望男女在结缘之后必定要从恋爱走向婚姻，毕竟恋爱和婚姻有所不同。但是，最终和自己结婚的人，是不是自己所有遇到过的有缘人之中最好的那一位，只有神才知道。

对于日本老百姓而言，神的政治性及正义感与日常生活没有什么太大的关联，人们敬神的目的首先是神能给人类带来好处；其次才是避免带来什么坏处，这是敬奉神明的功利性之所在。比如在京都著名的清水寺边，有一座地主神社，正殿主祭神是大国主神以及他的父母须佐之男和栉名田毗卖（按《日本书纪》的说法）以及栉名田毗卖的父母足名椎命、手名椎命祖孙三代共五尊神，他具有结缘、求子、顺产的灵力。一句话，普通的老百姓可以不讲政治，他们关注的更多的是民生问题。

第十章　天孙降临

本章讲的是天孙祖母奉天照大神的敕令，代替父亲天忍穗耳命下凡到苇原中国行使统治权。从理论上说，天孙迩迩艺命是天皇家族真正的始祖，他从祖母那里得到两大礼物，一是稻作技术，让他到苇原中国教会人类种植水稻；二是交给他作为皇室世代相传的“三神器”，这是天皇合法性的来源，他在几位天神的陪同下降临到九州的日向国。

天孙降临后，在日向娶妻生子，过着安居乐业的生活。他和大山津见神的女儿木花之佐久夜毗卖结婚，生了三个儿子。在记纪神话中，没有关于天孙治理国家的任何记载，也不知道他是怎么死的，葬在哪里。

本章的主要内容如下。

1. 天孙降临和天孙族的来源；
2. 天孙的婚姻；
3. 造成天孙和天皇短命的原因。

第一节　天孙的诞生

一　天孙降临“敕语”

苇原中国平定以后，大地一片宁静安详。两位大神召见天忍穗耳命，对他说：“现在苇原中国已经平定了，大国主神已经退位，其他凶神也都归顺了。时机到了，你可以去苇原中国，好好进行统治了。”天忍穗耳命回答说：“对不起！母亲大人、岳父大人，当我准备降临苇原中国之时，生下了第二个儿子，他叫迩迩艺命，相对我而言，他是一个更加适合的人选，他才是治国的人才。”原来，天忍穗耳命与高御产巢日神的女儿万幡丰秋津师比卖命结婚，长男叫天火明命，次男迩迩艺命。迩迩艺命天资聪慧，天忍穗耳命对他寄予厚望，高御产巢日神也十分疼爱这个外孙。

天照大神和高御产巢日神经过一番商议，同意了太子提出的更换人选的请求。于是天照大神在天孙面前宣布敕语，她说："丰苇原千五百之瑞穗国，乃吾子孙可王之地。尔等皇孙就而治焉，行矣。宜使天神御座昌盛，天壤无穷。"也就是说，苇原中国是委任给你统治的土地，应按照这个委派，从天上下去，并祝你国运久祚，世世代代传承下去，永远统治这个国家。这就是天孙降临的神敕。

在后世的传承中，这一神敕为阐释日本国体提供了史料依据。本居宣长极力主张原原本本解释古人的思想，作为天下主宰者的天照大神发布这个神敕，在赞美日本国土丰饶的同时，确立了万世一系的皇位的基础，阐释了皇室的伟大理想，从而确立了万代不易的国基。根据这一神敕，1890年颁布的《教育敕语》开头第一句话就是："我皇祖皇宗肇国宏远。"1937年文部省编印的《国体本义》一书，将天孙降临的神敕视为日本肇国之始，指出"大日本帝国乃奉天皇皇祖之神敕进行统治的国家。此乃我国万古不易之国体"。

秉承天照大神的"神意"来统治日本，这就是日本的国体。按照石田雄的解释，在日本，所谓的"国体"，在近代日本人的意识中至少有两个含义，一是公元前660年神武天皇始建王朝的传说，创建了日本的神国国体；二是日本国土本身的独立性和神圣性。这两大因素已经深深地融入天皇形象之中了。有了宣扬日本国体的神话依据，就容易制作出"国体论"。

在《日本书纪》中，迩迩艺命又被称为琼琼杵尊，天孙的降临是由高御产巢日神和儿子思金神一手策划的，先是逼大国主神让国，让国目的实现后，高御产巢日神遂以真床追衾裹住天孙，将他降至地上世界。所谓真床是指室内某种凸出于地面供人坐卧的床台，追衾则是铺在床上的布，让人坐在上面。

这里有两个疑问，一是天忍穗耳命为什么不愿意接受委派去统治苇原中国？二是天忍穗耳命生有两个儿子，为什么不派长子而是派出生不久的次子呢？

其一，天忍穗耳命不是不愿意接受委派，而是不敢接受委派，因为他和高御产巢日神的女儿结婚，生下两个儿子，高御产巢日神父子策划整个让国计划的目的就是要让这位爱孙降临地上世界为王者。天忍穗耳命深知这一点，他事先得到了暗示，或者是心知肚明，按高御产巢日神的意见推荐小儿子代替他到地上世界。还有一点是天忍穗耳命舍不得高天原的荣华富贵，不愿意到一个陌生的地方受苦。

其二，为什么不派长孙，而是派出小孙子下凡呢？理由有如下几点。首先，按常理，在高天原，天照大神的长子天忍穗耳命是太子，因而作为长孙的天火明命是皇太孙的人选。所以，能派到地上世界的只能是小孙子。其次，迩迩艺命深得高御产巢日神的疼爱。再次，按照古代日本人的说法，小孩威力大，灵力高强。最后，当时有可能流行“末子继承制”。

二　王位传孙：持统女帝的誓愿

在《日本书纪》中，天照大神在其神敕中对天孙寄托着极大的期盼，充满无比的深情，并祝愿皇权如同天地无穷，万世长存。

在日本现实版中，出现了两个作为祖母的女性天皇，即第 41 代持统天皇和第 43 代元明天皇，这两位作为祖母的天皇都面对着两个“天孙”，一个是后来的第 42 代文武天皇，另一个是后来的第 45 代圣武天皇。第 40 代天武天皇于 686 年 7 月下诏让皇后和草壁皇子共同执政，同年 9 月病逝。皇后临朝称制，草壁皇子（现实版的天忍穗耳命）向来体弱多病，加上父亲葬礼耗时两年三个月，太子身心皆严重透支，于 689 年 4 月病亡，遗孤轻皇子才 7 岁。皇位继承计划被打乱。许多人主张应由天武的其他儿子继承皇位，但持统天皇在丈夫、儿子都死掉的情况下，意图让自己的亲孙轻皇子继位。在葛野王的大力支持下，697 年 2 月，册立轻皇子为皇太子（孙），697 年 8 月，持统让位，轻皇子即位，是谓第 42 代文武天皇，自己成了日本史上第一个当上太上天皇的天皇。703 年去世，又成为首位死后火葬的天皇。

在这次皇位由祖母传给孙子的过程中，起决定性作用的当然是持统天皇，其中有拥戴之功的是葛野王。葛野王的父亲是被天武天皇夺走皇位的弘文天皇（大友皇子），在新朝只能苟且偷生，绝无二心，以最高领导人的意志为自己的意志。此外，藤原不比等也有拥戴之功，他作为文武天皇的保护人走到日本政治的前台，并把女儿藤原宫子嫁给文武天皇，生下了后来的圣武天皇。圣武天皇长大后，他又把另一个女儿藤原光明子嫁给外孙圣武天皇，成了两代天皇的岳父。

15 岁即位的第一个天孙文武天皇在位十年，于 707 年 7 月病逝，仅活了 25 岁，留下三个儿子。其中后来成为圣武天皇的首皇子年仅 7 岁，由于年纪太小，文武天皇的母亲元明天皇即位，714 年首皇子元服后，正式被立为太子。但由于皇族势力和外戚藤原不比等的对立，即位时间一再延期，妥协的结果是让文武天皇的姐姐元正天皇作为过渡天皇，直至首皇子 24 岁时，元正天皇让位，第二个天孙首皇子即位成为圣武天皇。

在第二个天孙即位过程中，藤原不比等作为外公起决定性的作用。不比等与元明天皇联手，力抬首皇子这个共同的“天孙”当天皇。在整个元明、元正两朝女天皇统治期间，真正的当家人是作为现实版的高御产巢日神的藤原不比等和作为现实版的思金神的不比等的四个儿子。

由此可见：在第一起天孙降临事件中，第一个天孙是轻皇子，祖母持统天皇是天照大神，她主持和导演了整个事件，而号称高御产巢日神的藤原不比等只是配角，且轻皇子不是他的外孙。这是《古事记》所主张的观点，即天照大神主导了天孙降临事件。

在第二起天孙降临事件中，第二个天孙首皇子才是真正的天孙，他既是元明天皇的孙子，又是藤原不比等的外孙。不比等在这出戏中是总导演，元明天皇母子是配角。第二次天孙降临事件中起决定性作用的是藤原不比等父子。这是《日本书纪》所主张的观点，即高御产巢日神父子主导了天孙降临事件。

两次天孙降临事件的共同前提是作为父亲的“天忍穗耳命”死了。一个是草壁皇子，来不及登基就死了。另一个文武天皇，当天皇 10 年，年仅 25 岁就死了，这就是神话中的天忍穗耳命为什么不降临而推荐天孙的原因，是因为他干不了或者干不久就死了。天孙之父在两书中都很单薄，如果丈夫、儿子都死了，祖母出于私心当然要把政权交给孙子。一句话，历史是现实的反映，这就是《古事记》自天武天皇至元明天皇用了几十年的时间写作，后面只用了几个月进行改写的原因，这都是政治斗争的需要。

安本美典指出，天照大神在走出天岩户之后，主要不是根据自己的意志在行事，而是根据高御产巢日神的意志在行动。天孙降临的策划者是高御产巢日神和儿子思金神。天皇家的众神并没有掌握政治的实权。

梅原猛指出，天孙降临神话把皇位继承神话化，是皇统绵延的日本国体的精华。如果真是这样，那么这里为什么不说父传子的皇位继承的故事，而谈祖母传给幼孙的皇位继承的故事呢？日本自古以来皇位不是父传子就是兄传弟，截至6世纪，皇位继承都是这两种方式。由祖母传给孙子的形式的皇位继承，只出现过一次，即由持统天皇传给文武天皇。这个问题应当怎么考虑呢？后来元明天皇欲传位给皇孙首皇子，先传位给女儿元正天皇，再以由姑姑传位给侄儿的形式进行。记纪神话的核心在于天孙降临，体现着统治者的意志。

三　天孙和天孙族的来源

（一）韩国版的“天孙降临”神话

据韩国高丽时期一然法师《三国遗史》等史料记载，从前桓因天帝有一位儿子叫桓雄，桓雄一直向往人间世界，桓因得知后，就让他下凡到太白山（今朝鲜妙香山），以便在人间广布利益，并且赐给他三个天符印前往统治。这三个天符印分别是多钮粗文镜、琵琶形铜剑和八头铃（镜、剑、铃），于是桓雄带着这三件宝贝，与三千人下凡来到太白山顶的神檀树旁，建立了名为神市的都城，自立为桓雄天王。桓雄命令风伯、雨师、云神，一起掌管农事、生命、疾病、刑罚、善恶等人间三百六十多种事务，执行人间的治理教化，这就是桓雄的“弘益人间”。

正当桓雄治理人间之时，曾经一起生活的熊和老虎前来拜访桓雄，表达渴望成为人类的心愿。于是桓雄赐给他们一把艾草与二十个蒜头（类似大国主神与白兔），要求他们从当天开始，吃了艾草和蒜头后，一百天之内不得被阳光照射，只要耐心熬过，就可以变成人类。因此，熊和老虎就依照指示，躲在洞穴里，吃了艾草和蒜头。到了第二十天，老虎再也忍受不了脱毛之痛，放弃了做人的想法，走出洞穴。而具有坚忍耐力的熊，克服一切困难，结果才到了第二十一天，终于变成了一个美丽的女人，名为熊女，而老虎则是前功尽弃，后悔莫及。日后，桓雄册封熊女为王妃，与熊女结婚，两人所生之子，就是韩国开国始祖的檀君王俭，他后来于公元前2333年建立古朝鲜，首都为平壤城，檀君既是国家的大君王，又是大祭司长，国祚1212年。西周武王即位，武王册封箕子于朝鲜，檀君则迁徙隐居白头山而成为山神，据说当时檀君已是1908岁。檀君是桓雄之子、天帝桓因之孙，因而也是“天孙”。

而日本版“天孙降临”，是在天神平定苇原中国之后，天照大神派天孙降临苇原中国，临行前交给天孙镜、剑、玉三神器，随他下凡的有后来各司其职的五伴绪（五神），思金神三神为副赐，他们降落到筑紫的高千穗峰，发现该地方面向韩国，是朝晖直射、夕阳晚照的地方。于是在大盘石上竖起高大的宫柱，盖起高大的宫殿。

号称“日本古代史第一人”的上田正昭先生指出：日本建国神话“天孙降临”与朝鲜半岛的檀君建国神话非常相似，具有同源的可能性。日本另一位史学家井上清也持同一观点，并强调“日本天孙神话与朝鲜系、中国系神话是同一类别”。顺便提一下，井上清曾是日共党员，1967年因支持中国“文化大革命”而被日共开除，他撰文揭露昭和天皇的战争责任，并于1972年出版了《关于钓鱼岛等岛屿的历史和归属的问题》，郑重坦言钓鱼岛自古以来就是中国的领土。

（二）天孙降临神话的解读

关于日本、韩国的“天孙降临”神话的源头及象征意义，有如下几点。

其一，神话的考察究明，说到底是一个比较问题。

三品彰英对日韩神话进行比较认为，从欧亚大陆的传承，或者说北方的通古斯族的天孙降临神话入手，把它们同日本的神话进行比较，并认为日本神话深受通古斯后裔——古代高丽民族的神话影响。此外，伊藤清司对中日神话进行比较研究，常见的相似话题主要是近亲相奸神话、尸体化生神话和难题求婚神话。

吉田敦彦指出：希腊神话是通过作为黄金的骑马民族的斯基泰人而被带到遥远的日本来的。因为以建设在黑海沿岸的希腊都市为媒介，斯基泰人得以与希腊人产生密切的交往，并由此接受希腊文化的影响。并且通过百济和新罗的皇家墓地中已经出土的具有斯基泰特征的金制品得以确认，这种斯基泰文化的强烈影响甚至在日本的古坟时期就强烈地波及朝鲜半岛的南部地区，就像在《古事记》《日本书纪》中看到的那样，天皇家族王权神话形成的时代正是古坟时代，而当时的日本自然受到朝鲜的强烈影响。

其二，日韩“天孙降临”神话的共同点和区别。

首先，它们的共同点是：第一，天孙都是奉命从天而降的，因此天神族或天孙族一定是来自本土之外的外来民族；第二，都携带着象征统治凭证的三神器或三个天符印；第三，都有一批专司职责的管理队伍随天孙而降临；第四，都是降临在山上，在山上修建宫殿，成为各自民族的始祖。

其次，日韩神话的区别在于以下几点。

第一，日本版的神话在天孙降临之前有让国神话作为铺垫，而在韩国神话中，桓雄想到人间做一番事业，以弘益人间为宗旨，被天帝桓因派遣下凡。

第二，“天孙”的含义不同。在韩国建国神话中，桓雄是天帝桓因之子，桓君王俭是桓雄之子、天帝之孙，也就是天孙。但这个天孙是桓雄降落人间与熊女所生的第一代人类，韩国历代王朝的君主都自称天孙，包括李氏王朝的始祖李成桂也自称檀君之后裔，并将自己归结到神统家谱里，古代韩国人认为哈奴尼姆（韩语“天”和“天神”的意思）是一位统治全宇宙和人类的至高无上的天神，天神的世界是光明世界，朝鲜民族有史以来就崇拜天神哈奴尼姆，他的地位类似于日本的天照大神。而在日本神话中，太子天忍穗耳命让天孙代替他下凡去统治苇原中国，这个插曲或故事情节是由日本特定历史时期的特定历史事件所决定的。

第三，熊、虎变人类和桓雄娶熊妇女为妻，说明桓雄作为外来民族，与当地的以熊、虎为图腾的部落相互融合，娶熊女为妻说的是娶以熊为图腾的部落女子为妻，与以虎为图腾的部落的女子联姻不成功。而在日本天孙降临神话中，天孙迎娶木花之佐久夜毗卖而拒绝石长比卖。

天王桓雄与熊女结婚生下檀君王俭，后者是最早的人类，并成为韩国开国始祖。而天孙与木花之佐久夜毗卖生有三子，第三子火远理命成了日本初代天皇神武天皇的祖父。

日本比较文化学者金两基在《当日本人遇上韩国人》一书中指出：朝鲜历代王朝的始祖都创立了天孙的家谱。新罗的王冠（金冠），前面装饰为树丛状，侧面是鹿角，王冠是把天神通过树木从天而降的神奇传说形象化，然后以此作为天孙的证据。古朝鲜开国始祖檀君之父就是利用神坛树从天而降的。伊势神宫的神体是日本人心中的大柱，二神绕御柱而产出国土和众神。由此可见，两国有天孙降临的同类神话。基于这种同类神话曾产生过歪曲事实的“日朝同祖论”。

总之，编造天孙降临、国神让国之类的神话，是受中国的“天命”思想的影响。天孙族成了日本大和民族的自称，大和朝廷的始祖来自高天原，与他一起降临的神的后人就是天孙族。

第二节　天孙降临

一　忠诚的向导：猿田毗古神

天孙要从天上下降时，在天的岔路口上站着一位神，他散发的光辉上照高天原下照苇原中国，这位神祇就是猿田毗古神。

据《日本书纪》的说法，猿田毗古神的容貌是鼻子长达七咫（一咫指大拇指与食指展开的距离），身高七尺有余，目如八咫镜，且似锦灯笼般散发光芒。因为外形过于奇特，也有人认为天狗就是以他作为原形的。

于是天照大神命令天宇受卖命前去询问对方到底是什么神明，猿田毗古神便回答说：“我是本地神，叫猿田毗古神。听说天孙要从天上降下，我决定作为领路人而在此等候。”

由于有引导天孙的事迹，后人便尊猿田毗古神为道路之神和旅人神，并与道祖信仰融合。另外，也有人认为伊势地区的渔夫信奉他为渔业之神。

在后来天孙降临中，猿田毗古神忠心耿耿，作为向导让天孙平安降临高千穗山峰，任务完成后，天孙命令天宇受卖命护送猿田毗古神回故乡伊势。

抵达伊势五十铃川川畔的两位神祇结为夫妻，生活在一起。天宇受卖命并改名为猿女君。据说一直到垂仁天皇时，皇女倭比卖命为了寻找供奉天照大神的场所而在周游诸国之际，猿田毗古神的子孙大田命担任导游，献上川上一带的土地。因此也有人认为天孙降临时主动引领前往高千穗山峰的道路是为了配合之后的伊势迁宫，表示对于天津神的归属。大田命的子孙为宇治土公，世袭任伊势神宫的玉串大内人。另外，猿女君也成了宫中负责祭司的巫女或女儒（下级女官）的神官职称。

猿田毗古神是伊势的地主神，据说宫城的盐灶神社的祭神实际上就是猿田毗古神，他在鹿岛、香取二神平定东国时曾为二神带路，后来还将盐的制作方法教给二神。此外，据说猿田毗古神不但鼻子长，男根也又粗又长，所以他又是日本中老男人和众多女士膜拜的阴茎神。

二 天孙降临前的准备工作

在有了主动送上门的向导猿田毗古神之后，天照大神和高御产巢日神为天孙的降临做好各项准备工作，主要有五项。

1. 按照《日本书纪》的说法，天照大神交给天孙一把稻穗，作为天孙送给人类的最好礼物，也就是教会苇原中国的人们学会种植水稻，以解决食物来源的问题。而在《古事记》中，并没有讲到天照大神赐稻穗之事，而是提到了随行人员之中有一名食物神登由宇气神，即丰大受神，是至今仍供在伊势神宫外宫的神。

2. 赐予天孙当年从天岩屋引诱出天照大神的八尺琼勾玉和八咫镜以及须佐之男斩蛇所得而上缴给天照大神的天丛云剑，是谓代表天皇皇位继承合法性的“三神器”。

3. 为天孙配置五个从事生产或其他业务的专职集团，其首领随天孙降临。这五个部族的首领就是在天岩户事件中合力引诱天照大神走出天石屋的功臣。(1) 天儿屋命，在天岩户事件中负责占卜神意，并在门口致祷之词。他成了中臣氏的祖神，后来随着藤原氏的崛起而名扬四海。(2) 布刀玉命，在天岩户事件中进行太占，以及制作太玉串，他后来成为忌部，也就是制作各种祭器部族的祖先。(3) 天宇受卖命，这位跳艳舞的美女是猿女部即掌管神乐的部族的祖先。(4) 伊斯许理度卖命，在天岩户事件中负责打造神镜，他后来成为镜作部也就是制造铜镜和其他金属容器的部落的祖先。（5）玉祖命，在天岩户事件中负责打造八尺琼勾玉，降临后成为玉器部的祖先。

以上五个生产或其他专职集团的首领，即五伴绪，是天照大神信得过的天津神。

4. 以思金神为辅弼天孙的首辅，由他负责包括祭祀天照大神在内的各种祭祀仪式与神宫政务等多项要务。他既是祭司，同时又负责处理政务，祭政合一。思金神和八咫镜都供奉在伊势神宫的内宫。

5. 精心挑选天孙的警卫人员和军事统帅。在降临之前，选中手力男神和天石别神两位大力士作为保镖，其中手力男神是在天岩屋门打开时，用力拉出天照大神让天地重见光明的有功之臣。而天石别神是守门神，能保护天孙不受外来妖魔的侵扰。当天孙降临地面时，天忍日命和天津久米命分别带着弓箭和大刀，站在天孙两侧听候使唤，天忍日命后来成为古代日本著名的豪族大伴氏始祖，是大和朝廷世袭军事职务的豪族，其子孙大伴金村拥戴大迹王成为日本第 26 代继体天皇。后来该氏族又产生了一个著名的诗人叫大伴家持。而天津久米命成了久米氏始祖，掌管军事。这两位神是天孙最早的军事首领。

在做好以上准备工作后，天照大神郑重地叮嘱天孙，八咫镜如同她的灵魂，要像供奉天照大神一样来祭祀它，铜镜是天照大神的御神体。

天孙降临前，天照大神的人事安排决定，构成了后来日本社会等级结构。

其一，天孙在苇原中国处于至高无上的地位，只有天孙的子孙才有资格担任天皇，只有天皇才是现人神。

其二，伴随天孙降临的五伴绪、思金神等天津神，在苇原中国有崇高的社会地位，成了各大豪族的始祖神，他们享有特权，垄断朝廷的各项重要事务，比如祭司、政务、军事、财政，他们的后代都是天神的子女，共同构成了天孙族。他们的地位远远高于后来归附大和朝廷的其他家族，后者被称为国津神。这些豪族编造了各自的氏族神话。

其三，伴随天孙降临的各位天神内部也有明确的分工和森严的等级界限。在众天神中，思金神是天孙降临事件的大功臣，他掌管全部事务，是天孙的首辅。

在各自分管的事务中，以掌管祭祀为第一要务，地位崇高。是故以天儿屋命为始祖的中臣连和布刀玉命为始祖的忌部氏，自古以来，负责天皇的祭祀，后来两大家族势力消长，中臣氏在政治舞台上十分活跃，社会地位不断上升，忌部氏受到冷落。因中臣氏掌握权力，币帛使（代替天皇献供品给神明的职位）清一色由中臣氏担任，忌部氏至多担任副使，为此两大家族于806年发生诉讼，裁决结果是两个家族都可以担任币帛使。

在古代日本，有一个重要的概念是家格，就是中国人所说的门第等级，它是历史中氏族、家系所获得的门第高低和社会评价。决定家格的因素是祖先的血统、传统的权威，与皇室或豪族的亲疏关系。在古代日本，家格占有重要地位，家的社会地位是由家格决定的，不随政治权力、经济实力的变化而变化。在公家社会中，根据家分为极位极官与文武官，摄关家的家格最高，摄政关白只能由藤原北家的族长担任，自藤原道长之后到第七代分为近卫家、九条家，其后近卫家又分设鹰司家，九条家又分出二条家、一条家，是为“五摄家”，非“五摄家”出身者不能担任摄政关白。摄关家以下分为清华家、大臣家、羽林家、名家、半家，形成了相应的家格，各家户主的官位也根据家格进行授予，并且根据家的成立时期，分为旧家、新家；根据与天皇的亲疏远近分为内内、外样。

公家的家格概念也被武家所接受。武家集团到江户时代确立了家格，俸禄拥有一万石以上的武士为大名，一万石以下的武士的家格分为将军的直臣旗本和御家人。并且在诸藩中确定了更为细化的家格，根据与将军关系的亲疏远近、大名有无家系以及石高的多少，在参勤交代登城时被分配的房间是不同的，分为御三家的大廊下，国主大名的大广间，谱代大名的帝鉴间、雁间，外样大名的柳间等。在日本各藩，家老以下的职位可以世袭，家臣、上级武士、居住在藩的武士和势力强大的百姓构成“乡士”。另外，在农村也存在家格，村官多为中世武士的后代，作为“乡士”得到认可，同时村内部分为本家与分家、侍分与百姓分、主家和被官、重与平等各种名称的家格。

明治维新以后，提倡士、农、工、商四民平等，江户时代的士农工商家格已经崩溃，但是家风、门第等法律身份之外的家格观念依然存在。

迩迩艺命是天照大神的嫡孙，身份无比尊贵，并很快因为天照大神的旨意，掌管了苇原中国，他上任之前，已经先有建御雷神为他扫平了一切障碍，在上任途中，也有天照大神身边的重臣进行辅佐和保护，他坐享其成。反观苦逼的大国主神，他经历了一番生死考验，在任期内好不容易才找到帮手相助。相较之下，迩迩艺命却因为身份高贵，直接就成为苇原中国的国主，这里可以清楚地看到日本传统中强烈的阶级观念和等级意识。拥有尊贵地位的人可以直接获得一切，而下面的人却必须无条件地奉献上自己的所有，这便是阶级观念的体现。

日本有着根深蒂固的等级观念，它来源于日本神话。尤其是古代日本，每个阶级之间存着严格的划分界限，等级森严，谁也不能轻易逾越，上层阶级的人天然拥有无数的特权，他们享有的一切由下面的人提供，正如大国主神历经艰难困苦建国，最后不得不拱手交给天孙一样。当今的日本社会的等级观念也相当严重，主要表现在年龄、资历、学历、财力、地位、性别等各个方面，在这些方面占优势的人自然就是等级划分中占优势的人。

三　天孙降临

（一）天神下凡

在有条不紊地做好一切准备工作后，天照大神终于下达了天孙前往苇原中国的总动员令，天孙离开天之石位，也就是他在高天原的宝座，带着一帮天神趾高气扬地离开高天原，长着大象鼻的猿田毗古神走在最前列，威风凛凛地开路。众神排开密密的云层，如同飞机降落一样穿过云雾很快就到了天浮桥。站在浮洲上稍作停留，又从这里最终降临到筑紫的日向地方的高千穗峰上。刚刚落地，就上来两位陆地上的开路先锋，他俩都背着箭筒，身上佩带着头椎大刀，手持弓箭，这两位全副武装的神分别叫天忍日命和天津久米命。

迩迩艺命和众天神寻找盖房子的场地，他们很快就找到一个叫笠沙之御崎的地方，天孙在查看了周边的地形地貌后，感到十分满意，他说："这地方面向韩国，是朝晖直射、夕阳晚照的国土，这地方太好了。"于是，他们就在大磐石上竖起高大的宫柱，盖起屋脊上的冰椽直冲云霄的宫殿。

以上是天孙降临的具体情节，它透露了以下两点重要信息。

1. 天孙从何而来？

河合敦在《博览日本史》一书中通过结合神话与考古遗址，认为天孙降临实际上是外敌入侵。《古事记》和《日本书纪》并未明确记载天孙族来自何方，但可以确定的是，筑紫的板付遗迹、菜畑遗迹中发现的水田遗址的场所也出土金属器和绢帛，或许让国和天孙降临传说的内容，真是描述外来集团的迁徙。河合敦指出，金属制武器、巩固防御的环濠聚落登场，意味着弥生时代是战争时代的序幕。

冈正雄认为史前时代的日本列岛上至少存在着五个不同种族，由此带来五种“种族文化复合体”，其中第五种文化，是以天皇氏族为中心，将统治阶层的王族文化和国家支配体制带入日本列岛的种族文化。由于起先受到来自西部地区的阿尔泰游牧骑马民族的征服，继而呈现出国家组织的雏形，最终在中国东北南部形成新的种族，并于公元 1 世纪前后开始南下，在朝鲜半岛南部做短暂停留后，于 3 世纪和 4 世纪渡海来到日本。就社会构造的特征而言，此种文化拥有大氏族、氏族、种族这样的三段竖直型的种族构造，诸如父系氏族制、军队体制、王朝制、氏族职务等级制、不同的职业集团等；从宗教上看，这一种族文化的特征具有天神崇拜、父系祖先崇拜、职业性萨满等要素。简言之，这种文化的所有特征在本质上和亚欧大陆草原地带游牧民族的文化完全一致。

明治维新以后，日本一些学者深深感受到日本民族的劣根性，提出日本人是劣等人种的说法。日本哲学家井上哲次郎是日本人乃“劣等人种”论者，他认为日本人无论在知识、金钱方面还是在体格等方面大多劣于西方人。后来随着中日甲午战争、日俄战争的胜利，他又转向“日韩同祖论”，因为日本和韩国都有天孙的神话，所以天孙来自朝鲜半岛，日韩本是同一民族，因此，日本吞并朝鲜等于回归故乡。

更有想象力的是日本史学者口田卯吉提出的“日本人的祖先是白人”的说法，他说：“天孙人种是白种人，他们与列岛上的原住民虾夷人和隼人混血后变成了黄色。”他认为日本人没有必要承认自己是黄色人种，实际上日本人是高贵之人的私生子。

冈田英弘认为日本的建国者是华侨。他在《日本史的诞生》一书中明确指出，日本的建国者是华侨，日本人在文化上是华侨的子孙。

津田左右吉认为包括神话在内，在《古事记》中，第14代仲哀天皇以前的情节完全是虚构的，难以相信。第15代应神天皇以后虽然原则上可以相信，但那里也写了不少荒唐不稽的故事。也就是说，天照大神、大国主神、天孙降临自不用说，就连神武东征、日本武尊和神功皇后远征新罗都不能承认，都是谎言。

对于津田氏的观点，梅原猛指出：考古学的资料证实，大约从公元前3世纪弥生时代开始，带着水稻种植技术、金属器和弥生式陶器制作技术的民族集团来到九州北部，但不清楚他们是来自朝鲜半岛，还是直接从中国来的，这不是单纯的文化输入，而是民族入侵。以后弥生文化花了一百年时间，东进到近畿地方，在到3世纪为止的所谓弥生时代的年代，存在着以铜剑、铜铎为统治象征的北九州文化圈和以铜铎为统治象征的近畿文化圈，这两个文化圈发生过一次大战，铜铎文化圈被消灭。梅原猛认为作为天孙降临的异民族入侵的故事以及神武东征、天孙族入侵大和的故事，并不完全是虚构。

以上介绍了日本学者的主要观点。可以肯定的是以天孙为代表的天孙族是一支来自朝鲜半岛或中国东北地区的强大民族，他们一开始就以强大、先进的武器打败了日本当地民族，并带来先进的稻作文化和农耕技术，使日本在很短的时期内，文化发生了质变。

2. 天孙降临的地方是日向国吗?

关于天孙降临的具体地点，日本史学界有如下几点不同看法。

第一，《古事记》和《日本书纪》中明确记载，天孙降临的地方是筑紫日向的高千穗。筑紫是九州，而日向一般认为是日向国（今宫崎县）。

但是天孙降临并没有得到考古学的证明，即使说这个神话是根据某个事实所写的，但是也没有特定的场所。即使如记纪神话所说的日向的高千穗，也存在着分歧。

一种说法是位于宫崎县北端的高千穗町，那里有著名的高千穗峡谷，是九州非常著名的人气景点，该峡谷形成于十万年前，当时阿苏山喷发，喷发的岩浆流到五濑川后受到河水冷却而形成柱状节理岩石，后来由于河水的侵蚀，形成了一条长约7公里、高度达到80米以上的峡谷，当地有高千穗神社、天岩户神社。而五濑町是传说中的天孙降临之地，从每年的十一月至次年二月，不分昼夜轮流三十三班舞蹈的高千穗的夜神乐，成了日本国家重要的无形文化财产。

另一种说法是宫崎南部与鹿儿岛边境的高千穗峰的雾岛山，而雾岛山属于鹿儿岛县管辖，山上建有雾岛神宫，主祭神是迩迩艺命（琼琼杵尊）。钦明天皇时期（540 年）建神社祭祀，后因火山喷发而焚毁，后来重建又被火山喷发付之一炬，只得迁移祭祀地，现存的神宫是 1715 年由萨摩藩第 4 代藩主岛津吉贵赠建。

在 2010 年日本放送协会播出的历史电视剧《龙马传》中讲到，龙马在寺田屋事件后，由西乡隆盛推荐，于 1866 年 3 月，与妻子阿龙到雾岛盐浸温泉疗养，并攀登高千穗峰。据说天孙为了祝愿国家安定而插入天逆鉾，该天逆鉾成为其神体，奈良时代就已刺进这个鉾矛，奇迹般地被由福山雅治扮演的坂本龙马拔出，这预示着日本新世界的到来。坂本龙马和妻子的这次新婚活动也被称为日本史上第一起旅行结婚，次年 12 月，他被暗杀于京都近江屋，享年 31 岁。

鹿儿岛和宫崎两地的老百姓为争天孙降临之地吵得不可开交，尤其是到了江户时代，两地文化人互争正统，打起嘴仗，后来由本居宣长出面调停，提出“天孙先降于雾岛高千穗后迁至宫崎的高千穗”的折中说，争吵才告一段落。

第二，也有记载说是在高千穗的久士布流多气和“患触”之峰的一个地方降临的，而“患触”在日语中相似的读音有大分县的久住山及福冈县与佐贺县边境的脊振山的地方。可以想象九州地区总共有七个县，除了长崎和熊本，其他五个县都卷入了天孙降临地点的争执中。

第三，还有一种意见认为“日向”和“高千穗”都不是指具体的地名。日向有可能不是指“日向国”，而是太阳照射的地方，或者是最早看到太阳的地方（那一定是最东边），而高千穗也有可能是指很高的山峰。

讲到降临地点，人们马上就有一个疑问，大国主神让国的这个“国”是出云国，天孙也应当在出云地区某个地方降临才对，怎么会从本州的岛根县跑到遥远的九州日向现身呢？也就是说原本大国主神让国给天孙的地方是出云，所以天孙降临难道不应该理所当然是出云吗？或者是说大和王权的中心地近畿地区的附近山峰才是。

对于这个疑问，日本学界有两种说法，第一种解释认为《古事记》和《日本书纪》写于7～8世纪，当时九州南部被称为“隼人”的势力抵抗了大和王权。因此，为了说明大和主权统治的正统性，才把大和王权的统治始祖迩迩艺命的降临地点即天孙降临地点有意改为日向国。

第二种解释是如前所说，大国主神让国是让出出云地区以外的区域，而保留出云的独立性。因此，天孙的降临地点是在出云地区之外的某一地点。

基于这个疑问，笔者认为，天皇历史存在着神话版的历史和现实版的历史，两者之间有直接关联，但有着本质上的差别。一方面，天孙降临是神话版的神武东征，天孙族发迹于九州，这是他们的根据地，天孙降临地一定是在九州；另一方面，以大国主神为代表的日本其他地方势力在与天孙集团的对抗中失败，被迫交出统治权，而被描写为自愿而和平交权。也就是说，以时间为维度去描述的话，应该是天孙降临，逼迫以大国主神为代表的各地豪族交出政权，归附于天孙族，即天孙降临在前，大国主神让国在后。但是，为了证明大和朝廷的合法性，就变成让国在前，降临在后。

从神话角度说，为了编撰和叙述的方便，就不能根据事实，反而要捏造事实。比如在编辑日本神谱时，把须佐之男说成天照大神的弟弟，大国主神成为须佐之男的儿子或后代，其实他们之间并不存在关系，甚至是毫不相干的。一方面，为了笼络人心，天孙族必须拉拢各地的豪族，把他们的始祖神或保护神纳入以天照大神为核心的神谱；另一方面，在书写神谱时，又要根据亲疏远近确定诸神与天照大神的关系，有的是直系亲属（亲藩），有的是长期追随皇室且对皇室忠诚的部属（谱代），有的只是利用关系且忠诚度不高的（外样）。神也是要靠关系的，分等级的。

顺便说一下，在日本当今社会，官僚（指通过公务人员考试的高级事务官）的民间地位是相当崇高的，在日本人的眼中，学业专精的官僚，是二战后日本经济高度成长的积极推手。日本人把退休官员到民间企业寻找事业第二春的人，称为“天神下凡”，意指他们有如掌握大权的天神下凡到人间。相反，在中国台湾，把这类人称为“肥猫”，也就是说他们是不产生任何有效价值不事生产的“肥猫”，犹如过街老鼠，人人喊打。

（二）忠心事主的下场

迩迩艺命在日向立足后，在诸神的辅助下治理苇原中国，当安顿好相关事务后，他着重要解决的两个问题，一是清除非天神族类，净化阶级队伍；二是到了规定的结婚年龄，有了求偶的冲动，该讨个美女做老婆了。

首先，天孙做的第一件事是找个借口把猿田毗古神赶走，顺便也赶走天宇受卖命，没办法，因为他们是夫妻。在天孙族看来，猿田毗古神本不在天照大神安排的人事编制之中，也就是说不是天孙的核心团队人选，是自告奋勇要帮助天孙的志愿者，现在旅行任务结束了，该向导游说声拜拜了。

有一天，迩迩艺命叫来了天宇受卖命说：“我来苇原中国的时候，猿田毗古神在御道上迎接我，顺利地完成引导工作。在我初到苇原中国的时候帮了不少忙，一直对我尽心尽力，认真辅佐。现在，他也该回家休养了。麻烦你能替我把他送回他的故乡，你也冠以他的神姓，好好侍奉你老公吧！”因此，天宇受卖命受命冠上猿田毗古神的姓氏，妻随夫姓，人称猿女君。后来，人们对女性也尊称为猿女君。

猿田毗古神夫妇告别主君，回到故乡伊势过着美好的小日子。可是，好景不长，有一天，他在伊势国伊志郡下海捕鱼时，不小心被比良夫贝夹到手，沉入海中，竟然因此溺水身亡。按《日本书纪》的说法，他的尸体沉到河底，估计是喂鱼了。他的魂魄留在了河中，被称为底度久御魂。《古事记》则说他沉到海底，冒泡至泡泡破灭，化为三御魂。

根据《日本书纪》的说法，天宇受卖命非常伤心，她为丈夫举行了盛大的葬礼，之后回去继续自己的使命。她想：“天孙要我侍奉夫君，我自尽心尽力，他活着的时候我对他尽忠，现在他死了，我也该为他的魂魄做打算。”于是，她来到海边，召集了全部海中生物，大至体形庞大、牙齿锋利的鲨鱼，小至虾蟹水母，无一不到她面前听她的号令。

天宇受卖命威严地说：“猿田毗古神生前威严不凡，光芒万丈，治下有方。现在，他死在水中，魂魄也留在这里，来到你们中间，从此，你们要服从他的领导，达成他的愿望，恭敬地侍奉在他的左右，不可逾越半分。你们，愿不愿意？”

海洋中的众生物皆恭敬地回答说："我等愿意侍奉，自当尽心尽力。"此时，唯独海参没有回答。天宇受卖命愤怒地冲着海参说："你没有嘴，不能说话，那么我来给你一张嘴吧！"于是她用小刀为海参开了一个口子。所以，现在我们看到的海参都有一道裂口，就是当年天宇受卖命给它的嘴巴，让它和其他生物一样能开口说话。

在《古事记》中讲的是天宇受卖命在送走丈夫之后，又回到海边，把海里的各种鱼类赶到一起，要它们向天孙表忠心。众生物皆答允，唯独海参不说话，天宇受卖命用小刀割开它的嘴，所以海参的嘴都是裂开的，后世凡是志摩国给朝廷进献海物时，也赐给猿女君等人。

以上情节包含以下几层含义。

其一，强调"忠"是日本精神文化的核心概念。

猿田毗古神为迩迩艺命引路，作为天孙的先遣之神，对天孙到苇原中国熟悉环境和尽快接管政权发挥了很大的作用。后来却被天孙遣送回家乡，又遭海水溺毙。民间十分敬仰他，把他视为守护境界的神，当作道祖神进行祭祀，可惜忠心事主却遭主人遗弃。

至于天宇受卖命，更是一位忠心耿耿的女神。最初在天照大神躲进岩屋造成天下失去光明的时候，她是引诱天照大神走出天岩户的主角，后被天照大神指定为辅佐天孙的五伴绪之一。本来是尊贵的高天原天神，后又下嫁给猿田毗古神，最后随他回夫家，远离待遇丰厚的生活，成为乡下村姑。即使如此，她并没有任何怨言，始终尽心尽责，甚至在猿田毗古神死后，仍表现出对主人的"忠诚"和对丈夫的"忠贞"，这正是日本精神文化的核心。日本皇室也十分感念猿女君的忠诚，所以，每有新天皇登基，都要从志摩献上初次收获的鱼贝类，然后天皇再把它赐给猿女君后人（笔者想问一下，这时的海鲜能吃吗？）

其二，关于天宇受卖命用小刀割开海参这张不能说话的嘴，使得海参的嘴至今还是裂开的这个传说。这是一个说明神话。比如南非巴罗策人对河马的传说是这样描写的：遥远的古代，河马身上长着很长的毛，但有一天它身上的毛着了火，河马为了灭火就跳进了河里，从此它就一直生活在河里。这也是一个关于河马的说明神话。世界上有很多民族把真的神话和假的神话区别开来。真的神话是以对人类具有本质性、决定性意义的事物为对象，所以它的真实性显得十分重要。相反，说明神话的对象是某些动物或植物的部分特征，且多属非本质的次要的东西，所以它的真实性并不那么重要，它往往起到一种轻松愉快的娱乐作用。

其三，天孙为什么要让天宇受卖命冠上猿田毗古神的姓氏，称为猿女君。实际上这就是日本史上的第一例夫妻同姓。

众所周知，长期以来，日本的平民百姓是没有姓的，因此也就不存在夫妻同姓的问题。直至 1870 年，明治政府做出凡是国民均可取姓的决定，但响应者寥寥。1875 年颁布了强制性的《苗字必称令》，所有的日本人才有了姓，除了皇室之外。

夫妻同姓指的是结婚时一方必须放弃原有姓氏，改用配偶的姓氏。日本的夫妻同姓制度可追溯到 1898 年制定和实施的《明治民法》。二战之后，日本颁布了以尊重个人尊严和男女平等为基本理念的《日本国宪法》，但是 1948 年实施的新的民法仍规定结婚之际，“夫妇必须选择使用丈夫的姓或妻子的姓作为夫妇共同的姓”。而实际上，绝大多数已婚的女子随夫姓，达到 98%，很少有丈夫随妻姓的。夫妻同姓至今已沿袭了一百多年了。

近年来，夫妻同姓制度遭遇到空前的挑战。2011 年 2 月 14 日，有五名日本人以民法中结婚时夫妇一方必须改姓的规定违反了宪法第 13 条关于尊重个人、第 24 条关于两性平等的条款为由，向东京地方法院提出诉讼。这五名原告中，有三人是婚后仍使用原来姓氏的女性，她们认为夫妻同姓的规定使她们在使用护照、驾驶证、信用卡等证件时屡遭麻烦。还有一对夫妻是因为用各自姓氏提出结婚申请未被受理。原告认为，民法的相关规定侵犯了个人尊严和男女平等的权利，给他们带来了精神的痛苦和损害，要求政府支付 600 万日元的赔偿费，这是日本国内首起以违宪对民法中的夫妻同姓规定的诉讼，引发日本国内对夫妻同姓制度的热议。最后东京法院判决夫妻强制同姓制度不违背宪法，驳回原告方的诉讼申请。

顺便说一下，在西方国家，也有“妻随夫姓”的社会习俗，但非强制，法律也没有硬性规定，倘使女性婚后改姓，其原有的姓氏也会保留下来使用。同为东亚文化圈的中国和韩国，已婚女性都被允许使用独立姓氏。在这一点上，日本处于落后状态。

第三节 天孙的婚姻

一 天孙娶妻

天孙治国才能过人，又有诸神辅佐，苇原中国各项事业有所起色。有一天，他出门散步，走到吾田的签纱海岸边（今鹿儿岛内）遇见一个妙龄少女，这位少女皮肤白皙，身材曼妙，面色娇羞，就如同绽放的樱花一样鲜艳可爱。微风吹来，她的长发和裙摆在风中轻轻摇曳着，身上玉佩碰撞在一起叮当作响，年轻的天孙看得如痴如醉，对她一见钟情。于是，天孙开始撩妹，他迎上前去问道："你是谁家的姑娘？"妙龄少女见陌生男子前来询问，不禁有些害羞，欠身回答说："我是大山津见神的女儿，名叫神阿多都比卖，又叫木花之佐久夜毗卖。"天孙听了频频点头说："木花之佐，好名字，真的如同樱花开放一样美丽，你还有姐妹吗？"

木花之佐久夜毗卖答道："我还有一位姐姐，她名叫石长比卖。我俩感情很好！"

天孙接着说："我对你一见钟情，非常喜欢你，想娶你做妻子，你意下如何？"

木花之佐久夜毗卖对面前这位陌生的年轻人也充满好感，但她还是羞答答地说："婚姻大事，我不能擅自做主。这件事情，我要回家禀告我的父亲，由他老人家做主才行。"

迩迩艺命喜出望外，乐颠颠地回皇宫，马上差遣手下大臣前往大山津见神家提亲。大山津见神一听到未来的女婿竟然是天照大神的嫡孙、苇原中国的统治者，高兴得不知道天南地北，这可是小紫藤缠大树——高攀。说起来大山津见神是天照大神的异兄，有着高贵的血统，按照辈分讲，木花之佐久夜毗卖是天孙的堂姑。大山津见神毫不犹豫地答允这门亲事，除了准备丰厚的嫁妆之外，还按当地的习俗，即采取"买一送一"的办法，把木花之佐的姐姐石长比卖搭配在一起，姐妹共同侍候天孙，岂不美哉！

可是，虽然是姐妹，石长比卖与木花之佐久夜毗卖代表着女人的两极，石长比卖皮肤粗糙，身材高大，面目鄙陋，举止粗俗，十分凶悍。天孙见了，吓得魂飞胆丧，又惊又惧，连忙派人把石长比卖退回娘家，只留下木花之佐久夜毗卖，与之成了一夜婚。

据《日本书纪》记载，遭到遣返的石长比卖因此又羞又怒，一边呕吐一边哭着诅咒“生于此世的青人草（人民）必定如木花般稍纵即逝”。

看到羞愧万分悲恸欲绝的石长比卖，大山津见神既感到分外心疼又是无比愤怒，他在当地是一大名门豪族，嫁出去的女儿竟然遭到退婚，这让他的颜面扫地，真是奇耻大辱。他马上派人给天孙递话，这种话与其是劝说或解释，不如说是下战书和对天孙的诅咒。实际上，递话的人也顺便把木花之佐久夜毗卖领回娘家，双方绝交。后来才有天孙和木花之佐久夜毗卖一夜婚而成孕的故事情节。

大山津见神托人带的话是这样的，他愤怒地说：“你这个浑蛋，我要把两个女儿都嫁给你，全是为你好，我的大女儿石长比卖，可以让你的生命像石头那样恒久不衰，不怕时间的侵蚀，娶了她你会长生不死。我的小女儿木花之佐久夜毗卖，可以使你的生命鲜艳灿烂快乐无比，因为这样，我才要把两个女儿都嫁给你，你把石长比卖退还给我，就会失去永久的生命。虽然你的生命会像樱花一样美好盛开，可是你的生命也会如樱花一样稍纵即逝，你虽贵为一国之主，但也和常人一样很快就死去。这是我的诅咒。”

天孙听到转达后硬气而任性地回答：“我选择我愿意，就算拥有长久的生命，但是没有快乐，那又如何呢？现今，我虽然不会拥有长久的生命，但是我的生命如同樱花一样绚丽多彩，我的一生虽然短暂但很快乐，这不是很好吗?”因此，迩迩艺命虽然贵为天孙，却没有永恒的生命。所有的天皇和常人无异，都会经历生老病死的过程。

以上是天孙求婚的故事情节，从这一故事中，有以下几点可以进一步叙述。

其一，天孙与大山津见神两家联婚的政治含义。

天孙偶遇惊为仙女的木花之佐久夜毗卖，随即向其父大山津见神提亲。这个情节有两层含义，一是天孙家族是外来民族入侵，在征服当地土著部落后，必须与当地部落进行联婚，以获得当地殖民的支持，并与之融为一体。

梅原猛在《诸神流窜》中指出：侵入大和的天孙族，其大王都娶当权者的女儿为妻，最初有志儿县主的女儿、十市县主的女儿，后来有尾张连与和迩臣的女儿等，都被天皇娶为妻子。这大概说明了外来的统治者如果不和土著的女人结婚，就不可能统治其国土。崇神天皇时所发生的三轮山大物主神作祟的事，表明不只是结婚，即使在宗教方面，外来的统治者也不得不接受土著民族的宗教。

二是天孙向木花之佐久夜毗卖当面求爱，木花之佐久夜毗卖表示婚事必须由父亲做主的说法，表明日本古代的婚姻制度的某些改进或格式化的表现。在此之前的婚姻完全是建立在男女双方自愿基础上的，婚姻自由程度极高，如果父母不赞同，男女可以私奔。而在天孙的故事情节中，女方必须先征得父亲的同意才能答应对方的求爱，其自主程度开始下降，开始带有“父母之命，媒妁之言”的包办婚姻的色彩。

其实，日本人对爱的表达也是十分暧昧的，马挺先生在《马话日本》中说到，在日语中，没有“爱”这个字眼。现代日本人用“爱”，是从汉语引进的。以前在日本的传统生活中，男女朋友之间，也没有“爱”，只有“喜欢”，日本人“求爱”一词只有用在动物之间。“喜欢”是翻译成汉语了。日文写作“好（第四声）”，直译就成了“好你”，如果男方对女方说：“好你”，就等于说是“我爱你”了，有时，连“好你”都不说，只说想跟你“交往”“交际”，就等于是求爱了。所以，可以想象，天孙在遇见木花之佐久夜毗卖时，不会说：“我爱你”，而是“好你”。

其二，“买一送一”的陪嫁——媵制。

大山津见神自作主张，把他的另一个又丑又黑的女儿石长比卖搭配，一起陪嫁给天孙，是不是有些强人所难？天孙不喜欢丑女，当然留下漂亮的妹妹，原封不动地退还石长比卖。

其实，决定石长比卖随妹陪嫁并不是大山津见神的自作主张，而是当时社会盛行买一送一的媵制。

在中国历史上，也有类似的传说。说的是帝尧看中了舜，把他的两个女儿嫁给舜，“妻之以皇，媵之以英”，就是说姐姐娥皇出嫁的时候，妹妹女英作为陪嫁也进入舜的家门，两女共侍一夫。可谓是买一送一，加量不加价。舜笑纳之，夫妻三人每天欢爱得其乐融融。后来舜继尧位，娥皇、女英为其妃。后舜南巡，死于苍梧，二女千里寻夫，得知舜已死且葬于九嶷山下，姐妹俩抱竹痛哭，泪染青竹，泣尽而死，其竹称“湘妃竹”。毛泽东曾作诗抒发其情感，曰“斑竹一枝千滴泪，红霞万朵百重衣”。

以皇为妻，以英为媵，这是尧在嫁女时给两个女儿的定位，娥皇是正妻，女英是陪嫁为妾。大山津见神也是如此安排，因为陪嫁的石长比卖长得太令天孙失望了，故拒之。

在古代，媵制十分盛行并制度化，中国的古籍《仪礼·婚礼》注曰“古者嫁女必以侄品从，谓之媵”。但是，这种制度带来很多麻烦，尤其是对十分讲究宗法人伦的中国古人来说，特别是在嫡庶之辨的大是大非问题上，家中只允许有一位至高无上的女主人，像娥皇、女英那样，总会让男人头疼不已。虽然后世有妻子死了，由妻妹续弦的婚俗，算是媵制的遗孑，但总体而言，媵制已逐渐没落。

从天孙的婚姻可以看出日本和中国一样，也在一段时间内盛行媵制。尤其在日本古代，贵族动不动就把两三个女儿嫁入皇宫，天皇娶姐妹当妻妾的事例很多。甚至最极端的是第 38 代天智天皇把自己的四个女儿先后嫁给弟弟大海人皇子也就是第 40 代天武天皇，其中正妃就是后来的持统天皇。

遭到天孙遣返的石长比卖虽丑陋但象征着岩石的恒久性，而妹妹木花之佐久夜毗卖像樱花一样美丽，却脆弱易逝，她们正是一双各自象征了正反两面的姐妹。《古事记》中记载的是大山津见神受此奇耻大辱而诅咒天孙及后代不长寿。而在《日本书纪》中发出这个诅咒的恰恰是受害者石长比卖本人。留下美女赶走丑女的事在天孙的后代第 11 代垂仁天皇身上再度重演。据说有四姐妹入宫，垂仁天皇只留下两个美女，将另两女送回本国，其中一女在回国途中因羞愧万分跳入深渊自杀。

不过，石长比卖仍以祈求长寿的岩石之女神身份，成为日本众多神社的祭神。对人类来说，健康长寿一直是最主要的诉求。

顺便讲一下，天孙接受木花之佐久夜毗卖而拒绝石长比卖，也导致姐妹俩的不和。在日本，有很多两神之争的故事，其中就有富士山和伊豆的御岳山之争，富士山神是木花之佐久夜毗卖，美丽异常，而御岳山之神是奇丑无比的石长比卖，因此在伊豆不准谈论富士山，否则会引起御岳山之神的不快。

其三，用放弃石长比卖选取木花之佐久夜毗卖来说明天皇不长寿的原因。

首先，这个故事在东南亚地区有类似的传说。印度尼西亚有一则神话用于理解石头的象征意义：太初之时，天地相距很近，神将礼物系在绳上送给人类的第一对夫妇。有一天，神将一块石头送给人类，这对夫妇非常愤怒，断然拒绝。后来，神送一串香蕉，夫妇欣然接受。随后，他们听见神的声音："既然你们选择了香蕉，你们的生命便如同香蕉一样短暂，在老了以后也会像香蕉一样衰败，死去后也会像香蕉一样腐烂。倘若你们当初选择了石头，你们的生命就会像石头一样永恒不朽。"

这就是神话界中有名的"石头与香蕉"的故事。它的主题在于说明人类为什么不可能永生。也就是人早晚会死的，寿命是有限的。无论是水果还是樱花，都用于比喻生命的短暂。

这里有一个奇怪的念头，神在给人类进行选择的时候为什么事先没有明确告诉人类进行不同选择所带来的结果。一开始，神送一块石头给人类，这块石头对人类是毫无意义的，而当神送一串香蕉给人类，处于饥肠辘辘的人类会毫不犹豫地接受，因为这串香蕉会满足人的某种生理需要，而石头是不能吃的，所以人类的选择并没有错。而这里神从一开始就在愚弄人类，神没有在游戏之前告诉人类玩这个游戏的后果。

在两个场合中，无论是神还是大山津见神，为什么要让人或天孙选择石头，首先是因为它象征永恒和不朽。比如神庙多用石头建造，而在地中海的巨石文化中，石头既是神明的圣所，也是人类死后的葬身之地。

其次，在长久的生命和幸福快乐的生活不可兼得的情况下，人们将选择前者还是后者，这是一个十分棘手的问题。相信大多数人都难以取舍，而天孙却马上做出了回答，那就是宁愿不要永恒的生命，也要选择自己喜欢的生活。

其实，大家都有疑问，那就是：天皇号称神的后裔，那么为什么不像神那样拥有不老不死的身体，而是像一般人一样都会生老病死呢？这个神话做了合理的解释，因为天孙坚持了自己的爱情，选择了美丽却短暂的生命，所以作为他的后代的天皇也是如此，这个解释让天皇的神的血统合理化。

在古希腊等西方神话中，一旦天上的神和地上的人结合，所生下的后代都不能得到永生。同样，对于日本天皇而言，他不求长寿但求重生。所以，除了个别的天皇如第 11 代垂仁天皇派人到常世国寻找不老不死的灵药之外，历代天皇没有像中国的秦始皇、汉武帝那样到处寻求不死不老之药，甚至天皇死后如果埋在日本的不死山——富士山，反而得不到重生的机会。因此，与中国帝王追求永生相比，日本天皇考虑的是如何重生。

二　火中产子

迩迩艺命和木花之佐久夜毗卖只有一夜之欢，由于两家因石长比卖伤了和气结了怨，估计木花之佐久夜毗卖在婚后的第二天就被接回娘家了。

过了一段时间，木花之佐久夜毗卖找到了天孙，对他说道："我有身孕，现在快到了临盆的时候，本来不想麻烦你，然而这是天神的御子，流淌着你高贵的血液，所以不能私自把孩子生下来，必须告诉你，并得到你的帮助和最终确认。"

天孙一听到这段话，顿生疑窦，回答说："你别骗我，我们只有一夜的结合，怎么可能那么凑巧就让你怀上了，不太可能！你一定是在之前或之后和哪个国神私通有孕了。现在却说是我的孩子，让我认了这壶酒钱，去背这个黑锅，我才不上这个当，你肚子里的孩子一定不是我下的种！"

木花之佐久夜毗卖自是清白之身，听闻此言，顿时羞愤不已，她对天孙说："我们以生死打赌，我将在火中进行生产，如果我腹中的孩子是其他男人的，就让那大火把我和孩子全烧死，以还你清白。如果我们母子平安无恙，那就证明是你的孩子，你赖不掉。因为这都是神的旨意。"

言毕，木花之佐久夜毗卖在远离天孙居所的僻地，建起了一座没有门窗的八寻殿作为产房，走进殿里，再用泥土把入口封死。

到了分娩的时候，她就点火烧产房，火势正旺时生下的老大叫火照理命，名字的意思是在火开始燃烧、产房内明亮时生下的，火照理命后来是日本南九州土著民族隼人阿多君的祖先；接下来生的第二个男孩子叫火须势理命，意思是在火势最旺的时候生的；到最后在火势衰落快熄灭时生的第三个男孩叫火远理命，也叫天津日高日子穗穗手见命，意为稻穗已经十分成熟的样子，这位最后出生的孩子就是第一代天皇神武天皇的爷爷。

在火烧产房过程中，木花之佐久夜毗卖一口气诞生三胞胎三个男孩，堪称日本史上不惧危险且高产的英雄母亲。当火焰完全熄灭，木花之佐久夜毗卖从灰烬中走出来，刚生完孩子的她身体极度虚弱，但还是指着三个孩子对天孙说："我知道我一夜成孕让你怀疑，可是，在大火中这三个孩子安然出生，母子皆平安无事，应了我的赌誓了吧！这下你该相信我的贞洁了吧!"

祈愿产妇顺利分娩以及婴儿平安诞生，是为人父母的共同心愿。木花之佐久夜毗卖火中产子经历了生与死的考验。据说木花之佐久夜毗卖生下三个儿子时，作为外公的大山津见大神酿造了天甜酒来庆祝，因此人们将大山津见神供奉为酒解神，把木花之佐久夜毗卖供奉为酒解子神，并列为酒造神。

日本古代有个望族叫橘氏，他们供奉的氏神是位于京都右京的梅宫大社，主祭的神就是大山津见神父女。橘三千代与前夫生下日本古代政治家橘诸兄之后，又和藤原不比等结婚，生下了藤原光明子，后者成为圣武天皇的皇后。平安时代，出身橘氏的嵯峨天皇皇后橘嘉智子搬到梅宫所在地，她将梅宫社里的石沙铺在产屋里，生下后来的第54代仁明天皇，因此，梅宫社保佑产妇平安的信仰由此扩大。据说，只要夫妇一起跨过梅宫里的"胯石"就会怀孕，如果得到石沙就能安产。

根据《日本书纪》记载，迩迩艺命在这三个孩子诞生不久后就去世了，留下了孤儿寡母四人。另外《日本书纪》和《古事记》还有一点记载上的差异是，《古事记》认定最后出生的第三个孩子即火远理命是皇室的祖先，而在《日本书纪》中，即认为第二个儿子名为火须势理命是天皇家的祖先。

关于天孙与木花之佐久夜毗卖一夜成孕，木花之佐久夜毗卖为证其清白冒着生命危险在火中产子的这个神话传说中，包含着如下几点含义。

其一，如前所述，外来统治者的天孙为了稳定对新国土的统治，必须与当地原有的土著部落联婚，娶其首领的女儿为妻。但是，由于文化背景和民族的风俗习惯差异极大，他们的婚姻都以不幸而告终，大概是文化差异造成了文化的冲突，导致了双方的猜忌和矛盾。

梅原猛认为这种不幸特别容易在生孩子的情况下发生。这大概是在分娩的时候最明显地表现了民族的风俗习惯的不同吧！由于这种风俗习惯不同而产生了不幸。木花之佐久夜毗卖是在火中生孩子，后来木花之佐久夜毗卖的儿媳妇也就是火远理命的妻子丰玉毗卖命变成鲨鱼的模样生孩子。这种传说可能是表示外来民族和土著民族之间风俗习惯的不同吧。

其二，天孙与木花之佐久夜毗卖是日本有史以来第一次在地上世界结婚的夫妇，是神与人类的结合。天孙来到地上世界与美丽女孩结婚，除了约定保证天皇家的繁荣之外，也使天皇家从原本神的位置更加贴近凡人，更有人情味。

其三，木花之佐临产前建产房，以及在火中生产的故事，与来自中国和印度尼西亚、中南半岛的相关神话传说有直接的关联。

根据冈正雄的推测，日本史前时代至少有五种不同种族渡海到日本，形成了五种文化，其中的第四种文化是构成弥生文化主体的文化类型，因为早在公元前 5 世纪至公元前 4 世纪，位于长江入海口以南的沿海地域的吴国和越国先后灭亡，引发了民族大迁徙，其中的一支移民渡海到日本，他们擅长从事沿海渔业，拥有水田耕种、先进的捕捞技术与木板船制作技术等。此外，修建寝室、产房、月经房、女儿屋、丧屋等不同功能的独立小屋的习惯也是这一文化所特有的。修建丧屋是为了停放尸体以防止死秽的扩散。而产房、月经房是为了避免血污。在上古时代，修建没有门窗的房子作为产房，以泥土封闭入口，以防其玷污神灵，而点火烧产房表示避免邪气入侵。

木花之佐久夜毗卖为了证明自己的清白，在火中生产，是要有极大的勇气和自信。以火烧产房，证明自己是清白之身。这种做法也是从印度尼西亚到中南半岛这一地域的习惯。即在产妇的旁边点一把火，称之为“烧产妇”。而且根据《日本书纪》引用的第三个“一书”的记载，在火中生完孩子之后，还得用一把竹刀将孩子的脐带切断。这一传承也与印度尼西亚各地所见的风俗一致。

吉田敦彦在《日本神话的考古学》中指出：关于天孙以降居住在日向的这三代皇室祖先的传说，在很多要素上和南太平洋尤其是和印度尼西亚的神话以及风俗之间存在着显著的类似，而对这些类似的唯一的解释只能是它们之间具有亲缘关系。

关于这种亲缘关系，很多学者几乎一致认为，古代居住在南九州岛一带被称为隼人的原住民，其实是印度尼西亚系统的人种，而且日向神话完全是一股脑地将隼人的传承都吸收了进来。在《古事记》中明确指出皇族与隼人有直接的亲缘关系。木花之佐久夜毗卖火中生产出来的第一个男孩火照理命，就是隼人的祖先，第三个男孩火远理命是天皇祖先，他们源出一脉。在后来的日子里，兄弟相争，天皇的祖先打败了隼人的祖先，并让后者臣服于自己。所以，从时间顺序上来说，是天孙族或大和族先打败南九州的隼人，后由神武发动东征，进军本州，最终建立大和朝廷。

在日本，最初的产房都是根据需要，在每次临分娩的时候临时搭建的，用完之后拆毁或自然废弃。但是用火焚毁的情况很罕见。木花之佐久夜毗卖在火中产子的具体过程是她在一间完全封闭的产房中生产，旁边烧着一把火，等她生完孩子移出产房之后，才放一把火把产房完全烧毁。

那么，为什么要建一个完全封闭的产房，并在用完之后烧毁呢？

谷川健一在《日本的众神》一书中解释如下。

首先，古时产房没有窗户，进出口也被泥土封住，是一个封闭的房子。这实际上是把产房看作和鸟巢一样，产妇在封闭的产房里像鸟生蛋一样安全分娩。也可以把整个产房看成一个鸟蛋，为了能够从死的国度完全转移到生的国度，实现再生，必须让产房像蛋一样处于完全封闭的状态，同时还需要孵蛋的沙子。

其次，为什么产房里铺有沙子，这是因为古代日本人将海龟和鲨鱼看作海神的使者加以崇拜而留下的痕迹。海龟在产卵时一定要在沙滩上，挖一个大坑，产完卵后，用沙土覆盖后才离去。因此，沙子拥有一定的魔力。产妇临产前，要在地上先铺一层沙子，然后铺上稻秸，最后再铺上一层席子，产妇将秸秆围在腰上，靠着破被褥蹲下，用手抓紧从屋顶垂下来的绳子分娩。这些沙子叫“产土神”。产土神是守护孩子一生的守护神和守护灵，沙子作为护身符的历史非常久远。

最后，为什么要烧毁产房。理由有二，一是除血污，洗净生产时的一切污秽，把不洁之物烧得干干净净；二是古代日本人认为，诞生是从死者的国度转移到生者的国度，为了促使新生儿早日降临，烧毁产房是必要的，意味着告别过去。

其四，木花之佐久夜毗卖是古代日本妇女的典型，她反映古代日本妇女社会角色和社会地位的变迁。

木花之佐久夜毗卖是日本女性的一个代表，她美丽又温柔，单纯而乐观，在家庭关系上极其看重自己传宗接代的义务，为维护自己的贞洁形象而甘冒生命危险。

首先，由于她长得艳如樱花，被天孙一眼看中了，当天孙向她求婚时，她却说要由父亲做主。可见，父亲在女儿婚姻上的决定权已经由天命固定下来，也标志着日本古代婚姻制度开始格式化了。

其次，父亲非常赞成这门婚事，备下了丰厚的嫁妆，但同时又把石长比卖一并嫁给天孙，遭到天孙的拒绝。从此酿成一场无法弥补的人间悲剧，这是文化差异、风俗习惯不同和沟通欠缺造成的。

从大山津见神的角度说，把两个女儿同时嫁给天孙，一是当地的习俗，二是祝愿天孙生活快乐生命永恒。而对天孙来说，他只看中木花之佐久夜毗卖，又讨厌大山津见神买一送一强行搭配的做法，而断然拒绝。翁婿之间矛盾公开化，女婿把石长比卖退回，岳父受辱而诅咒天孙，并很快召回木花之佐久夜毗卖。

在这个事件中，各方都是失败者，大山津见神和天孙失和，甚至互为敌人。天孙受诅咒，从此不得长寿。石长比卖遭天孙遣返，从此以泪洗面无颜见人，并与妹妹木花之佐久夜毗卖结怨。而木花之佐久夜毗卖也离开天孙回娘家，夫妻不能厮守到老，而且由于一夜婚，后来还受到丈夫的猜忌，夫妻失和。

最后，木花之佐久夜毗卖临产前与天孙见面，为证清白，冒着生命危险在火中生产，由此可见在她软弱中显示出坚强和刚毅的另一面性格，以及坚韧的意志。她是日本贤妻良母的典范。

根据《日本书纪》的说法，木花之佐久夜毗卖本是一个巫女，在水边修建八寻殿，然后深居斋织殿，纺织神衣，迎接大神，所以她的神名，即神阿多都比卖，是“大隅阿多（鹿儿岛县日置郡）地方的女首领”之意。

由于木花之佐久夜毗卖身上集中了日本女人的所有美德，因而受到日本人的敬仰。位于静冈县富士宫市的浅间神社是全国所有浅间神社的总本社，主祭神是浅间大神木花之佐久夜毗卖。她被日本人认为是保佑妇女顺产、保佐妇女遵守妇德的大神。木花之佐久夜毗卖在人们心目中的形象，如同樱树上随风飘散的花瓣一样，虚幻缥缈，美丽柔和。

木花之佐久夜毗卖姐妹俩的故事告诉我们一个深刻的道理：瞬间绽放的绚丽花朵，历时悠久布满青苔的岩石，不管哪一方都有价值，唯有双方皆珍惜才能得到永久的幸福。

第十一章 兄弟争霸

在本章，围绕着天孙的两个儿子，即作为海幸彦的火照理命与作为山幸彦的火远理命，兄弟俩发生纠纷，火远理命在海神的全力帮助下，打败了兄长火照理命，并使其臣服于自己，后者成了隼人的祖先。火远理命与海神之女结婚生下了神武之父。神武之父又与海神的另一个女儿结婚，生下了神武天皇诸兄弟，标志着日本神话由神走向人和人皇时代的开始。

本章的主要内容如下。

1. 兄弟首次开战，海幸彦火照理命打败山幸彦火远理命，后者求和不成，只得败退。农耕文明暂遭挫折。

2. 火远理命在盐椎神的指导下，拜访海神绵津见神，与海神之女丰玉毗卖命结婚，从而得到了强大的外援。

3. 火远理命在海神集团的强力支持下打败了兄长火照理命，后者成为隼人的祖先，并世代侍奉火远理命。

4. 丰玉毗卖命怀孕即将临盆，上陆待产，并嘱咐火远理命不得偷窥，火远理命违背承诺，发现了丰玉毗卖命的真实面目，丰玉毗卖命生下儿子后愤然回到大海，并托付妹妹玉依毗卖命照顾幼儿鹈草葺不合命，后来鹈草葺不合命长大之后，娶姨母玉依毗卖命，生下了神武天皇等四个儿子，人皇终于诞生。

第一节 兄弟之争

一 海幸彦和山幸彦

（一）奇怪的神话逻辑

如前所述，木花之佐久夜毗卖以放火烧产房证明自己的清白，在火中生下三子，长子火照理命，后来成为渔夫海幸彦；次子火须势理命，生死不明；三子火远理命，长大以后成为猎户山幸彦。而在《日本书纪》中，火远理命成为次男，而火须势理命（天火明命）成了三男，后来成了日本早期的豪族尾张连氏的祖先。而在《古事记》中，天火明命是天孙的长兄。

具有高天原血统的天孙有三个儿子，一个当渔民，一个当猎户，还有一个下落不明，岂不怪哉。此处有两点让人摸不着头绪，一是次男火须势理命从此再也不曾出现过，没有做任何交代。二是天孙本是为统治地上世界才从天而降，其子女怎么会沦为普通老百姓，从事打鱼捕猎职业呢？至今没有答案。

笔者的观点如下。

其一，火须势理命在兄弟之争的神话中，不是参与者，更不是主角，所以没有必要多费笔墨，如同前面有很多次要的神祇至多说他是某某氏族的祖先，没有任何事迹。另外，笔者认为《古事记》中的作者也许为了“三”这个吉祥数字，硬是给木花之佐久夜毗卖拼凑了三个儿子。

其二，天孙的子孙沦为一般平头百姓，一种原因是事实，另一种是因为神话编撰的需要。

所谓事实，是讲再伟大的神，其子孙经过不断的繁衍，会不断地分化，正如室町幕府时期的今川了俊在《难太平记》中所说：“虽然神治时代，只有男女二神，但是后来又繁衍了许多子孙，最后或成为国王，或成为大臣，或成为百姓。”该书提出了所有的身份关系都可以追溯到神话时代的相对论观点。

但问题是，天孙只传一代，儿子怎么可能成为渔猎之人呢？这就要从神话编撰的需要说起。

整个记纪神话都是根据需要从日本民间神话中汲取相关的故事传说编撰而成的。比如须佐之男、大国主神都是民间的神话传说，因为政治需要，而与皇室接上了关系，非得把各地各豪族的氏神纳入天皇家族的神谱。

山幸彦和海幸彦的故事，源于南太平洋原住民的题材，也吸收了中国神话《搜神记》的成分，并把这些元素与南九州隼人族的传说结合起来。

最早的故事原型是被动物夺走猎具的男子，为找回猎具到了另一个世界，在那里他给首领治好伤，从首领那里取回了猎具和钓钩，作为还礼他获得了魔力和财富回到家里。

实际是，以天孙族为代表的北九州的稻作文明战胜了以隼人为代表的南九州渔猎文化，但勇猛无比的隼人不断进行反抗，成了大和朝廷的心病之一，经过几百年的反复抗争，隼人才基本平息，但保持高度的自治权。

在隼人屈服大和朝廷之后，隼人在派人作为朝廷护卫的同时，也派文艺团体到京都，为天皇和贵族表演戏剧和舞蹈，这些传说才编入天孙系的神话。大和朝廷为了安抚隼人，才把他们的祖先火照理命当作天孙的长子，和皇室祖先火远理命是同胞兄弟，以此拉近彼此的文化距离。

（二）“兼职的”日本农民

故事开头讲到火照理命是一个技术高明的捕捞能手，每天都能捕捞到各种鱼类，人称海幸彦，也就是以能多打鱼为幸运的渔夫。三弟火远理命是一个技术高明的猎手，经常都能从山上捕获到各种鸟兽，人称山幸彦，也就是以能多捕获鸟兽为幸运的猎户。实际上，他们的主业是种田，捕鱼或打猎是他们的“兼职”，是在农闲时期外出捕鱼或打猎，从而增加食物的来源或补贴家用。

有一天，山幸彦想向海幸彦学习捕鱼的技术，为什么要学习捕鱼技术呢？大概是因为狩猎的收获并不稳定，并不是每天都能打到野鸡山猪之类的，而捕鱼是天天都能有收获。再者，多掌握一门生存技术总是有用的。为什么说他们以农耕为主，业余还要捕捞鱼类和捕获鸟兽呢？这是由他们的食物来源和食物结构决定的。

宫崎正胜讲道：古代日本人饮食文化十分复杂，有稻作、沿海沿河捕鱼和山地狩猎野猪和鹿。经常在田里出没的野猪，长久以来就是日本列岛重要的蛋白质来源。即使在佛教兴盛人们避免吃肉的年代，胭肪丰富且有“山鲸鱼”之称的野猪还是受到民众的青睐。在绳文时代，比起吃肉，日本人更喜欢吃动物的内脏和骨髓，以补充盐分和矿物质。

实际上，山幸彦和海幸彦代表着日本两个时代的两种文明。海幸彦代表着绳文时代，其主体文明是以渔猎采集为主。山幸彦代表弥生时代，其主体文明是稻作文明的兴起。同时，山幸彦和海幸彦也代表史前日本两种不同性质的地域文化。因为史前的日本史，是两种不同性质的饮食文化相互交流的历史。东日本是狩猎与采集的社会，西日本由于不断有大量懂得水稻种植的海外移民，从朝鲜半岛移居到西日本，从而慢慢形成稻作社会。稻作社会能够提供丰富且稳定的食物来源，而在狩猎和采集的社会中，生活极易受到自然环境的左右，食物来源不稳定。

日本稻作文化始于北九州的西部日本，后经濑户沿海传到近畿一带，再经过浓尾平原传播到关东地区，但传播速度较慢，因为关东地区狩猎和采集的文化扎根很深。也就是说，稻作文明遭到强有力的抵制，但稻作文化的先进性很快就征服了当地人，如同山幸彦很快打败海幸彦一样，之后，日本才整体进入了以稻作为主体的文明社会。

樋口清之指出：稻作引进日本后，从过去的狩猎捕鱼为主转变为稳定的农村生活，但是人民还是保留着上一代的产业，不存在单纯的农民。当时的日本农民还兼有猎人或渔民的身份，冬季还兼做竹艺品，扮起工匠。为什么要这样做，实际上这是他们面对严苛的自然环境条件所磨炼出来的一种生存手段。

二　兄弟争端的起因

（一）一场争夺地盘的纠纷

前面讲到兄弟两人分别在海边捕鱼和山中打猎，本也相安无事。挑起事端的是山幸彦，有一天他找到哥哥说：“每天都做同样的事很无聊，我们是不是交换一下工具，对调一下工作，我拿你的钓钩出海打鱼，你用我的弓箭到山中打兔捕鸟，行不?”哥哥刚开始很不愿意，最终拗不过弟弟的再三请求，不得不答应了。

于是，弟弟马上带着哥哥的钓钩划着小船出发，由于不懂得钓鱼的技术，拿着哥哥每钓必有的钓钩，忙活了半天，也见不到鱼的影子，反而不小心，手中的钓钩竟然被一条大鱼给拖走了。

当弟弟两手空空回到岸上，哥哥也精疲力竭地从山野归来。弟弟的弓箭在他手里也丝毫不起作用，射了几十支箭，连一根兔毛也没见到。当哥哥知道钓钩被鱼抢走后，怒不可遏，要弟弟到海中寻找，可是大海茫茫，想找到钓钩无疑是大海捞针。

于是，山幸彦只好捣碎自己的十拳剑，做了500个钓钩赔偿给哥哥，但哥哥死活不要，他非要原先的那个钓钩不可。弟弟以为赔偿的数目不够，又做了1000个钓钩要给哥哥，哥哥还是冷冷地说："我只要一个，你把我给你的那个钓钩还给我就行了。"

弟弟这下傻了，束手无策，只能在海边抱头痛哭，不知所措。而哥哥紧逼不舍，天天上门讨钓钩，兄弟从此反目成仇。

上述这段故事情节，表达了以下几层含义。

其一，神话中提到了当时日本人所使用的两种工具，打猎用的弓和捕鱼的钓钩，这两种工具后来被大量出土并得到证实。

绳文时代日本人打猎用的弓是"直弓"，也就是用一整条树干或树枝制成的，形直而短。弯弓是在8世纪的奈良时代才出现的。当时直弓所用的镞（箭头）大都是石制，也有用猪牙、鹿角甚至竹制的。而当时捕鱼用的工具是骨角器，主要有钓针和鱼镖，钓针有大小和有刺无刺多种。较大且带刺的用于钓大鱼，而鱼镖也可分带柄和脱柄两种，至今北海道的阿伊努人和白令海峡的因纽特人还在使用这种锐利的捕鱼工具。

其二，双方交换工具则没有任何收获，不专业会害死人，专业和专注是"匠人精神"的起点。

本来山幸彦打猎，海幸彦捕鱼，两个人在各自专业都有很高的造诣，后来，山幸彦有职业疲劳症，想换换新的玩法，最后两手空空一无所获，同时也给兄长带来两种损失，一是丢了哥哥的神钓，那可是海幸彦吃饭的家伙；在以后没有钓钩的日子里，海幸彦的损失会日益增大。二是海幸彦在山上瞎忙了一天，没有任何收获。

由此可见，每个人一定要专心致志地去做他所擅长的事，做到敬业、精益、专注、创新，这也是工匠精神的魅力之所在。

其三，兄弟之争实为山海之争，是山和海两种文明的冲突。

山幸彦向海幸彦借钓钩，下海捕鱼，实际上是侵入海幸彦的势力，觊觎他的海上利益。双方发生了冲突，起初的冲突以山幸彦的失败而告终，被迫提出和谈条件，用500支新钓钩赔偿丢失的那支钓钩，这已经开出很高昂的和谈条件，但海幸彦不同意。山幸彦求和心切，又提出再加一千个钓钩，合起来用1500个钓钩作为交换条件，贪心无比的海幸彦仍不肯答应，故意刁难弟弟，坚持要原来的钓钩，提出了弟弟不可能做到的和谈条件。其目的就是以此逼走弟弟，独占山幸彦的山林和田地，以此实现山和海的统一。

山幸彦和海幸彦的山海之争，实质上是外来的农耕民族天孙族和渔猎民族隼人族之间的战争。今天的宫崎县西都市有300多个古坟群，证实确实存在着一个势力很大的王国，这个王国与大和朝廷有关。依笔者的推测，这个神秘的王国一开始和居住在今天以鹿儿岛为主的隼人发生战争，屡战屡败，后来引入了从海上而来的天孙族，很快就打败了隼人族，这个原来的王国实际上也是一个臣服后大和朝廷的氏族。

（二）世界神话中兄弟之争的母题

在日本神话中，除了山幸彦和海幸彦兄弟相争的故事之外，还有一个民间故事很有趣，它解释海水为什么是咸的，讲的是兄弟自相残杀而产生的结果。

这篇民间传说的标题叫《盐磨》，说有两兄弟，哥哥为人心地善良，弟弟却是贪得无厌的赌徒。有一年遇到灾荒，哥哥拿出全部积蓄救济穷人，而自己却没有饭吃。一天，他家里来了一个白胡子老人，进屋对他说：“你是好人做了很多好事，为了报答你，我送给你的一个石磨，你要什么就有什么。”说完，老人就不见了。哥哥说：“出米！出钱！”一转磨，果然涌出很多米和钱，他又把这些米和钱分给灾民。弟弟知道后，想独占石磨，便邀请哥哥带上石磨一起去划船，船到海上，弟弟趁哥哥不备将其杀死。这时，弟弟想起家里没有盐，便说：“出盐！出盐！”磨飞快地转起来不一会儿盐就装满小船，但他不知道如何让磨停下来，结果他连人带船和石磨一起沉入海底，海水之所以是咸的是因为这个石磨至今仍在海底不断地出盐。这个故事在朝鲜、中国和欧洲等地均有流传。

在中国贵州苗族的创世神话中，把滔天洪水的发生归结为兄弟争财产引起的。说的是在太古时，雷公、姜央两兄弟为了祖传的屋基和晒谷场而争斗，后来屋基和晒谷场分给了姜央，雷公不服，就设法下雨，想淹没姜央，结果形成了久久不退的大洪水，姜央藏在葫芦里躲过这一劫难，后来和妹妹成婚，繁衍后代。

在《旧约圣经》中，亚当和夏娃生下了该隐和亚伯两兄弟，这是人类最早的祖先。该隐成为农夫，亚伯是牧羊人，两兄弟向上帝献礼，该隐献上农作物，亚伯献上了羊，估计上帝不是素食者，他看上了羊而不喜欢五谷，这引起了该隐对弟弟的忌妒，该隐就把弟弟引到野外并杀害了弟弟。这是人类历史上第一起凶杀案。其实，农夫杀死牧人，它表明的是农耕民族不断压缩游牧狩猎民族的生存空间，是以该隐为代表的农耕文明最终战胜了以亚伯为代表的游牧和采集文明。

因此，山幸彦和海幸彦的兄弟之争在本质上和亚伯事件是一致的。竹村公太郎在《日本历史的谜底》一书中指出：日本有史以来一直是狩猎人的天地，随着稻作技术的引进，形成了稻作共同体，从而不断地进行对外侵略扩张，竹村先生认为大和朝廷的不断“征夷”，就是征服作为游牧和狩猎民族的虾夷人，为此桓武天皇增设了令外官“征夷大将军”。1600年，德川家康命令毛利辉元转封到山口县的萩时，原本为狩猎集团的毛利家族变身为农耕集团，躲过了灭亡的命运，狩猎集团从此从日本历史舞台消失，“征夷大将军”也失去征讨蛮夷的含义，成为日本实际上的最高统治者。

三　山幸彦游龙宫

上面讲到山幸彦丢失钓钩，兄长海幸彦故意刁难不接受赔偿条件，山幸彦只得以泪洗面，悲叹不已。正在哭泣之时，突然出现了一个白须老人，和蔼可亲地询问他为何哭泣，山幸彦道出前因后果。老人回答说：“我就是盐椎神，人们常叫我盐土老翁，你的这件事好办。”随即做了一个没有缝儿的竹笼船，让他坐在船上，告诉他说：“我把船推出去，暂且让它随水漂流，将会有一条壮阔的海流，你把船拨到海流上顺水而下，会看见一座像用鱼鳞盖起的宫殿，那是绵津见神的宫殿。到那位神的家门口，门前有一棵香桂树，你爬到树上，海神的女儿看见你，会替你想办法的。”山幸彦遵照盐椎神的指令，顺利地到达目的地。

这段神话情节，包含着如下几个信息。

其一，盐椎神是何方神圣?

盐椎神是《古事记》对该神的称呼，在《日本书纪》中称盐土老翁，别名事胜国胜长狭神。

据《日本书纪》记载，盐土老翁在建御雷神与经津主神平定东北之际，指示二神的前进方向，二神得胜回高天原后，他留下来教当地人制盐的方法。在天孙降临高千穗峰，抵达笠狭埼时又遇到该神，他奉上自己的国土，书中注释盐土老翁是伊奘诺尊（伊邪那岐）的儿子。此外，在神武东征的故事中，神武天皇就是因为听了他老人家一句话“去东方的话，能建造一个更好的国家”，才决定离开老家进行东征，最后建国当天皇。

在《古事记》这个情节中，他是指路神，用自己的智慧为迷茫的人指点去路、教他们如何行动，同时又是潮汐之神，所以才能顺利将山幸彦送到龙宫。

可见，盐土老翁首先是航海之神、潮汐之神，也是制盐神。同时他又是指路神，甚至是人生导师。帮他人解惑排难。有的日本神话，直接表达盐椎神就是猿田毗古神。盐土老翁有些类似希腊神话中经常提到的“海边的老人”，都是表达海洋神传授智慧给人类的意涵。

其二，绵津见神和绵津见国。

《古事记》中，绵津见神出现过三次，其中一次是二神生诸神中，就有一位神叫大绵津见神，是一位伟大的海神。后来，伊邪那岐在祓禊中又生出三柱绵津见神，和住吉三神同时产生。

在这个情节中，又出现了绵津见神，但书中并没有明确他到底是前面提到的两处海神，还是新的海神，只是名字相同，他的登场十分唐突，也没有他的任何来历。

书中还描写到绵津见神居住的地方，也就是绵津见国，相当于后世所讲的龙宫。它有鱼鳞形状的宫殿、高大华美的城门、壮丽的楼台，宫殿前有一口井，井旁还有香桂树，以及少女汲水等，描写的和人间相似的生活环境。在日本其他关于海底世界的神话中，龙宫和长生国常常混为一谈，是同一世界的两种不同表述而已。

其三，关于游龙宫的目的，中国和日本有相类似的传说。

中国有一出经典的戏剧剧目叫《柳毅传书》，它是根据唐朝李朝威《柳毅传》及其他相关传奇小说改编而成的，故事的内容如下。

秀才柳毅赴京应试，途经泾河畔，见一牧羊女悲啼，询知为洞庭湖龙女三娘，遣嫁泾河小龙，备受虐待，乃仗义为三娘传送家书，入湖会见洞庭龙王，钱塘君惊悉侄女被囚，奔赴泾河，杀死泾河小龙，救回龙女。三娘得救后，深感柳毅之义，请乃叔钱塘君做伐求配，柳毅为避施恩图报之嫌，拒婚而归乡。三娘矢志不渝，非柳毅不嫁，偕其父洞庭君化身为渔家父女，与柳家邻里相处，久生真情，遂以真相相告，柳毅与她订齐眉之约，终抱美人归。

在日本，关于龙宫的传说不少，最典型的莫过于家喻户晓的《浦岛太郎》。它讲的是从前有一个叫浦岛太郎的渔夫，他无意中搭救了一只海龟，有一天这只海龟带他到龙宫，在那里接受了美丽的乙姬公主的接待，三年后因为特别想念家乡而回到岸上，他发现母亲和发小都不见了，村里的人都不认识他。他不知道龙宫的三年实际上是人间三百年，孤独的浦岛打开了龙女乙姬吩咐他不能打开的盒子，因此变成一个老人。因为盒子里装的是他的青春，只要他不打开，就可以长生不死。但是，当一个人身边没有任何亲人和朋友时，生活没有任何乐趣和新鲜感，这种长寿又有多大意思。所以，浦岛大郎选择了衰老和死亡，抛弃了长生不老的生活。

四　山海情缘

（一）见美女也要讲究计谋

山幸彦到了龙宫，必须设法见到绵津见神的女儿丰玉毗卖命。他到了龙宫门口，爬上了香桂树，不一会儿只见丰玉毗卖命的侍女拿着玉杯出来到井边汲水，汲后经过树下，见到有耀眼的光芒照下来，侍女抬头一看，树上坐着一个相貌堂堂的帅哥，很是惊诧。山幸彦立即下树，说是自己路过龙宫，口渴难忍，想讨杯水喝，侍女很热情地把玉杯端过去。山幸彦接过玉杯，只是做了一个喝水的样子，趁侍女不备，把戴在自己颈上的玉石解下，含入口中，吐到玉杯里，然后把杯子交还侍女，喊道："不好了，我的玉石掉入杯子里。"侍女连忙伸手去取那块玉石，可是怎么也取不出来。

侍女想到公主急着要喝水，就对山幸彦说"你稍等一会儿，我先取水给公主喝，然后再想办法把它取出来。"说完就再装了一杯水走进公主的闺房。

丰玉毗卖命见到杯底有一块玉，很疑惑，便问这到底是咋回事，是不是门外有人。侍女答道："是的，刚才我们井边的香桂树上有个人，是一个年轻的帅哥，比我们的海神老爷还尊贵得多。那个人向我要水喝，却把玉吐进杯子里，粘上就取不下来，所以拿来献上。"

丰玉毗卖命长年深居龙宫，除了父亲很少能见到帅哥，一听到这几句话，心怦怦直跳，脸上顿生红晕，连忙拉着侍女，三步并作两步，出门一看，果真如此，竟然一见倾心，暗送秋波。她赶紧去父亲那里，说："老爸，咱们家门口有一个男孩，您赶紧去见识一下。"

海神一见到山幸彦就觉得此人气质不凡、身份高贵，细问之下，果然是天下第一权势家族的贵公子，便邀他入殿。海神令人把八张海驴皮盘在座位上，上面又盘上八张丝绢，细致地铺好，才郑重地请他上坐，马上交代厨房做好各种海味美食，让山幸彦品尝。席间，海神见女儿和山幸彦眉目传情，便当面提出是否愿意娶丰玉毗卖命为妻。山幸彦喜出望外，他频频点头，连声说好。当天两位新人就拜堂成亲。这对小夫妻恩爱无比，夫妻长住龙宫，一住就是三年。

山幸彦本来是不容易见到住在深闺的公主，但他却多了一个心眼儿，假装口渴，把玉石丢入侍女的水杯里，从而如愿地见到公主，并得到海神父女的高度认可，并与丰玉毗卖命喜结连理。可见，要泡妞除了内外部条件好，还得讲究一点谋略。

（二）异类婚姻

山幸彦被海神看中，成了海神的乘龙快婿，妻子丰玉毗卖命的原型是一条大鲨鱼，可见他们属于异类婚姻。

在世界各国神话中，存在大量异类情欲和异类婚姻。

李传龙在《性爱神话美学》一书中，把异类情欲分为两大类。

一是神与动物之间的异类情欲，具体分为两种，一种是男神与雌性动物交配，如印度神话中，很多男神娶母牛为妻，生下的孩子要么是神要么是人。希腊神话中的北风神与许多母马有染。另一种是女神与雄性动物交配，比如希腊神话中的集美神、爱神、性欲之神、妓女保护神于一身的阿佛洛狄忒是火神之妻，与众神、凡人有染，曾被火神捉奸在床，据说这个女神性欲太强了，和狮子、豺狼等进行兽交。

二是人与动物的异类情欲。具体地讲，一种是男人与原形雌性动物交配，主要指的是男人与雌性动物变成的女人交配。比如中国神话传说中的许仙与白娘子，日本的鹤妻、鱼妻。另一种是女人与雄性动物变成的男人交配。

在日本民间故事中，有许多讲的是男人与动物变成的女人（即异类妻子）结婚。异类妻子有蛇、鱼、鸟或狸猫、猫等各类动物。河合隼雄在《日本人的传说与心灵》一书中指出，世界上只有日本与其邻近的民族才有如此异类妻子的故事，他们的婚姻大多以离婚作为结尾，可以说与多以结婚作为喜剧结尾的西方故事大相径庭。因此，它对于研究日本人的心理是一个十分重要的素材，尤其是从婚姻能否成立的角度分析，颇有学术价值。

第二节　山海联盟

一　山海联盟

（一）善解人意的丰玉毗卖命

山幸彦和妻子成亲后，小夫妻在龙宫里幸福地过了三年。有一天晚上，山幸彦躺在床上，突然想起自己到龙宫的目的，不禁郁郁寡欢，终夜长吁短叹，辗转反侧。妻子默不作声。夫妻一夜失眠。

次日早上，深感不安的丰玉毗卖命连忙去见父亲，她说：“我们已经生活了三年了，他始终很快乐。不知道是什么事让他昨夜唉声叹气，是不是我有什么地方做得不好？”海神听后便问山幸彦到底发生了什么事。山幸彦如实地把他和哥哥海幸彦的事抖搂出来。

海神听了以后，告诉女婿：“你放心，找钓钩的事包在我身上。”他马上传令下去，通知所有的鱼类到龙宫前面的广场集合，海神向所有的鱼类发话，问它们是不是拿到这样的一根钓钩。台下的一条鱼马上回答说：“老大，近来有一条鲷鱼愁眉苦脸地告诉我们，它很痛苦，喉咙里扎个什么东西，不能吃东西，都快要饿死了。我们猜测这个钩可能是它拿走的。”

海神一听，马上把那条可怜的鲷鱼叫过来，一看鲷鱼的喉咙，果然有一个鱼钩，立即拿了出来，洗干净之后，交还给山幸彦。

以上故事情节有两点值得注意。

其一，鲷鱼在《古事记》中被称为赤海鲫鱼，它营养丰富，深受日本人的喜爱。鲷鱼有两大特点，一是实行一夫多妻，由一二十条鱼组成一个大家庭，由一只雄鱼为一家之主，其余的都是它的妻子，一旦雄鱼死了，很快就会有一只最强壮的雌鱼变成雄鱼，接着当老大。二是它天性狡猾多诈，猜疑心很重，不容易上当。看到猎物，它会先转几圈，察看动静，后用头碰饵物，再试探咬吃，如果稍觉不适，立即吐出来，它又是深海鱼，非要乘船出海才能捉到。

讲到鲷鱼狡猾，山幸彦钓不到鲷鱼，反而把钓钩弄丢了纯属正常，因为他不专业。从这里还可以推测山幸彦与妻子厮守三年才想起钓钩的事实属有悖常理。这里的“三年”，在时间上有误，应该是若干天。理由有二，一是有悖人情常理，山幸彦到龙宫的目的是找回钓钩而不是求亲成婚的，结果是好事连连，把找钓钩的事给忘了，二是鲷鱼误吞了钓钩，无法进食。除非它是神鱼，否则三年不进食早已是死鱼一条了。

其二，从丰玉毗卖命身上可以发掘到传统日本女人的优良品德。

在这段故事中，丰玉毗卖命发觉了丈夫的反常之处，自己并不点破，而让父亲前去探询。这种做法显示了丰玉毗卖命有很高的情商，一来看出她非常敬重丈夫，对他的爱也是十分小心的，她以为是她自己做得不妥而让丈夫不悦，而不敢问出口；二来她知道丈夫也许遇上了什么大麻烦，自己也帮不上忙，那么由父亲来问就可以借助父亲的力量来帮助丈夫。无论如何，由父亲出面都是一种比较妥当的解决办法，由此可见，丰玉毗卖命对丈夫是“用心＋贴心”，女人要做到这一点也真不容易。

（二）翁婿合力

山幸彦拿到丢失的钓钩，心里非常高兴，他天真地认为只要把钓钩还给哥哥就没事了，兄弟可以和好如初。其实，真正的后果并不简单，从一开始山幸彦赔偿钓钩就可以看出来，起初用500个赔一个，哥哥不答应。后来又加了1000个，要用1500个赔一个，哥哥仍不答应，可见当兄长的是有意刁难弟弟，海幸彦不管弟弟如何道歉和提出极高的赔偿条件都坚决不原谅，也可以看出海幸彦强调自我的一面。当然也可以想象出山幸彦是真正的天孙嫡流，海幸彦则是拼命与天孙族对抗的海民。

海神不愧是一位有丰富斗争经验的政治老人，他马上预感到海幸彦肯定不会善罢甘休，即使把原来的钓钩还给他也没有用，因为那只是一个借口。

因此，经过一番讨论，海神集团决定加入山幸彦队伍，他们之间因联姻而形成了强大无比的山海利益共同体，并制订了全面攻击海幸彦的作战计划，这个作战计划包括两个方面。

首先，削弱对方的经济力量，使它逐渐失去发动战争的物质基础。

海神告诉山幸彦说："当你见到你哥哥的时候，先将这鱼钩拿在手中藏在背后，口中念着你这鱼钩，真无聊，真小气，真没用，真愚蠢。然后再给他，等他在高处耕田的时候，你就去低处；等他去低处种田的时候，你就去高处。因为水是由我来掌管的，所以三年之内，一定会让你哥哥颗粒无收，贫穷不已。"

海神提出的"经济战"的内容包括两方面：一是给钓钩念咒，使它失灵，从而摧毁海幸彦最擅长的捕鱼业；二是通过制造旱涝的办法，使种植业也歉收，也就是如果海幸彦在高处种田，就故意不下雨，让他得不到水源，农作物因干旱而绝收；如果海幸彦在低地种庄稼，就拼命下大雨，让他的田地发生洪涝，农作物因长期浸泡而绝收。所以通过让钓钩失灵摧毁海幸彦因捕捞而带来的收入，同时也通过人为地制造水灾或旱灾，而摧毁海幸彦的农业收入，从而使海幸彦彻底失去发动战争的资本或进行长期战争的资本。

在发动大规模战争之前，首先摧毁或动摇敌方的经济基础，扰乱其经济秩序，消耗其经济储备，古今中外可以找到许多成功的案例。比如从远的讲，越王勾践为打败吴王夫差，实施了"经济战"，以削弱吴国的经济实力，一方面，选送美女西施给吴王，吴王为美女大兴土木，制造大量的奢侈品，把财富消耗在众多的面子工程上；另一方面，据说有一年越国向吴国进贡蒸熟的种子，使第二年的吴国农业大幅度减产，发生大饥荒事件，国家减少收入的同时又要动用国库赈灾，通过这样的经济战从而摧毁吴国的经济实力，最终战胜吴国。从近的来说，苏联为了和美国争霸，与其开展军备竞赛，苏联把大部分优质的资源投入军备竞赛了，减少了对民生产业的投入，这是最终导致苏联垮台的一个原因。

由此可见，海神不仅是海洋的统治者，同时也是人间吉凶祸福和降水的主宰，他不但是一尊大神，还是一个颇有头脑的谋略家。

在这里，解释一下海神给山幸彦传授让钓钩失灵的咒语。

在中国古代，咒语属于一种法术，它是以某种特殊的顺序或特殊音节念出，以促成某些特殊效果的语句。因为这个世界存在着神，只有通过特殊的语言和特殊的环境才可以与神交流，久而久之就成了咒语。

在日本，咒语一般被解释为利用人为的方法，诱导、转变或迁就神意，其手段多种多样。日本的咒术分两大类，一是类感咒术或称模仿咒术，它是通过对与实际情况相类似的动作或状态的模拟，来期待某一愿望的实现，如用表演生殖动作的仪式来祈求农作物的丰收，或在遭受旱情时，模拟下大雨的状态来求雨。二是感染咒术或传染咒术，是指对一些人的毛发、指甲等身体的某一部分，或做一个与人相似的模型然后对其念咒，使真人遭殃。海神教授山幸彦的是对钓钩直接念咒，使它顿失灵力，变成普通的钓钩。

其次，当海幸彦向山幸彦发动进攻时，山幸彦应采取最为简单有效的办法，那就是“水淹七军”。

在教会山幸彦念咒之后，海神指出：“海幸彦的经济经过三年的折腾已消耗殆尽，变成一个贫农了。这时候，他一定会过来攻打你，抢夺你的财富。在这种情况下，你用盐满珠去淹没他，他很快就会受不了，向你跪地求饶，你就再用盐干珠去救他，如此反复几次，他就会乖乖投降，成为你的仆人。”说完，海神从口袋里掏出盐满珠和盐干珠这两颗宝贝珠子交给女婿，让他收好。

盐满珠、盐干珠是日本传说中海神的如意宝贝，据说一摇动盐满珠，潮水很快就会上涨；一摇动盐干珠，海潮马上退去。这个说法在其他地方也有记载，在《太平记》和《宇佐八幡起源》等书中讲到，神功皇后派海底精灵矶良作为使者，从龙宫借两颗宝贝珠子，神功皇后依靠其魔力完成了征韩事业。古代日本人不懂得为什么海水会出现潮涨潮落现象（也就是所谓的潮汐现象），而编造了盐满珠、盐干珠的说法予以解释。

（三）平安返乡

海神在安排好一切后，准备以最快的速度护送山幸彦回到陆地上的家。于是，他召集所有的鲨鱼，对它们说："小的们，出现在我们最尊贵的天神皇太子，想回到上国去，时间越快越好。你们需要几天能把他送到，可以各自把天数报上来。"鲨鱼甲说要五天，鲨鱼乙说要三天，鲨鱼丙说要一天。最后是一条长达将近两米的大鲨鱼游到前面，告诉海神说它用一天可以来回，也就是说单程只要半天。

海神听了很高兴，因为时间紧迫，所以海神告诉这只大鲨鱼说："很好！这个任务就交给你了，但是你的速度非常快，可不能吓到皇太子。"大鲨鱼点头称是，它让山幸彦坐在它的脖颈上，闭上眼睛，开始出发。这只大鲨鱼的速度如同现在的水上摩托艇一样，如期把山幸彦送到目的地。当大鲨鱼完成任务即将返回时，火远理命取下带穗的小刀，挂在它的脖颈上，一是作为奖励；二是作为信物告诉海神他已平安到家。

这只完成任务的大鲨鱼很高兴地游回去，因为它出色地完成护送任务，而成了神，神名佐比持，佐比是刀子，佐比持神即带刀子的神，估计以后谁也不敢靠近这只鲨鱼，因为它随身带着一把刀子，惹不得。

茂吕美耶在《传说日本》一书中讲到山幸彦上岸的地方以及村民对山幸彦的欢迎归来的场面。据说今天的宫崎市日南海岸青岛，整个小岛长满植物，那一年的阴历十二月十七日深夜，山幸彦骑着大鲨鱼从这个小岛登陆，此岛因此成了圣岛。以前不准一般人参拜，直至江户时代中期以后，才开放给老百姓参拜，岛上的神社祭祀的神是山幸彦夫妇和实际上的月下老人盐椎神三尊神。

山幸彦回来后，据说当地村民高兴得来不及穿上衣服光着屁股就乐颠颠地跑出来迎接他们的这位"村长"。因此，小岛内的青岛神社，至今仍在每年阴历十二月十七日夜晚举行"裸祭"，也就是所有的男信众只围一条白布裤，于寒冬下海。每年成人节白天也举行"裸祭"，让当年年满二十岁者入海，男生下身围着白布裤，额头绑着白布条，脚穿白布袜；女孩则穿着白 T 恤、白短裤，头上绑着白布条。据统计，此时气温平均为 12℃，海水水温为 15℃，说起来是够冷的，这个时刻下水需要一点勇气。

（四）兄弟决战

山幸彦回到家乡后，按照海神设计的方案，把念过咒的钓钩还给哥哥海幸彦。果然不出所料，一方面，钓钩失灵了，海幸彦每天到海里捕鱼，结果总是空手而返。捕鱼的收入没有了。另一方面，更令人不可思议的是他在低地种庄稼，弟弟在高地种田，那一年，老是下大雨，庄稼都被淹死了，颗粒无收，而弟弟的田地因为在高处免遭水涝而大丰收。到了第二年，海幸彦在高地种庄稼，山幸彦在低地种田，这一年又邪门了，雨下得很少，种在高地的庄稼因缺水而枯死了，又是颗粒无收，而山幸彦的地因为在低地得到了充足的水源又获得丰收。这么一个来回，三年过去了，哥哥的家一贫如洗，孩子们嗷嗷待哺。而弟弟家的粮食多得粮仓都装不下了，又在附近盖谷仓。

山幸彦通过不光彩的手段打击乃至摧毁海幸彦的经济基础的计划完全奏效，日子已经过不下来的海幸彦不能坐以待毙，他发动了对弟弟的攻击，企图掠夺弟弟的财产和土地。因此早已戒备多年的山幸彦拿出盐满珠（满潮珠）掀起大潮水淹没哥哥，把他溺在水中，对哥哥实施水攻，当哥哥撑不下去，大喊饶命时，又用盐干珠（干潮珠）让海水退却。反复几次，海幸彦挣扎不已，苦不堪言，终有一天，他被弟弟彻底打败了。只得跪地求饶，他对山幸彦说："从现在开始，我愿意在你身边侍奉，日夜守护你的安全。"自此，反目的兄弟化解了仇怨。山幸彦继承了天孙的事业，成为天孙唯一的合法继承人，而海幸彦被排斥出天孙族，成为隼人的始祖。

以上所讲述的兄弟之争的故事情节，用以说明大和朝廷与九州南部隼人之间的恩怨情分，并说明大和族和隼人族的统治者与被统治者的关系，同时，也用以解释俳优的起源。

其一，关于隼人的来历以及归顺大和朝廷的过程。

相对于文明开化较早的北九州，在肥后、大隅和萨摩（即南九州）地区，由于位置在西南，交通闭塞，土地贫瘠，长期处于蛮荒状态，居住着一批被大和人贱称的族群，如隼人、熊袭、土蜘蛛。

"隼人"是指在古代日向、大隅、萨摩地区居住生活的，以狩猎、捕鱼、农耕为生的人。关于隼人的祖先究竟来自何处，日本学者鸟居龙藏推测隼人的祖先是南方的海洋民族，认为几千年前从马来半岛到现在的印尼诸岛、南太平洋诸岛上分散居住的古代马来人就是隼人的祖先。中国学者徐逸樵认为，隼人和熊袭、土蜘蛛等族种，其祖先和3世纪时被孙权集团所贱称的“山夷”或“宗贼”的祖先是一样的，皆来自中国古吴越地区。

南九州的隼人曾经强烈地抵抗过大和朝廷的入侵和统治。如同神话中所讲述的兄弟之争斗一样，朝廷花费了大量时间和精力平定隼人。直至5世纪，南九州的隼人才开始归顺大和朝廷，并部分移居近畿一带。在律令政治时期，朝廷的卫门府还专门设立了隼人司来管理隼人，隼人的主要任务是守卫朝廷，另兼歌舞教习和竹器制作，所以，正如海幸彦被打败后宣誓效忠于山幸彦时所讲的，他的族人及后代所做的两件事，一是当卫兵，保护皇宫和天皇；二是为天皇和贵族表演歌舞，取悦于他们。隼人降服于朝廷的条件，就是朝廷要为他们安排谋生的出路，一是当兵，二是当演员。

其二，隼人与古代日本俳优。

俳优也就是以演艺为职业的艺人。诹访春雄在《日本的祭祀与艺能》一书中做了较为详细的描述。

他指出，俳优这个词最早来自《日本书纪》，其中有两个情节：一是天宇受卖命在天岩户表演，巧妙地表现俳优；二是海幸彦苦于弟弟的恶咒，身穿兜裆裤，手掌和脸上涂上红色的土，恳求饶恕并发誓：“救救我吧！请饶恕我吧！我愿子孙后代都追随你，做你的俳优之民。”

隼人除了给天皇当护卫之外，还为朝廷表演艺能，主要有两种。

（1）隼人舞

隼人舞是古代天皇换代时隼人表演的舞蹈。根据《延喜式》记载，在大尝祭各部署的官员进广场时，隼人们发出狗叫声，当官员们到达指定位置时就停止叫喊，接着隼人走到楯前开始拍手、唱歌、跳舞。隼人楯是武力的象征，表现已归顺朝廷，上面画有体现海洋民族特征的鱼钩S形图案。

为什么要学狗叫呢？一般认为“犬”是楯人的民族神，而作犬吠声的目的是想借助民族的神力去守护皇宫，看来，隼人对大和朝廷还是比较忠诚的。

在隼人的故乡鹿儿岛县，至今还保留有“隼人舞”。这个舞蹈非常形象地表现出海幸彦遭水淹的情境：海水到脚边时，踮起脚尖；到膝盖时，抬脚；到大腿时，四处逃窜；到腰部、胸部时，抬手搁在腰部、胸部；到脖子时，高举双手挥舞。把这些动作编入舞蹈之中，就成了“隼人舞”。

诹访春雄在分析“隼人舞”作为一种地方艺能被纳入国家的仪礼时，认为有三种意义。

第一，服从的标志。因为隼人舞表现的是当地的神灵和信仰，作为地方艺能献给朝廷，意味着将自己的神灵和信仰敬献给中央，即表示臣服。

第二，凭借宗教的力量和巫术的力量为朝廷效力。因为艺能与各地固有的宗教与巫术是密不可分的。隼人舞就是通过宗教性的战斗来达到守卫宫廷的目的。

第三，通过世俗的工作为朝廷效力。在艺能尚未职业化之前，祭祀的时间一过，表演者又恢复到世俗的生活，通过从事兼职工作，为朝廷效力。比如隼人族在表演隼人舞后的大量空余时间做宫廷的警卫，制作竹器。

（2）隼人相扑

隼人相扑是后来七月七日宫廷惯例的相扑节会的起源之一。据《日本书纪》记载，在天武天皇十一年（682 年）七月三日，众多的九州大隅隼人和萨摩准人敬献当地特产给宫里，并举行了相扑大赛，结果是大隅隼人获胜，持统天皇年间，也举行类似活动。

隼人的相扑比赛不单是一种娱乐活动，也是隼人服从朝廷统治的一个表现。而且相扑比赛既是占卜当年庄稼收成的一个重要依据，同时也是一种神事活动。所以隼人相扑和隼人舞一样，既是服从大和朝廷的证明，同时也具有宗教性，含有巫术意义。

山幸彦与海幸彦的兄弟之争所表达的是大和族与隼人族之间的长期的斗争，他们之间不是《古事记》中所描写的那么轻松，仅仅是用水淹的方法就能取胜。南九州的隼人族一向骁勇善战，桀骜不驯。大和朝廷为了平定隼人费了很大的劲，5 世纪时隼人才开始归顺，后来又多次发生叛乱，一直到天武天皇期间才最终平定南九州。在《古事记》已完成的第八年（720 年），又发生了大隅隼人在今天的鹿儿岛雾岛市的大规模叛乱，朝廷派重兵镇压，一年半后才平定叛乱，从此以后隼人才彻底归顺朝廷。

隼人尚勇的传统一直被传承下来，战国时期的名将岛津义弘辅助父兄统一整个九州，后追随丰臣秀吉侵朝，是与加藤清正齐名的日本两大悍将之一，外号“鬼石曼子”。在1600年的关原合战中，他阴差阳错地加入石田三成领导的西军，西军溃败后，他率军突围，以两千骑的兵力突破了德川家康数十倍重兵的包围，安全地回到家乡。后来由于井伊直政的再三求情，加之忌惮萨摩人可怕的战斗力，德川家康才放了岛津义弘和岛津家族一马，但后者并不领情，260年后，萨摩藩成了推翻德川幕府最重要的一支武装力量。

第三节　人皇降生

一　异族公主产子

山幸彦火远理命在海神集团的全力支持下，战胜并收服了海幸彦火照理命，凯旋后，成为天孙的唯一继承人。此时，妻子丰玉毗卖命从龙宫亲自来到苇原中国，告诉丈夫一个喜讯。她说：“夫君，我已经怀孕，现在快到临盆的时候了，我想这是天神的御子，不能生在海里，所以就来找你，给你添麻烦了。”说完，她就登上陆地，准备盖一座用鸬鹚羽毛做的产房。根据《日本书纪》的说法，海神的女儿丰玉姬告诉山幸彦说：“妾已娠矣，当产不久，妾必以风清峻急之日出到海滨，请为我做产室相待矣。”意思是让丈夫赶快给她盖一间产房，她会在一个狂风大浪的日子里产子。为什么会有狂风大浪呢？一是在古代的日本关东地区，当地人将打雷称为“神灵”出现，而在海边生活的人，“狂风大浪”更被认为是神灵到来的明显征兆，丰玉姬是海神之女，当然也是女神。二是以狂风大浪来说明产下的这个神的御子是一个不简单的人物，所谓神人出现，地动山摇。

火远理命赶快到海岸边找一个空地，盖一间产房，这个产房和他妈妈木花之佐生他时的产房不一样，也就是其屋顶用鹈鸟的羽毛铺成。这种产房有不同的含义，应当是当地的一个习俗。因为在古代，鸬鹚是美满婚姻的象征，所谓“关关雎鸠，在河之洲”，雎鸠就是鸬鹚。由于作为屋顶的鸬鹚羽毛所需要量较多且不易得到，所以要盖好这间产房需要的时间较长，丰玉毗卖命这位异族公主等不及了，便在尚未铺好屋顶的产房里生产。

在快要分娩时，丰玉毗卖命忍住产前阵痛郑重地告诫丈夫说：“凡是不同种类的人，临产的时候都是要变成原来的状态生产。所以我要变回原形来生产。在生产期间，请你千万不要偷看，切记！”火远理命答应妻子的请求，转身就走出产房。

过了一会儿，他似乎听到产房里有动静，好奇心使他违背了对妻子的承诺，他趴在门上，从门缝中看见了妻子不再是美丽公主，而是一只巨大的正在饱受生产之苦的鲨鱼，弯弯曲曲地匍匐在地上。火远理命没有任何心理准备，见状被吓得连连后退，惊叫不已。

身在产屋里的丰玉毗卖命听到外面的动静，知道丈夫违约偷窥到她的原形，感到无比羞耻，她深知她和丈夫之间，在彼此知道真相之后，异类之间也就是人和鲨鱼是不可能再继续相处下去了。于是，在产了孩子之后，她把孩子包裹好，打开产房之门，把孩子递给丈夫，并对丈夫说道：“我本来是想让海路畅通，以便经常来往，但是你看到了我的原形，使我受到了莫大的羞辱。”话一说完，扭头就回到海里去了，并单方面地填塞了陆海之间的通路，变成了单行道。从此人就无法到龙宫探访，而神是可以随时到人间走动的。丰玉毗卖命离开之际封闭了陆地通往大海的通道，显然是抱着再也不与丈夫和孩子见面的觉悟而分手的。

是故，这个生下来的孩子便取名为天津日高日子波限建鹈葺草葺不合命。天津日高日子是尊称，天津日高指的是天皇，天津日高日子意为伟大的天神之子，波限建鹈葺草葺不合命的意思是，这个孩子是一个生产小屋建在海陆交界处，未以鹈鸟羽毛修成便诞生的勇敢的孩子。这个名字也是够长够周详了。把孩子生产时的外部状态都描述得一清二楚，多读几遍名字会让人喘不过气来。

丰玉毗卖命回到大海后，虽然还是怨恨丈夫的偷看，并关闭通道表示从此与丈夫、孩子诀别。但是，她无法断绝身为母亲、身为妻子的爱恋。于是，她委派了她的妹妹玉依毗卖命上岸代她履行母亲之职责，抚养刚出生的孩子，并托妹妹捎上一首和歌，寄托了她的悲愤之情和思恋之意。火远理命收到这首和歌后，在作答的和歌中也表达了打破夫妻之间的约定，犯下了无法挽回过错的后悔之意。但是，这是一首寄不出去的和歌，因为海陆通路被封闭了，常人无法传达信息。

火远理命在高千穗宫住了580年，死后他的陵墓就建在高千穗山的西边。

下面，笔者归纳一下火远理命和丰玉毗卖命夫妇的性格特征。

火远理命在火中诞生，象征中火势消灭的情景，他的另一个名字叫"天津日高日子穗穗手见命"，其中"天津""日子"皆与天孙有所关联，因此可解读为他是唯一真正的天孙嫡流。同时，名字中带有稻穗和表示稻穗成熟、弯曲低垂的状态，强调他是稻穗之神。

一方面，他是初代神武天皇的血脉根源，在与哥哥火照理命竞争中胜出，并娶了海神之女，生下鹈葺草葺不合命，因此，从迩迩艺命到火远理命，再到鹈葺草葺不合命，这条血脉被称为"日向三代"，分别是神武天皇的曾祖父、祖父和父亲，象征着传承天皇正统血脉的纯粹天津神代代君临日本这片国土。

另一方面，火远理命同时也是稻穗之神，能够保佑五谷和渔业喜获丰收、怀孕、安产、育儿和一家繁荣，在九州有许多神社供奉他，是九州人笃信的稻穗之神。

讲完火远理命，接下来评价一下丰玉毗卖命。

首先，这个女人外表柔弱、自卑，很有心机。他和山幸彦一见钟情，但由于对方太强大，同时由于女性的矜持和缺乏自信，她借助父亲，达到了与山幸彦结婚的目的。后来，她发现了丈夫的心思但为了不显唐突，又借助父亲了解到丈夫唉声叹气的原因，可见心思缜密，进退有度，凡事都把维护丈夫的尊严和颜面放在第一位，是典型的日本女人。

其次，当她临产时，知道自己要由人样变回鲨鱼原形才能生产，为了保持自己的秘密和担心自己的形象会吓到丈夫，所以，叮嘱丈夫不许偷看她的生产。结果，丈夫违反约定，看到了她的原形，丰玉毗卖命觉得很丢脸，很没有尊严，一怒之下，抛夫别子回到海里，从此与家人不再见面。这里又看到了她内心坚韧、决绝，面子观念和耻辱感极强的性格特征，这也是日本古典女性的心理体现和性格反映。

最后，当她回到海里，断绝与家人见面的机会之后，又对丈夫和孩子时有留恋，特地派遣自己的妹妹回到岸上去照顾出生不久的儿子，并托妹妹捎上一首和歌，夫妻俩互用诗歌赠答。故事没有大团圆的结果，令人掩卷长叹。但对丰玉毗卖命内心的耻感和对丈夫的思念之情的冲突描写得十分扣人心弦，这又反映了丰玉毗卖命对感情依依难舍的矛盾心理，她和前面的女神如伊邪那美、天照大神、栉名田毗卖、须势理毗卖、木花之佐久夜毗卖等，构成了日本女性性格的基础。

二 偷窥癖：日本男神的共同“爱好”

偷窥是指在未经他人同意的情况下暗中偷看别人隐私的行为。在日本神话和民传说中，有大量关于“偷窥”的描写，大多发生在夫妻之间，尤其是异类婚姻的夫妻之间。

在《古事记》中天皇祖先发生了两起偷窥事件，第一起是在黄泉国，伊邪那岐违背诺言，偷看了伊邪那美那具已高度腐烂的尸体，吓得他魂飞魄散，扭头就跑。女神认为丈夫严重地污辱她的自尊和人格，看到了她最丑陋、最阴暗的方面，因此追杀丈夫，最后夫妻由此反目成仇。

第二起就是发生火远理命和妻子丰玉毗卖命之间，同样也是火远理命违背对妻子的承诺，看见了妻子变成了一条巨大的鲨鱼趴在地上生子，吓得他夺门而逃。丰玉毗卖命为此深感羞耻，狠下心来，马上离开丈夫和刚出生的儿子，回到娘家，从此一去不复返，同时也阻塞了海陆之间的通路。

神话或传说中，常常会说到某位神灵发现自己的婚姻伴侣是一个动物，即他们的婚姻是异类婚姻，包括神与动物或人与动物，通常男方是神或人，而女主是某种动物。这在世界神话中已成了一个常见的话题。

比如在中国，有不同版本的《田螺姑娘》的民间传说，其中有一个传说讲的是福建侯官（今福州）渔夫谢瑞贫穷勤劳，感动了闽江的女神白水素女，女神化为田螺被谢瑞拾到家里。谢瑞回家后都能吃上白米饭，原先以为是好心的邻居所为，但几次下来甚感纳闷，有一天他提前回来，发现从田螺里爬出一个姑娘，淘米做饭。仙女闻到男人的气味，知道自己的身份已经暴露，从此就不再出现了。但是她留下来的螺壳是一个宝物，可以生出米来，保证渔夫不挨饿。

在神话中，总是不乏触犯禁忌的故事，尤其是看见了不该看的隐私，古希腊神话中关于“阿莫尔和塞姬”的故事，说的是维纳斯不满凡间女子赛姬长得比自己漂亮，故令阿莫尔（丘比特）想办法让赛姬与平凡男人相爱，阿莫尔在执行任务中却不小心让箭划到自己的胸口，结果爱上了赛姬。阿莫尔隐瞒身份亲近赛姬，与之交欢。只是天黑才上赛姬的床，黎明前必定离开。有一天晚上在好事做完后，阿莫尔睡着了，赛姬忍不住好奇想看看夫君的长相，用油灯靠近夫君，发现沉睡中的夫君并非人类。阿莫尔惊醒后愤然离开，从此不想见到赛姬。而赛姬不可救药地爱上丈夫，每天都在紧追丈夫，她追得越紧，丈夫就跑得越远，从此赛姬就展开了寻找情人的冒险历程。

在日本神话和民间传说中，有大量描写动物变成女性与人类结婚的故事，而西方却几乎没有类似的故事，因此可以说异类妻子是日本常见的故事类型，而中韩也较为缺乏相关的故事题材，韩国有一篇名为《龙女》的故事与日本的《鹤妻》相类似，还有中国的“许仙与白娘子”。

河合隼雄在《日本人的传说与心灵》一书中对日本神话传说中关于异类妻子的故事进行系统的分析，几乎都有如下几个共同特征。

第一，作为异类妻子既有动物（如蛇、鹤、蛙、猫、蚌、鱼、狐），也有非动物（如龙宫妻子、仙女和天竺大王菩萨的女儿等），而且并不是所有动物都可以变成女性的。

第二，所有的故事都是以女性隐藏本来面目作为前提，而在结婚之后（其中有是否有孩子的差异）因为发现女性的本来面目而双方离婚，可以说这是日本式异类妻子故事的主要情节。

第三，女性主动求婚。日本异类妻子的故事没有把结婚作为故事的结局而是作为故事的开始。大多数的故事是描写动物因为得到男性的求助，为了报恩而化身为女性，委身于该男子。

第四，故事几乎无一例外地加进了女子对男子立下禁令的情节。不准偷看她工作、生产、洗澡等。

第五，所有的男人在听到妻子的禁令后都表示会遵守禁令，但由于好奇心的驱使，越是不让看的大家越是想看，这是人类普遍的心理欲求，都会打破禁令去偷窥。当论及偷窥与现实的多层次联系时，偷窥被认为是触及“异次元真实”的一种方法，也是民间故事擅长使用的一种方法。当某人因为偷窥而了解了异次元真实之后，他的人生便因此发生巨大的变化。

从某种意义上可以说“禁令”是人类的一半为另一半设立的“陷阱”，引诱人类犯罪的一种最好的理由。越是禁止的，越是不让看的东西，其诱惑力就越大，没有多少人能承受住现实生活中的各种诱惑，同时越是封闭的社会，偷窥就越成了一种不可告人的社会风气和习俗。所以不要把偷窥造成的后果全部归咎于偷窥者本人，可以设想的是，禁令设立者或游戏规则制定者、社会监督者和执行者也应该做一番深刻的思考。

第六，当女子暴露出本来面目之后，所有的故事无一例外地描写了夫妻因此与其说是离婚分手，不如说是女子因为其身份被发现后无奈地离开。和异类结婚的人，如果看到了对方本来的姿态，就会知道对方是异类，知道了对方是异类后，婚姻生活再也不能继续下去。这些故事都告诉人们，一旦和异类结婚，就不能打破禁忌去看对方的本来面目，否则婚姻很快就会走向解体。

夫妻分手后，有的故事还提到留下的孩子。而在有孩子的故事中，又分别有两种结局，即小孩子后来得到幸福和遇到不幸。

按照河合隼雄的观点，对比一下山幸彦和丰玉毗卖命夫妻之间发生的冲突，有以下几个看点。

其一，山幸彦入海的目的是寻找那个丢失的钓钩，而找到钓钩必须仰仗海神的帮助。本来是一个很简单的事由，却演绎出一篇大故事。

他到了龙宫，躲在香桂树上，为什么要躲在香桂树上呢？因为日本古人认为神都是从树上降临的。

山幸彦使用计谋见到了海神的女儿，两人一见钟情，都是帅哥美女吧！再加上山幸彦拥有人间最高贵的血统，海神主动成全了这桩婚事，也算上高攀。应该说，山幸彦一开始就知道妻子是异类，但不知道是哪一种异类，它一定是海里的某种动物。而在日本民间故事中，异类妻子多为陆地动物，鲜有涉水动物。

其二，小夫妻婚后生活十分美满，那是在相互尊重和体谅的前提下的一种美满，在家庭生活中，妻子更多地扮演一种委曲求全和呵护男人的母性形象。双方的幸福值几乎爆表。在这里必须指出，这种幸福也是建立在丰玉毗卖命隐藏本来面目为前提的，否则是无法想象美丽动人的妻子是一条鲨鱼、一条海蛇或一只海龟。

其三，在山幸彦打败海幸彦、大获全胜的时候，他又得知很快要当父亲，真是双喜临门。妻子告诉他已经怀孕即将生产。所以要赶紧盖产房，而且这个产房的屋顶必须用当时稀罕且珍贵的鹈鸟羽毛铺就，以显示即将诞生的婴儿具有无比高贵的血统。

和民间故事的套路一样，丰玉毗卖命为夫君立下禁令，叮嘱他在她生产期间不许偷看，这是保护自己和保护这个家庭的一条不可逾越的防线，但没有告诉夫君如果偷看了会发生什么样的后果，只是说她在生产时会变回原形，这恰恰是对男人最大的诱惑，很难让他不犯错。

其四，悲剧发生了，山幸彦挡不住诱惑偷看了。他看的是一条外形丑陋凶猛的大母鲨趴在地上生产。妻子所有的美好的形象瞬间山崩地坼，化为乌有。这种可怕的落差和无比强烈的刺激，是山幸彦所无法承受的，这就决定了在今后的夫妻生活中，这是一条永远无法抹去的巨大阴影和无法承受的心理压力。

这场偷窥事件中有两点是必须强调的。

首先，偷窥所造成的代价是许多人难以承受的。

在东西方神话中，都有大量关于偷窥的故事情节。在希腊神话中，高贵优雅的女神也会有任性残忍的一面，比如智慧女神雅典娜和爱神阿佛洛狄忒只会将冒犯者变成盲人而已，而月亮女神阿尔忒弥斯动辄将人撕碎的手法尤其令人恐怖。它也是一起偷窥事件，说的是年轻的狩猎高手阿克特翁带着一群牧犬进山打猎，误闯入一个叫加耳菲亚的山谷，这地方恰恰是月亮女神阿尔忒弥斯的私人浴场，阿克特翁看到了正在沐浴的女神和她的众仆人，双方都惊呆了，女神用手在湖水里舀起一瓢水泼向年轻人的头，才让阿克特翁清醒起来。他赶快扭头就跑，在奔跑的过程中，他的头上长出一对犄角，脖子变得细长，耳朵又长又尖，双臂变成大腿，双手变成蹄子，身上长了各种斑点。女神将他变成了一头鹿，正在附近的阿克特翁喂养的猎犬看见了这只刚出来的鹿，它们根本就不知道这是主人变成的，迅速地冲上去，瞬间将他撕成碎块。可怜的阿克特翁只是无意间看到了女神洗澡，就被女神点化为鹿，死在自己的猎犬之口。

在日本神话和民间故事中，偷窥的结果是夫妻离婚，家庭破裂。

其次，丰玉毗卖命在发现被丈夫偷窥之后，容不得丈夫做任何解释，马上将孩子交给丈夫，并断绝海陆通路，回到父亲海神身边，回到了龙宫，这正是反映了古代日本人有一种深层次的龙宫集体意识。

在日本民间故事中，大量地描写了大海和龙宫。柳田国男最早提示了这类故事背后的含义，他发表了一篇题为《海神少年》的文章，认为日本民间故事所描写的龙宫世界，确实体现了日本人的深层内心世界，柳田指出："日本的龙宫并不只是另一个国度……对于日本国民来说，海是永恒的母亲国度。"

同时，丰玉毗卖命最终返回父亲海神身边，象征着一种父女的结合，也就是说在日本文化中，父女之间的结合力相当强大。在《古事记》中，父神的角色远远超过母神，在许多场合，只提到父亲而没有提到母亲，比如丰玉毗卖命见到山幸彦后，连忙向父亲禀报，并在父亲的撮合和主持下完婚，充分体现了父亲的权威性。在与山幸彦婚姻终结之时，也是第一时间回到父亲身边。

这种以父为尊、父女结合的文化模式始于伊邪那岐，是他确立了长女天照大神在神界的地位，之后是须佐之男与须势理毗卖父女关系，大山津见神与木花之佐久夜毗卖的父女关系，为什么会出现这样的模式呢？

精神分析学派认为，父子、母女的结合代表着人类意识的两个极端。前者代表男性意识的确立，后者只是一种自然接近的存在状态。在这两个极端中间，母子、父女的结合恰处于两极的中间，可以说这是一种具有补偿性的存在，荣格认为欧洲基督教文化的意义在于强调父子轴，所以为了补偿才出现了母子轴。而河合隼雄认为父子关系对于母性存在起不了补偿作用，但是父女中的女儿，则可以与母性有共同点，这正好能够在背后父性威严的一面发挥作用，形成补偿机制。

三　海洋与日本王权的形成

（一）天皇是海神的亲族

山幸彦和丰玉毗卖命这个故事对日本皇室有特殊的意义，一方面，对于山幸彦而言，由于他的过错，失去了所爱的人，却得到了土地、权力和财富，得到了支配山和海的力量，为从小就失去母亲的儿子打下了坚实的统治基础。另一方面，通过山幸彦父子分别与丰玉毗卖命姐妹的两代婚姻，说明日本皇室与海神有天然的血缘关系，是海神的亲族。

在前面的故事中，讲到丰玉毗卖命回到龙宫，仍在眷恋丈夫和年幼的儿子，为此派遣她的妹妹玉依毗卖命上岸代替她抚育幼子。

按《日本书纪》的说法是丰玉毗卖命在即将返回海国之前，将儿子托付给胞妹玉依毗卖命抚养，这种说法较为符合事实和逻辑。

第一，她已将海陆通路堵塞，凡人到龙宫已不可能，而海中诸神到陆地也变得困难。派胞妹代为抚养不合逻辑。第二，丰玉毗卖命和妹妹玉依毗卖命应该都是同时嫁给山幸彦，如同石长比卖本是跟随妹妹木花之佐久夜毗卖同时嫁给迩迩艺命一样的婚俗。丰玉毗卖命为正妻，而玉依毗卖命是妾，正妻走了，妾自然就顶岗照顾幼儿。当然。也有可能是龙宫里给山幸彦端水的侍女，后随公主陪嫁到山幸彦家，女主人走了，作为通房丫鬟被男主人收房了，可能出身比较低贱，只得对外声称是女主人的妹妹。

鹈葺草葺不合命一出生就是一个苦命的孩子，因为自己的出生造成双亲的诀别，对生母没有丝毫印象。但他也是一个幸运的人，因为他的姨妈代替母亲抚养他，姨妈成了养母，后来日久生情，养母又成了妻子，生下初代天皇神武天皇。

鹈葺草葺不合命出生的产房，据说就位于宫崎县鹈户神社的所在地，死后葬在吾平山上陵，一般认为其陵墓位于鹿儿岛县鹿岛市。记纪故事对他没有多少有价值的记载。

鹈葺草葺不合命的名字隐喻他是初代天皇神武之父的立场，而之前所有的皇祖神名字都有诸如稻、穗、火等与“谷物”相关的字，只有他的名字不包括以上的含义，他可能是一个编造出来的神祇。

强调鹈葺草葺不合命存在的意义在于，自古以来，王朝的成立都是将异类之间所生的特殊人物奉为始祖，中国有“玄鸟生商”的说法，韩国的开国之君檀君是天神桓雄与熊女所生，因此，神武之父成为异类的神。鹈葺草葺不合命的出生，象征着山之灵与海之灵的结合，也证明日本皇室有强大的统治力，说明天皇的统治范围不仅包括日本陆地，也包括浩瀚的海洋。

而玉依毗卖命则连接神和人，代替姐姐履行母亲的责任，后来和既是外甥又是养子的鹈葺草葺不合命结婚，生下了四个儿子，分别是长男五濑命、次男稻冰命、三男御毛沼命和四男若御毛沼命。若御毛沼命别名丰御毛沼命，也叫神倭伊波礼毗古命，他就是后来的神武天皇。五濑命音近“严稻”，稻冰命音近“稻饭”，御毛沼命音近“御食”，也就是他们全都是与稻有关的神明。

关于四兄弟的最终结局分别是，老二去母亲的国家，也就是海原，隐喻着他被海水淹死；而在《日本书纪》中讲到，神武东征队伍海上遇险，稻冰命以身投海献祭，风浪才止。老三御毛沼命踏着浪花到常世国，也就是海外之国，肯定不是说移居国外当日侨，而是说年纪轻轻就病死了。一个非自然死亡，一个病死，只剩下老大和老四，后来老大五濑命随着神武东征，身中利箭战死于今天的大阪府。所以，四兄弟最后仅存神武天皇一人。

玉依毗卖命作为初代天皇的母亲，连续着神与人，她的名字，“玉”指“神灵”，“依”则有“连接附身体与神灵的巫女”之意，她成为巫女的神格化，完成了连续神代与人代的重要任务，她是海神之女，也是巫女之首，象征着大海各种的创造力，拥有巨大的正能量。

在京都鸭川的最上游，有一座著名的神社叫贵船神社，传说是神武之母玉依毗卖命为了祈求雨水，乘着黄色的船从鸭川溯江而上，于此地祭祀水神。根据平安时代的记录，朝廷若想祈雨会在贵船神社献上黑马，而希望停止降雨则会献上白马，也曾以“板立马”代替活马献给神明，而这被认为是绘马的起源。

（二）海洋与日本王权的形成

鹈葺草葺不合命和初代天皇神武父子都是天神与海神的儿子。这种神话传说在某些国家和民族的神话中屡见不鲜。

传说斯基泰人的始祖塔尔吉陶斯是由住在天上的神帕帕伊奥与第聂伯河的河神之女（无论河神还是海神，本质上都是水神）所生，塔尔吉陶斯有三个儿子，老三得三件黄金宝物而成为王族，继承了斯基泰的统治权。

高句丽的神话传说中讲到这个国家的第一位王东明圣王朱蒙的母亲是一位名叫柳花的女神，她是清河河神的女儿。作为天帝的太子，被父神命令来到地上的神祇解慕漱抓获，并将其带回河神的宫殿，从河神那里接受她为妻子。柳花最终生活在地上，传说在扶桑国的王宫生下了朱蒙。

根据这三个神话的相似性，吉田敦彦认为希腊神话的影响通过黄金的骑马民族斯基泰人传播到远方的日本和朝鲜半岛。

在记纪神话中，海洋对日本国家的形成、王权的建立和对外扩张发挥了不可替代的作用。江月女士在《论日本神话传说中海洋对王权的作用》一文中进行了论述，主要观点如下。

其一，海洋与神国的初步形成。从天地开辟之初世界的原象是漂浮着国土的浩瀚海洋，海洋是万物生成的起点，国土自海而生，它为王权的产生提供了空间条件，伊邪那岐在海中祓禊诞生了天照大神，开启了神国国体之源。

其二，海洋与王权的权力基础。从山幸彦和海幸彦这一神话中可见，山幸彦龙宫之行获得了王权的权力基础。通过与海神的女儿的婚姻，继承了海神支配雨水的咒语和器物，制服了海幸彦，并生下了鹈葺草葺不合命。后者又和海神女儿结婚，生下了神武天皇。这说明日本天皇谱系除了继承天神的血脉之外，还继承了海神的血脉，神武天皇的祖母和母亲皆为海神之女，这背后隐约包含着向海洋扩张的意识和企图心。

其三，海洋与王权的建立与扩张。神武天皇东征在海上屡次遇险，兄弟被迫投海献祭，海洋成了扩张的屏障。而在神功皇后征三韩时，海洋又成了最大的助力。这就说明海洋对王权的建立和扩张具有双面作用。

日本是一个四面环海的典型岛国，形成了独特的海岛文化，海洋既是如母亲般的亲密存在，也是卷起风浪对人和财产构成严重威胁的敬畏对象。海岛生存意识构成了日本文化的基因和原始意象。

千田稔认为，古代日本王权的海洋性特征更源于深入王权内部的海人文化。日本史学、民族学和考古学用“海人”这一概念以区别于陆民的海民集团，他们以海洋为维持生计的基本来源，从事渔业、制盐、水运、贸易、海盗等活动。在大和政权建立之前，各地尚处于地方政权割据状态，其中北九州政权、出云政权、吉备政权等地方政权力量中的重要一支就是海人势力，据《古事记》记载，早期的天皇的妻妾中有来自海人的女儿，比如仁德天皇就派遣使臣，迎娶了吉备海部直的女儿，由此可以推测古代日本王室通过与海人集团的政治联盟来巩固王权的基础。

据日本史学家考证，海人族在古代主权的建立和运行中发挥了重要的作用，具体事例如下。

第一，古代日本王室极其注重海产品的供应，王室宴会和供奉神灵的“神馔”均以海产品为主。安昙族及尾张族正是凭借为天皇家提供海产品而发展起来的有力氏族。

第二，位于九州的海人豪族“宗像族”凭借高超的驾船技术，确保了自3世纪以来王朝与朝鲜半岛一系列交流活动的顺畅。

第三，663年8月，安昙族首领安昙比罗夫更是率领日本史上第一支海军，与唐朝、新罗联军在白村江发生激战，惨败而归。

可见，各大海人豪族已渗入古代日本内政外交的各个方面，在寻求政权稳固、国家发展的背景下，海人集团是一股不可忽视的重要力量。

四 兄弟之争的相似神话

《古事记》和《日本书纪》的作者以杰出的文学才能和语言艺术，串联了世界神话中的所有主要题材，这些世界神话不知不觉地变成了其中的故事。许多神话的主题式情节也出现在美洲、欧洲、东南亚乃至中国。为什么日本神话中大量充斥着欧洲、美洲、东南亚乃至印度、中国的神话元素呢？可以说，日本神话完全可以与古希腊神话（古罗马神话）、古埃及神话、古印度神话相提并论，毫不逊色。

长期以来，日本学界认为日本神话包括大量的南太平洋岛屿上原住民的神话元素，因此认为日本神话受到来自南太平洋的影响而产生。现在持这种观点的学者越来越少，与此相对，一种备受关注的观点是，神话的主要发源地不是南洋，而是从中国的江南地区经由中南半岛直至印度的阿萨姆这一片亚洲东南部区域。正如吉田敦彦指出的，越来越多的研究者认为南太平洋方向之所以与日本神话高度相似，正是因为产生于这一区域尤其是中国江南地区的神话，一方面传播到日本，另一方面经由中南半岛传播到密克罗尼西亚、波利尼西亚等岛屿。

山幸彦与海幸彦的故事，在世界很多的神话中，都有相似的成分。应该说，日本的这个兄弟相争的神话是最完整、最具有文化色彩和政治意涵的。

与山幸彦、海幸彦的故事相似的世界神话有如下几个。

第一，中国元素：《柳毅传书》中柳毅最终与龙女结婚，还有《搜神记》第十四中洗澡的母亲原来是一只海龟的说法。现实的版本是公元前5世纪初发生的吴王夫差与越王勾践之间的战争，吴越之争是海陆之争，越国代表陆地山峰，吴国代表水和海洋，这场战争的幸存者到日本之后，会讲述这场战争，与其说是兄弟之争，其本质还是山与海之争。

第二，缅甸王室的起源神话，同样描述的是主人公与龙王之女结婚，龙王为了不让女婿受惊，吩咐所有水族都化为人样，只有到了每年的雨水祭那天，神龙们才会变回原形，在那一天到来之前，龙女再三告诫丈夫必须待在这里，不许出门，丈夫最后还是违约，爬上屋顶，看见了一大群巨龙蜿蜒着身子，突生厌倦，后借故回到陆地，从此不归。龙女产下一卵，此卵后诞生了一男孩，在母亲的帮助下，和中国皇帝的女儿结婚，成为缅甸第一位国王。

第三，在欧洲，有一个相似的版本：根据14世纪的一段论述，仙女梅露珍嫁给人类，在她的丈夫发现她是半人半蛇之后，吓得躲起来，自此销声匿迹。她生下了一名男孩，男孩的后裔后来想娶他的姨娘为妻。在南美洲的神话中，有个乱伦的故事也留存关于丢失鱼钓的情况，不同的是，乱伦的对象是姑母。

第四，然而，在印度尼西亚、欧洲及美洲的故事中，只能找到日本版本的某些组成元素。在世界神话中，故事情节和内容较为完整，可以与日本山幸彦故事相媲美的是奥塞梯人相传的英雄传说——那鲁特叙事诗，这个叫奥塞梯人的民族是曾经居住在北高加索地区中部的游牧部落。

在叙事诗中，讲述了统治者埃库塞鲁特古家族的起源。

那鲁特果园中有一棵苹果树，树上结的苹果能治百病，但它一天只长一个苹果，白天成熟，晚上可以食用。因此引来无数盗贼，那鲁特人围起高墙，派人严防死守。

有一天晚上，轮到维鲁海古的孪生儿子——哥哥埃库萨鲁和弟弟埃库塞鲁特古两人当值。两兄弟都是骁勇的战士，擅长骑射，箭术是百步穿"鸟"。当然在武功和勇气方面，弟弟略占上风。兄弟俩到果园后，弟弟让哥哥先睡，他独自一人彻夜看守。黎明前，突然有三只鸽子飞来，叼食苹果。弟弟拉弓射箭，击伤了其中一只鸽子。但是，受伤的鸽子挣扎着和另外两只一同飞走，鲜血滴在地上。

天亮后，弟弟告诉哥哥，并把鸽子滴在地上的血收集起来，包在袋子里，他们循着血迹寻找，到了海边，血迹就消失了。弟弟让哥哥在岸上等待，自己下海捉贼。

埃库塞鲁特古潜至海底，发现了一座宫殿，那是海神的住所。他走进门，只见坐着海神的七个儿子和两个女儿，他们告诉埃库塞鲁特古，三姐妹每天都会飞到果园吃苹果，昨晚他们的一个叫作泽拉塞的妹妹被一对勇士兄弟射中，受了重伤。众兄弟诅咒这对勇士兄弟相互争斗彼此死于对方的剑下。没想到他们刚一下咒，埃库塞鲁特古就出现了。

埃库塞鲁特古用泽拉塞的血治好了泽拉塞的伤，并娶她为妻。在海底过着梦幻般的幸福日子。某一天，他想起了独自留在岸上的哥哥，便告诉妻子，他必须回到岸上和家人团聚。泽拉塞希望能与丈夫同行，并从头上拔出一根头发，变成两条大鱼，夫妻乘着大鱼结伴浮出水面。

夫妻回到岸上，发现有一间小屋，那是哥哥为了等待弟弟而专门修建的。哥哥外出狩猎，埃库塞鲁特古让妻子在小屋休息，自己前往森林里寻找哥哥。

弟弟出去不久，哥哥就回来了。因为是孪生兄弟，长得完全一样，外人难以分清。泽拉塞以为丈夫这么快就回来，便亲热地走上前。哥哥一见到陌生的美女，猜想一定是弟弟从海里带来的女人，于是一言不发地远离她。泽拉塞见状，以为是丈夫因她是异类开始嫌弃她，心里感到万分委屈。

到了夜里，哥哥把外套脱下，铺在床上让泽拉塞躺着，为了自己不靠近泽拉塞，他们之间还放了一把自己的佩剑，这个动作让泽拉塞非常生气，她起身来到小屋的角落，气得浑身发抖，蹲在那里。

这时，弟弟进门了，看到兄长躺在屋内，妻子躲在墙角满脸悲伤的样子，以为是兄长欺凌了妻子。一怒之下，乘兄长不备，拔剑杀死了兄长。随后他从妻子那里才知道了原委，原来是自己冤枉了哥哥，顿时万分后悔。绝望之际，他伏在刺穿哥哥胸膛的剑柄上，同样刺穿自己的胸膛，与兄长的尸体紧贴在一起而亡。这正应了海神的儿子们发出的兄弟自相残杀的诅咒。

后来，泽拉塞埋葬了两兄弟，重返大海。不久，她发现自己怀了埃库塞鲁特古的血脉。临盆之际，她认为孩子是那鲁特人而必须上岸生产。于是，她回到了那鲁特人住的村子，告诉他们自己的身份，并在亡夫的小屋里生下了孪生兄弟乌流兹麦古和海缪兹。后来老大成了统率那鲁特族的领袖。

吉田敦彦在《日本神话的考古学》一书中，对那鲁特叙事诗与山幸彦夫妇的故事进行比较，认为两个故事之间有着惊人的相似之处，主要体现在以下几个方面。

第一，主人公都是兄弟中的弟弟，并且都是射箭高手。

第二，主人公都是为了追赶猎物或寻找丢失的东西入海，并且同海洋的支配者（即海神）的女儿结婚。

第三，完婚之后，主人公都在金碧辉煌的海神宫殿逗留了一段时间，小夫妻俩过着惬意的日子。

第四，有一天，突然想到和哥哥之间的约定，回到了陆上。

第五，和哥哥产生了严重的分歧和矛盾。

第六，主人公的妻子都是为了将丈夫的孩子生下来而特意回到陆地上。

第七，那个生下来的孩子在日本成为天皇家族的祖先，而在奥塞梯人的传说中则成为一名首领，并成为英雄家族的祖先。也就是说都是在描述王室家族的起源。

吉田敦彦通过上述的比较分析，认为山幸彦、海幸彦的神话强烈地受到来自中国江南地区神话的影响，并且与南太平洋的传说之间保持着亲缘性的关系。他得出的结论是日本以火远理命和丰玉毗卖命为主人公的传说是因为阿尔泰系统的民族接受了伊朗系统游牧民族的神话，经由朝鲜半岛传入日本，这个传说在日本与源于南方的鱼钩搜索型的主题或者是因为海洋与山峰的对立而引发洪水的观念等传说相融合，其结果就是在《古事记》和《日本书纪》中读到了这样类型的神话。

五　关于末子继承制的争论

在日向神话中，即迩迩艺命、火远理命、鹈茸草茸不合命祖孙三代在继承的安排上都不是实行长子继承，而是由最小的儿子继承父亲的财产和家名，包括初代神武天皇和第二代绥靖天皇都是末子继承。这到底是一种制度设计还是一种巧合？

在分析这一问题之前，先了解一下世界古代各地相关的末子继承的状况。

詹姆斯·乔治·弗雷泽在其巨著《〈旧约〉中的民间传说》一书中谈到了世界古代相关的末子继承权或末子继嗣制。

他首先以《圣经》为例，讲到了以扫和雅各是双生兄弟，哥哥以扫已经获得继嗣的名分，按照正当的法则，理应得到他父亲的福分并接受父辈的遗产，而弟弟雅各为了取代哥哥的地位，利用以扫的饥饿，从以扫那里用一碗绿豆汤就买走了继承权，这是一种欺诈性的行为。然后，他又穿上哥哥的服装，模拟成哥哥那皮肤多毛的样子，在已经目盲的老父亲面前假扮成以扫，就用这样的方式掠取了本应恩赐给以扫的福分，而雅各欺骗父亲的这个诡计并非出于他的设计，而是出自他母亲利百加的教唆。也就是说，这种末子继承似乎是一种欺诈造成的，不是社会常态。

但在《创世记》中发现了大量末子继嗣的遗迹，比如大卫王不仅自己是幼子，而且他也是犹大的双生孙子中幼子的后代。轮到大卫王传位时，他又将王位传给他的幼子即所罗门王，而将长子有意搁置在一边。这些事实似乎都在提出一个假设，即在以色列的长子继嗣习俗之前，有一种更古老的末子继嗣习俗，也就是以最小的儿子为父亲的法定继承人。

弗雷泽在考察了欧洲、南亚、东北亚、非洲的相关民族流行的幼子权利或末子继嗣的习俗后进一步强化了这个假设。

为什么会存在末子或幼子继嗣呢？这是由多种原因造成的。

第一，因为幼子年纪较小，不能像兄长们那样照料自己。

第二，在游牧部落，家中的长子一旦长大，能够引领游牧生活，就从父亲那里迁移出去，带上一定数量的畜群，寻找一块新的牧场。因此，小儿子继续留在父亲身边，就自然成为父亲之家的继承人。

第三，在荷兰一些农业地区，实行“分派用地”防止对地产的无益的细分，一份继承来的配给土地是不得瓜分的，在父亲死亡时，就完整地传给幼子，当幼子死亡时，田地就成为整个共同体的财产。

第四，而在早期俄罗斯的南部和西部，长子通常离开家园离开父亲，到外面发展，而次子或末子却“永不离开父亲之根”，必须照顾年迈体衰的父母和未出嫁的姐妹。

弗雷泽的结论是：不论是游牧的社会阶段，还是农耕的社会阶段，末子继嗣制产生与流行的必要条件是广阔领土和稀少的人口。当人口增长或其他原因致使儿子们不再容易从旧家庭中分立出来时，儿子们向外界离散的情况就终止了，末子单独继承家产的权利就要被他的哥哥争夺，因而遭到终止，甚至被长子继承权取而代之，但末子继承的习俗仍时有所见。

在前面谈到斯基泰人的神话中，三件黄金神器是由塔尔吉陶斯的第三个儿子也就是末子克拉库萨伊斯获得，他继承了父亲的名誉和所有的财产，成了斯基泰王族。这只是神话中的一种巧合。

日本神话中是否存在着末子继承制度呢？笔者认为神话中所体现的貌似末子继承的现象，纯属是一种历史的偶然而非一种制度设计，这在同为东亚的中国和朝鲜半岛也没有相类似的制度设计。

伊邪那岐在祓禊下诞下“三贵子”，他进行分封，规定由长女天照大神统治高天原，两个儿子分治夜国和海洋；在取得苇原中国的统治权之前，天照大神就先册封了长子天忍穗耳命为未来国主，作为太子的天忍穗耳命并未拒绝。

在平定苇原中国之后，天照大神按既定方案要求天忍穗命耳命赴任。这时，天忍穗耳命推荐小儿子迩迩艺命而不是长子天火明命代他赴苇原中国。这就开始人为地打破了伊邪那岐最早的继承制度安排。

天孙下凡后，与木花之佐一夜情而育有孪生三子，长子为火照理命，末子为火远理命。作为长子的火照理命与幼子的火远理命之间发生矛盾，兄弟相争的结果是弟弟火远理命取胜，哥哥成了侍候弟弟的仆人。

火远理命和海神之女丰玉毗卖命结婚，只生下独子鹈葺草葺不合命，因为是独子，就毫无争议地成为父亲的唯一继承人。鹈葺草葺不合命与姨母玉依毗卖命结婚，成了日本皇室第一个乱伦的祖先，生下了四个儿子，后来建立国家的初代天皇神武天皇又恰恰是其幼子。

在日本神话中，大国主命战胜八十神等众兄长，山幸彦战胜兄长海幸彦，兄弟之争，最终由弟弟战胜兄长成为王位继承人，在历史上屡见不鲜。因此，日向三代和初代天皇神武的继承状况并不表示古代日本曾经存在着末子继承制度。

参考文献

〔美〕阿兰·邓迪斯著《洪水神话》，陈建宪译，陕西师范大学出版社，2013。

〔日〕安万侣著《古事记》，周作人译，上海人民出版社，2015。

〔日〕安万侣著《古事记》，邹有恒、吕元明译，人民文学出版社，1979。

才旦曲珍：《从民俗视野看日本女性禁忌》，《西藏大学学报》2008年第3期。

蔡亦竹著《表里日本》，台湾台北市远足文化事业股份公司出版，2016。

〔美〕查克·戴维森著《幽灵：日本的鬼》，台湾台北市远足文化事业股份公司出版。

〔日〕椙山林临监修：《日本神祇完全图解》，陈圣怡译，台湾新北市枫书坊文化出版社。

陈连山：《启母石神话的结构分析》，《民俗研究》2002年第2期。

陈器文著《玄武神话、传说和信仰》，陕西师范大学出版社，2013。

陈喜辉著《这不是你想的希腊神话》，台湾台北市原点出版。

陈秀武：《论经神话中的日本政治意识初探》，《日本学刊》2007年第1期。

〔日〕池上英洋著《情色美术史》，台湾台北市时报文化出版企业股份有限公司出版，2016。

楚云著《乱伦与禁忌》，上海文艺出版社，2002。

崔世广：《日本传统文化的基本特征》，《日本学刊》1995年第5期。

崔小萍：《〈古事记〉中的“他界”研究》，《开封教育学院学报》

2016 年第 12 期。

〔美〕大贯惠美子著《被扭曲的樱花》，尧嘉宁译，台湾台北市联经出版股份公司出版。

〔美〕大贯惠美子著《作为自我的稻米：日本人穿越时间的身份认同》，石峰译，浙江大学出版社，2015。

〔日〕大林太良著《神话学入门学》，林相泰、贾福永译，中国民间文艺出版社，1988。

邓晓芒：《东西方四种神话的创世说比较》，《湖北大学学报》2001 年第 6 期。

冯良珍：《〈古事记〉神话舞台的构造》，《外国问题研究》2010 年第 4 期。

〔日〕冈田英弘著《日本史的诞生》，王岚、郭颖译，台湾台北市远足文化事业股份有限公司出版。

高利芬著《蓬莱神话》，陕西师范大学出版社，2013。

〔日〕宫家准著《日本的民俗宗教》，赵仲明译，南京大学出版社，2008。

宫立江编《文化视角下的神话新解》，中国书籍出版社，2012。

〔日〕宫崎正胜著《餐桌上的日本史》，陈心慧译，台湾新北市远足文化事业股份有限公司出版，2016。

〔日〕宫崎正胜著《你不可不知的日本饮食史》，陈心慧译，台湾新北市远足文化事业股份有限公司出版，2013。

〔日〕谷川健一著《日本的众神》，文倩译，社会科学文献出版社，2015。

顾爷著《小顾聊神话》，北京联合出版公司，2016。

郭常义著《日本语言与传统文化》，广西师范大学出版社，2001。

郭海红：《男性在场与日本女性禁忌》，《民俗研究》2014 年第 4 期。

〔日〕河合敦著《博览日本史》，台湾台北市商周出版社出版，2016。

〔日〕河合隼雄著《日本人的传说与心灵》，范作申译，三联书店，2007。

赫祥满著《日本人的色道》，台湾台北市时英出版社，2011。

洪维扬著《日本神话故事》，台湾台中市好读出版有限公司，2017。

〔英〕爱德华·泰勒著《原始文化》，连树声译，上海文艺出版社，1992。

〔日〕吉田敦彦著《日本神话的考古学》，唐卉、况铭译，陕西师范大学出版社，2013。

江月：《论日本神话传说中海权对王权的作用》，《科教导刊》2016年5月（中）。

姜建强著《大皇宫——日本天皇家史》，浙江大学出版社，2014。

姜建强著《另类日本史》，上海交通大学出版社，2011。

姜建强著《另类日本文化史》，上海交通大学出版社，2014。

〔日〕堺屋太一著《何谓日本》，叶琳、任倩译，南京大学出版社，2008。

〔日〕今井淳著《日本思想论争史》，王新生译，北京大学出版社，2014。

〔日〕金两基著《当日本人遇上韩国人》，金文学译，中国出版集团，2014。

金铃著《日本追樱》，香港知出版社，2016。

〔日〕津田左右吉著《日本的神道》，邓江译，商务印书馆，2011。

〔日〕井上顺孝著《神社众神明》，朱白兰译，吉林出版集团有限公司，2011。

韩炯、姜静著《英国皇室：白金帝国》，中国青年出版社，2012。

〔日〕橘玲著《括号里的日本人》，周以量译，中信出版社，2013。

〔英〕凯伦·阿姆斯特朗著《情色美术史》，台湾台北市时报文化出版企业股份有限公司出版。

〔法〕克劳德·李维-史陀著《月的另一面：一个人类学家的日本观察》，廖惠瑛译，台湾台北市行人股份公司出版。

李芳：《看〈古事记〉解析日本伦理意识》，《时代文学》2012年3月下半月刊。

李晶：《仪式与“村落共同体”》，《西南民族大学学报》2014年第

2 期。

〔韩〕林炳僖著《韩国神话历史》，南方日报出版社，2012 年 5 月版。

刘达临著《中国性文化史》，武汉大学出版社，2015。

刘惠萍著《伏羲神话传说与信仰研究》，陕西师范大学出版社，2013。

刘魁立编《创世神话》，中国社会出版社，2011。

马挺著《马话日本》，东方出版社，2017。

〔日〕茂吕美那著《传说日本》，广西师范大学出版社，2007。

〔日〕茂木贞纯著《图解神道教与季节礼仪事典》，台湾新北市远足文化事业股份公司出版。

〔日〕梅原猛著《地狱的思想》，刘瑞芝、卞立强译，四川人民出版社，2005。

〔日〕梅原猛著《诸神流窜——论日本〈古事记〉》，赵琼译，经济日报出版社，1999。

摩罗著《性爱的起源》，中华书局，2013。

〔美〕南诺·马瑞纳托斯著《米诺王权与太阳女神》，王倩译，陕西师大出版社，2013。

宁恺：《小议〈古事记〉和大和民族的起源》，《长春教育学院学报》2012 年第 12 期。

彭新勇：《文化背景下的日本人的数字观控析》，《湛江师范学刊》2009 年第 8 期。

〔美〕萨缪尔·克拉莫尔著《苏美尔神话》，叶舒宪译，陕西师范大学出版社，2013。

〔日〕山北笃著《日本神话图解》，王书铭译，台北城邦文化事业有限公司出版。

〔日〕山村明义著《神道与日本人》，尹智慧、汪平译，南京大学出版社，2016。

〔日〕山折哲雄著《民俗学中的死亡文化》，熊淑娥译，社会科学文献出版社，2015。

〔德〕施瓦布著《古希腊神话与传说》，高峬、关惠文译，燕山出版社，2015。

〔日〕水木茂著《妖怪大全》，王维幸译，南海出版公司，2017。

司娟：《从文化角度解析话〈古事记〉》，《济南职业学院学报》2012年第3期。

司志武：《日本记纪“船”神话的原始宗教信仰探源》，《广东海洋大学学报》2012年第2期。

孙露：《〈古事记〉的中国印痕》，《语文学刊》2010年第8期。

孙佩霞：《中日古代神话女性形象比较》，《日本研究》2008年4期。

孙伟珍著《日本皇室：百代家园》，中国青年出版社，2012。

孙艳晓：《日本的生命永远循环世界观研究纲要》，《辽东学院学报》2010年第5期。

汤丽：《日本山岳信仰中的女性禁制》，《北京理工大学学报》（社会科学版）2003年增刊。

唐更强著《以日本〈古事记〉中“伊邪那岐命”“伊邪那美命”为中心的几个神话的考察》，中国出版集团，2016。

唐卉：《日本的神话历史与文化恋母》，《百色学院学报》2009年第4期。

陶阳著《中国创世神话》，上海人民出版社，2006。

田庆立：《津田左右吉的天皇观研究》，《北华大学学报》（社会科学版）2016年第3期。

〔日〕樋口清之著《梅干与武士刀》，邬菲译，台湾台北市时报出版企业股份有限公司出版，2017。

〔日〕桐野夏生著《女神记》，刘子倩译，重庆出版社，2011。

〔爱尔兰〕托尔斯·罗尔斯顿著《凯特尔神话传说》，陕西师范大学出版社，2013。

〔日〕外山晴彦著《日本神社事典》，台湾东贩股份有限公司出版，2014。

万礼：《浅谈〈古事记〉里“女子军团”的故事》，《现代语文》2014年第5期。

王聪霖著《色色的淫乱世界史》，台湾台北市八方出版股份有限公司，2017。

王金林著《日本神道研究》，上海辞书出版社，2007。

王立群：《日本神话精神分析解读》，《作家杂志》2010年第2期。

王倩著《20世纪希腊神话研究史略》，陕西师范大学出版社，2012。

王威著《上一堂有趣的中国性爱课：从上古到隋唐》台湾新北市木马文化事业股份有限公司，2017。

王新禧著《日本妖怪物语》，三联书店（香港）有限公司，2013。

王勇著《日本文化》，高等教育出版社，2013。

〔日〕尾藤二郎著《图解古埃及文明》，台湾台北家庭传媒城邦分公司出版，2013。

〔日〕尾藤正英著《日本文化的历史》，彭曦译，南京大学出版社，2010。

乌丙安：《20世纪日本神话学的三个里程碑》，《东南大学学报》（哲学社会科学版）2003年第4期。

〔日〕西川立幸：《怪胎神研究——中日民族起源潭比较考察》，华东师范大学硕士学位论文，2006。

〔日〕西川立幸：《水蛭子考》，《广西师范学院学报》2015年第4期。

〔日〕西乡信刚：《镇魂论》，《文学与文化》，2010年第1期。

夏若生著《活色生香的希腊神话》，台湾台北市大是论有限公司出版，2016。

肖书文：《从〈古事记〉看日本妇女性格的形成》，《湖北大学学报》2004年第3期。

徐晓光：《日本与我国西南少数民族的创世神话比较》，《贵州民族学院学报》2007年第1期。

徐逸樵著《先史时代的日本》，三联书店，1991。

闫志章：《日本武士道生死观》，《长春工业大学学报》（社会科学版）2011年第3期。

姚振华：《从神道角度分析日本女性社会地位的变迁》，对外经贸大学日语语言文学专业硕士学位论文，2013。

叶舒宪编《结构主义神话学》，陕西师范大学出版社，2011。

叶舒宪编《神话——原型批评》，陕西师范大学出版社，2012。

叶舒宪编《文化符号学》，陕西师范大学出版社，2013。

叶舒宪著《中国神话哲学》，陕西人民出版社，2005。

叶怡君著《妖怪玩物志》，台湾台北市远流出版事业股份有限公司，2006。

〔日〕苅部直编《日本思想史入门》，郭连友、李斌瑛译，外语教学与研究出版社，2013。

余祖政编《古罗马神话彩图馆》，中国华侨出版社，2016。

袁珂著《中国神话传说》，北京联合出版公司，2016。

〔英〕詹姆斯·弗雷泽著《〈旧约〉中的民间传说》，叶舒宪、卢晓辉译，陕西师大出版社，2010。

占才成：《伏羲女娲与日本神话》，《外国问题研究》2014 年第 4 期。

张开焱：《中国创世神话类型研究述评》，《湖北民族学说学报》2014 年第 3 期。

张蕾：《中日神话中女神形象的比较研究》，辽宁大学比较大学与世界文学硕士学位论文，2012。

张石著《靖国神社与中日生死观》，香港南粤出版社，2015。

赵季娜著《神》，上海辞书出版社，2014。

赵双群编《读史说皇帝》，中国文联出版社，2012。

〔日〕中村雄二郎著《日本文化中的恶与罪》，孙彬译，北京大学出版社，2005。

钟怡阳著《日本神明、神社与神话》，台北知青频道出版有限公司，2015。

钟怡阳著《流传千年的日本神话故事》，台湾台北市知青频道出版有限公司，2010。

朱大可著《华夏上古神系》（上），东方出版社，2012。

〔日〕朱鹭田祐介著《图解巫女》，吕郁青译，台湾新北市枫书坊文化出版社，2012。

〔日〕竹村公太郎著《藏在地形里的日本史》，孙宪生译，台湾台北市远足文化事业股份有限公司出版，2018。

〔日〕诹访春雄著《日本的祭祀与艺能》，王保田、权晓菁、刘婧、王海莲译，南京大学出版社，2013。

〔日〕佐佐木升著《京都神社入门》，姚巧海译，台湾台北市天下杂志股份有限公司出版，2013。

后　记

经过多年的思考和精心的准备，拙作《从〈古事记〉探究日本皇室起源的神话》，终于脱稿，即将付梓。

研究日本历史和文化，纯属个人兴趣，对于日本历史和文化，笔者基于以下几点认识。

第一，中日两国是近邻，一衣带水，但中日既不同种更不同文。从人种上说，大和民族是“杂种民族”，关于这个提法，日本人从不避讳他们的祖先，分别由通古斯人、马来人、印支人、长江下游的吴越人及汉人和朝鲜人混合而成。在当今世界，我们几乎找不到血统纯正的民族，所谓民族之间的融合，一方面是文化上的融合，另一方面是血缘上的融合，也就是不断地“混血”。

从文化生成的角度讲，中日并不同文。诚然，日本文化在其形成过程中，汲取了来自中国唐宋文化、印度文化乃至希腊文化的营养成分，最终形成了自己独特的和风文化。日本人也常常炫耀自己的文化是一种“杂种文化”，且不以为耻。

第二，由于不同文，中日之间的沟通和交流存在阻碍，经常出现“鸡同鸭讲”的现象，彼此听不懂对方在说什么。因此，就要进行文化解码。而解码的切入点之一就是去破译和解读对方文化中最原始的语言和思维体系，那就是神话。因为神话是人类最早的历史和记忆，它隐藏着本民族的宗教、哲学、历史、风俗习惯和伦理道德，也包括人生观、价值观、生死观，以及他们的生活方式和社会结构。所以，不深入研究日本神话，就难以透彻地理解和把握日本的历史和文化，正如李炯才先生所说的：“不了解日本的神话，就不可能了解日本的一切。”

第三，日本记纪神话是日本神道教的理论基础，也是日本天皇制的思想源泉。而天皇制又是日本所独有的一种政治文化和制度安排。所以，笔者以天皇制为课题，试图去破解它所包含的文化信息。在接下来的系列研究中，将紧密围绕这一主题展开深入的研究。

自近代以来，在研究日本的众多中国学者中，笔者独佩服戴季陶先生的真知灼见，在笔者看来，作为研究日本的第一人，戴先生所写的《日本论》的整体理论水平，远在本尼迪克特的《菊与刀》之上，也使得后来的日本研究者汗颜不已。二十年前初读《日本论》时，戴先生的这段话令人振聋发聩，谨录如下。

> “中国”这个题目，日本人不晓得放在解剖台上，解剖了几千百次，装在试验管里化验了几千百次。我们中国人却只是一味的排斥反对，再不肯做研究工夫，几乎连日本字都不愿意看，日本话都不愿意听，日本人都不愿意见，这真叫做“思想上闭关自守”、“智识上的义和团”了。

季陶先生写这段话时正是1928年中日发生济南事件前夕，三年后在中国东北爆发了“九一八事变”，日本把中华民族拖入了苦难之深渊。时隔90年了，先生的这段话仍不失其针对性和现实意义。

拙作能得以出版问世，首先要感谢笔者的家人的理解和支持，感谢笔者的老领导丘进先生、贾益民先生、张禹东先生，华侨大学社科处赵昕东处长、侯志强副处长和各位同人的大力帮助。在拙作写作过程中，得到旅日友人陈秀姐女士、中理秀宝先生、刘迪教授以及日本友人木村务教授、酒濑川先生的支持和指导。笔者的同事王怡玲女士、杨玲女士、蔡向阳女士在资料收集和翻译、文字修辞润色和誊印校对方面做出了大量的工作。此外，企业界友人肖川女士、洪少培先生、邹靖光先生给予相应的鼓励和帮助。笔者深表谢忱，并致以崇高的敬意。

拙作从选题到付梓，得到了社会科学文献出版社谢寿光社长、杨群总编辑、王绯分社长和本书责任编辑胡亮女士的全力支持和全程指导，笔者再三鞠躬！

谨以此书献给笔者最尊敬的日本长辈建野坚诚教授。与先生相识八年，获益良多。先生殁于2012年6月13日上午东京时间9时45分，享年71岁。祝愿先生在天堂一切安好！

庄培章

2018年7月于华侨大学祖营楼

图书在版编目(CIP)数据

从《古事记》探究日本皇室起源的神话 / 庄培章著
. -- 北京 : 社会科学文献出版社,2018. 12
(华侨大学哲学社会科学文库. 历史学系列)
ISBN 978 - 7 - 5201 - 3561 - 0

Ⅰ. ①从… Ⅱ. ①庄… Ⅲ. ①神话 - 研究 - 日本
Ⅳ. ①B932. 313

中国版本图书馆 CIP 数据核字 (2018) 第 220800 号

华侨大学哲学社会科学文库 · 历史学系列
从《古事记》探究日本皇室起源的神话

著　　者 / 庄培章

出 版 人 / 谢寿光
项目统筹 / 王　绯
责任编辑 / 胡　亮

出　　版 / 社会科学文献出版社 · 社会政法分社 (010) 59367156
地址: 北京市北三环中路甲 29 号院华龙大厦　邮编: 100029
网址: www. ssap. com. cn
发　　行 / 市场营销中心 (010) 59367081　59367083
印　　装 / 三河市龙林印务有限公司

规　　格 / 开　本: 787mm × 1092mm　1/16
印　张: 24. 75　插　页: 0. 5　字　数: 384 千字
版　　次 / 2018 年 12 月第 1 版　2018 年 12 月第 1 次印刷
书　　号 / ISBN 978 - 7 - 5201 - 3561 - 0
定　　价 / 108. 00 元

本书如有印装质量问题, 请与读者服务中心 (010 - 59367028) 联系